中国心理学会心理学质性研究专业委员会推荐

／叙事心理学译丛／

主编◎郑剑虹

THE HANDBOOK OF NARRATIVE AND PSYCHOTHERAPY

PRACTICE, THEORY, AND RESEARCH

叙事与心理治疗手册

实践、理论与研究

〔加〕琳恩 · E. 安格斯（Lynne E. Angus）
〔挪威〕约翰 · 麦克劳德（John McLeod）◎主编
吴继霞　凌　辉　张爱莲　程素萍　等◎译

U0854403

北京师范大学出版集团
BEIJING NORMAL UNIVERSITY PUBLISHING GROUP
北京师范大学出版社

图书在版编目(CIP)数据

叙事与心理治疗手册：实践、理论与研究 /（加）琳恩·E. 安格斯（Lynne E. Angus），（挪威）约翰·麦克劳德（John McLeod）主编；吴继霞等译. —北京：北京师范大学出版社，2020.1(2023.4 重印)
ISBN 978-7-303-25098-1

Ⅰ. ①叙… Ⅱ. ①琳… ②约… ③吴… Ⅲ. ①心理学—研究 Ⅳ. ①B84

中国版本图书馆 CIP 数据核字(2019)第 189960 号

图书意见反馈：gaozhifk@bnupg.com 010-58805079
营销中心电话：010-58807651
北师大出版社高等教育分社微信公众号：新外大街拾玖号

XUSHI YU XINLI ZHILIAO SHOUCE：SHIJIAN、LILUN YU YANJIU
出版发行：北京师范大学出版社 www.bnup.com
北京市西城区新街口外大街 12-3 号
邮政编码：100088
印　　刷：北京虎彩文化传播有限公司
经　　销：全国新华书店
开　　本：160 mm×230 mm 1/16
印　　张：29.75
字　　数：502 千字
版　　次：2020 年 1 月第 1 版
印　　次：2023 年 4 月第 2 次印刷
定　　价：108.00 元

策划编辑：何　琳　　责任编辑：李云虎　朱冉冉
美术编辑：李向昕　　装帧设计：尚世视觉
责任校对：康　悦　　责任印制：马　洁

迈向人文取向的心理学

——“叙事心理学译丛”总序

郑剑虹

叙事是验证和解释人类行为的一种效果好的隐喻。

——萨宾(Sabin，T.，1986)

在“如果 x 比 y”的逻辑命题上和在“国王死了，然后王后也死了”的叙事情节上，两者的功能是不同的。前者导致去寻求普遍真理，后者则更可能是寻求两人死亡事件之间的某种特定联系。

——布鲁纳(Bruner，J.，1986，2009)

一、为何要编译这样一套丛书

编译这套丛书的缘起要追溯到在我国台湾桃园举行的首届海峡两岸“生命叙事与心理传记学”学术研讨会。在会中和会后的交流讨论中，大家深感心理学人文取向研究的弱势，因此，海峡两岸相关学者都有一个共识，要一起来推动这个领域在我国的发展。大家认为制度化建设是一个重要的方面，包括创办刊物、定期举办会议、成立学术组织等。先是在会议结束后的2012年下半年，我们以繁体字出版了集刊《生命叙事与心理传记学》，第二年在大陆出版了简体字版。2014年《生命叙事与心理传记学》在我国台湾转为正式期刊出版，并由当年成立的中国台湾生命叙事与心理传记学主办，简体字版仍以集刊的形式在大陆出版发行。会议也从2012年开始在海峡两岸轮流主办，至今已主办了四届。

制度化的建设告一段落后，对国外相关著作的译介就成了我们重点思考的问题。在此之前和此期间，海峡两岸已翻译了若干西方心理传记学的著作，包括台湾辅仁大学丁兴祥教授等人翻译的《生命史与心理传记学》(远流出版公司，2002年)、岭南师范学院郑剑虹教授等人翻译的《心理传记学手册》(暨南大学出版社，2011年)，以及中国社会科学院罗凤礼研究员和华东师范大学萧延中教授共同主编的“心理传记学译丛”[中央编译出版社出版，共9本，包括心理传记学的经典著作——埃里克森(Erickson)所著的《甘地的真理》等]。心理传记学的开山之作，弗洛伊德(Freud)著的《达·芬奇的童年回忆》也以单行本的形式被翻译成中文(金城出版社，2014)。由于有了这样一些心理传记学著作，包括经典著作已被翻译成中文出版，因此，我们原来翻译心理传记学著作的想法就转到了翻译叙事心理学著作上来。

叙事作为一种思维模式或方法取向已经影响了众多的人文社会学科。20世纪80年代开始的心理学的叙事转向，让心理学回归人性，回归个体，回归本土，凸显了心理学研究的人文取向。国外从1993年开始，乔塞尔森(Josselson)和利布里奇(Lieblich)共同主编出版“生命叙事研究”(The Narrative Study of Lives)系列丛书，到1999年，该丛书共出版了6辑。2001年，人格心理学家和叙事心理学家麦克亚当斯(McAdams)加入主编的队伍。该丛书改由美国心理学协会(APA)出版，到2007年共出版了5辑。APA出版该系列丛书，标志着主流心理学对生命叙事或叙事心理学的认可和接纳，也反映了当今心理学研究的多元化趋势。自1986年萨宾出版《叙事心理学：人类行为的故事性》一书以来，30多年间，叙事心理学逐渐成为心理学一个新的学科领域或一种研究取向，并得到较快发展，成果颇丰。叙事心理学的三大主流方向形成于北美洲、欧洲和大洋洲。美国的麦克亚当斯及其追随者发展了一种独特的方法来研究作为生命故事核心内容的自我和认同，提出了救赎自我(redemptive self)的概念和认同的生命故事理论；荷兰的赫尔曼斯(Hermans，H.)采用自我对质方法(self-confrontation method)来收集个体的生命故事资料，提出对话自我(dialogical self)理论；澳大利亚的怀特(White)和新西兰的艾普斯顿(Epston)共同合作发起了心理治疗领域的叙事运动。以生命故事为主要研究内容的叙事心理学，转变了人们对心理学本质的认识，促进了人们对人性的理解，成为人文取向心理学的一支重要力量。

目前，国内叙事心理学的著作凤毛麟角，译介国外该领域的教材和专著对推进叙事心理学在我国的发展，壮大人文取向心理学的研究队伍，更好地开展叙事心理治疗实践活动都有重要意义。

二、这是一套什么样的丛书

除了上述一些考虑之外，基于人才培养和学科建设的需要，以及心理学质性研究发展的需要，我们经过仔细斟酌，精心选择了这套“叙事心理学译丛”，首期先翻译三本国外该领域的优秀著作。第一本是欧洲人雅诺什·拉斯洛(János László)著的《故事的科学：叙事心理学导论》(*The Science of Stories: An Introduction to Narrative Psychology*)。该书作者雅诺什·拉斯洛为匈牙利科学院心理学研究所的社会心理学教授，也是匈牙利佩奇大学心理学研究所的负责人。该书包括绪论在内共有 12 章，探索了人们如何通过讲述故事来建构自己的生命世界和自身的认同。该书的最大特点是首次在叙事的诠释学研究与科学研究之间建立了一座桥梁，提出了科学叙事心理学的概念，并基于语言分析与计算机技术，提出了一种揭示叙事文本中心理学意义的新方法学。该书在某种程度上代表了当今欧洲叙事心理学的研究趋势和研究水平。

第二本是萨宾主编的《叙事心理学：人类行为的故事性》(*Narrative Psychology: The Storied Nature of Human Conduct*)。该书是一本论文集，由 16 位作者撰写的 14 个章节构成。在该书中，萨宾首次提出了叙事心理学的概念，并将叙事作为心理学的根隐喻。他认为叙事心理学是对心理学实证主义范式的替代，故事生成、故事讲述和故事理解是心理学的基本概念。该书被视作叙事心理学的开山之作，也是叙事心理学的经典著作。

第三本是安格斯(Augus, L.)主编的《叙事与心理治疗手册：实践、理论与研究》(*The Handbook of Narrative and Psychotherapy: Practice, Theory, and Research*)。该书共 21 章，是第一本将叙事理论(家)与叙事心理治疗(实践者)结合起来的著作。该书旨在汇集多种方法，促进不同叙事传统之间的对话，并在心理治疗中，形成一种对来访者故事讲述过程的更具整合性的理解。该书在叙事和心理治疗方面的原创性贡献，对心理治疗从业者、社会工作者、心理咨询师、护理工作者等实践人员以及精神病学、心理学的研究人员、教师及其研究生都有重要的参考价值。

本套译丛的出版，需要感谢许多人。首先，要感谢北京师范大学出版社编辑何琳女士对译丛的遴选建议以及在信息提供和版权联系方面所做的关键性工作。其次，要感谢华中科技大学的陈建文教授欣然接受参与该丛书第一本书的翻译任务。特别是在遇到困难的时候，要感谢中国心理学会心理学质性研究专业委员会(筹)给予的支持，感谢我国著名心理学家黄希庭教授对心理学质性研究的鼎力支持，感谢苏州大学刘电芝教授积极联络和推荐翻译者，也要感谢台湾辅仁大学的丁兴祥教授、圣约翰科技大学的陈祥美副教授和龙华科技大学的李文玫博士的关注和支持。最后，还要感谢诸位积极参与翻译的译者，其中包括吴继霞教授、凌辉教授、陈羿君教授、程素萍教授、张爱莲教授、李继波副教授、舒跃育副教授、何吴明博士、何承林硕士等，他们的认真、细致和坚持，为保证译丛的质量和顺利出版奠定了基础。当然，由于国内叙事心理学的研究刚起步以及本套丛书涉及许多学科的知识，在相关术语的翻译和相关内容的理解上肯定存在不足之处，因此，我们真诚欢迎和期待读者的批评指正。

参考文献

1. Bruner, Jerome. 1986/2009. *Actual Minds, Possible Worlds*. Harvard University Press.

2. McAdams, Dan P. 1993. *The Stories We Live By: Personal Myths and the Making of the Self*. Guilford Press.

3. Sarbin, Theodore R. 1986. *Narrative Psychology: The Storied Nature of Human Conduct*. Praeger.

4. McAdams, Dan P. 2013. *The Redemptive Self: Stories Americans Live By*. Oxford University Press.

5. Vassilieva, Julia. 2016. *Narrative Psychology: Identity, Transformation and Ethics*. Springer.

6. 马一波，钟华. 2006. 叙事心理学. 上海：上海教育出版社.

7. 郑剑虹，李文玫，丁兴祥. 2014. 生命叙事与心理传记学(第一辑). 北京：中央编译出版社.

序　言

在过去的很多年中，哲学、心理学与社会科学领域的“叙事转向”(narrative turn)对心理治疗产生了重大影响。越来越多的专业人士认为他们的工作以理解来访者故事叙说的重要性为基础，并将治疗中产生的变化归功于对生命故事的重构。值得一提的是，在个体、团体与家庭治疗模式的新兴背景下，新的叙事视角开始在心理治疗研究和训练中得到进一步的运用。叙事疗法领域正从哲学、社会人类学、社会学、语言学、文学批评与心理学等学科中汲取丰富的理论与研究成果。

我们正处在一个通过理解叙事信息进行治疗的激动人心的发展阶段。不同的理论家和研究人员对叙事及其在治疗中的作用等许多方面进行了探讨。在很大程度上，这些思想和实践是孤立的——每一组思想都在特定研究和实践团体中被阐述和讨论。本书首次汇集了诸多叙事与心理治疗的思想观点，以期促进对话，激发进一步的创新，并为寻求将叙事策略融入心理治疗师的工作提供资源。

众多在叙事取向中寻获意义和效用的精神治疗师发现，学习一种不同的倾听与理解治疗过程的方法是很有必要的。关注故事以及讲述故事的过程，蕴含着对新治疗方法的探究。叙事取向心理治疗的发展史可以追溯到哲学家们的著作，如保罗·利科(Paul Ricoeur)、米歇尔·福柯(Michel Foucault)与阿拉斯代尔·麦金泰尔(Alasdair MacIntyre)，均提出叙事在人类知识与行为的基本结构中应居于首位。他们认为叙事的结构反映了人类存在的基本维度，如个体的能动性和目的，当下与过去，也体现着文化和传统积淀的经验。20世纪80年代，在杰罗姆·布鲁纳(Jerome Bruner)、米勒·梅尔(Miller

Mair)、唐纳德·波尔金霍恩(Donald Polkinghorne)和西奥多·萨宾(Theodore Sarbin)的不懈努力下，叙事取向才真正地开始由哲学洞见切入心理学与心理治疗领域。本手册的第一部分包括杰罗姆·布鲁纳、麦克·怀特(Michael White)与唐纳德·波尔金霍恩所撰文章，它们捕捉到这些基本概念问题和辩论的实际相关性。布鲁纳阐释了如何通过采用哲学上的跨学科框架来提高对叙事的理解。在布鲁纳部分早期著作的基础上，怀特指出在理解人类感知的方面，主流学术心理学更为关注的是叙事方式中的认知因素，这与较为古老的“通俗心理学”(folk psychology)是截然不同的。波尔金霍恩则对麦克·怀特及其同事大卫·爱普斯顿(David Epston)倡导的后现代主义叙事疗法提出质疑，认为该方法可能过于淡化个人主题的重要性。在本手册的后续章节中，诸多撰稿人也表述了他们对于这些哲学争议的观点。

在心理治疗团体中，叙事视角的影响主要是通过将叙事理念融入现有的治疗方法中来体现的。本手册的第二部分包括了一系列在实践中应用的案例。大量的精神分析和心理动力学的执业医师和理论研究者发现，叙事提供了一种有效地参与无意识过程的方法。霍华德·布克(Howard Book)所著章节描述了一种源于心理动力学治疗的方法，该疗法基于对精神动力核心冲突主题的分析，通过治疗中来访者所叙述的结构和内容关系进行冲突的解析。琳恩·E. 安格斯(Lynne E. Angus)与其同事们探讨了叙事视角与治疗整合的经验性途径，包括强调情绪梳理，来访者能动性(client agency)与移情参与。奥斯卡·冈萨尔维斯(Oscar Gonçalves)及路易斯·波特拉(Luis Botella)团队阐述了通过启动来访者认知图式或建构个人现实，从而将叙事的观念有效地与认知和建构主义整合到一起的治疗方法。在第二部分的最后一章中，吉恩·库姆斯(Gene Combs)和吉尔·弗里德曼(Jill Freedman)描述了他们叙事治疗风格的工作。作为一种社会取向的方法，它们致力于与来访者共同解构主流的文化叙事，并与其家人和团体成员建立更令人满意的关系。在提到的所有章节中，撰稿人均提供了案例来说明他们的工作方式。

叙事视角对心理治疗的一个重要影响在于，它揭示了人们讲述的故事在多大程度上凸显个体认同的多样性与碎片化的程度。它在心理治疗中，诸如自我(ego)或自身(self)这样的概念与一个人的自我意识是高度一致的。仔细聆听故事，可令人欣赏到存在情境性的、流畅的、对话式的本质。第三部分章节的内容考察了叙事认同和自我多样性对心理治疗的影响。丹·麦克亚当斯(Dan McAdams)概述了他在大量关于人格和生命叙事研究项目中发现的调查结果，并探讨了如何将认同和多样性融入自我叙事之中，这一方法可适用于心理治疗。休伯特·赫尔曼斯(Hubert Hermans)及凯特琳·奥萨图克(Katerine Osatuke)、比尔·斯泰尔斯(Bill Stiles)与其同事分别提供了两种截然不同却又殊途同归的方式来定义叙事的多样性：表达与自我(I-positions)。罗伯特·拉塞尔(Robert Russell)和弗雷德·B. 布赖恩特(Fred B. Bryant)从发展的视角探讨了儿童心理治疗领域的研究与实践。

人们讲述的故事是复杂的、多方面的现象，承载着诸多不同层面的意义。贯穿本书的重要主题是关注怎样对叙事定义与观测。这一问题不仅与研究、评估来访者参加心理治疗有关，在很多方面也可为临床治疗师的培训和遴选提供参考信息。第四部分的章节从众多不同角度来探讨这一系列的问题。杰斐逊·辛格(Jefferson Singer)和帕维尔·布拉戈夫(Pavel Blagov)提出对自我定义或自传式回忆在个人认同的构建中所扮演角色的研究，可以为心理治疗研究人员和执业医师提供有效的评估。卡伦·哈特克(Karen Hardtke)和琳恩·E. 安格斯引介了一种评估研究来访者在治疗前后的叙事的方法。詹卡洛·迪马乔(Giancarlo Dimaggio)和安东尼奥·塞梅拉里(Antonio Semerari)提出了一套框架，用以确定治疗中可能有严重的情绪创伤的来访者的解离程度，并阐述了他们的框架在治疗实践中的应用。布里吉特·布思(Brigitte Boothe)与阿格妮丝·冯·维尔(Agnes von Wyl)提出了一种精神分析导向的方法，用于分析来访者在治疗中所讲述的故事，目的是为了帮助来访者觉察无意识的驱力和关系模式。

手册的最后一部分着眼于未来，提供了一系列在叙事和心理治疗领域进一步整合的建议。海迪·莱维特(Heidi Levitt)与戴维·伦尼(David Rennie)的章节讲述了心理治疗过程中，来访者的意向性与个人叙事。蒂莫西·安德森(Timothy Anderson)着眼于人际关系理论中突出的研究，提出一些在叙述治疗过程中心理治疗师提高对相互影响因素的敏感性建议。莱斯利·格林伯格(Leslie Greenberg)与琳恩·E. 安格斯提出了一个有力的论点，即情感处理在所有的心理治疗中都扮演着重要的角色，更加关注情感体验和叙事结构之间的相互作用。约翰·麦克劳德(John McLeod)认为，聚焦于叙事的主要价值可能是将治疗重点放在他建构个人定位的个体、文化或社群之间的关系上。在最后一章中，编辑们审视了整个叙事和心理治疗的领域，并提供了一个有助于将整个领域中现存的各式各样的想法和实践整合到一起的框架。

本手册的目的或意图是创设一个讨论的平台，以助于将最新、最好的思想和心理治疗中的叙事实践整合到一起。所有受邀作者均在理论探讨、研究和实践领域各具所长。他们的著作，体现着一种强烈的相互关联感，让我们深信叙事在人际关系中的根本性作用。诚然，在一些重要的领域依然存在分歧，而一些罕受人问津的领域也有研究团队在加以关注。作为主编，我们的立场是对所有在本书中提及的理论观点和实践均抱持真诚的兴趣和尊重。

我们希望借此良机向一直支持和指导我们的编辑，世哲(Sage)出版公司的吉姆·布雷斯-汤普森(Jim Brace-Thompson)表达谢意，感谢芭芭拉·瑟斯顿(Barbara Thurston)的专业编辑工作及对手稿付梓的关照。我们也想对“另一半们”(other halves)，肯·安斯沃思(Ken Ainsworth)和朱莉娅·麦克劳德(Julia McLeod)表示深切的感谢。在漫长的写作过程中，她们体现出非凡的耐心和宽容。最后，我们要感谢所有为编订手册协作和奉献的人们。正如我们在编辑时所感受到的那样，希望本手册的作品能为读者带来启迪，并激发读者的兴趣。

（吴继霞　译）

目　录

第一部分　“叙事转向”：故事在心理治疗中为什么如此重要

第二部分　叙事在心理治疗中的运用

第三部分　叙事的认同和自我多样性：对心理治疗的影响

第四部分　心理治疗中的叙事评估策略

第一部分 “叙事转向”：故事在心理治疗中为什么如此重要

第1章 自我的叙事创造

杰罗姆·布鲁纳(JEROME BRUNER)①

一、自我是什么

“自我”是一个令人惊讶的古怪概念——人们从直觉上认为这是一个显而易见的常识；而挑剔的哲学家们给出的定义却又因其含糊不清而受人诟病。当被问及它究竟是什么时，似乎我们能做的最好的就是用手指指着自己的额头或胸部。尽管如此，在对话中提及“自我”已形成共识：它是人们在继续交谈时惯用的辩解借口。法律条款中论及责任和隐私等法律概念时简单地认为它是理所当然的。我们宜就此展开“自我是什么”的简短探讨，自我的叙事创造应是本章的主题。

它是人们心中不可或缺的存在吗？抑或仅仅是一种存在而已？如果是这样的话，为什么我们还需要告诉自己关于自己的事情，又为何会有诸如“认识你自己”(know thyself)或是“做真实的自己”(to thine own self be true)这样的箴言呢？当然，如果我们的自我仅仅就是这样，那我们也无须谈论关于自我的问题了。然而事实并非如此——或

---

① 本章节选自：杰罗姆·布鲁纳《故事：法律、文学、生活》，Farrar, Straus and Giroux，LLC版权所有，2002。——作者注

独自一人，或与朋友一起，或间接地通过精神病医生，又或在天主教徒的忏悔中，我们花费了大量的时间来探讨这一问题。这样的自述起到了怎样的作用?

20 世纪关于这一问题的标准答案是，我们的大部分自我基本上是无意识地、秘密地创造出来的，并巧妙地通过多种隐藏或扭曲的机制防御来自意识的探查。我们需要找到方法来绕过这些防御——通过精神分析师的帮助，在与他们的互动中我们可以重演过去、克服阻抗以探索自我。用弗洛伊德(Freud)的理论解释就是：过去的本我(id)，造就了现在的自我(ego)。毫无疑问，弗洛伊德对我们困惑的解答是一种伟大的隐喻，对我们的自我意象有着复杂的影响(Bruner，1958)。

最好还是继续我们的探究吧。尽管弗洛伊德所构筑的本我、自我和超我(superego)结构已是才华过人的隐喻，却依然是一项未尽的工作；在本章中，将尽我所能地继续该项工作。为什么我们需要通过叙说故事来阐明我们的“自我”究竟是什么？这一问题已占据了精神分析的主流(Spence，1982，1987)。

在开始之前，我先粗略地提出一个观点：实际上，并不存在仅凭直觉就能够认识到的、明显的、本质的自我；自我早已存在，只是等待我们用语言去描述它。实际情况是，我们持续地创造并再造我们的自我，以满足我们所面临情况的需要。在自己对过去的记忆、对未来的希望及恐惧的指引下，创造与再造不断地发生着。告诉我们自己有关自己的事情，就如同在创作一个故事：我们是谁？本质是什么？发生了些什么？我们为什么要去做那些正在做着的事情?

人们并非每一次都从零开始创作故事。我们的自编故事是经年累月积累而来的，甚至会依照习惯的类型加以塑造。这些自编故事会逐渐显得不合时宜，并非仅仅是因为我们年纪大了或是更明智了，还因为我们的自编故事需要适应新的环境、新的朋友和新的事业。我们彼时的记忆会成为我们自编故事的受害者。尽管我无法告诉你(或我自己)在我父亲去世的那个无望的夏天后，我深陷孤独与无助的“最初的、真实的故事”；然而，我将会告诉你(或我自己)一个新的故事：一个发生在十二岁那年的，“很久很久以前”的故事。我能够用很多种方式来讲述它，所有这些方式均由之后我的生活及那个久远夏日的环境共同塑造而成。

自我塑造是一种叙事艺术。尽管与小说相比，它更多地受限于记忆，且这种限制很不稳定——这是我们即将探讨的问题。自我塑造有其不确定性，既源于内部，同时也受到外部的影响。以笛卡儿二元论(Cartesian)的方式来理解，就其内部性而言，自我塑造是记忆、感觉、理念、信仰和主体性。这种内部性的一部分可以确认是天生的，由我们的生物物种特性所决定，如时间与空间的连续感及自身的体位觉(postural sense)，这些感觉是天然存在的。而自我塑造也受到外部的影响——基于他人表现出的尊重，我们早年的无数期冀，甚至是我们对自身所处的文化背景无意识地汲取的成分。

此外，自我塑造的叙事艺术通常会受到不言自明的、隐含的文化模式的引导。这种文化模式会指引着我们：自我(selfhood)应当是、可以是以及不能是什么。文化模式不会明确地加以言说，它是含蓄的、内在的。当前一些激进的文化人类学家提出了一个观点：我们是文化的奴隶；然而即便在朴素的、仪式性的文化中，可能的、不确定的自我模式也存在着。所有文化均提供了关于自我的预设和观点，而不单是自述或向他人讲述关于自身的提纲或说教。

自我塑造的规则并非硬性的指令，而是有着充裕的构建空间。毕竟自我塑造是我们建构自身独特性的主要途径：通过比较关于我们自身的自述与他人的自述，便可清晰地将我们自己与他人区分开来。

向他人讲述自己可不是一件简单的事。这首先取决于我们认为在他人心目中的我们应该是什么样的；或在一般情况下，自我应该是什么样的。我们并不是在深思熟虑之后才开始向自己讲述自我的。以自我为中心的自我塑造叙事，早在我们思考别人预计我们是怎样的时候就已开始表露了。我们在不知不觉中发展出一种向自己描述自身的礼仪：如何率直地面对自己，如何避免冒犯别人。一位善于思考的自传文学研究者提出，自我叙事(至少在书面自传文学领域)，遵从于一种隐含的自传公约(pacte autobiographique)，该公约规范着适宜的公共自我叙事。哪怕是在我们向自己讲述自身的时候，我们依然遵从着它的各式各样的要求。在这一过程中，即便是在向我们自己讲述的时候，自我也会成为公众事务(res publica)(Lejeune，1975，1989)。

据此不难发现，无须后现代式的跨越即可得出结论，自我亦是他者。古典主义学者们甚至饶有兴趣地观察了古代世界中的现象。古罗马的雄辩术最初是用来向他人进行更有说服力的论证，最终却转向内部成为自我讲述。或许正因为这样，才造就了古罗马人的男性气质特征。借此，敏锐的古罗马人知道了他是谁，他的本质是什么以及对他有着怎样的期待。这种自我确定性促使查士丁尼大帝(emperor Justinian)在他生涯的顶峰期，净化了罗马法的管理中那些含混不清的部分了吗？帝国受到了自我叙事的长期影响吗？

剑桥著名的古典主义学者杰弗里·劳埃德爵士(Sir Geoffrey Lloyd)提供了另一个关于古代的例子。劳埃德通过一些有力的证据指出，古希腊人较同一时代的中国人更富有对抗性与自主性。古希腊人创造了“赢者通吃”(winner-takes-all)的演绎法来解决争端；而富于数学才能的中国人则回避了这种宛如灾难的摊牌。摊牌不符合中国式的礼仪。古希腊人的论证方式是否使得他们的对抗性更深一层，就如后来古罗马人的雄辩术一样，让他们对自我的感觉更加敏锐？发明工具是为了加深我们的文化偏好，然后成为它们的仆人，甚至发展自身来适应它们吗？

据说美国人不再像以前那样直接明了地表达感情了。男士们担心直接指向女士们的感情会被当作性骚扰；成年人则担心直接指向儿童的感情会表现得像是在虐待儿童。这些都出于原本基于好意而制定的禁令的副作用。例如，加利福尼亚州的一个学区张贴了一则禁令(Oxenhandler，2001)，明令禁止“示爱”(禁止事项中还包括“严禁吐痰”这类的条款)。这种新的禁令将最终模糊我们自我温柔的一面吗？在向我们自己讲述自己时，它将使我们产生对温柔的禁忌吗？

二、自我塑造和自我叙事

在我们今天这个时代，自我似乎已经成为一个异乎寻常的公众话题。层出不穷的书籍告诉我们应如何提高它，并防止它变得“分裂”(divided)、自恋、孤立或脱位。持中立立场的心理学研究者们提出在判断自我时的一类“错误”，即我们常常认为，他人会被持久的信仰及倾向所左右，而我们自己则会受自身所处环境的微妙影响。心理学家将其称为基本归因错误(primary attribution error)。

自我不一直都是公共事务和道德关注，甚至争论的焦点吗？自我与灵魂在犹太教与基督教共同的传统中永远是阴(yin)与阳(yang)的关系。忏悔罪恶和适当的苦修净化了灵魂——提升了世俗自我的精神内容。就教义来说，灵魂受到原罪的诅咒。在童年史的权威著作中我们可以看到，将这种罪恶从自我中净化，被视作极其重要的事情。加尔文(Calvin)的原罪说是如此的引人注目，以至于卢梭(Rousseau)在《爱弥儿》(*Émile*)中充满讽刺和勇气的抗争几乎成为一种苦涩的绝响。

而在教育学(pedagogy)持续的世俗道德争论的战场中，好的自我一直同样是个问题。教育可以通过丰富心灵使精神变得更加高贵吗？如果受到马修·阿诺德(Matthew Arnold，1822—1888)的经典格言——"世界上最好的思想和话语"的熏陶，自我就会变得更加丰富吗？教育是一种修养(bildung)——教育在于性格的塑造，而非仅仅是学科教学。黑格尔(Hegel)认为他诊断出了困境所在：通过文化传统的高贵历史的指引，年轻人(或所有人)应被鼓励去超越即时的需要。他甚至建议教育学应该"与当下疏离"。据称实用主义学派的约翰·杜威(John Dewey，1859—1952)也讨论过应该如何创造一个适应美好社会的自我。似乎没有任何一代人能够听从詹姆斯·瑟伯(James Thurber，1894—1961)在一本经典小册子的标题中提出的忠告："让你的心灵独处。"

我们无法辩驳这样的结论：自我的本质和塑造既是个人的，同样也是文化的。换而言之，自我既包含对自己的真实，也包含对他人的义务。没有这种义务的自我，构成的是一种反社会的形式，缺失作为社会存在所要求的责任感，甚至是法律中像犯罪意图(犯罪的念头)这样很基本的概念，以及犯罪动机的法律认定，都不可能离开自我这一社会义务要素。

值得庆幸的是，自我作为一个公共话题，其"改善"不仅是个人事务，也有益于那些负责维护一种适当的道德秩序的机构——教会、学校、家庭，当然还有国家本身。

我们必须回到这个令人困惑的话题中来：自我是什么，它是如何被塑造的。让我们暂且忘掉那些难题，只需记住这点：自我塑造和自我叙事既是公众活动，也是私人行为；对它们的评论也同样如此。

三、为什么叙事

为什么我们会自然而然地通过故事来描绘自己？它是如此的自然，

仿佛自我本身就是我们故事创造的产物。心理学研究文献中有什么答案吗？极具天赋的心理学家乌尔里克·奈瑟尔(Ulric Neisser，1988，1993；Neisser & Fivush，1994；Neisser & Jopling，1997；Neisser & Winograd，1998)收集了大量学术刊物中该领域顶尖学者的相关文献。我带着我们的问题："为什么叙事"——回到这些文献中进行思索，在这里让我用一打"俏皮话"(one-liners)来概述所发现的自我：

1. 自我是目的论的和主动性的，充满了向往、意图和愿望，不断地追逐着目标。

2. 由此，自我易受到障碍、现实或想象的影响：对成功或失败十分敏感，在应对不确定的结果时并不稳定。

3. 借由被判断为成功与失败，自我会通过更改其愿望和野心，改变参照群体(reference groups)来进行回应(Bruner，1991)。

4. 自我依赖于选择性的记忆来调整过去，以满足当前与期望的将来的要求。

5. 自我以"参照群体"和设定文化标准的"重要他人"(significant others)为导向，根据这一标准，它得以对自身进行判断(Shweder，2000；Wang，2001)。

6. 自我有占有性与延展性，通过吸纳信仰、价值观、忠诚甚至目标来构筑自身身份的各个方面。

7. 然而在环境有所需要时，自我似乎能够摆脱这些价值观和所有物，而又无须丧失其连续性。

8. 随着时间流逝和环境变化，即便自我在内容和行为上发生了惊人的改变，它依然是经验性的与连续性的。

9. 自我敏感于在这个世界上找到它自己在哪里，以及和谁在一起。

10. 自我是可解释的，时常能够负责地用言语来阐明自身。

11. 自我是喜怒无常的、情感的、不稳定的，并易感于环境。

12. 自我通过高度发展的精神程序寻求并坚守一致性，

避免不一致与矛盾。

即使在最为细微之处，自我也是遵从直觉的，这没什么好意外的。不过如果你将其转化为一系列关于如何讲述或写作一个好故事的注意事项时，就变得更有趣了。譬如：

1. 故事需要情节。
2. 故事情节需要设计阻碍目标实现的障碍。
3. 障碍促使人们重新思考。
4. 仅讲述与故事相关的那部分过去。
5. 赋予你的角色关联和联系。
6. 让你的角色成长。
7. 但要记得保持它们的身份完整无缺。
8. 同时还要保证它们的明显的连续性。
9. 将你的角色置于某些人群的世界中。
10. 让你的角色按需要来解释自己。
11. 让你的角色富于情绪。
12. 当你的角色没有意义时感到担忧——并让它们也感到担忧。

那么我们是否应该说，所有对自我的心理学研究只不过是重新发现了方向？我们从中所知的全部也就是大多数人所认识到的，即如何讲述一个自己作为主角的、还过得去的故事。这当然是不公平的，显然也并不现实。但我们可以肯定地指出，心理学家们没能成功地将舞者从舞蹈中分离开来，又或是将媒体从信息中区分出来。最终他们的“自我”差不多只是表现得像一个基本类型的标准故事中的一个标准主角：她因追寻而生，遭遇障碍并对自己生活中的目标重新考虑，记住那些必需的部分；有支持她的人，有她关心的人，并且在此过程中又不必迷失她自己并逐渐成长。她生活在一个可被认识的世界中，当她需要时可以说出她的想法；不过在找不到合适的言语时，又会令她对生活倍感困扰。这个故事可以是悲剧性的、滑稽的，又可以是一部教育小说(bildungs roman)之类的。一个合情合理、精心打造的故事，一个情节连贯紧密的故事(或像一般的故事那样，又或像法律中的一系列判决先例那样)，自我所要求的会比这更多吗？

也许我们面对的是又一个先有鸡还是先有蛋的难题。我们对自我的感觉其实是根源(fons et origio)于讲故事吗？或者说正是人类叙事的才能赋予了自我所具备的形态？这样或许又过于简单了。语言学(linguistics)中有一句古老的箴言"为言说而思考"(thinking is for speaking)——我们为了用我们学会的语言说我们想说的话，才会用某种方式进行思考。不过这并不意味着所有思想都是为了谈话的目的而进行的。极具才华的学者丹·斯洛宾(Dan Slobin, 2000)，在语言和思维如何相互影响这一领域是位经验丰富的研究者，他对这一问题有着精辟的见解："一个人不能不带着观点(perspective)来描述经验……所使用的语言又常常促成特定的观点。世界并未呈现可供语言编码的'事件'(events)。相反，在谈话或写作的过程中，经验被语言过滤为所描述的事件(verbalized events)。"自我显然被认为是这样一种"所描述的事件"，一种元事件(meta-event)——赋予混乱的经验以一致性和连续性。然而本质上并不仅仅是语言，叙事也同样塑造了它的用途，尤其是在自我塑造中的用途。这很令人吃惊吗？物理学家们借助他们涂写在黑板上的方程式来思考。音乐家们是如此擅长用音乐来思考，以至于当他们发现哪里不对时，看到乐谱就如同听到音乐一般。难道我们不也是为了探知是否"这真是我希望成为的那种人"，才去讲述事件的吗？

四、自我的本质和起源问题

没多少人有时间去写一部长篇自传。自我讲述通常由某种与我们长期关注的、相联系的事情所引发。尽管与发生的特定事件相联系或受其刺激，自我讲述仍需要以一些更长期的、更大范围的关注点为先决条件，这很像撰写史书。编年史(annales)与特定事件的历史记录往往是由更宏大的历史记述加以确定或塑造的，它本身即蕴含着支配性历史观的印记。一次战斗的记录是以战争的存在为理所当然的前提，而战争无疑又是受到更大的观念，如国家之间的竞争和某种世界秩序所支配的。

没有任何自传是完整的，它只不过是结束了。任何自传作者都受限于这样的问题：他的自传是关于哪一个自我的？基于什么样的视角？为了谁而创作？我们所写的仅仅只是一个版本，实现一致性的一种方式。自传甚至会使一位经验丰富的作家变成一个幽灵(doppelgänger)——并把读者变成侦探。这个人实际是怎样的，他也许会是怎样的——自传的各种版本如何才能在这两者之间取得平衡？在这摇摆的平衡间，我们和我们自己玩着游戏。我的一个邻居朋友是作家。作为一位颇具才华的记者，她正忙于写自传。对这一困惑，她的反应和我以前一模一样："对我来说这根本不成问题，我忠实于回忆。"不过她在本地作为"棒极了的寓言家"而知名——借用镇上小伙子的诙谐说法就是，"只不过是去斯基伯林(Skibbereen)逛街购物而已，却编得好像去古罗马亲身旅游一样"。和她一样，我们永远在平衡着"是什么"和"可能会是什么"——而且还不知不觉地就做到了，这可真是件幸事。

文学传记尽管有很多缺陷，但它仍然告诉了我们很多无意识遗失于自我记述中的部分——那些隐藏在自发的、事件片段式的、更为简短的自我归因。它甚至还可以给我们提供关于作者对自我认识的隐秘哲学观念的线索。这并不是没有价值的。

最近有一本书生动地揭示了这一点——詹姆斯·奥尔尼(James Olney，1998)的《记忆与叙事：大传记的迂回前行》(*Memory and Narrative：The Weave of Life-Writing*)。这本著作非常具有思想性。奥尔尼尤为关注在自我叙事中叙事形式的增加和减少，关注为什么近来文学传记作家对这一形式不再那么感兴趣了，虽然这些传记作家在他们更为自发和结构松散的自述中也无法逃离这种形式。

他详细研究了四位著名的生命传记作家，其中最早的作品已经流传了一千多年。最早的是圣奥古斯丁(Saint Augustine)，他在 4 世纪撰写的《忏悔录》(*Confession*)实际上首开传记类型的先河；最晚的是塞缪尔·贝克特(Samuel Beckett)。奥古斯丁把他的探索视作对他真实生活和真实自我的探究，并将他的自传看作对真实记忆和现实的寻求。在他看来，一个人的真实生活是由神和上帝赐予的。而叙事内在的、独特的规律反映了记忆的自然形式，这种形式真实于上帝赐予的存在。真实的记忆反映着真实的世界，奥古斯丁接受了叙事作为这个真实世界的媒介。他的自传是一种叙事现实主义(narrative realism)，而其中浮现的自我是神的启示的赐予物，并受理性的催化而生。

与之相对的是奥尼尔著作中论及的第二位作家——18 世纪的詹巴蒂斯塔·维科(Giambattista Vico)。维科基于精神力量的反省，对奥古斯丁的叙事现实主义提出了反对意见。在他看来，生活是由人们的精神活动所精心操控的，而不是由神的活动所赐予的。生活的故事性是由我们而非由神来造就的。维科或许是第一位激进的建构主义者，尽管他被披上了理性主义的外衣，这使得他常常与建构主义相联系的怀疑论观点划清了界线。

约半个世纪后，进入卢梭的世界。受到维科反省的警示，同时其所处的革命时代的新怀疑论也赋予了他勇气，卢梭对奥古斯丁的稳定和天真的叙事现实主义提出了新的质疑。他的《忏悔录》充满了鲜明的怀疑论精神，是由精神活动而非天意塑造了这部自传。不过卢梭开玩笑地说这些精神活动是——为虚荣而服务，充斥着激昂的讽刺。生活故事对于卢梭来说，与其是追求某种更高真理，毋宁说更像一场社会游戏，这可能是他对原罪之类的观念毫不在乎的原因之一。他把维科对理性的尊敬变成了一种可怜的、不敬的怀疑论。

跳到塞缪尔·贝克特及我们所处的时代。贝克特认同维科对奥古斯丁叙事现实主义的理性扬弃，并对卢梭反讽式的怀疑论深感赞同。不过他显然不认同把叙事作为生活内在秩序的反映。实际上，他否定那种认为存在某种内在秩序的理念。他的自传是一种彻底的虚构主义，他的任务是将生活写作（还有文学）从叙事的束缚中解放出来。生活是不确定的，不是被束缚在传统类型之中的。所以他在多少有点自传性的戏剧中，如《等待戈多》(*Waiting for Godot*)，提出的是问题而非解决的答案。在他看来，过程比结果更重要：让人们不被叙事的幻想所哄骗。

奥古斯丁、维科、卢梭和贝克特，他们中的每一个人都是自身所处时代的时代之子，孕育出毫无陈腐、极为鲜明的自我形象。对奥古斯丁来说，自我是启示录般的叙事的产物，揭示着上帝的创造；而在贝克特与我们所处的时代，自述性叙事不过是一种写作方式(façon d'écrire)罢了，且已经变成了一种扼杀想象力的人为限制。但对于他们中的任何一个人来说，自我的本质和起源仍然充满了深刻的问题和悬而未决的关系。尽管这些问题本身或许已经发生了剧烈的改变，但这些关系似乎并没有随之减弱。为什么托马斯·阿奎那(Thomas à Kempis)将他对真实的修道士的自我记述命名为《遵主圣范》(*Imitatio Christi*)？他提出的那种基督式的自我奉献的描述作为真实典范，进一步推动了奥古斯丁的叙事现实主义吗？他那个时代的修士和修女们确信他们的自我，并真的试图效法基督吗？用现代的眼光来解读托马斯，我们会觉得他就像一位宣讲者，极力地赞美这种自我以吸引新人进入修道士的生活，或是证明修道士生活的正当性。他激动人心的小册子暗含着与自私的、世俗的自我之间的比较，就像关于自我的专题论文一样。间接来说，这些都是“正确的”自我的宣传，且每一种都有其颇具吸引力的独到之处。

与之相似的，弗吉尼娅·伍尔夫(Virginia Woolf)用“一间属于自己的房间”的隐喻来倡导她的女性主义，主张女性改变她们的自我概念。那么，杰克·凯鲁亚克(Jack Kerouac)的《在路上》(*On the Road*)，是为了减少他那个时代的自我叙事和自我塑造中的目的论强度而撰写的吗？

奥尔尼在这部关于自我概念的杰作中进行了伟大的创新，但也有人惋惜他没有更全面地探索他的主人公们。这些史诗的作者们在他们各自的时代中经历了斗争——奥古斯丁反对盲目的信仰；维科并不认同启蒙运动的精神；卢梭对沉重的旧制度(ancien régime，指法国1789 年大革命前的社会和政治体系)的反抗；以及贝克特对文学现实主义的批判。他们四位显然塑造了自我的新形象。不过就如他们的形象一样，没有哪一种自我形象能够占据垄断地位。我们最好来探索一下为什么会这样，这一探究将把我们带回之前曾短暂触及的自主和义务的问题中去。

五、自主和义务

自我塑造的叙事是某种平衡活动。一方面，它必须创造坚定的自主的信念，即人具有自己的意志，有确定无疑的选择的自由及一定程度的可能性。另一方面，自我也必然与他人的世界相连——包括朋友、家庭、机构、过去和参照群体。对他人的承诺联系着个体与他人，也潜在地限制着我们的自主性。事实上，我们似乎不可能离开自主和义务这两者而活，我们的生活致力于实现两者之间的平衡。我们向自己展开的自我叙事也是如此。

不是每个人都能成功做到这一点。以 23 岁的克里斯托弗·麦坎德利斯(Christopher McCandless)为例——数年前人们在阿拉斯加荒野中一辆废弃的公共汽车里发现的尸体。在他为数不多的遗物中，人们发现的一些自传性的片段，讲述了一个“过于激进地追寻自我认同以致步入歧途”的故事(Eakin，1999)。他的理想是“独自应对一切”，他将梭罗(Thoreau)的训诫“简单化，简单化”理解为他不应该依靠任何人，寻求完全没有任何束缚的自主。他的自我叙事符合这一准则：在他最后的日子里，他生活在遥远的阿拉斯加，只吃可食用的植物，并在三个月后死于饥饿。在死前不久他还特意留下了自拍照，后来人们在他的相机中发现了这些胶卷。在照片里，这个年轻人坐着，一只手高举，另一只手拿着写字板，上面写道：“我度过了幸福的一生，感谢主。再见。愿上帝保佑大家。”那辆废弃的公共汽车成为他最后的庇护所，他在窗户的扣板上刻下了这样的信息：“两年间他在地球上穿行……终极的自由。一位激进主义者，一位具有审美趣味的旅行者。他的家就在路上……不再被他逃离的文明所毒害，在大地上独自行走并渐渐消隐于荒野之中。”在最后，即使是这位可怜的克里斯托弗·麦坎德利斯也感受到了对他人的某种义务——出于自由意志的行动，他完成了提醒你的义务。当他孤身一人，在因饥饿而濒临死亡时，他仍然觉得必须把上帝的祝福送给那些他弃之而去的人们。这是一种慈悲的行动，一种平衡的表现。然后，或带着乡愁，或伴着苦涩，他死去了。他在自己的故事中，是受害者还是胜利者？七十多年前，杰出的民俗学者弗拉基米尔·普罗普(Vladimir Propp)论证了民间故事中的角色和事件如何作为叙事情节的功能发挥作用：它们不是独立存在的。克里斯托弗·麦坎德利斯最后的行动在他的故事中发挥了怎样的作用？他又是如何向自己讲述的？

我曾认识一位年轻的医生。他对私人开业的单调乏味大失所望，在听说了无国界医疗组织(Médecins sans Frontiéres)后开始查阅文献资料，并在他所属的郡县医学联合会中为它筹款。最终他花了两年时间在非洲行医。他回来时，我问他是否改变了。“是的，”他说，“我的生活愈加成为一个整体了。”成为一个整体？分散在两个大洲上吗？是的，现在他不仅回到了出发前的地方开业行医，而且还在研究他远赴非洲前的那个小镇的动荡历史，越是发现他当初不满的根源，就越发促进他将自主与对小镇的义务相统一。他已将这个小镇视为他曾经渴望的、更大世界的一部分。通过这样的做法，他创造了一个富于生命力的自我。经过不懈的努力，他甚至争取到了市政官员们对他的支持！

且不论如何成为一个整体了，一个人在他的自我感觉中究竟是如何平衡自主与义务的？作为一名心理学家，我曾采用心理学研究者通常使用的间接方法来研究这一问题，并将我的文章毫无保留地提供给了之前提到的奈瑟尔——作为他著作中的一章。不过这种平衡在日常会话中会更加直白地表露，所以我常常在适宜的话题中随口询问人们——朋友、与我共事的人、熟人。我会简单地问他们关于他们自己的问题，聊得兴起时继续关于平衡的话题就很自然了。有一位年轻的女士，她是一个学法律的学生，致力于儿童权益保障并在儿童相关的诉讼中为其父母提供支持。我问她是怎样决定从事这份工作的，这看上去很适合她。她发了一份电子邮件给我，内容如下：

> 这在一定程度上是不经意的。我原本毕业于英语和创意写作专业并取得了文学学士学位，但并不想从事教育或出版之类的工作。不过我确实想做点什么事……来改善那些贫穷的孩子们的生活。由于一次环境的奇特转变，我在东部一个中等规模城市的社会法律援助机构中成了一名实习生。在那里我与一位律师工作联系很紧密，他在一些虐待和遗弃案中为父母们（常常是精神病患者或身心障碍者）做代表。我立刻就沉浸在这份工作中了。那些父母在面对巨大环境不幸时所表现出来的勇气常常让我深感惊讶；同时对他们的声音无人听见感到震惊。当他们遇到某个真正有兴趣聆听他们的人时（如我和一同工作的律师），他们常常无法相信这样的关系，这又反过来干扰了法律代理的有效进行。我自己做了很大努力去“发现我的声音”，并学会亲身感受与某个真正聆听自己的人所建立起来的关系中那种疗愈性的，甚至是改造性的力量。尽管我们在背景等方面有着诸多不同，我依然能感到自己与这些父母紧紧地联系在一起。所以，最终可以说，这份工作是我印象非常深刻的个人兴趣的延续。

上述那位医生和那位儿童工作者都曾经遭遇了困境：厌倦、不满足，不断完成一眼就能看透的职业以履行既定的义务。进医学院、实习，然后在小镇上开私人诊所；有文学爱好的、受到良好教养的女孩，进入大学，然后去高中教英语。两个人都曾经沿着传统义务早已在生活中塑造好的轨道前行。没有谁是出于物质的需要；他们本不必这样继续。两个人对自己的下一步都曾看得太清楚了，前方的景象一览无余，似乎可能性已经全然关闭。

在这些情况下，义务已成为一种叙事，并受到自己生活中的先例义务所主宰。医学毕业生接着去实习，然后去开业——在小镇上开业或许还能带来偏离轨道的小小愉悦。环境改变了，可能性的范围变窄了，在自主和义务之间的平衡活动不再令人感到满意了。一个人的自我叙事似乎脱离了可能性的世界——这个世界由想象而生，并由小说家和戏剧家培育。

我们可以换个方式来思考一下生命中的这些时期，可以这样类比为，条件为法庭做出经典的判决提供准备。就如做出经典判决一般，早先的规条和原则加以拓展，以适应新的情况。通过转变生活的观念，旧有的愿望在新的方式中继续得到尊重。医疗护理不仅仅是为了安全和家乡亲朋，同样是为了那些缺衣少食的、遭遇困境的人们。这一发现超越了过去意识到的范围。又或是一个人将自己更为有力的声音提供给那些在辩诉中需要它的人，而不仅仅是给那些可以顺理成章地掌握它的人。或许对可怜的克里斯托弗·麦坎德利斯而言：如果自给自足是好的，那就让它更全面一些。一个人可以在他的自述中孕育转折点，如同自我产生的突变；而对之前麻烦的处理又将催生新的麻烦。

事情的现实是，我们极少会遇到一个没有转折点的自传，无论是写出来的还是在访谈中自发地告诉别人的。它们几乎总是伴随着这样的评论，诸如“我变成了一个新的女人”，或“我找到了一种新的声音”，又或是“当我走出来后成了一个新的我”。就像青春期的疾风怒涛(Sturm und Drang)那样，这是成长必不可少的一部分吗？也许它不仅仅是年轻人所拥有的特征，因为转折点常常出现在生命的晚期，特别是临近退休时。如同埃里克·埃里克森所提出的“生命阶段论”(life stages)那样，关注点由自主性(autonomy)到能力(competence)，到亲密关系(intimacy)，再到连续性(continuity)的转变，为自传式的转折点提供了基础。

一些文化从仪式上为他们做好了准备，如过渡仪式(rites de

passage)。为了使观念得以顺利转变，这些仪式常常令人十分痛苦或费劲。一名昆布须曼人①(！Kung Bushman)男孩需要经历痛苦的仪式(包括把灰擦到他脸颊上的新鲜伤口中，这会是以后他为之骄傲的富有男子气概的伤疤)，表明他已脱离了童年时代。现在他可以成为一名猎手了，准备好了不再做那些孩子气的行为。此后不久他会被带去狩猎，当他为猎杀长颈鹿出了力或有所猎获时，人们会大声鼓噪以示鼓励。在过渡仪式中不仅鼓励发生了变化，而且变化正当化了。

转折点的常规化不仅存在于过渡仪式(或埃里克森的生命阶段论)中。我要重申一遍，自我叙事是由外而内的，同时也是从内而外的。当环境为我们准备好了变化的条件，我们求助于其他已接受仪式而改变的人们，开始接受新的趋势，并用新的方式看待在世界中的我们自己。我们怀着新的兴趣看小说，去参加政治游行，用更开放的态度倾听。厌倦了常规的兼并案和版权侵害诉讼的律师们对美国公民自由联盟(American Civil Liberties Union)所从事的事情开始了新的关注。简·方达(Jane Fonda)正处于事业上升期，她并不自满于现状，而是开始阅读"新的"女性主义文献，以期帮助她理解不久前刚刚经历的一次离婚。实际上，女性主义所提供的女性自我观念一直在发生着变化：从薇拉·卡瑟(Willa Cather)或凯瑟琳·曼斯菲尔德(Katherine Mansfield)的女性意识，到西蒙娜·德·波伏娃(Simone de Beauvoir)或杰曼·格里尔(Germaine Greer)的抗议女权主义，直至今天的女权主义活动家们倡导的"平权"(equality)。

通过自我叙事进行的自我塑造是永不停歇、永无止境的，这在今天也许表现得比之前更为明显。它是一个辩证的过程，一种平衡的行动。尽管有种自欺欺人式的说法认为人们是不会改变的，但其实一直都在改变。人们常常通过一种尊重过去的方式，对自主和义务不断地进行着平衡。礼仪传统使得我们大多数人在自我塑造中远离那些狂热的冒险，而这种冒险最终击倒了克里斯托弗·麦坎德利斯。

---

① 昆布须曼人(！Kung Bushman)，一般译为布须曼人(Bushman)，是生活在非洲南部地区的一个原始狩猎、采集民族，主要分布在纳米比亚、博茨瓦纳、安哥拉、津巴布韦、南非和坦桑尼亚。——译者注

六、自我是我们讲述的产物

我们应该对自我塑造的叙事艺术得出什么结论？

西格蒙德·弗洛伊德(Sigmund Freud, 1956)在一本有趣却又不常看到的书中提到，我们每个人都像一部小说或戏剧中的一个完整的演员角色。他写道："小说家和剧作家们通过分裂他们的内在角色，将其写在纸上或置于舞台并设计出相互之间的关系，从而构建他们的艺术作品。"这些角色可以在任何一本自传的书页中找到。把我们的多重内部声音称为角色或许是一种文学夸张。然而它们确实存在——等待被倾听，努力达成彼此之间的妥协，有时候还会发生争执。不过我们已经知道，没有任何单一的故事能够做到这一点，而宏大的自我创造叙事将试图把它们全部展现出来。你对谁讲述它，会有怎样的结局？在将它归为一个整体这个方面，我们太像哈姆雷特(Hamlet)了——在熟知和可能性之间过于分裂。

这丝毫不会让我们气馁。我们不懈地通过叙事来构筑自我。为什么叙事是如此的关键？为什么我们需要它来自我界定？与生俱来的叙事似乎是我们使用语言表征事物与其预期状态差异的自然方式，而这些表征又根植于人类的文化之中。没有人知道它发生和延续的演化故事。然而我们确实知道的是，它是我们理解人类互动的一种不可或缺的方式。

我已论述，我们通过叙事创造并再造了自我，自我是我们讲述的产物，而非潜藏于主体的深处等待人们去挖掘的某种本质。现在有证据表明，如果我们缺乏创作关于我们自己的故事的能力，就不会有自我这种东西存在。让我来展示这个证据。

有一种被称为叙事功能障碍(dysnarrativia)的神经性疾病，会对讲述或理解故事的能力造成极为严重的损害，与神经性病症如科萨科夫综合征(Korsakov's syndrome)和阿尔茨海默病(Alzheimer's disease)极为相似。它不仅会对过去的记忆造成损伤，对一个人的自我感知也具有高度的破坏性，就像奥利弗·萨克斯(Oliver Sacks, 1973)的著作中所明确描述的那样。尤其是在科萨科夫综合征中，情感和记忆都受到了严重的损伤，实际上自我消失了。萨克斯(Sacks, 1986)以这样的话来描述一位重症科萨科夫综合征患者："被掏空了，灵魂被剥夺了。"

这些病例的一个典型特征是几乎丧失了理解他人思想的能力，丧失了说出他人可能在想什么、感觉到什么，甚至看到什么的能力。患者们似乎不仅丧失了自我感，而且丧失了对他人的感觉。敏锐的自传评论家保罗·约翰·埃金(Paul John Eakin，1999)对这一著作发表了评论，将其视为一种更有力的证据，证明自我有着深刻的相互联系。如同我们前面提到的那样，自我同样也是他者。

最新观点认为，叙事功能障碍对自我是致命的。埃金(Eakin，1999)引述了凯·杨和杰弗里·萨弗尔(Kay Young & Jeffrey Saver，1995)一篇未发表的论文中的结论："个体失去建构叙事的能力，也就失去了他们的自我。"

我们一旦具备了这种能力，就能够创造出一个自我，并将我们与他人联系在一起；这使我们在为预期将来的可能性塑造我们自己时，能够有选择地回归原处。我们掌握了自我叙事，并从生活着的文化中创造和再造了我们的自我。不论我们是多么地依赖于功能强大的大脑来实现我们的自我，事实上都源于滋养着我们的文化的最初表达。文化本身也是辩证的，有着多种关于自我是什么或可能是什么的叙事。我们所讲述的，用以创造自我的故事正反映着这种辩证性。

（何雯静　译）

参考文献

Bruner，J. 1958. The freudian conception of man[J]. Daedalus，8(1)：77-84.

Bruner，J. 1991. Acts of meaning，cambridge，mass[M]. Harvard University Press.

Eakin，P. J. 1999. How our lives become stories：making selves[M]. Ithaca，NY：Cornell University Press.

Freud，S. 1956. Delusion and dream：an interpretation in the light of psychoanalysis of "Gradiva"，a Novel by Wilhelm Jensen，ed. P. Rieff[M]. Boston：Beacon Press.

Lejeune，P. 1975. Le Pacte autobiographique[M]. Paris：Seuil.

Lejeune，P. 1989. On autobiography[M]. Minneapolis：University of Minnesota Press.

Lloyd，G. 1979. Magic，reason，and experience[M]. Cambridge，UK：Cambridge University Press.

Lloyd，G. 1999. Science，folklore，and ideology[M]. Indianapolis：Hackett.

Neisser，U. 1958. The freudian conception of man[J]. Daedalus，8(1)：77-84.

Neisser, U. 1988. Five kinds of self-knowledge[J]. Philosophical Psychology, 1: 35-59.

Neisser, U. 1993. The perceived self[M]. Cambridge: Cambridge University Press.

Neisser, U. & Fivush, R. 1994. The remembering self[M]. Cambridge: Cambridge University Press.

Neisser, U. & Jopling, D. 1997. The conceptual self in Context[M]. Cambridge: Cambridge University Press.

Neisser, U. & Winograd, E. 1988. Remembering reconsidered[M]. Cambridge: Cambridge University Press.

Olney, J. 1998. Memory and narrative: the weave of life-writing[M]. Chicago: University of Chicago Press.

Oxenhandler, N. 2001. The eros of parenthood[M]. New York: St. Martin's Press.

Sacks, O. 1973. Awakenings[M]. London: Duckworth.

Sacks, O. 1986. The man who mistook his wife for a hat and other clinical tales [M]. New York: Alfred A. Knopf.

Shweder, R. 2000. The psychology of practice and the practice of the three psychologies[M]. Asian Journal of Social Psychology, 3: 207-222.

Slobin, D. 2000. Verbalized events: a dynamic approach to linguistic relativity and determinism[J]. Current Issues in Linguistic Theory, 198: 107.

Spence, D. 1982. Narrative truth and historical truth: meaning and interpretation in psychoanalysis[M]. New York: W. W. Norton.

Spence, D. 1987. The freudian metaphor: toward paradigm change in psychoanalysis [M]. New York: W. W. Norton.

Wang, Q. 2001. Culture effects on adults' earliest childhood recollection and self-description[J]. Journal of Personality and Social Psychology: 81(2).

Young, K. & Saver, J. 1995. The neurology of narrative[C]. Paper presented at a session titled Autobiography and the Neurosciences, Modern Language Association Convention, New York.

第 2 章　通俗心理学和叙事实践

麦克·怀特(MICHAEL WHITE)①

在本章的第一部分，我把叙事疗法的实践与历史传统对生命的感悟和认同的理解——有时也被称作“通俗心理学”联系在一起。在 20 世纪 60 年代末至 70 年代初，社会科学开始经历一种“解释学转向”(interpretive turn)。这时，这种在很大程度上已经被现代心理学取代的传统心理学却开始复兴。我讨论的叙事实践的很多探索都是在这种解释学转向以及传统的通俗心理学范围内展开的。在本章的第二部分，我澄清了一些受到传统通俗心理学影响的治疗实践的建议。最后，在本章的第三部分，我会聚焦于对历史和文化因素的考虑，以及通过这些因素的考虑得到的对治疗实践的启示。为了展开这些探索，我将叙述一个我和保罗(Paul)的治疗性会谈，在这次会谈中保罗以心理咨询师的身份来向我咨询他的工作问题。

一、通俗心理学

(一)保罗 *

保罗向我咨询了一些有关他的工作的问题。他之前是在当地的一家机构里做心理咨询师的，经常会接触一些异性恋夫妻(heterosexual

---

① 我要感谢大卫·爱普斯顿早期对本章文稿的有益评论。本章观点是我在 2001 年 2 月南澳大利亚阿德莱德的叙事疗法和社区工作会议上提出的，并发表在达利奇中心通讯，2001(2)，pp. 4-37，由南澳大利亚阿德莱德的达利奇中心出版社再版。——作者注

* 在整篇文章中出现的人名都是化名，后同。

couples)。尽管他很喜欢他的工作，但是最近，他对这些夫妻中男性伴侣的行为表现(expressions)感到越来越不舒服。这些都是焦虑和不确定的反应，而且保罗已经认定他的这些反应都与他内心深处的恐惧和不安全感有关，并且他认为这些都是由于他自身"未解决的问题(unresolved issues)"造成的。这些未解决的问题一直缠绕在保罗的心头，把他卷入了充满不确定因素的旋涡，诱发了他内心极大的恐惧，对他产生了巨大的影响。而且，保罗这个未解决的问题也让他开始质疑自己是否适合从事与人打交道的工作。

保罗：这就是我害怕的地方。有的时候它不仅仅是恐惧。我打心底感到恐惧害怕，我觉得我的心都在颤抖。而且目前我的工作中问题不断。我甚至有想过我可能是生病了。就是因为这些错误的原因，我产生了想要通过努力工作来解决那些未解决问题的奇怪动机。但是你知道的，这反而让我的情况变得更加糟糕了。

麦克：如果可以的话，你能多说一点和这个动机有关的事情吗？

保罗：嗯，我觉得这可能是因为，我应该，但是我没有和我的父亲一起去解决问题，而且我自己也没有意识到我在通过自己的工作来解决问题。我觉得我把这件事情搞砸了。

麦克：你是不是很早就有过这样的想法了？

保罗：是的。

麦克：那这些想法对你解决问题有帮助吗？

保罗：没有。到目前为止还没有。但是实际上，也不都没有啦。(大笑)但是，具体要怎么做我就不知道了。

麦克：我们可以一起再回顾一下当时的场景吗？当你感到最焦虑的时候，你觉得是因为这些男性的什么行为让你产生了如此强烈的反应的？在你和这些男性会谈的过程中，你体会到了什么？你思考过你究竟是因为看到了什么而引发你的恐惧和焦虑吗？

保罗：真的只是很小的事情，没有什么大问题。我觉得真的很傻。有的时候我觉得我只是想太多了。

麦克： 比如？

保罗： 比如一个眼神，嗯……或者是坐的方式，我再想想……某个词语或者是说话的语气，还有……可能是一种姿势吧。就像我之前说的，这真的只是一些很小的事情。很多都是一些看似很傻很微小的事情，但就是容易让我进入那种恐惧和焦虑的状态。你知道的，这感觉就像……就像一直处于警惕状态。

麦克： 处于警惕状态？你是这样告诉我的吧。你之前说到的未解决的问题，以及你提到的你的父亲，所以我在想，在你幼年时期，有什么类似的行为表现会让你感到很警惕。

保罗： 嗯……是的，确实是这样的。有一部分是我父亲的原因，有一部分是因为情绪问题……可能是因为觉得麻烦，很麻烦。我觉得他干涉我太多了……对的，他真的就是这样的。对，就是因为这些事情，让我觉得很危险。

麦克： 你母亲也是这样吗？

保罗： 你指的是让我觉得她很危险吗？

麦克： 不是的。我的意思是指你母亲是否也会对这些预警信号(early-warning sign)很敏感？

保罗： 是的。我认为我和我母亲都会看到这些并且相互帮助彼此脱离困境。我们都能预见这些危险的到来。

麦克： 你们是怎么应对这些预警信号以及这些预警线索的？

保罗： 嗯，事实上我们并不能做很多。我母亲有的时候会帮我分散父亲的注意力。有的时候我也会这么帮助她。你知道吗，我总是很担心我的母亲。每当我想到这个问题，我就会想到如果我们能够很好地辨认这些线索，我和我母亲就可以避免伤害了。但是，这远远不够……(声音慢慢地变小了)

麦克： 我是这么理解的，你和你母亲彼此都对这种有可能会让你们受到伤害的警惕感的察觉是有效的。你和你母亲彼此都对这些预警线索非常敏感。而且你们都会对有限的应对方式给予相互支持。

保罗： 我们会一起努力面对它。是的，但是……(眼睛湿润，呼吸沉重)……现在我又这样了(擦掉了泪水)。

麦克： 你介意和我分享一下让你伤心落泪的故事吗？

保罗： 可以的。我只是想起了我的母亲，以及关于……嗯，她的经历，她的努力尝试，还有，除此之外，她受到的不公平对待，我们之间的关系，以及其他的一些事情。

麦克： 你说你母亲会怎么看待你向我咨询你工作中遇到的问题？如果她在现场，并且听到了你刚才的这番话，你觉得她会有什么样的反应？

保罗： 我觉得她肯定会觉得我很可怜，并且会很担心我(现在大声哭出来了)。

麦克： 如果我问她，她是怎么看待你选择的这个工作的，你觉得她会怎么回答？

保罗： 嗯，我母亲大部分时候都尊重我的决定，虽然并不总是这样(现在破涕为笑)。有的时候她真的对我很上火，所以她可能会对我说："你疯了吗？你究竟对你自己做了些什么？毕竟那都是已经过去的事情了。"

麦克： 如果你母亲见识到这个工作是很重要的，很受重视的，那么你认为你母亲又会怎么说呢？

保罗： 嗯，实际上，我真的觉得她可能会，你知道的，她可能会说这是因为我希望每个人都能有机会得到公平。她可能会说我会通过各种不同的方法来了解我的工作。她可能会理解我真的是离不开它。

麦克： 所以她认为你在这行工作一定是有目的的，是吗？

保罗： 我认为她是这样的。她可能会说一些我认同的观点，然后你就知道的，虽然我很希望我能够多做一些，但是我真的……我真的很希望每个人都能受到公平的对待，真的，不要像我一样活在阴影下。

麦克： 这是为什么你和你母亲的生活联系在一起的一部分原因吗？

保罗： 当然，当然。但是她从来都不知道。

麦克： 如果你母亲知道你工作的目的是因为这个，你觉得她会怎么样？

保罗：（再次哭泣）我觉得这对她来说太有负担了，压力太大了。而且，最让我感到意外的是，我从来都没有考虑过这个问题。

麦克：如果就只了解了这些，你觉得她对她自己的生活有什么样的看法？

保罗：（继续哭泣）她不会再感到空虚了，她不会觉得她所做的努力都白费了。

随着这段会谈的进一步深入，我借机引入了保罗的母亲（已故）。之后，对线索敏感的主题将再一次成为会谈的焦点。

麦克：我们再次回到这个有关对线索很敏感的话题，你和你母亲彼此帮助形成了这样的能力。你能和我分享一下这里面的技巧吗？

保罗：嗯，我从来都没有考虑过这个问题。直到现在我才觉得这个能力是靠谱的。

麦克：那你有什么想说的吗？

保罗：是的，我肯定会说这个的。

麦克：说什么？是那个技巧吗？

保罗：是的。虽然我之前没有考虑过这个问题。嘿！

麦克：那是什么？

保罗：我真的很喜欢思考这个问题。

麦克：我能向你核对一些事情吗？我很理解你说的所有事情，你的不安全感、恐惧以及你谈到的未解决的问题，这些都是所有事情的冰山一角。那些你谈到对特定的可能会存在危险或受到伤害的线索的敏感性的事情——解读这些线索的技巧。这些技巧是对恐吓、不尊重和虐待的影响的内部知识，是对生活的一种信念，一种别样的生活理念。这种信念和价值观都反映在你对母亲的担忧上，而且这些技巧是在你过去的生活中，你和你母亲一起努力让每个人都获得平等待遇的目的。我想向你核实一下我的理解是否有误。

保罗：太棒了。我把这些事情都理清楚了，这感觉太棒了(再次露齿而笑)。

麦克： 有什么开心的地方可以和我分享一下吗?

保罗： 解脱……解脱……因为这毕竟没有那么糟糕。我的意思是我之前觉得我就像一个假的咨询师一样，因为我有很多不安全感和没有解决的问题。但是这并没有那么糟糕，不是吗?(大笑)

麦克： 我也在思考类似的问题。事实上，如果所有这些被捆绑在这种焦虑和恐惧中的东西都很清晰地出现在向你咨询的夫妻身上，你觉得你的工作会变成什么样子?

保罗： 我想象不出来。但是我会把我自己置于这个会谈之上。

随后的会谈紧紧地围绕这次探索展开。其中，保罗确定他可以更明确地承认他对这些线索的敏感度，以及对恐吓和不尊重的做法和后果的内部知识。保罗提出了一些关于他如何表达这种敏感性和这些知识的具体想法，以及如何在会谈中打开心扉，说出平常很难说出口的话。另外，保罗还谈到了一些可以替代他之前称之为不安全感的想法。他在与我会面的过程中练习了其中的一些想法，扮演了一些曾经咨询过他的夫妻的男性伴侣的角色。例如，保罗会开始询问一些恐吓行为的做法，比如，“现在我想和大家分享一些问题，我想要了解一下，如果不考虑我的担忧的话，你们会怎么回答这些问题。我的担忧对你们回答这些问题是否会产生影响?如果你们能认真思考这些问题的话，我将不胜感激”。

保罗还想到了解决那些难以进行的治疗会谈的办法，并且认为开诚布公地沟通交流可能会促使进展困难的会谈进行得更顺利。随后，我和保罗进行了两次会谈，其中，他在解决异性恋夫妻中性别权力关系的工作中有了一些非常令人振奋的进步。在另一次会谈中，他告诉我，他发现自己能够更轻松地向朋友提供他的工作记录，而且不会感到尴尬。后来他开玩笑地说，他渴望得到一些更多未解决的问题，这样我们在会谈中就可以反过来讨论，并希望我能够从中发现一些新的东西。我建议他继续找下去，下次再带着这些问题和他一起回来。我们都笑了。

(二)通俗心理学

我与保罗会谈中的很多内容都受到了我对叙事实践的质疑和思考的影响。长久以来，我发现前来向我咨询的来访者都会快速地与这些叙事实践相联系起来，并且这种快速的联系为在治疗会谈中展开一些奇妙的探索提供了基础。我相信，人们对这种治疗探索的熟悉程度与许多叙事治疗的实践有关，尤其是在这些叙事治疗实践中，人们对生活的理解和认同带有强烈而深刻的历史意义。因此，这种悠久的传统被称作“通俗心理学”(Bruner，1990)。

> 所有文化都将通俗心理学作为其中最强有力的组成部分之一，这些通俗心理学或多或少有一些关于人类如何“选择(tick)”的规范性描述，我们自己和其他人的想法是什么，我们在情境中可能会有什么样的行为表现，可能的生活模式是什么，如何使自己忠于自己等。通俗心理学对于信念、期望和意义等意向状态(intentional states)的极大热忱，让它成了新认知科学家们的笑柄，因此用“通俗心理学”来表达再合适不过了。

根据以上定义，我们将通俗心理学看作我们日常生活的一种行为模式。我们用这种通俗心理学来理解我们的生活以及感知他人的行为。通俗心理学涵盖着广泛的有关人们为什么“选择”的解释，并且为我们怎样理解他人的行为提供了基础——我们对他人行为的反应都是基于我们是怎么理解他们会做出什么样的“选择”以及我们对于他人行为本质的推断的。通俗心理学也是我们理解这个世界究竟发生了什么的核心。相比其他成就，在布鲁纳(Bruner，1990)阐述的通俗心理学的影响机制中，布鲁纳认为通俗心理学，使我们努力成为人生中意想不到的一个方面，为我们解决障碍和危机提供了基础，以及使我们能够面对日常生活中出现的一系列困境。

通俗心理学有哪些特点呢？或许，它最大特点就是它独特的“个体能动性”(personal agency)吧。它将人们作为积极的调解者、谈判者和他们自己生活的代表，以独立的方式和其他人一起行动。这是一种有关人们以某种特定的意图和目的生活，追求对他们人生有重要意义的心理学；这是一种关于人们如何满足某种需求，实现所追求的目标的心理学；这是一种强调价值观和信念问题，以及把这些价值观和信念与人们特有的对生活方式的承诺联系起来的心理学。它强调了个人力量，强调了目标的概念，以及对信念、价值观和承诺的重要性，反映了这一通俗心理学的理论思想。通俗心理学体现了人们对生活方式的理解，援引了“意识”(mind)的概念①。

在众多心理学中，通俗心理学能够很好地理解人类生活的传统。在过去的一两个世纪里，人类理解的传统得到了蓬勃的发展，一方面在某些领域取代了传统的通俗心理学；另一方面改变了通俗心理学的形态——通俗心理学并没有保持不变，而是吸收了很多在心理快速发展时期产生的现代心理学的观点。因此，在大量对人类行为的通俗心理学描述中，个体能动性和意向状态的重要地位仍旧很突出。

(三)新的心理学

尽管通俗心理学在一定程度上取得了比较大的成功，但它在专业心理学领域的表现并不那么好。在这些心理学中，它的地位低下并被边缘化。通俗心理学对生活和认同的理解也被认为是幼稚的，它融入地方文化的偏见中，而且它在对个体能动性和意向状态的概念的优先考虑也是不科学的。在专业心理学的领域中，即使通俗心理学对人类表达的理解是合理的，也会被认为是不符合现代心理学的复杂性和严谨性要求的。

很多新生事物动摇了通俗心理学的地位。19世纪见证了专业心理学体系的融合，紧随其后的一两个世纪也产生了一批“现代的”和相互关联的发展。这些发展包括：

> 1. 人类“本性”的人文主义观念的发展，被认为是个人存在的基础，是人类表达的源泉。
>
> 2. “自我”的概念被认为是自我认同(personal identity)的核心。尽管这种自我概念在世界文化史上是一个相对新奇的想法，但它是一个非常成功的想法，而且在今天的西方也是

---

① 为了更充分地考虑通俗心理学的成分，请参见杰罗姆·布鲁纳的《有意义的行为》(1990)。

很认同的。

3. 从 17 世纪起，一种新的社会控制体制逐步发展，人们对生活的正常化判断(normalizing judgement)开始不断地取代道德判断①。

这种新的心理学对通俗心理学能够理性合理的对人类行为进行充分解释的能力置之不理，它不再强调个体能动性和意向状态的相关性，而是用被认为是人类普遍适用的“内部状态”(internal states)的概念来代替“意向状态”的概念②。现在人类的表达被看作这些内部状态的表现形式——无意识的动机、本能、动力、特质、倾向等，构建了各种心理机制(谁还没有听说过防御机制?)来解释这些内部状态是如何转化为人类的表达的。这些心理机制的发展为意识的新范畴——“无意识”奠定了基础，并且这很快地取代了通俗心理学的“意识”。

并非所有构建内部心理机制的心理学都建立在这些内部状态的概念之上。例如，在这个时代，威廉·詹姆斯(William James)流派的心理学家们在对意识的探索中取得一些有趣的发展(1890，1892，1902)。尽管这些发展以各种各样的前提来描述可能被称为的心理过程，但他们并没有建立内部状态。在过去的一二十年里，这种威廉·詹姆斯式的传统开始重新理解人类生活(见 Russell Meares，*Intimacy*

---

① 我对福柯(Foucault，1973，1979)对现代心理学理论和实践形成的发展意义的分析一直很感兴趣。根据福柯的分析，在这一正常化判断的背景下，人们被分配到与现代学科主要构建的生活规范相关的精确位置。这种正常化判断也为人们以特定的方式为自己的生活提供了某些刺激，以缩小分配的地点与这些规范之间的差距。在与这些规范相关的精确位置的分配中，存在着对生活的细胞化或个体化。内部状态概念的引入，塑造了人的表现，促进了生活的“亚细胞化”。根据现代权力分析，通过建设意向状态的生活亚细胞化进一步促进了社会控制机制。这种亚细胞化为人们提供了进一步的机会，使他们对自己和他人的生活进行正常化判断。它对人们在自己和他人生活中努力重塑心理规范具有促进作用。这些心理规范可以通过专业学科的历史建立。

② 在对比内部和意向状态时，我认同布鲁纳的观点(1990)。其他对比也一样。例如，有本质主义/非本质主义，结构主义/非结构主义，以及自然主义/宪政主义的区别。

and Alienation，2000)。①

与通俗心理学的“意向状态”观点和受詹姆斯影响的心理学观点相反，内部状态心理学越来越多地用于识别和治疗一系列人类疾病，这是为什么内部状态这个观点无法被普通人理解的原因。内部状态只能通过具备知识和技能的人，建立可以揭示真实洞察力的条件，来进行探索和认识的考察过程。在许多方面，这些声称确定人类表达的基本和普遍结构被认为是对科学的理解生活和认同的突破。除此之外，这些对新心理学的认识被认为超出了文化上的污点，这是通俗心理学的特征。人们普遍认为，这些发展将为真正的跨文化心理学奠定基础。

尽管这些内部状态的心理学在早期取得了成功，但它们很快就面临着一个巨大的挑战。在第一次世界大战期间，出现了一种新的心理学，它在 20 世纪 20 年代巩固了自身的理论基础，并在接下来的二三十年里成了专业心理学(professional psychology)的主流范式。这种新的心理学是一种激进的行为主义，它受到实证主义科学和世界大战期间机械力学非凡成功的启发。激进的行为主义对之前的心理学传统不屑一顾，认为它们是不客观的。新的心理学在消除意识这个概念上做出了协调一致的努力——通俗心理学对意识的理解以及内部状态心理学中的无意识——对人类行动的理解方面。在专业学科的领域，它在很大程度上成功地实现了这一目标(如果不是在大众的想象中)，那就是建立虚拟霸权的时间。实验室已经成为人类探索的环境，也是现在人类“行为”(behavior)，而不是人类行动(action)的心理学进步。

我承认野心勃勃的激进行为主义在专业心理学领域上取得了一定的成功，但是它也不可避免地受到了挑战。在心理学方面还有许多其他的发展对激进行为主义的主张提出质疑，但是这些发展几乎没有什么合法性而且其观点表达的途径很少。

接着，20 世纪 50 年代所谓的“认知革命”(cognitive revolution)开始了。它最初试图确立意义作为心理学的一个核心要素。正是在这种发展的背景下，“意义”(meaning)被赋予了理解人类行动的优先权。

---

① 詹姆斯传统(Jamesian tradition)在 1908 年弗洛伊德的克拉克大学讲座之后被遗弃。如果这些都没有发生，也没有引起专业人士和公众的兴趣，谁也不知道贝尔斯(Beels，2001)会对 20 世纪早期的心理学发展做出什么样的贡献。

因此，正是人们的意义构建了他们的行为。对人们如何从他们的经验中去创造意义的理解被认为是人类心理学的一个合适的焦点。尽管这一认知革命成功地挑战了实证主义行为传统的霸权主义，以及意向状态心理学的人格理论，但不幸的是，许多早期的将意义作为心理学核心概念的计划后来都偏离了轨道。①

很快，不再是技术机器学时代，而是信息时代，这种认知焦点从意义转向“信息”。这种形式的研究不是人们参与构建的过程意义，也不是这些社会结构赋予人类表达和信息计算的形式，而是信息的处理。而且，它不是研究关于认同形成方面意义建构的作用，而是研究在控制输入方面的精度。作为这些发展的结果，个体能动性和意向状态再次与充分理解生活和认同无关。

我所做的简短叙述，只是对过去一个世纪里人类行动的传统发展史中一小部分的描述。在专业领域，有许多其他的发展，其中一些相对比较次要，而另一些则在一段时间内，与一些主流观点相匹敌。例如，在家庭治疗领域工作的大多数人都会意识到 20 世纪 50 年代的“新功能主义”的重大影响，其影响力在“系统理论”的许多假设和近几十年来家庭治疗的实践中都是显而易见的。我相信，在这个领域工作的大多数人都会意识到在过去十年或二十年间，认知行为治疗取得了巨大的成功。由于我在这篇文章中不可能概述这些发展情况，所以我不得不提供一些具体的、主要的和历史上的主流发展的内容，因为这些内容在取代通俗心理学对人类行动和表达的解释上都起到了很大的影响作用。

(四)内部状态心理学的复苏

在这些发展变化之后，我参加了社会工作培训。在这次培训中，我发现了很多事情都不能完全地下定论。1967 年，当时作为一名心理学专业学生，我很详细地了解到了关于行为主义和信息论的主要观点，以及由人类不同行为表征所引发的争议。我当时还了解了不同版本的内部状态心理学，包括那些关注“家庭”内部状态心理而不仅仅是个体内部状态心理学的版本，这是产生一系列新的家庭病态和关系障

---

①　杰罗姆·布鲁纳(Jerome Bruner，1990)是一个对认知革命做出重大贡献的人物，他为这一历史和这一发展的结果提供了有趣的记录。

碍的基础。我还在系统理论中了解到了新的功能主义，它也把家庭作为主要关注点。在所有这些支持的和反驳的观点中，唯一一件似乎能被确定的事情是：在任何考虑人类行动和认同的情况下，人类的能动性和意向状态都是不相关的并且是不重要的。

在这种气氛下，我相信读者可以想象，甚至可以回忆起，通过不受欢迎的提问方式引发的问题：如果学生参与了反越南战争示威游行，在原生家庭(family-of-origin)问题没有解决的情况下，这真能得到充分的理解吗？如果这种行为被认为是有原则的表现，那么价值观和信仰呢？

无论当时的专业领域发生了什么争论，这种现象很快就会被20世纪60年代末至70年代初的“大众心理学”(popular psychologies)现象掩盖。这些大众心理学并不是通俗心理学的复兴，而是一种融合。

- 专业心理学的具体发展；
- 个人解放哲学的各个方面都是20世纪60年代的时尚；
- 20世纪70年代新消费文化的元素；
- 皮亚杰和埃里克森的结构主义发展心理学；
- 一部分东方精神和神秘传统；
- 新功能主义的各个方面等。

在这些流行的心理学中，最统一的是自我的地位——即使在思想和实践领域产生了最尖锐的争议，“本质自我”(essential self)的绝对权威地位也是不可动摇的。毋庸置疑，自我是认同的核心，它独立于外部对它的描述。

这是伟大的自我复兴的时代。大众心理学几乎完全是“自我心理学”(self psychologies)。人格的核心是自我，是由人性的某些本质组成的。生活不是这些本质的直接表现，就是对这些本质经常性的压抑或扭曲的表现。与这种强调自我密切相关的是一种宣泄的禁令。在这段时间里，这一禁令是所有心理禁令中最重要的。情绪宣泄的事件随处可见，就像流行病一样盛行。事实上，在20世纪70年代初的一些圈子里，所有宣泄的爆发一定程度上涉及社会的各个层面。这些自我心理与这种宣泄禁令有密切的联系，它通过强大的道德义务来发现谁是真理，并且追求一种用准确和真实的方式来表达真理的生活。

(五)意义、叙事和通俗心理学的复兴

我在这里会介绍大众心理学的兴起，并不是说这个关于自我的本质是新事物——事实上，这很早就已经存在了，而且它极大地影响了19 世纪的内部状态心理学的形成。对“我是谁”的追求也并不是什么新鲜事物，这是几个世纪以来哲学研究的主要关注点。20 世纪 60 年代至 70 年代，在大众心理学领域的这些发展，象征着一些悠久的传统思想和实践的复兴。近年来，这些传统在捕捉大众的想象力方面取得了巨大的成功，并在许多方面影响了通俗心理学对现代人们生活的各方面理解。然而，这些影响并不完全能很好地缓解通俗心理学强调个体能动性和意向状态的压力，这种压力一直都存在。这些压力存在于文化生活的许多领域，包括在当代戏剧和文学中，尤其是小说中。此外，近几十年来，有许多学者倡议要复兴这种通俗心理学传统，使它成为与人类科学和社会科学研究相关的传统。

事实上，内部状态在大众心理学复兴伊始，一些社会科学正在经历一种被称为“解释性转向”(interpretive turn)的过程(Geertz，1973，1983)。正是在这个解释性转向的背景下，意义成了社会研究的核心。这可能是在“新”文化人类学的出现中最为显著的发展。这是基于某种思想的研究观点，认为人们是在对彼此行为理解的基础上做出相应的反应的，他们对自己以及他人有一套自行的解释理论。它研究前提的核心是意义——划分了群体的意义建构和类别，研究的重点是人们形成的生活经验意义。它极大地促进了这些意义对生活形成的影响以及对人们认同构建作用的研究。

意义作为研究的核心，这一新的文化人类学把探究的焦点放在了人们现实的社会建构上。这些现实从根本上并非源于个体生活事件的单独构建，也并非一种了解世界的特权，更不是对事物本质的客观理解。相反，人们的现实是在人类群体中协商并传播出来的历史和社会的产物。认同和其他建构都一样，它体现在人类群体中的方方面面，包括：

- 社会协商的自我叙事；
- 他人的印象和想象力；

- 戏剧表演；
- 舞蹈，游戏，歌曲和诗歌；
- 仪式，典礼和标志；
- 着装和生活习惯；
- 私人和公开的文档，分别是社区报道的题词、个人日记、以信件和卡片往来的书信、公共文件中的简介以及历史悠久的自传体。

创造意义是社会研究的核心，这个非常重要的过程让人们开始重视如何让自己的生活对自己和他人来说都是可以理解的。理解的重点在于，意义不会先于经验解释，而且所有的意义都是语言和社会的结果。同样，这也是人们理解的结果。人们通过赋予他们生活意义的方法来把生活经验变得清晰易理解。这次调查中提出的问题是："人们和社区居民在解释行为中使用了什么样的可理解性框架?"

这次探索的结果对人们通过互相交换各自生活故事来建构意义有了深入的了解，这理解又反过来让我们更好地了解了叙事结构，这个非常重要的部分。它为日常生活体验提供了一个清晰的主要框架。人们通过将生活经验融入叙事框架中，在熟悉的生活故事中理解他们的世界。通过将这些生活经验纳入叙事框架，这些生活经验就能依据特定的主题，按顺序展开一系列的事件。

这种发展也恢复了通俗心理学对人们生活行为的理解。通俗心理学思想与传统的叙事结构之间存在同源关系。在传统的故事制作与讲述中，叙述人(agents)的行为受到自己意向状态的影响。鉴于这种传统的故事叙述，这些为实现某些目标的努力而采用的方法，受到了人们的信仰、价值观、希望和梦想的影响。总而言之，这些信仰、价值观、希望和梦想代表了人们的一般生活，更具体地说，这是代表了他们的生活方式。人们在追求这些目标时所选择的生活方式是他们在世界上最喜欢的生活方式。通俗心理学的思想体现在对人们生活方式的思考上，而不是那种引用内在观念、理性观念、客观感知、形式逻辑或信息计算。

不久之后，这种解释学转向将是社会科学的发展潮流，彻底改变探索实践的形式，成为一种普遍的社会现象(例如，见 Clifford,

1988；Geertz，1973，1983；M. Rosaldo，1984；R. Rosaldo，1993；Turner & Bruner，1986）。它同样也开始触及人文科学（例如，参见 Gergen & Gergen，1984；Spence，1982），并且到 20 世纪 80 年代，它已经在社会心理学领域开展了很多对认同形成和人的行为的探索。但是，这些在人文科学领域的发展在这个时候并没有触及多少主流的心理和咨询实践。

我相信我对叙事疗法的许多探索是在这种解释学转向和通俗心理学的传统中展开的。许多这样的治疗实践激发了个体能动性，并有助于个体进行一系列意向状态开展丰富的叙述。即使在人的行为经常被认为与他们感知到的是不一致的情况下，这些实践也可能会产生通俗心理学的思想。也因为如此，这些实践被认为是无意识的、病态的或疯狂的。复兴“思想”的实践也可以重建人们可贵的理解和偏爱的认同观点，并有助于为人们在应对突发事件时有大量的，符合他们偏爱的观点可供选择。我相信，吉尔和她家人的故事能够很好地说明这些实践。

（六）吉尔的家庭＊

三年前，我第一次见到了安妮（Anne）、戴维（David）以及他们的儿子萨姆（Sam）和女儿贝琳达（Belinda）。他们的大女儿吉尔（Jill）因为滥用药物去世，而且这并非意外。因为这件令人悲痛的事情，他们前来向我寻求帮助。吉尔在世的时候，她的大部分童年时光都很正常，但在后来的几年里，她的生活变得有些不一样了。她来自一个相对偏远的乡村地区，12 岁时就离家上学了，生活并没有很如意。她在被同伴的欺凌和强烈的孤独感中挣扎，而且她也没有告诉父母这么多。据吉尔的家人所说，最终她与不法分子厮混在一起，认同了与她从小被教育的那些完全不同的价值观，而这些价值观也是他们无法理解的。

在事情完全偏离正轨之前，她一直是一个“坚强的、富有冒险精神和有趣的孩子”，这让安妮和戴维觉得，在吉尔过世的那几年，他们从来都没有真正了解过她，还是说他们一开始就没有真正了解过她？这对他们来说都是很困惑的。无论如何，安妮和戴维对此感到很难过。吉尔在自杀前的那段时间，她的疏远让他们感到十分痛苦，尤其是安妮，她对吉尔有一种强烈的挫败感，在吉尔最需要他们的时候，他们却没有及时地关心她。萨姆的挫败感也非常强烈，因为他觉得，在那段时间里，他是有一些机会和吉尔交谈的，但是他并没有抓住这些机会。

如果一切都没有发生那该多好啊！一想到这些事情他们就十分悲痛，更不用说互相交流了，正因如此，吉尔在这个家庭中的存在感很低。在这个家庭里，没有人愿意谈到吉尔。

安妮：我想这就是我们决定向你预约咨询的原因。我们究竟该怎么做呀？（抬起手臂，表示绝望）

麦克：我可以问一些关于吉尔自杀的情况吗？

安妮：可以的。没关系。我们知道你肯定是需要了解一些细节的，不是吗？（转向戴维）

戴维：是的。我们一直在为此做准备。

麦克：（瞥了一眼萨姆和贝琳达）

萨姆：是的。我没问题。（转向贝琳达）姐姐也没事吧？

贝琳达：（点头）

麦克：从你告诉我的那件事中，我了解到吉尔已经下定决心结束她的生命了。我在想她一定考虑得很周全，包括自杀的那些准备工作……

安妮：是这样。没错。

戴维：（点头）

麦克：这是吉尔的做事风格吗？

安妮：我不知道。我不认为她真的已经全都做好准备了。我只是在想，为什么会有这样的事情发生。

麦克：那么，当她下定决心要做一件大事或困难的事情时，她是怎么做的呢？你能想到些什么？

安妮：嗯……我……（看向戴维）你想到了吗？

戴维：这确实让我想到了一些事情。是的。在她小的时候，她非常勇敢，是一个很勇敢的小孩，不是吗？

安妮：是这样的。

戴维：你还记得我们在海边的那段日子吗？她已经四岁了，正是会走路的年纪，在她试图爬上那些沙丘的时候，她同时带着所有的玩具、帽子和衣服，甚至还想要吃一个三明治。你知道的，她不会让任何人帮忙的。后来有一个女人走过来，说她想帮助吉尔拿一些东西。你还记得吗？

安妮：对，是的。吉尔叫喊道："这是我的人生！"她才四岁！你能相信吗？她才四岁！她做了什么？她把所有的东西包括三明治都扔向了沙丘，然后紧跟着翻了个跟头，而且想要在她爬起来的时候把这些东西再捡起来，她当时的行为着实吓到了那个女人。（安妮和戴维一起笑了）

戴维：她站在山丘那里，浑身都是三明治、沙子，咧着嘴笑。

贝琳达：（笑）是的，我以前听过这个故事。

萨姆：我能想到很多像她那样的人。（也笑起来了）

麦克：所以，当你想到她决心的力量时，你有没有感到惊讶？我是说她自杀的这个决心。

安妮：实际上没有。我觉得不是的。不完全是，但是我觉得她早已丧失了这种决心。

戴维：肯定的。

麦克：这跟她那个勇敢的性格挺像的。还有其他的吗？

安妮：我不知道这是否有关系。在她小的时候，她总是在别人放弃的时候继续尝试。

贝琳达：是的。她长大了也一样。我还记得她因此遭到了别人的嘲笑，所以她这一路走来真的挺不容易的。如果她能让我们做点什么就好了，但是她不会的。她肯定没有放弃尝试解决这个问题，所以她最后反抗了，不是吗？她不只是接受这个结果，她还搞明白了为什么会这样，什么是正确的，什么是公平的，什么是可以的，什么是不可以的，她都有自己的看法和判断。

萨姆：是的，这在某种意义上是正确的，但是……

戴维：但是后来她遇到了一些不好的事情，做了一些非常可怕的事情，这让其他的人感到很痛苦和心痛。所以，我不懂……这根本说不通，不是吗？

麦克：我想知道这是怎么来的。如果它适合，那就是。

戴维：你是什么意思？

麦克： 贝琳达说了一些关于吉尔坚持什么是对的，什么是错的；什么是好的，什么是坏的。如果吉尔目睹自己做了违背这些价值观的事情，这对她来说又意味着什么呢？

戴维： 事实上，我认为这对她来说是困难的。她对自己一点也不满意。

麦克： 你有没有想过这可能和吉尔死之前的生活有关？

安妮： 我没想过这个，但也许里面有些线索。我认为她在很多方面都违背了自己的原则，可能这其中是有些联系的，因为她的原则让人很难理解，所以，真的，这其中可能有点联系。

麦克： 我想了解一下我是否明白你的意思。你说吉尔按自己的原则结束了她的生命，而不像常人认为的那样，而是……

戴维： 是的。我想……就像安妮说的，可能是用一种难以理解的方式吧，就像我们谈论的那样。（叹息）

麦克：（转向安妮，安妮回应了戴维的叹息）安妮，你同意戴维的观点吗？

安妮： 是的。我也是这么认为的。但听到自己承认这一点，我真的很惊讶，超级震惊。

麦克： 你们都叹了口气。我能了解一下你们叹息的原因吗？

安妮： 是一种奇怪的解脱感。我指的是，她可以坚持的事情有很多，但是她却坚持自杀了，而且……好吧，我对这件事真的很失望，简直失望透顶了。

麦克： 戴维？

戴维： 我也是，有种解脱感。

麦克： 回到她死之前，我明白她在那段时间里与你们疏远了，而且你们对此感到很伤心。

安妮：（开始哭）

麦克： 你能告诉我你为什么哭吗？具体是发生了什么让你这么伤心？

安妮：（停顿）我在想我和吉尔的关系。我以为我们一直都这么亲密，但我肯定是错了。(停顿)我不仅没能理解我们的关系，而且我也压根就不了解她。

麦克：你能告诉我，你是怎么得出这个结论的？

安妮：因为在她最需要帮助的时候，她没有来找我。我真的很失败(哭泣)(停顿)。即使我们之前的那种特殊关系消失了……但无论如何，她显然不认为她可以依靠我或者我能给她提供任何帮助。

麦克：还有其他人认为安妮和吉尔之间有特殊关系吗？

贝琳达：是的。肯定的。我觉得肯定有。她总是送妈妈卡片和一些东西，(转向萨姆)是不是？

萨姆：是的。如果她要分享一些事情，她肯定只会告诉妈妈。

麦克：那么你们觉得吉尔是怎么看待她和妈妈的关系的？

戴维：我知道，她很珍惜。我也很清楚，我们所有的人都很明白这一点。(贝琳达和萨姆点头同意)

麦克：好的。所以，根据这一点，你觉得在她死前的那段时间里与安妮疏远有什么意义吗？是因为那段时间的疏远而让吉尔自杀的吗？

戴维：我不知道这是否是对的，但我想我已经找到答案了。我不认为吉尔如果当时就意识到和妈妈的关系很近，她就不会自杀了。我不是说事情是完美的。我知道在关系的发展中会出现一些问题，会有一些变化，你知道的，事态是无常的……但是，她真的很珍惜她和她母亲的关系。

麦克：那么，有没有可能吉尔这么做的原因是为了和安妮和你们保持距离。这……

戴维：是的。现在我明白了。真的，我明白了。

萨姆：我也明白了。

安妮：(在哭泣)

戴维：(把安妮抱在怀里，也在哭泣)

麦克：在某种程度上——我知道这听起来像是一种很奇怪的表达方式——根据你们之前所说的，我是这样理解的，我觉得这种疏远可能是吉尔与安妮之间关系的一种表现形式。不知道我的理解是否和你们一致？

萨姆：（也哭了）是的，我也看出来了。

贝琳达：（也在哭）我也是。

麦克：（我也热泪盈眶）你们让我对你们的眼泪有了更深刻的了解。但我想问几个关于你们的问题，这样可以吗？

安妮：可以的。

麦克：你们已经哭了很多次，你们是因为同一件事情在哭，还是因为不一样的事情？

安妮：对我来说是不一样的。

麦克：好的，所以你们的眼泪都是不同原因的。那么这些眼泪是让你想起了同一件事情，还是不同的事情？这些事情是你以前经历过的，还是没有经历过的？

安妮：是不同的事情。

麦克：不知道你是否愿意告诉我这些事吗？

安妮：是的，因为我想起了……让我想想……我仍然感到很难过，但是现在不一样了。它们之间的区别是（停顿），好吧……这些眼泪并没有把我带入我以为的虚无之中。现在这容易多了……这些眼泪，带着一些新的想法，把我带到……是的……一个轻松的地方。（停顿）我相信我永远不会脱离这种悲伤，但如果我能承受得住，我知道我不会如此不堪重负。是的（停顿）。当然，有很多美好的回忆。

麦克：刚才只是……

安妮：还有别的事。是的……我想起了以前忘记的东西，虽然我真的很不想记起来。

麦克：你觉得吉尔会怎么看待这件事？你的变化？

安妮：嗯……

贝琳达：她会希望妈妈能够好起来。（转向安妮）妈妈，她会希望你好起来的，我知道她会的（转向萨姆）。是不是萨姆？

萨姆：是的，我们也一样。

麦克：你是说她不想让她的离开让你们……

贝琳达：她与我们同在。

萨姆：是的。

麦克：我可以问一些问题吗？这些问题可能会唤醒吉尔的存在。因为我想知道她可能会怎么回答，以及她回答的方式。同时我对我们的会谈也有一些其他的想法，我很好奇你在生活中是怎么和吉尔保持又是母女又是朋友的关系的。因为我认为这改变了你们所有人，可能在某种程度上，你的一些想法以及包括你本身就是吉尔生命的见证。你觉得这些方向合适吗？还是你有其他的想法？

吉尔一家同时想跟进这两条探索线索，这为在第三、第四次会谈过程中的一些特殊情况提供了依据。后来，安妮和戴维召集了他们的家人和朋友，举行了缅怀吉尔的仪式。通过这个仪式，安妮、戴维、萨姆和贝琳达公开谈论了吉尔自杀这件事情，在整个仪式中，他们都站在吉尔的角度表达了他们对她生活的期盼，她在生活中的坚持以及她与家庭成员之间关系的意义理解。在这个仪式上，吉尔自杀的这件事公之于众。尽管她的离开是令人悲痛的，但现在有一些人认为这就是他们认识的吉尔，而且他们并不认为吉尔的行为是无知的或疯狂的。安妮、戴维、萨姆和贝琳达成功地重构了他们对吉尔的记忆。吉尔存在的事实，以及这对她家人生活的意义，都成了这家人可接受的经历。

我相信，我与吉尔家庭的对话这一点说明了当人们有需要时，通俗心理学的"思想"是可以被接受的。正是在这些对话中，在对个体能动性和意向状态的探索中，吉尔的行为才被理解。这些探索与我在本章中所描述的通俗心理学传统"思想"的复兴是一致的。

二、个体能动性和意向状态

在本章中的好几个地方，我都提到了在人类行为和认同形成的叙事探索背景下，个体能动性和意向状态的重要意义。因此，我觉得有必要就这方面提出的建议做一些澄清。因为这种强调个体能动性和意向状态的重要性通常被认为与我前面讨论的通俗心理学传统不太一致。关于这些澄清，我把重点放在了——受通俗心理学传统影响，在治疗实践中形成的“多元目的”(multi-intentioned)的生活，“相互联系的”(joined)生活，“多元真实性的”(multiple authenticities)生活和“居住生活”(inhabited lives)上。

(一)多元目的生活的产生

有时，作为叙事实践的重点，个体能动性和意向状态是一种建议：

1. 严格理性地认识生活；
2. 关于个人自主思想和行动的当代观念的特权；
3. 将这些意向状态的内部心理状态重建，转化成人们生活中常见的现象；
4. 对人类行为的原因或结果解释的高度确定性的复兴。

然而，以上并不是我们所提出的建议。相反，这种“采取”(take)传统的通俗心理学中的个体能动性和意向状态的观点，让人们通过相互交流，在协商和再协商中形成对某种认同理论的结论来解释某个人的生活表现方式，这才是真正的建议。在这种传统中，个体能动性和意向状态是人们在生活中行为表现的主要原因，同时也是人们行为的价值、信仰、希望、梦想、愿景，以及对生活的承诺特点。这些认同的类别就像意识的“文件柜”(filing cabinets)，在这其中人们通常会在互相参照各自以及他人的生活后，提出一系列认同结论。

这些认同结论并不是独立自主的，它是人们在社会群体中进行协商和再协商的结果。它们不是单一的。这些认同结论是在多元化的背景下产生的——是在社会协商的过程中产生的认同结论，人们生活的目的也变得多元化，这体现了社会协商的重要意义，即人们的认同结论不是内部状态重新建构的产物。这些自我认同的结论并不是人们生活本质的表现。相反，我认为这些结论本身会对人们的生活和人际关系产生影响。人们生活的行为表现，包括他们对彼此的反应，都是由认同的结论形成的，这些结论会被纳入意识的认同范畴中，但是却被当代文化所推崇的认同观念所限制。也正因为这些认同结论，人类的存在才变得有意义。

为了进一步澄清，我将在这里把我理解的通俗心理学所提供的再协商的机会与内部状态心理学相关的认同结论进行对比。“动机”“驱动力”“需求”“属性”“特征”等和内部状态心理学相关的类别有别于个体能动性和意向状态概念相关的认同类别。在内部状态中，人类的表达被理解为某种本质或驱力抑或元素的外部表现，或者是这些力量的扭曲或干扰或不平衡的表现，是认同的核心。人们在生活中遇到困难时，这些表现总是被认为是病理缺陷(pathology deficit)或功能障碍(dysfunction)。在这种结论的基础上，一些学者提出了许多由专业学科知识构建的分析系统。通过对这些分析系统的分析，定义人们生活的病理、失调症(disorders)和功能障碍，然后可以提供“选择性的治疗”。

相反，我认为，通俗心理学的意向状态对这种再协商是持完全开放的态度的，因为在再协商的过程中，我们有机会看到人们在生活中的不同闪光点。当谈到人们的生活困难时，在了解了意向状态后，我们在理解人们生活中遇到的困难时，就会发现，内部状态并不会阻碍我们理解人们的行为。相反，这些困难让我们可以从多个角度去理解个体能动性和意向状态的概念，并且在这方面可以选择以前不被欣赏的目的归因，选择恢复珍贵的理解(cherished understandings)和偏爱的认同观点(preferred identity claims)(如我与吉尔家庭的故事)，以及选择详细阐述不同于先前所熟知的那些道德承诺。正是由于人们的理解是基于这样多元的背景，所以没有一件事能够被完全下定论——生活中充满着无限的可能，有着多元生活目的和生活层次，因此很多时候我们要以开放的态度接纳再协商，重视生活的多样性。

(二)相互联系的生活的产物

外化对话实际上并不会每次在叙述疗法的实践中都卓有成效。针对生活中的问题，人们对自己和他人的认同，以及他们关系的认同，很容易形成高度负面的结论。正是在这种情况下，外化对话为人们提供了一种选择，让他们重新定义或改善他们与生活中问题的关系，从而使他们的生活从这些高度负面的认同结论中脱离出来。在这个重新定义与问题关系的过程中，消极的认同结论必然会引发一些特定的内部状态——通常与一些关于缺陷、病理或功能障碍的描述有关——不再告诉人们他们是谁。在这些会谈中，人们获得的认同并不是生活中出现的问题。除此之外，在谈话中，人们总是用与替代认同结论有关的，自己生活中的偏爱观点来回应。

我一直认为在这些对话中得出的替代认同结论是源于人们进行社会协商以及历史和文化的产物。我在这里提出这一点，是因为尽管我注意到我的写作和教学一直强调这些替代认同结论的社会基础，但是有时我还是会假设这些外化会谈与从压抑的问题中释放出来的自主自我(autonomous self)有关。我相信，这种假设是对在人格的中心构建自我，这个西方普遍认同的观点的有效反映。

我认为，自主自我的提出极大地推动了内部状态心理学的发展。如果自主自我的提出和生活的细胞化(cellularization)的现代发展关系密切的话(许多历史学家对此进行了相当有说服力的论证)，那么认同的内部状态分类也会像生活的亚细胞化(sub-cellularization)发展。据福柯(Foucault，1973，1979)的观点，自主自我的提出似乎与现代社会控制系统的发展密切相关，在这种系统中人们根据一系列健康连续体和行为表现单独被分配在特定的位置上——这个位置具体说明了身体健康的和功能健全的个体应该有的社会化建构和理想规范。这似乎表明，认同内部状态类别的目的是进一步进行细胞化——自主个体变成相对自主的内部状态，生活成为一种表现形式。作为这种发展的结果，人们在动机上是孤独的，在缺陷上是孤立的，在心理需要上是脆弱的。

相比之下，我相信外化对话让人们能够区分出会引发一系列缺陷、病理和功能性障碍的负面的认同结论，并且重构新的会谈，形成新的认同理论，而这些新的认同结论中一般都具有通俗心理学的个体能动性和意向状态的色彩，并且有可能会反过来外化这种生活细胞化。这些会谈并不是让人与人之间相互孤立起来的内部状态理论，相反，这是一种有助于形成一种认同结论的会谈。这种认同理论让人们感受到他们和其他人的生活能联系在一起，他们会分享很多有关目标、价值观、信念、梦想、愿景、承诺等一系列的主题(在这方面，思考如何向保罗传达这种治疗性的会谈——从只考虑他自己的不足问题中分离出来，并让他在与母亲分享目标和技能中将生活联系在一起)。

总而言之，当人们困陷于内部状态时，治疗性会谈为人们提供了选择，为认同的加入提供了新的可能性，为与个人自主发展密切相关的正常化的判断提供了解决方案，而且还有助于使生活去细胞化(decellularization)。

(三)多元真实性的产生

在讨论治疗的过程中，我不时提到主导故事和替代故事，并且经常将它们进行对比(例如，参见 White，1989，1992)。很多时候，其他学者会讨论对人性的解读。这些解读一般都是用“令人压抑的故事”(oppressive)或“虚构的故事”(false story)代替“主导故事”，用“正确的(true)”或“现实的”(real)或“真实的”(authentic)故事代替“替代故事”。在这些解读中，人们生活的替代故事被赋予了一种自然主义的地位，同样地，内部状态心理学也从中获得了认同分类。通过以上描述，我们可以了解到，叙事疗法是一般过程性会谈(libratory conversations)——这种会谈能够让人们推翻他们生活中的压抑故事，进而发现和揭示他们正确或真实的背景故事。尽管这与我提出的观点是相反的，而且与叙事治疗提出的解读密切相关，但是有的时候这些主导故事/替代故事的解读差异还是在可接受范围内的。

这并不是强调故事是压抑性的，或者虚假的或正确的，相比于此，所有故事结构形成的影响因素对我更有吸引力。有些故事很显然比其他故事能为我们提供更广泛的行动选择。例如，我相信大家都会很认同这一点，以缺失为主题的生活故事为行动提供了一个狭隘的选择。除此之外，我还一直对会谈的过程感兴趣，这些过程充分地叙述了人们的生活故事，为人们提供了更多的行动选择。就是在这些会谈的背景下，人们不仅能够多层面的体验他们的生活，而且能形成资源很丰富的故事。故事资源越丰富，人们越能够将可能会被忽略的一系列生活经验赋予重要意义。

对主导故事/替代故事解读差异的质疑主要在于，压抑性和现实性或真实性故事的并存，认为治疗性会谈是过程性的，以及真实性的概念的界定。真实性是一种受叙事治疗的传统思想影响的，对个体“正确的”故事认同的结果，人们所偏爱的观点都是被认可的，相反，真实性并非是一种在揭示个体认同中发现的个体私有偏爱，因此，作为社会认可的结果，人们会产生与这些偏爱的认同观点形成“一体”的体验。

关于个体认同偏爱的观点会被嵌入他们的替代故事中，由“界定仪式”(definitional ceremony)隐喻构成的治疗对话(Myerhoff，1982，

1986)为丰富这些故事的叙述提供了一系列的选择①。这样的会谈，能够让人们作为局外人参与到他人生命故事的叙述和复述的过程中。通过这样的方式，人们能够与自己对偏爱的认同的观点产生一体的体验。在这种理解下进行的治疗实践有助于对一系列偏爱的认同观点的理解，为人们体验“多元真实性”提供更多的选择。

这种局外人的见证有助于复述人们的生活故事，他们偏爱的认同观点可以在这些人的家庭和更广泛的亲属关系中，从专业领域，从当地的社区，从曾经寻求治疗咨询和志愿跟随治疗师的名单或登记册中，以及其他地方得到验证②。吉尔的家人将朋友和大家庭成员聚集起来，一起祭奠吉尔的生平事迹。这个仪式围绕对吉尔生平故事的一系列叙述和复述进行架构。这些故事的叙述和复述有力地证明了这个家庭成员的生活和关系中偏爱的认同观点，而且也证明了吉尔在他们的生活中仍然具有存在感。

(四)居住生活的产生

叙事结构与人们对生活的反思行为(reflexive engagement)能力有着惊人的联系。这种反思能力与生活直接相关。有时，虽然只是很短暂的片刻，但是我们能够摆脱生活经验的束缚，从其他有利的角度来评价我们生活中的事件。这在很大程度上是我们通过叙述的结构，来解读我们的生活并从中获得生活的支持的。通过叙事结构来解读我们的生活，为我们提供了机会，让我们能够表达那些已经成为过往云烟的事物，并重新建构那些已经变得有意义的事物。这种对于意义的构建和重建体现了一种叙事权威性和一种人们所描述的类似于融入生活

---

① 为了讨论这个界定仪式的隐喻及其与治疗实践的相关性，可以参考怀特(White，1995，1997，1999)的著作。

② 过去，大卫·爱普斯顿和我已经探索了许多可能性为人们偏爱的生活发展来招募观众。我们从来没有把这些探索视为我们非专业性的咨询。相反，我们认为它们对与这些偏爱的发展相关的认同观点的认证以及这些发展的耐力非常重要。20世纪80年代后期文化人类学家芭芭拉·迈尔霍夫(Barbara Myerhoff，1982，1986)的工作进一步促进了我们对人们生活的偏爱的发展和认同观点认证做出贡献的过程的理解(例如，参见White & Epston，1989)。我们认识到芭芭拉·迈尔霍夫对界定仪式的看法，这也有助于我们进一步改进和发展我们所提到的(追随迈尔霍夫)“外部人见证”的做法。这些复述的效果还是很明显的。

的体验感。

这种意义的构建和再构建也是随着时间的发生而发生的。我们的反思能力为我们提供了新的替代方案：

1. 对过去的反思赋予了我们当下新的意义；
2. 现在对新事物的反应是由我们过去的经验决定的；
3. 未来对新事物的反应是由我们过去或现在的经验决定的；
4. 过去或现在对新事物的反应是由我们对未来的计划或者假设决定的。

举个例子：治疗性会谈是个体从人生轨迹中获取重新体验过去生活机会的独特结果或例外。这种重新参与为先前未完全掌握的目标、不承认的承诺和未考虑的道德因素提供了可能性。反过来说，正是通过这种再次回顾的方式，人们对当前的困境和窘境，对为什么会发生这样的变化，以及这些变化会对他们未来的生活有什么样的影响都有了新的认识。这些所有的变化都发生在治疗性会谈的前期和后期。

过去，我认为治疗性对话可以为生活中的反思行为提供各种选择，但是有时，其他学者认为叙事实践针对的是抽象的生活而不是生活本身——这有助于在治疗实践中使治疗师保持中立，并要求从来访者的角度客观地进行，从而使来访者能够更直接地脱离他们自己的生活经验。然而，客观并不是指我在上述段落中描述的生活中反思行为的差别。这个差别是指通过叙事结构获得的对生活的解读。这为人们重新参与到自己更有意义、更戏剧化的生活中提供了非常美妙的机会，为人们探索自我管理提供了新的选择，为让人们更好地居住在自己的世界里提供了更充分的选择。正如下文我与里基(Ricky)对话中所描述的。

(五)里基*

最近，里基因为情感破裂问题前来咨询。这件事发生在第一次咨询的 11 个月前，这次是有关他的情感问题，是第二次咨询。当时，和里基相处了七年的伴侣彼得(Peter)，突然要和他分手，说自己从来没有真正爱过里基。彼得分手的时候说了很多之前从未对里基说过和暗示过的不满和抱怨，并且表示自己不能继续和里基维持这段关系了。里基感觉很受伤，说："要怎么样我才能够从自我怀疑、丧失对他人意图的辨别能力以及被摧毁的对他人的信任中恢复过来？有没有一个地方可以让我带上所有的行李彻底远离这些不幸？"里基认为，他信任别人的能力被彻底摧毁了，而他还逐渐远离他的社交圈。里基的一个朋友知道他的情况后，说服他来见我。

里基：好吧，我来了。所有这一切对我的打击太大了。它夺走了我信任别人的能力。我知道这是对信任的恐惧，我已经没有能力去信任了，而且……嗯，你知道……这件事情已经对我造成了伤害，而且我也不知道我是否还能学会信任。

麦克：就这点，你能再具体说说吗？就是这种失去信任的感觉，或者是无法信任的感觉？

里基：这就像，嗯……就是感觉因为我无法克服这个问题，所以我再也不会毫无顾忌地去信任别人了。我的生活会变成什么样子？我的问题把我牢牢地困住了。

麦克：在你和别人的关系中，这个问题很明显吗？你的朋友都注意到这个问题了吗？

里基：是的。这就是我来这里见你的原因。就在几天前，我和一个朋友聊天的时候，他说我在聊天的时候有点戒备的感觉。而且他说，就是那位让我来的朋友说："你在信任方面有点问题。你可能需要找个人咨询一下。"

麦克：所以，你来找我了。我很理解彼得的决定以及他随后的一些行为表现确实让人很出乎意料。我们仔细回想一下，你之前是否预料到会发生这一切吗？

里基：我想，你应该知道后知后觉(hindsight)这个词语吧。

麦克：聪明总是容易的……

里基：是的。事后明白总是容易的，不是吗？

麦克：你能告诉我事后明白了的那些道理吗？

里基：当然，我本应该可以预见它的到来的，不是吗？

而且我在这方面已经付出了很大的努力，不是吗？

麦克：你是在告诉我有些事情你现在已经意识到了，或知道了，但是你以前不知道？

里基：你可以这么说。是的，我想是这样的。至少我希望是这样的。嗯，可能这只是一个希望吧，可能有点奢求。

麦克：如果你今天遇到了类似的情况，并且意识到了你现在所知道的，甚至是能够预测出这样的事件，你认为你还会在一段关系中投入那么多的信任吗？这样会更恰当吗？

里基：不，不会的。我会抓住它。但是，我当时没意识到(它)，所以，我又能怎么办？哎，我是真的不知道。

麦克：如果你确实预测到了这样的事情，你又会怎么去处理你的信任问题？你对这种信任有什么样的态度？

里基：我不太明白你的意思。

麦克：在何种情况下你会拒绝信任对方？你对你的信任评估得高低，尊重的程度，对它是认真呵护的还是草率对待的，想要挽留还是……又或者以上都不是，是其他的一些原因？

里基：好吧，可能有一部分是这样吧，但是我还有其他的观点。首先，我觉得我会很尊重我的信任，而且我很重视它。

麦克：你刚才说到，在日常和人们的交流中，你已经表现出了警惕性，所以我觉得你好像没有继续你之前的生活，而且你不能很轻松地用信任来重新构建和你之前不一样的新生活。鉴于我们刚刚谈论的内容，你对于信任的看法是什么？

里基：让我想一下。好吧，我只能认为我是，好吧，让我想一下，也许是现在珍惜这种信任吧。你觉得我现在是更珍惜这种信任吗？(停顿)是的，我想也是的。

麦克：好的。这是否意味着在某些特定的情形中，你不能够对所有人都很信任，又或者……

里基：是的。听着，我之前并不认为我会这么说，但我想这就是我要说的。

麦克：你为什么认为你不会？

里基：因为我以前不会说这些话。这件事确实改变了点什么，但我真的没有退缩，直到现在，我一直在思考这个问题。我是指直到目前这一分钟我都在思考这个问题。

麦克：你思考过你为什么会如此重视这份信任吗？你是否思考过对你生活中的其他方面的看法也悄悄地发生了变化？

里基：我想这大概是……(暂停)是的，我有了更多想要被尊重的决心。是的，可能就是决心。而且我也不会当作是理所当然的。因为我觉得我的信任可能就是被我看得太理所当然了吧。我真的是受够了这些。

麦克：这还能反映出其他问题吗？比如……

里基：比如什么？

麦克：你对于你的目标(purposes)或者你的价值观(value)是怎么看的？

里基：大概就是我不打算放弃我想过的生活吧。

麦克：你想(过)怎样的生活？告诉我，在所有认识你的人当中，你能找到那些欣赏你这种观点的人吗？谁会欣赏这种决心，或者谁会认可你对你想要过的生活的选择呢？

里基：嗯……

里基认同并且相信，在他过往的生活中有两个人在这些方面会很欣赏他——他的前任情人和他的阿姨。我鼓励他描述一下这两个人在哪些情况下对他很欣赏。里基的描述为他进一步探索生活的意义奠定了基础。在这次会谈后，里基联系了他的前任情人和阿姨，告诉了他们我们的谈话内容，以及他们对里基的认可对他的生活有很重要的意义。在里基的邀请下，我们三个人一起进行了第三次会谈。

除此之外，这些会谈为在什么样的情况下他会信任别人，以及不会信任别人建立了清晰的框架。他后来又与我们第一次谈话中提到的那位朋友见面了。在这次会谈中，里基描述了他所理解的对他有利的和不利的情况，并且他告诉了这位朋友，这就像是暂时获得的礼物一样，不管在其他任何行为中，他都会沿用这种信任的行为方式。因此，里基的人际关系问题有了极其显著的新进展，而且再也不会因为“信任问题”而感到困扰了。

我与里基会谈的简要叙述表明，叙述结构为生活的反思行为提供了基础。当里基被鼓励去推测在他和彼得的关系中，他本可能会意识到但是却没有意识到的反应时，里基认为他可能会选择保留信任。里基的这一结论为一系列的意义建构提供了基础。他重新定义了他在日常生活中的行为反应，意识到关系建立到什么程度他能够给予对方信任，以及非常明确地描述了他的生活目的。

在这些治疗性的会谈中，叙事结构为里基提供了一种从生活中后退一步来恢复的方式，并重新认识了已经变得有意义的东西，用完整的构建寻回了缺失的内容。正是由于这种反思行为，里基才能够辨别在什么样的情形下他才可以选择信任他人。在他与朋友的谈话中，这种洞察力的表现就是一个例子，通过反思行为，人们可以更舒适地居住在他们自己生活的领域中。除此之外，这些都是他们通过调适自己的行为来应对他人的行为反应来实现的。

在本章的下一部分和最后一部分，我将讨论历史和文化。

三、历史和文化

如果说文化是社会和历史构建的，那么叙事是人类主要的认知方式。它把我们生活在物质世界里的自我聚集起来，形成一种思想理论来解释他人的自我；对外界环境我们不做出直接的反应，而是对我们所关心的世界的信仰做出反应；自出生起，我们都是积极的、充满激情地去搜寻看似合理的故事的意义建构者，而且，我们感知到的任何思想都不是纯天然无添加的，其中包含了文化因素——这几乎远高于中段修正(midcourse correction)(Geertz，2000)。

在这一章的不同地方，我都提到过，生活是一种社会现象。举个例子，我已经了解了生活和认同的建构是如何与人们进行社会协商的，我也注意到社会认可的过程在人们认同观点的验证过程中所起的核心作用。但生活同样也是一种社会现象，是人们与特定的思想和生活方式互动的结果，即文化和历史的结果。这些思想和生活方式就构成了生活。

我们对生活和认同的理解并不是在历史文化中凭空得出的。不管这些理解是否与我们的个人认同感有关，是否与我们对他人行动的叙述有关，又或者与个体可能会做什么来改变事物的形式有关，它是由建立在文化知识基础上的特定思维方式形成的。不仅这些知识是历史和文化的产物，我们生活方式中所体现的技能，我们在生活中的行动也是如此。我用的“技能”(skills)一词有点不一样——这些技能是日常生活中表现出来的细微行为，不是为了生存、过日子、塑造认同和捏造关系的技能。只有这样定义技能，我们才会理解实用的“内部专业知识”(insider know-how)，才会完全理解来访者生活中的专业知识，并且和他们一起研究“地方知识”(local knowledge)。

这些技能是由包含具体关系的实践的文化生活方式塑造的，如构成权力关系的实践和自我形成的具体实践，有时被称为“自我技术”(technologies of the self)或“自我规训”(disciplines of the self)(Foucault，1979)。这些关系和自我形成的实践与生活和认同的文化知识相互依存。

通过多年的写作和教学经验，同时追随着福柯的思想，我开始注意这些知识和文化实践之间的关系，以及它们在生活中的构成性作用(例如，参见 White & Epston，1989)。同时我也描述和解释了这些担忧与治疗实践的关系。但是，在我看来，有时候，对知识与实践之间或知识与权力之间相关的这些担忧(一直以来权力都是由许多实践构成的权力关系)被误解了。例如：

> 1. 当我叙述这些知识和实践相互依赖的关系时，人们有时会认为我提出的只是一种相似的副本：权力是知识和知识是权力。
>
> 2. 当提到文化知识和文化实践在形成生活和认同方面的构成性作用时，人们有时认为我正在提出一种认为知识和实践与人们的生活方式之间存在一种直接的因果关系——人们的生活方式直接取决于这些知识和实践。
>
> 3. 当描述和解释这些治疗实践中关注的人们生活故事的担忧时，有的人就认为我将叙事的想法与这些文化知识和实践相结合，用来掩盖许多事情，包括当地文化的权力关系。

为了进一步强调这种理解生活是一种通过历史和文化中特定的生

活和思维模式构成的社会现象的重要性，以及进一步阐明与这些考量有关的知识和实践，我将分别讨论这三种相对比较常见的误解。

(一)权力/知识

与用权力取代知识和用知识取代知识的解释相反，一方面，我试图描述这些在文化中形成的知识与关系实践之间相互依赖的关系；另一方面，我试图描述与自我技术之间相互依赖的关系，但这并没有让他们避免熟知的“知识即权力，权力即知识”。在探索这些关系和自我技术的实践时，我们开始关注关系实践，以及表现在熟练的生活实践中的“专业知识”(know-how)。虽然这些实践和技能与某些文化结构相联系并得到其支持，但它们并非是自己建构的。当我遇到一个人指控我涉嫌虐待他人时，这些行为是通过权力技术塑造的，这是用实用的专业知识塑造的具体技能。这些技能可能使任何人轻松地成为这些行为(通常是妇女和儿童)的主体，将主体与他人隔离开来，破坏这个主体自己对事件看法的信任，向主体指派虐待的罪责等。虽然这些实用的关系实践与支持男权至上的知识相联系，但它们并不一样。

另一个例子。当我对与神经性厌食症和贪食症(不总是女性)进行斗争的人开展治疗性会谈时，我介绍了认同的概念，以及当代文化生活中我们所了解的身体结构的知识。我还介绍了关系实践的历史，其中包括这些人所受到的各种权力行为。此外，我还介绍了一系列的自我技术，包括自我评估，精确的记录输入和输出(从卡路里到各种想法的各种各样的事情)，对个体的生活严格管理以实现一种“生活的仪式感”(life as ritual)等。同样，虽然这些自我形成的这些关系实践和技巧与建立生活和认同的文化知识有关联，并得到它们的支持，但知识不会减少。相反，这些实践与文化知识相互依存。这种与治疗会谈高度相关的担忧，不仅提高了人们对自己和他人认同构成的重视，同时也提高了伴随这些建构的所有关系实践和自我技术的重视。

(二)确定性中的不确定性

就文化知识和实践在生活的形成中的作用而言，有其他结论认为，一方面我们需要考虑这些知识与实践在生活形成过程中的直接因果关系，另一方面我们可能也得考虑人们的生活方式对生活形成的影响。重视文化知识和实践在生活和认同形成方面的构成作用不一定与生活和认同是由文化生活方式严格决定的假设有关，而这些担忧的注重点并不一定与这些文化知识与实践一方面存在一对一关系的建议有关，生活的另外一方面也存在这样的关系。事实上，我一直认为情况并非如此——在建构自己的生活和认同时，人们不会被动地复制这些文化知识和实践。我从来没有把这些生活知识和生活实践视为是直接把人们生活的"投入"转化为"产出"。相反，对文化知识和实践构成性作用的担忧激起了我对以下问题的兴趣：

- 人们如何适应这种生活和思想的文化模式？
- 这些生活知识和生活实践组成的文化力量如何深入人心？
- 人们如何将文化材料结合在一起，形成自我创造生活？
- 如果生活方式是对这些知识和实践的解读，那么这些解读是如何实现的？

正是这些问题促使我开始进一步探索建构的意义。因为很明显，我在与这些生活和思想文化模式的接触中，通过把文化一起整合到生活中，人们表现的行为是有意义的，这些生活方式和思想模式的重新组合表现在意义辨别上。而且我也相信，意义是很难达到的，这点也是显而易见的。所以，正是我对这些问题的痴迷，有力地增强了我对意义的建构，以及促成意义建构的结构、框架和环境。

很多年前，在对辨别意义兴趣的引领下，我开始学习格雷戈里·贝特森(Gregory Bateson，1972，1979)的作品。他的作品主要描述了辨别意义的两种主要机制。他提出了，"生活的世界"(world of the living)中的所有回应都是建立在描述生活经验的差异上——根据贝特森的观点，他认为正是这种"双重描述"(double description)为描绘世界上的差异性提供了基础，为辨别意义创造了条件。贝特森还描述了在人们心目中建立"信息差异"(news of difference)的接收环境所需要的条件。这种接收环境是一个预设网络，它为收到信息差异提供了一个框架，通过这个框架人们可以更好地理解信息。贝特森经常把这些接收差异的框架称为"冗余约束"(restraints of redundancy)。而且据他所说，正是这些限制让人们根据他们世界里的经验，选择性地做出反应——让人们“从多余的资源中提取新的东西”。我一直认为，这些冗余约束的基础预设网络是受文化影响形成的，对世界大事件约束的意义是文化的载体。

最近，对这些问题的思考又引起了我对雅克·德里达（Jacques Derrida，1978）作品的兴趣，他像贝特森一样，对所有意义提出了理性认识。德里达对文本的分析，有力地挑战了“在场”（presence）的观点。他认为，意义存在于我们所描述的任何事物中，以及“存在”于人们的意识中——并且他坚称所有的描述都是通过辨别来实现的。

在他的文本分析中，德里达试图证明所有描述都是为了回应在文本中虽未明确指出，却隐含在其中的对比性描述。虽然我没有把人们的生活看成是文本，但我相信人们的生活方式是以辨识为基础的，这是一个意义构建的结果。同时，我发现了这些未明确指出但却隐含其中的描述方法（White，2000）。

虽然贝特森和德里达的思想让人们通过意义构建的方式将自己的生活置于“物质社会”之外，就是这些关于叙事结构在这个成就中的核心地位的观点，对我的探索产生了深刻的影响。根据这些观点，叙事结构为人们提供了接收框架，使他们能够将意义归因于世界事件——叙事结构提供了一个主要的可理解性框架，通过这种框架人们就能理解他们的生活经验了。在叙事结构中，事件根据主题或情节串联到一起，通过时间按序展开。这些结构还为人们得到关于这些事件可能对自己的意向状态以及其他人的意向状态产生的影响的结论——包括目的、价值观、信念、希望、梦想和生活承诺。通俗心理学的思想正是通过这种方法被调用的。这些叙事结构，以及在这些叙事中形成的具体叙述，并不是严格决定人们对生活经验的意义。相反，它们是确定性中的不确定性①（White，1991）。确定性中的这种不确定性提供了一个令人苦恼且具有挑战性的难题。

人们在多大程度上会进行自我解释——他们对生活经验（lived experience）的反应并不被动，而是积极地将意义归结

① 这个名词及其含义借用的是沃尔夫冈·伊瑟（Wolfgang Iser，1978）和杰罗姆·布鲁纳（Bruner，1986）的。

> 于这一点——这导致我们再次考虑了机构和主体在宪政主义(constitutionalist)描述的认同中的重要性……和认同一样，叙述是经验解读的结果。生活中总会出现意外事件，每个人主导的自我叙事都不是量身定做的。因此这些必须被统一起来。同样，个人叙事中也有很多有歧义和不确定性的差异。在自我叙事的生活或表现中，必须减少这些差异性。在自我叙事的表现中总是存在两难的困境：由不一致和矛盾产生的困境是所有故事的特征。(White，1992)

综上所述，提出生活是文化知识和实践的直接复制，排除了这些知识和实践是如何变成人们的思想和成为他们对生活方式的担忧；排除了人们要如何使用文化材料形成认同和生活，以及这些文化知识和实践如何改变人们对生活方式的担忧。提出生活是直接复制文化，忽略了意义建构的具体成就，以及与此相关的一系列经验。这包括提供这一成就的基础的社会谈判的复杂性，以及所有与意义构建相关的个人劳动、妥协、努力和困境。

(三)叙事是一种文化载体

我简要回顾了对意义的建构、叙事结构以及文化知识和实践在构建中的作用的一些思考。之前我就已经提出，在建构作用这个部分，知识和实践对生活并不会产生决定性的作用。我的理解是，人们对生活的叙事不是完全构想出来的——凭空产生于社会、文化和政治——而是在文化历史的知识和实践中形成的。同样，我也认为这些叙事是文化的载体——是这些知识和实践的媒介。内嵌于这些叙事的生活知识提供了一种独特的生活方式，与关系实践和自我技术的形成有关。

把叙事作为一种文化载体的理解是治疗性会谈的特点，这些会谈揭示了有关人们的生活和认同的故事。这种解读不仅能够解构与这些故事相关的消极认同结论，而且也能够呈现出更多根植于文化中的可见的生活和思维模式——也就是，通过解读人们生活的故事，在很大程度上使这些历史和文化的载体以及对世界的思考变得更加明确。就某种意义而言，这些治疗实践把整个世界都带入了心理治疗的领域，让许多有关生活和生活方式的惯例和理所当然的理解外化，并视为文化和历史的产品。而且这些已经不再被认为是生活的必然性或者是关于人性和认同的真理。通过这种方式，“政治经验”变得外化和具有争议性。

认为叙事是一种文化载体的理解，这在叙事治疗的重构会谈中也很明显。在这些对话中，人们并没有从根本上构建自己生活的替代故事，也没有说明自己的认同。可替代的生活故事和认同观点源于这些会谈，并且是世界上其他存在的承载者，是这个世界的文化历史的承载者。考虑到这一点，这些重构的对话不仅仅是描绘人们生活的替代故事。而且，他们也为与这些故事相关的生活知识和生活实践的认同和丰富的描述提供了情境。因此，治疗性会谈不仅分析了人们的生活故事和认同，而且它还让这个世界接受了治疗。重构会谈也能做到这一点。

这种对其他知识和实践的文化和历史特点的理解，对扩大治疗研究到更广泛的生活领域有重要的影响，为人们努力解决他们的困境和问题提供了新的可能性。这为人们熟悉一些思维方式，熟悉一些以前鲜有涉足的思维方式和关系实践，以及以前不知道的自我形成的机会，熟悉以前未使用过的解决问题的技巧奠定了基础。

下文中我与拉里(Larry)和他的家人会谈的例子就说明了，当要考虑到人们生活的可替代性故事中存在文化和历史方面的因素时，我们可以做些什么。

(四)拉里和他的家人*

我和拉里，还有他的父母伊梅尔达(Imelda)和埃里克(Eric)见面时了解到：拉里现在已经十三岁了，他的父母一直以来都很关心他；同样，他也成了警察、学校老师和其他孩子家长关注的焦点。伊梅尔达和埃里克特别担心拉里的脾气、他的攻击性行为，以及他的冒险行为。他已经引起了几家社会服务机构的注意，让人觉得他是“失控的”。从对拉里的描述来看，拉里根本就一点都不关心鼓励他改变自己的一些方式。

伊梅尔达和埃里克决定就最近一次发生的问题，寻求进一步的咨询帮助。在拉里的“一顿脾气”中，拉里把刀放在了他母亲的喉咙上。这是伊梅尔达“忍耐的极限”了。她收拾了行李，离开了家，发誓再也不回去了。她去一个表姐家待了几天，然后回来，说她会做最后一次尝试。前来向我咨询就是她最后一次尝试的一部分。

在我与这个家庭早期的会谈中，我了解到了拉里对他母亲的愤怒，我知道他在这样的时候威胁她是不正常的。因此，我努力地寻找他在很生气的时候有哪些具体的行为。

麦克：好的，我听说你对你母亲很生气。我很好奇，你有对你父亲生气过吗？

拉里：是的。

麦克：你是指你会很生气，还是有点生气，还是就一般？

拉里：一般。

麦克：那么，你有没有拿刀指向你父亲的喉咙？

埃里克：（摇了摇头）

拉里：没有。

麦克：你有过吗？

拉里：没有。

埃里克：（摇了摇头）

事实是，当拉里对他的母亲生气时，他会向他的母亲举起一把刀，但当他对他的父亲生气时，他却不像那样做，所以我推断他的行为中存在性别政治(gender politics)倾向。儿子在与母亲的互动中提倡性别的权力关系，这不是正常的现象。因此，我很好奇埃里克对于拉里这种行为的态度。

麦克：你知道你父亲是怎么想的吗？

拉里：什么？

麦克：当他想到你拿刀指向你妈妈的时候，你觉得他是赞成的还是反对的？

埃里克：（喘口气，对我的问题感到惊讶）

拉里：反对。

麦克：你怎么知道的？

拉里：（耸耸肩）就这样啊。

麦克：（朝向埃里克）是这样吗？

埃里克：我很惊讶你会问这个问题。我当然是反对他这么做的！

麦克：（转向伊梅尔达）你也是这么理解的吗？你觉得埃里克会不会反对呢？

伊梅尔达：当然是这样。如果我连这一点都不知道的话，我是不会留下来的。

麦克：你一直都知道埃里克会反对拉里威胁你吗？

伊梅尔达：埃里克并不总是关注身边正在发生的事情，我们对此进行过讨论。但最后我还是让他开始重视这个问题了，他一直都很尊重我。

麦克：（转向埃里克）这对你有什么关系吗？

埃里克：是的，伊梅尔达是对的。确实，我有时候会让她失望，但是我觉得我已尽我最大的努力来尊重作为一名女性的她了，这是我的原则。

麦克：你的尊重在这里具体是指什么，是你与异性互动的一般原则吗？

埃里克：我觉得这是很普通的一件事。伊梅尔达你觉得呢？

伊梅尔达：是啊，我也认为这是很普通的一件事，他对待女性都很好的。

麦克：（朝向埃里克）我想你肯定见过男性不尊重女性的场面吧。

埃里克：当然，即便在工作中也会有这类的骚扰现象发生。但是我从来不加入他们的队伍。我是绝对不会像他们那样的。

麦克：在你工作的地方，还有谁会察觉到你对这种行为的态度吗？有人了解你的立场吗？

埃里克：（耸肩）我猜是这样的吧。

麦克：我现在好奇的是，对于你是如何坚持尊重女性这个原则的，以及当你发现坚持这个原则很困难的时候，又是什么给你提供了强有力的支撑？我也很好奇那些建立在这个原则上的，可能对你很重要的价值观和信念又是什么。对此，你是怎么想的呢？

正是这个问题，我开始探索埃里克的一些内在的东西，并且希望借助这些提问给埃里克提供一个叙事框架，让他能够更充分地叙述其他男性对待女性的方式。但是，虽然埃里克对这些问题很感兴趣，他的回答却相当少。在我们会谈的内容中，能够启发埃里克相关的知识和实践仍然很少。但有一点很明确，埃里克的父亲凯文(Kevin)也不赞成拉里对他母亲的威胁行为，而且他很认同埃里克一直在说的尊重。

拉里对伊梅尔达的虐待行为一直都是我们早期会谈的焦点，我非常欣赏拉里对这些行为所表现出的完全负责的行为。然而，尽管对于谁应该对实施这种虐待行为负责是需要考虑的对象——对于谁能够更好地对这些行为负责也是需要考虑的。这是从不同的角度考虑的。我是这么理解的：拉里的虐待行为的产生受到了那些对男性和女性认同的特殊建构的影响，以及与此相关的权力知识的实践造成的。我不认为拉里本身有这种知识和实践——这些知识和实践来自我们生活环境，这片宽广的空间。就这一点，我认为，我们不应该认为拉里他自己应该独自承担全部责任。相反，由于这些知识和实践已经在男权至上的文化中得到一定的发展和精心磨炼，我相信，在这种情况下，如果广大男性同胞能与拉里一起加入尊重女性的队伍，会非常令人振奋的。

基于以上的思考，我开始提出关于拉里从埃里克那里听到的，可能会让他感到很惊讶的问题。对这些问题的回应表明了拉里愿意进一步探索男性对待女性的方式，并且接受了和埃里克还有凯文一起会谈的建议。这次单独会谈的目的是让拉里了解他的父亲和祖父在男性与女性关系问题上的态度，让他形成一些对他的行为有所帮助的建议，并协助拉里探索如何像男人一样为人处世。作为计划的一部分，拉里可以邀请另一位男性参加会谈，成为他的支持者[他最终选择了他的表弟彼得(Peter)]，并且我们都一致同意把会谈中提出的所有建议都将向伊梅尔达进行反馈。埃里克喜欢这个想法，并认为凯文会非常高兴。拉里说，这是可以的，因为这样可以减轻压力。伊梅尔达听到这个计划后感到很欣慰，因为一直以来，她都是“第一个制止并责备拉里的虐待行为”的人。会谈后两周，我从谈话记录中选取了一小片段：

麦克：那么凯文，你的名字是谁给你取的？埃里克提到你能够抵制这些不尊重女性相关行为。你认同这一点吗？你觉得你是这样的吗？还是说你不是这样的？

凯文：好吧，我不记得我们之前讨论过这个问题了，但是我很坚定，女性需要得到尊重，我有的时候很不喜欢拉里的一些话和行为方式。（朝向拉里）孩子你知道的，不是吗？（又转向我）但我不知道究竟我能够做多少。

麦克：你之前和我谈论过你父亲对妇女的尊重行为，正如你所看到的，你觉得这是怎么表现出来的？你父亲是怎么来表达他尊重女性的？

埃里克：嗯，他确实听女人的话。当他和母亲意见相左或者他很沮丧的时候，他也不会抬高他的嗓门或者轻视她的想法。而且我确实看到他很沮丧。

麦克：这对你意味着什么？

埃里克：我觉得他在很多方面都为我树立了很好的榜样。

麦克：（转到凯文）你听到这个感觉怎么样？

凯文：真的有点惊喜！

麦克：你的行为潜移默化地影响到了埃里克的行为，你感觉如何？

凯文：嗯，我想一下。其实我也有很多缺点。但是，这真的很令人开心，因为我们都希望每个人都有一个美好的生活。我真的是没有想到，因为之前我们都没有谈论过这个。说实在的，可能我也没有考虑这么多吧。

麦克：（面对凯文和埃里克说话）你们现在能告诉拉里这两点吗？首先，你们要去了解他是怎么理解你们的价值观和信仰的，以及在男女关系问题上，你们的理解是什么。其次，你们要去了解一下如何把你们的观点付诸行动。第二点很重要。了解一些东西是一回事，掌握并实践这种知识的技能又是另一回事。

凯文：任务很艰巨。但是我们会尝试的。

埃里克：是的，我们能够胜任的。

麦克：也许我会通过向你们多提一些问题来帮你们解决这个问题？

埃里克：是的。这肯定会有很大帮助。

在接下来的谈话中，我们对男性女性之间的差异展开了讨论。这其中包括了构建不同的性别认同知识，以及一系列关于如何将这些知识运用到工作中的实际例子。在这段对话中，我鼓励拉里和他的表弟彼得一同参与到叙事中。很明显，拉里和彼得都对这其中的许多事感到由衷的惊讶，埃里克和凯文之间的关系也是如此。在这个关键节点上，我提出了一些关于在广义上成为男人的方式：

麦克：凯文，我想知道你是怎么得知作为一名男性应该怎么对待女性的，我可以向你询问有关这个的问题吗？

凯文：可以的。说不定我会学到更多的东西。(笑)

麦克：在我们早些时候的谈话中，埃里克告诉我，你有办法获取一些你自身难以得到的信息。你觉得你这个能力是从谁那里学到的？

凯文：让我想想。我首先想到的是一位叔叔。在我小时候，他是一家男孩俱乐部的青年领袖。他的职位很有权威。我记得在这个职位上的一些人对正确的路线很有影响力，就像小独裁者一样，但我叔叔不喜欢这样。你仍然可以在他身边发表意见，而且他还能应对那些很难听的话。大家都了解他。我还记得他还采纳过我阿姨给他的意见。现在，我懂了，虽然我当时觉得他这种行为在那时来说是很异类的(意思是这些职位高高在上的男性接受了女性的建议是不寻常的)。

麦克：你知道他是怎么做到的吗？

凯文：我从来没有问他。但这可能与他来自一个有"背景"的家庭有关。

麦克：背景？

凯文：他的家庭有点特殊。我只记得一些贵格会(Quakers)的事情，但并不是很了解。

麦克：你爸爸也有这种背景吗？

凯文：不，我爸爸不太耐心且不善解人意。这个叔叔是他的妹夫。

麦克：（转向埃里克和拉里）你知道凯文的叔叔吗？

埃里克：不知道。

麦克：那你呢，拉里？

拉里：不知道。

麦克：彼得？

彼得：我也不知道。

麦克：你能给我们讲讲你叔叔的故事吗？我想知道你从他的行为表现看到了些什么。这样，我们就可以更清楚地了解到他对事物的看法，以及他对待这些事物的方式。例如，当他遇到困难的时候他会怎么做；他对于尊重女性的事情又了解多少；还有，面对异性或者有权威的男性，他又是如何对别人的意见保持开放的态度的。

凯文：当然可以。

在接下来的谈话中，我们谈论了许多有关这个叔叔行为方式特点的具体知识和生活实践。

我与凯文、埃里克、拉里和彼得在两次不同的场合会谈，然后与埃里克、拉里和伊梅尔达进行了三次会谈，进一步探究男性对女性的其他方式。在这些会谈中，所有家庭成员之间都有了更深入的了解，尤其在拉里的行为表现上。同样，很明显，埃里克在解决他在工作场所中表现的性别政治时变得更加积极。伊梅尔达也很愉快地提供了一系列关于拉里可能在各种情况下对她做出反应的建议，包括当他遇到挫折时，以及当他可能需要采取措施来弥补和她的关系的一些情况。

今后任何对拉里与伊梅尔达的关系的担忧都可以转交给这个男性委员会(committee of men)，他们将负责与他一起制定解决这些担忧的进一步建议，并支持他。如果有必要，我也很愿意加入这个男性委员会。之后，当拉里担忧不知道要如何面对伊梅尔达时，委员会再次召开并提供了一系列解决方案。拉里在选择最佳处理方案时再也不会感到困难了。

在与拉里和他的家人一起工作的过程中，我理解了关于埃里克所理解的作为男人的方式与他在文化和历史中获得的知识和实践有关。对于这个问题的考量，为形成熟悉的思维方式关系实践，掌握以前不知道的自我形成方法和问题解决技巧的发展奠定了基础。

四、总结

在本章一开始，我就提到，人们对这种治疗探索的熟悉程度与许多叙事治疗的实践有关，尤其是这些叙事治疗实践与人们对生活的理解和认同中带有的强烈而深刻的历史意义密切相关。根据布鲁纳(Bruner，1990)的观点，我把这个传统称为“通俗心理学”。这是一种传统的理解，是由个体能动性和意向状态的概念来区分的，而且是在现代心理学发展时期被取代的。

20 世纪 60 年代至 70 年代，社会科学中恢复了生活和认同的通俗心理传统，特别是文化人类学中的“解释学转向”。这种对通俗心理学的恢复，重燃了对意义构建的活动和叙事结构的兴趣。这种活动和结构是许多叙事治疗实践的主要焦点，它产生了通俗心理学的思想。

在阐述由通俗心理学传统塑造的治疗实践的一些建议时，我讨论了“多元目的”和“相互联系的”生活、“多元真实性”和“人居”生活。然后，我讨论了个体和群体的叙事是历史和文化产物的可能影响，以及特定的生活知识和生活实践的载体，塑造了人们存在于世界上的方式。

本章的不同之处在于，我列出了在治疗会谈过程中的一些简要总结，包括我与保罗谈论的“未解决的问题”；与吉尔的家人有关的，让他们能够合理的接受吉尔自杀的事情；里基关于他与朋友信任的关系；拉里和他的家人解决性别权力。通过对这些故事的总结，我想要说的是，叙事治疗方法的形成受到了个体能动性和意向状态的概念的影响，并且，正因如此，与人们特定的历史传统密切相关的理解被称为“通俗心理学”。

(丁怡彤　吴继霞　译)

参考文献

Bateson, G. 1972. Steps to an ecology of mind[M]. New York: Ballantine.

Bateson, G. 1979. Mind and nature: a necessary unity[M]. New York: Dutton.

Beels, C. 2001. A different story: the rise of narrative in psychotherapy[M]. Phoenix, Arizona: Zeig, Tucker & Theissen.

Bruner, J. 1986. Actual minds, possible worlds[M]. Cambridge, MA: Harvard

University Press.

Bruner, J. 1990. Acts of meaning[M]. Cambridge, Mass: Harvard University Press.

Clifford, J. 1988. The predicament of culture: twentieth century ethnography, literature and art[M]. Cambridge, Mass: Harvard University Press.

Derrida, J. 1978. Writing and Difference[M]. Chicago: University of Chicago Press.

Foucault, M. 1973. The birth of the clinic: an archaeology of medical perception [M]. London: Tavistock.

Foucault, M. 1979. Discipline and punish: the birth of the prison[M]. Middlesex: Peregrine Books.

Foucault, M. 1980. Power/Knowledge: selected interviews and other writings[M]. New York: Pantheon Books.

Geertz, C. 1973. The interpretation of cultures[M]. New York: Basic Books.

Geertz, C. 1983. Local knowledge: further essays on interpretive anthropology[M]. New York: Basic Books.

Geertz, C. 2000. Available light: anthropological reflections on philosophi-cal topics [M]. New Jersey: Princeton University Press.

Gergen, M. M. & Gergen, K. J. 1984. The social construction of narrative accounts [M]// Gergen, K. J. & Gergen, M. M. (Eds.). Historical social psychology. Hillsdale: Lawrence Erlbaum Associates.

Iser, W. 1978. The act of reading[M]. Baltimore, MD: John Hopkins University Press.

James, W. 1890. Principles of psychology, vol. I and II [M]. New York: Holt.

James, W. 1892. Psychology: brief course[M]. London: Macmillan.

James, W. 1902. Varieties of religious experience[M]. New York: Longmans.

Meares, R. 2000. Intimacy and alienation: Memory, trauma and personal being[M]. London: Routledge.

Myerhoff, B. 1982. Life history among the elderly: Performance, visibility and remembering[M]// Ruby, J. (Ed.). A Crack in The Mirror: reflexive perspectives in anthropology. Philadelphia: University of Pennsylvania Press.

Myerhoff, B. 1986. Life not death in Venice: its second life[M]// Turner, V. & Bruner, E. (Eds.). The anthropology of experience[M]. Chicago: University of Illinois Press.

Rosaldo, M. 1984. Toward an anthropology of self and feeling[M]// Shweder, R. A. & Le Vine, R. A. (Eds.). Culture theory: essays on mind, self, and emotion. Cambridge: Cambridge University Press.

Rosaldo, R. 1993. Culture and truth: the remaking of social analysis. Boston: Beacon Press.

Spence, D. 1982. Narrative truth and historical truth: meaning and interpretation in psychoanalysis[M]. New York: Norton.

Turner, V. & Bruner, E. (Eds.). 1986. The anthropology of experience[M]. Chicago: University of Illinois Press.

White, M. 1991. Deconstruction and therapy[M]//Epston, D. & White, M. 1992, Experience, Contradiction, Narrative and Imagination: Selected papers of David Epston and Michael White, 1989—1991. Adelaide, Australia: Dulwich Centre Publications. Reprinted in Gilligan, S. (Ed.). 1993. Therapeutic Conversations. New York: W. W. Norton.

White, M. 1992. Men's culture, the men's movement, and the constitution of men's lives[M]//McLean, C., Carey, M. & White, C. (Eds.). 1993. Men's ways of being. Boulder, Colo.: Westview Press.

White, M. 1995. Reflecting teamwork as definitional ceremony[M]// White, M. Re-Authoring lives. Adelaide, Australia: Dulwich Centre Publications.

White, M. 1997. Definitional ceremony[M]// White, M. Narratives of therapists' lives. Adelaide, Australia: Dulwich Centre Publications.

White, M. 1999. Reflecting-team work as definitional ceremony revisited[M]// White, M. 2000. Gecko, vol. 2. Reflections on narrative practice. Adelaide, Australia: Dulwich Centre Publications.

White, M. 2000. "Re-engaging with history: the absent but implicit[M]// White, M. Reflections on narrative practice: essays and interviews. Adelaide, Australia: Dulwich Centre Publications.

White, M. & Epston, D. 1989. Literate means to therapeutic Ends[M]. Adelaide, Australia: Dulwich Centre Publications. Republished as White, M. & Epston, D. 1990, Narrative means to therapeutic Ends. New York: W. W. Norton.

第 3 章　叙事疗法与后现代主义

唐纳德 · E. 波尔金霍恩(DONALD E. POLKINGHORNE)①

人们对自己生活理解的语言形式是故事或叙事形式，是叙事疗法的理论基础。叙事是将生活按照时间顺序展开叙述的一种形式。叙事疗法不是将人看作某种东西，如男性、抑郁症或者厌食症，而把人视为独特的历史。作为历史，人们往往会对发生在自己身上的事情以及建构的生活故事中所采取的行动赋予意义。生活故事的剧目是由一个人生活的文化提供的。这些故事经常被内化，被赋予生活的意义；然而，这些由文化提供的故事却经常受到压制和指责。叙事疗法旨在帮助来访者将这些已被内化的文化故事变成更具有包容性，更强调来访者个人意志和责任感的故事。

叙事疗法是从婚姻和家庭治疗师的工作中发展而来的，并非出现在高校研究与培训项目的主流心理治疗和临床与咨询心理学家的评论之中(Schafer，1992；Spence，1984)。然而，他们都是精神分析学家，不是家庭治疗师，通过在精神分析实践中的叙事性解读，他们为叙事理念在心理治疗中被广泛使用做出了杰出的贡献。叙事疗法理论与后现代主义哲学有着密切的联系，以至于一些叙事治疗师把叙事疗法称为后现代疗法。本章节的目的是对把叙事疗法定义为后现代疗法的观念提出质疑。

“后现代疗法”这一术语是最近才出现的，首次出现在 20 世纪 80

---

① 有关本章的信件请寄给唐纳德 · E. 波尔金霍恩，地址为：University of Southern California，Rossier School of Education，Waite Pillips Hall，Los Angeles，CA 90089－0031，或者发邮件至 polkingh@usc. edu。——作者注

年代后期的叙事疗法文献中。作为对已被开发的叙事疗法的描述，这个术语被一些治疗者所采用(de Shazer，1991；White & Epston，1990)。作为对新开发的治疗实践的理论支持和解释，开发一种新的叙事治疗方法比一些后现代主义作家的观点更吸引人。这些叙事治疗师从后现代主义作家中脱离出来是有选择性的。一些后现代主义的观点被采纳，如语言和话语的中心地位；而其他一些主题并没有被采纳，比如拒绝个体能动性。在后现代主义思想为叙事疗法提供哲学支持之前，叙事疗法已向实践发展。在我看来，叙事疗法中利用后现代主题进行的诊断主要是以存在主义为主题，如主观能动性，自我激励和责任感。

本章首先从家庭治疗的后期发展中定位叙事疗法，强调来访者的影响力，咨询师和来访者的关系以及建构性意义。下一部分讨论叙事理念对家庭疗法中已开发主题的补充。接下来是关于叙事疗法中后现代主义主题如何使用的部分。结论部分要求重新评估叙事疗法的存在维度。

一、家庭治疗的历史发展

婚姻和家庭咨询可以追溯到19世纪80年代，将教育学方法应用于教育子女之中。它在20世纪40年代被专业化，并在50年代进入研究热点时期(Thomas，1992)。其间引入了理解家庭这一重要变化。这个时候，家庭疗法已经由家庭研究中的社会学传统(使用母亲的言语报告)和家庭动态中的精神分析传统组成(Levant，1984)。最具影响力的想法是由贝特森(Bateson)及其研究小组(Erickson，Satir，Rosen，Laing & Jackson)引入。贝特森重新聚焦家庭治疗理论，从个体家庭成员的心理个性特征出发，将家庭视为一个沟通系统。家庭成员的行为被视为受家庭系统中所存在的沟通模式的影响。这种将家庭视为一个完整体系的观点，使家庭疗法在接下来的三十年内都向着强调话语和语境的叙事趋势演化。

在20世纪90年代开始的现代叙事理论之前，家庭治疗理论同样经历了几个阶段。第一个阶段是结构性方法，其中个别家庭成员的症状被理解为努力维持家庭系统的平衡与稳定。家庭系统可能会陷入破坏性行为的循环或不平衡的等级互动中。治疗师的作用是重新整理家庭互动关系来修复家庭系统，使家庭变得更加稳定有效。

在第二阶段，治疗的目标由稳定家庭系统变成将家庭作为可以改变和演变的系统来运作。如果说第一阶段寓意着机械控制理论、恒温器、反馈回路，那么第二阶段则寓意着生物和生态图像。治疗师的寓意也变了：治疗师不是一个站在系统外的独立维修人员，而是变成了其所服务的系统的一部分。成为系统的一部分意味着治疗师不能够再进行客观的评估和指导。因此，治疗师纳入家庭系统后将共同改变和共同创造。

在这两个阶段中，主要关注的是家庭系统成员的行为或行动。干预治疗包括弄清楚家庭成员产生问题的行为，并使这些行为发生改变以使家庭系统运作得更加顺畅(Eron & Lund，1996)。然而，在瓦特拉维克(Watzlawick，Weakland & Fisch，1974)的影响下，“重构”这一概念被引入家庭治疗中。“重构”是指人们的行为是基于他们对情境或他人行为的解释所产生的。也就是说，一个人对他人行为的解释是其产生某种行为的原因，而不是他人行为本身造成的。作为一项改变家庭系统的技术，治疗师将协助家庭成员重新诠释或改变他们对情境的解释。重构及其“行为是被赋予意义”的概念被认为是为发展更具“意义中心”的叙事治疗理论提供了开端。

二、临床治疗的主题

叙事疗法的焦点在于人们对生活中所发生的行为或者事件的归因或解释，即人们可以限制或者扩展其可能采取的行动。叙事治疗师帮助来访者对他们自己和情境进行更宽容的解释。他们那被有限的解释所掩盖的自我可以通过更开放的叙事性理解浮现出来。

20 世纪 80 年代后期家庭治疗的四个重合发展的主题促成了家庭治疗“基于意义”的方法论。这些发展不仅加强和扩大了家庭治疗的实践，其主题也为现代叙事治疗的实践提供了基本要素(Eron & Lund，1996)。这四个发展主题是：①强调来访者的长处；②将来访者和治疗师视为合作伙伴；③采用建构意义的方法；④强调来访者所叙述的事件或故事的意义。

(一)强调来访者的长处

以叙述为基础的家庭治疗的第一个发展主题，是将“来访者的缺点和不足是问题的根源”的策略转化为“来访者的长处是解决问题的突破口”。这种转变是所谓的以解决问题为重点的治疗的一部分（de Shazer，1985；O'Hanlon & Weiner-Davis，1989）。以解决问题为重点的治疗方法是“从关注病理和缺陷转变为关注治疗中的长处、能力和资源”（O'Hanlon & Weiner-Davis，1989）。治疗师让来访者在会话中找到可以改变他们生活的能力，而谈话是让来访者致力于预防问题的发生，而不是问题在什么时候发生。

（二）将来访者和治疗师视为合作伙伴

有观点认为，来访者拒绝被置身事外的治疗师观察评判，已成为叙事治疗师的难题。随着反省团队（Andersen，1991）在治疗过程中的使用，治疗师在治疗对话中是合作伙伴关系这一概念被强调成为叙事疗法的主题。反省团队的使用是为了克服来访者认为自己是被观察和被分析的对象这一印象。一个象征着单面镜后面坐着未知的观察者的印象。单面镜表明来访者拒绝置身事外的治疗师观察。通过观察，治疗者可以判断来访者的问题，并针对来访者的问题提出解决方案。

在反省团队方法中，治疗由一个团队来担任，而不仅仅是治疗师。团队中的一个（或一些）成员担任着观察者的角色，另一名成员担任主治疗师。观察员从单面镜后面走进实施治疗的房间。在不同的时间间隔中，观察员让来访者谈论他们关于治疗和治疗师的感受和经验。团队和来访者来反思治疗过程是否有帮助，以及来访者和治疗师能为实现治疗目标做些什么。反思治疗过程说明，治疗工作的掌控和责任是治疗师团队和来访者团队的成员共同享有的。来访者和治疗师是合作伙伴关系这一主题说明治疗是一种专门的以话语为主导的人际活动，而不是将来访者当作一个疏远的对象。

（三）采用建构意义的方法

家庭治疗的第三个发展主题是将关注的重点从家庭成员的行为或者内在紧张感（如驱力或防御机制）转变为事件对家庭成员的意义。简单地说，意义就好像“红灯意味着停止”一样。意义的中心思想是指某些东西是由其他东西传达的，如一个词，一个动作，一个情景等。叙事疗法认为人类是意义的寻求者；也就是说，在他们与环境、他人及自我的互动过程中，他们的注意力仍集中在这些事物所表达的意义上。一个人的行为取决于其对事件或者感觉的理解和解释。比如，因为红灯被解释为停止，所以他做出停止的动作。人类活动是对意义的反应，而不是未经解释的感觉数据。

问题在于，人类对某些事件或物体产生特定理解和解释的来源是什么。有观点认为，人类天生就知道某件事的意义及一个事件或物体对其的意义，但这并不足以解释人类的行为和感受。相反，人类自身就是其附加给事件或物体意义的作者。人类创造意义的这一概念被称为建构。马斯克洛和波拉克（Mascolo & Pollack，1997）在最近《建构主义心理学杂志》（*Journal of Constructivist Psychology*）的一篇文章中提出了建构的定义：建构主义包括一个命题，即意义是人类活动的产物，不是心理的固有特征，也不是物体或事件的固有属性。

人类是自身事件意义的建构者这一观点，一直是家庭治疗领域内外重要的心理治疗文献的源泉。建构主义的心理治疗方法建立在凯利（Kelly，1955）个人建构理论的基础之上。内梅耶和马奥尼（Neimeyer & Mahoney，1995）撰写了《心理治疗中的建构主义》（*Constructivism in Psychotherapy*），霍伊特（Hoyt，1994，1996）撰写了两册《建构性疗法》（*Constructive Therapies*）。另外，内梅耶（Neimeyer，1997）创办了《建构主义心理学杂志》[前称为《个人建构心理学杂志》（*Journal of Personal Constructivist Psychology*）]。建构主义心理治疗并没有把自己看成是后现代疗法。然而，内梅耶（Neimeyer，1995）承认“建构主义思想……像任何思想流……已经反映了智力景观更广阔的轨道”。在这种情况下，建构主义思想受到后现代主义的影响。

建构主义思想在心理治疗中有几个相互矛盾的立场。其中，一个矛盾的立场涉及人类经验中意义的来源和基础。一个观点认为，意义仅仅来自一个人所处文化的社会/语言系统；另一个观点认为，意义有多个来源，如个人经历、社会环境、生理成熟（Piaget，1971）及人类发展过程中发生的模式。前者提出社会制度是意义的基础；后者则保留了自我是建构个人意义系统的核心这一观念。

第一个观点被称为社会建构主义，另一个观点被称为建构主义。由于一些标榜自己是社会建构主义的学者，同时还持有自我是意义和行动的来源的观点，造成了自变量间的矛盾，导致了进一步的混乱[详见 1997 年，丹齐格（Danziger）的评论——《社会建构的种类》（*The*

Varieties of Social Construction)]。在休斯敦加尔维斯顿研究所(Goolishian & Anderson，1987)发展起来的叙事疗法理论已经利用了社会建构主义的观点，特别是格根(Gergen)的著作(例如，1985年)已经有所阐述。这些社会建构主义对心理治疗的应用的观点已被写进《社会建构主义治疗》(*Therapy as Social Construction*)一书中，并已出版(McNamee & Gergen，1992b)。

我所理解的社会建构主义，即语言是意义生成的雏形。一组单词，如c-a-t并不具有其内在意义。这些单词只有在我参与公共谈话和注意到这些单词的用法时才具有意义。不同的大众语言有着不同的组成和阐述意义的方式。红灯并不是生来就意味着停止，它的意义取决于社会公约。另外，不同的语言系统也有着一套不同的诠释。例如，在中世纪话语中，彗星的出现意味着会发生自然灾害；在当代话语中，彗星的出现并不意味着灾难，因此不会引起恐惧。意义的来源是社会而不是个人，“我们对于这种情况的表述是由我们生活的语言系统所指导和限制的”(McNamee & Gergen，1992a)。

一些社会建构主义者认为，意义不是几个词语就能表达的，而是语言的本质；他们将语言理解为意义的结构而不是其附属的衣服(Dews，1987)。所有人类系统都是语言系统(Anderson & Goolishian，1992)。这样看来，一个社会没有生成语言，意义不会存在。虽然这并不意味着没有外部的语言，但这意味着人们对自身、他人和环境的理解是由有限的意义构成的，这个意义是由其特定话语提供的。因此，一个人自身行动的意义是其包含社会话语的反映和实体。

(四)强调来访者所叙述的事件或故事的意义

除了上面所描述的三个主题，即强调来访者的长处、将来访者和治疗师视为合作伙伴及对意义进行建构，叙事疗法从其名字的起源增加了第四个主题，即自我叙事或故事的使用。自我叙事是人们讲关于自己的故事，这些故事是叙事治疗师和来访者工作的焦点。生活故事被视为来访者对其生活事件意义的理解的语言表达或展示。

叙述是一种跨越时间连接事件的话语形式，因此，它能展示人类生存的时间维度。叙述形式描述了人类生活是其他行为和事件之前、之后和同时发生的行为和事件。在以往的家庭治疗中，贝特森把人们对事件意义的理解比喻成地图。地图表示意义是静止的，不能捕捉运动和变化。新的叙述比喻是一个文本，这个文本是连接在一起的一组句子，从而产生一个层次的意义，将句子连接成一个具有开头、中间和结尾的完整故事。怀特(White & Epston，1990)描述了他用文本比喻来代替地图隐喻的主张：

> 在考虑文本比喻时，我认为在地图概念和叙述概念之间关于家庭的观点是相似的。然而，叙述的概念很显然比地图的概念有优势，因为它需要交叉时间模式中事件的位置。

一个人的自我叙事提供了他或她生活事件的意义背景。生活事件的意义是通过他们对自我叙事情节的放置和重要性体现出来的。这个情节是关于人生的故事；这个情节从事件的可能意义中选择那些与结果相关的意义。这个情节不仅包含有助于事件的意义，而且还会选择出哪些事件包括在内，哪些事件被排除在故事之外。不利于情节完整或与之无关的事件被视为不重要。举个例子，关于一个女孩的继父如何试图毁灭她的情节，描述了她继父对她实行宵禁，这意味着试图把她从她的朋友中清除；而像这位继父在其不便的情况下带着女孩的事情，将不再是女孩的故事。

叙事疗法吸取了建构主义者的观点，即这些事件和人生经历的意义并不由这些事件和经历本身所决定。事件从一个人的人生故事中得到意义，如果一个人的人生故事被修改，人生事件的意义就会改变，通过这些事件得到的感受和行动也会改变。叙事疗法的根本理论基础就是基于这样的观念，即随着人们改变他们的人生故事，这些事件的意义会通过人们解释其人生故事得到改变。叙事疗法的目的是帮助来访者改变其给予生活的叙述意义，从拘束的、有害的，转变为开放的、有力的、充满可能性的。

关于叙事疗法的一个问题是，如何确定人生经历及其所蕴含的意义之间的关系。一些人(比如，Freedman & Combs，1996)似乎强调经历与其意义之间几乎没有关联。这个观点是基于这样一个概念。例如，用狗的声音来表示犬类动物完全是武断的。因此，意义与其所表示的人生经历没有固有的联系。通过将这种比喻扩大到意义，意义被武断地认为与人生经历相关。因此，来访者能随意修改他们的人生故事。

主流的叙事治疗观(White & Epston，1990)认为，人生经历限制了他们的意义，但并不起决定作用。一个人参与的社会系统或语言提供了一套如何管理社区成员解释这些事件的意义。我们再次使用红灯的例子。在我们的社会里，一个红灯很明显是停止的意思。然而在社会系统中，许多事件被允许有多种解释。我们再次使用语言来比喻，有些词是多义的。比如，bat，意思可以是蝙蝠、棒(棒球)或者眨眼，最常见的是，其特定意义取决于前后的关系。类似地，事件和行为通常允许有多样的解释。例如，来自另一个人的捏捏可以表示一个调皮的动作，也可以是一个有倾向性的充满怒气的伤害。因此，虽然来访者能重新创造他们的人生故事，但他们不能简单地选择；来访者对其的修改是限制在他们实际发生的经历中的。对一个人的人生情节的修改要考虑实际发生的重要人生经历，如一起事故或者父亲的缺席。

1. 约束性的文化情节

人们作为模板解释他们生活经历的情节常常由他们的语言文化所提供。文化情节被认为是反映人物表现与社会需求相匹配的情节。贝斯特和凯尔纳(Best & Kellner，1991)将这一过程描述成“纪律的最终目标和效果是规范化，消除一切社会和心理上的不规范现象，通过改造思想和身体，生成有用和顺从的民众”。怀特和爱普斯顿(White & Epston，1990)利用后现代哲学家福柯对当代社会的分析，认为社会秩序赋予人们权利来创造人生意义，从而创造出社会情节。一般来说，当人们扮演着消费性、可接受性的，并被官僚组织和信息社会秩序所需的角色时，这些情节有助于人们经营有意义的人生。

社会可接受的情节被人们调整采纳以诠释其特定的生活。这些情节为他们过去的行为提供了意义与价值，也就是说，他们有助于情节(好的行为)往好的方向发展，或者阻碍行为的发展(坏的行为)。情节也有助于计划未来的行动，人们会从中选择符合情节完整需要的行动(从而过好生活)。适应当地个体情况的社会性情节被看作主流故事。对于一些人来说，已经内化的社会主流性故事，使他们在人际关系中产生问题或造成心理上的痛苦。为了满足他们主导性情节的需要，他们相信自己是问题的根源。

2. 克服主流故事

当人们寻求治疗方法时，叙事治疗师与人合作去瓦解他或她的主导情节(White，1991)。战胜内在化、文化性的自我故事的第一步是意识到故事。通过阐述主流故事，来访者会警惕于它是如何操作的，以造成他们人生事件的扭曲和有限的解释。一旦主流故事被提出，它就能被检查和解构。在解构时，主流故事中被认为是理所当然的部分得到质疑，即主流人生故事开始成为可能的观点，但不一定是正确的观点。文化故事开始失去主导性，或在来访者生活中延缓。解构性行为使来访者的社会性人生故事得以变成包含来访者全部生活事件的故事，并将来访者定位为他或她故事的代理人。在叙事治疗中大量的技术被运用以协助解构，其中最显著的是独特结果(unique outcomes)和将问题外在化(externalizing the problem)。在独特结果技术中，来访者被要求回忆起在主流事件中被忘记和丢失的事情。认识到不能融入主流情节的事件有助于分解主流情节和拓展思维，从而开发一个新的和更加复杂的情节，这包括了现在回忆起来的和原先忘记的事件和行为。

在将问题外在化时，来访者被要求将问题视为外部问题，而不是自己的一部分。例如，患厌食症的病人被要求将厌食症视为与自己无关的东西，这是为了努力去战胜疾病并控制自己的生活。他们被要求去回忆起他们成功战胜厌食症的日子。通过回忆这些胜利的日子，病人可以将自己的优点和过去的胜利，加上问题一起融入他们所构建的生活故事中。

通过来访者与治疗师之间对话式的搭档关系，能够实现目前主流情节的解构与新情节的重构。新情节能在主流情节解构中出现，来访者并不需要努力有意识地去设计它。新情节不是通过简单地接受另一个备用的、现成的社会性情节就出现的。新的情节需要将现成的内容与旧故事的内容相整合。新的内容需要一个了解自己情况的情节(通过将问题外部化)。新的情节也开启了过去人生经历所具有意义的进一步认识。对先前行为的自我责任的分配和对他人行为所具有意义的重新诠释也会因为重新建构成新的故事而改变。

对一个人生活情节的重新审视(Parry & Doan，1994)能够改变过去的事件及事件的意义，并且有助于重新审视自己的未来。新情节的出现需要未来有不同的行动。新故事产生的自我改变的意义让我们对源于旧主流故事的未来行动和计划产生了疑问。

叙事疗法的目标旨在实现一个统一的观点。格根(Gergen，1991)认为在当今的西方社会，人们常常被不同的主流事件所吸引，来访者的问题是难于发现一个个人的整合性故事。然而，一个有意义的事件的存在似乎需要足够包容性的情节去包容人们参与的各种活动和计划。克尔比(Kerby，1997)在《记忆、身份、社区：关于人类科学叙述的想法》(Memory，Identity，Community：The Idea of Narrative in the Human Science)中写道："我相信，人们潜意识渴望整合是合理的，但与他人一起创造意义也是人类事业的基础。"叙事治疗师的经验是，与过去的主流文化故事相比，当主流故事被解构时，为来访者认同而生的新故事将更加复杂，且融合性更强。

三、后现代主义对叙事疗法的影响

被称为后现代主义的哲学家们没有一套共同的属性，而是似乎有维特根斯坦的比喻所说的家族相似性。这个比喻指出，虽然一个人能看出家庭成员之间存在某些相似，但是当他们被进一步研究时，他也许会发现所有成员之间没有共同的特点。叙事治疗师挑选其感兴趣的后现代主义哲学家是相当讲究的。这些后现代主义哲学家中的代表人物是福柯，虽然怀特使用了德里达(Derrida)的"解构方式"术语，但只有福柯的主张被后现代哲学家怀特和爱普斯顿(White & Epston，1990)共同引用。德里达的作品对笛夏德(de Shazer，1991)的写作有很大的帮助，但是除了几个参考利奥塔尔(Lyotard)观点的哲学家，我还没有发现对其他后现代主义哲学家如德勒兹(Deleuze)、瓜塔里(Guattari)或鲍德里亚(Baudrillard)的引用。

叙事治疗师也已经开始有选择地采纳后现代主义哲学家们的观点。菲施(Fish，1993)指出，怀特对福柯关于权利的观点的讨论是严重扭曲的：

> 当参考福柯的话语概念时，他并没有考虑在这一概念中考古学固有的含义，即这是个无关的主题。与此同时，怀特和爱普斯顿忽视了福柯的谱系关系，在局部层面上，不同的

权利关系的使用是决断的且是有效的。

从菲施(Fish，1993)的判断来看，叙事治疗师仅仅选择了后现代主义哲学的一些方面，即允许一种倾向于"在概念上将治疗师—家庭制度与任何社会、历史、经济或制度环境隔离开来，否认人际关系层面上力量差异的存在或相关性"的观点。

相比后现代主义哲学，后现代主义思想对叙述疗法的影响更直接地来源于后现代主义人类学。怀特的搭档爱普斯顿在成为家庭治疗师前，一直是人类学家。格尔茨(Geertz)对人类学的解读方法被用来去支持转向释义的家庭治疗。在对本土知识(local knowledge)的介绍中，格尔茨(Geertz，1983)写下了他的早期著作，即《文化解读》(1973)：

> 与现在相比，当十年前人们提出文化现象应该被当作是一个有意义的体系来对待这一建议时，社会科学家们是非常震惊的，因为他们认为文化现象偏向文学性且缺乏精确性。当人们用社会物理学的既定方法，预测、控制和测验该现象均失败时，他们才开始承认这个建议的正确性。

格尔茨的工作巩固了"行为的产生是基于人们对自我经验、他人、情境的释义，而不是基于这些事物本身"这一观点。

为支持叙事作为意义产生的文本形式的重要性，怀特引用了布鲁纳的观点。在怀特(White & Epston，1990)引用的一段话中布鲁纳提出，经验的意义是故事的讲述赋予的。布鲁纳(Bruner，1986)认为：

> 我们从叙述开始，这个叙述已经包含了开始和结局，因此我们能利用这个框架来解释现在。我们刚开始并没有拥有大量数据，事实上我们必须构建一个故事或者理论来解释它们。相反……我们建构的叙事结构是构建数据的主要叙述，而不是次要的。新的叙事会在我们的人种志记录中产生新的词汇、语法和意义；它们定义了构成这些记录的数据。

怀特还注意到社会学家戈夫曼(Goffman，1974)在其解释性框架的叙事理念中的观点；怀特还采用戈夫曼(Goffman，1961)的术语"独特的结果"来作为来访者社会型故事中被遗漏和忽视的行为和经验的名称。

叙事疗法主要是家庭疗法的内部扩展。它是从传统领域、新的观点和技术的创意发展及来访者对于这些新技术的使用经验中进化而来的。这些新观念的理论支持和发展动力来自其他社会科学和后现代主义哲学。然而，叙事疗法不能被简单地理解为将后现代主义哲学思想应用于心理治疗之中。

四、叙事治疗中的存在主义

人类可以被理解为是三个领域的融合：生物、个人和社会。社会建构主义和后现代主义哲学理论（与叙事疗法相反）认为，社会领域处于主导地位，其他两个领域在其统治之下。创造意义是社会领域的功能。这种观点认为，个人领域只是社会领域的一个结构，没有自己的固有结构。这种想法在后现代主义文学中“主体的死亡”和“偏离自我”有突出的表现。后现代主义哲学和社会建构主义理论认为，人并不是意义或行为的中心或媒介，但可以被理解为是演员在为其书写的社会话语中所扮演的角色。身体领域也是在社会领域的指导下，社会领域通过施与工作、休息、假期的节奏、饮食习惯的指示说明来控制身体活动，并在道德约束下产生有限的身体活动。社会领域，作为一个语言系统，独立于个人发言者之外。像语言一样，社会系统在人们出生之前甚至死亡之后，都将存在。

在生物、个人和社会三个领域的汇合中，大多数治疗师认为，作为叙事治疗师，他们是在“个人领域本身可能是意义的创造者”这一存在假设中进行治疗实践。然而，叙事治疗师并不认为个人领域可以创造和维护社会领域。他们也不认为个人领域存在本质或者结构；也就是说，他们认为没有一个“真正的”自我是存在并且可以被发现的。相反，叙事治疗师们明白，人们可以在社交话语中运作，为自己创造意义。他们并不局限于为自己的生活采取社会话语，为书写的故事角色预先安排好意义。来访者不仅仅扮演着已经书写好的角色，也有能力重写自己更具包容性的生活故事。语言再次可以作为一个比喻。虽然语言（社会话语）的结构提供了表达的工具，但是它们并不能确定表达的内容。人们使用语言的语法和单词，可以创造出新的含义，并且说出从未说过的句子。因此，语言表达的意义相对开放。人们通过在语言系统中将旧意义的隐喻扩展、创造新词、转换词语的组合方式等形式产生新的意义。因此，社会领域不仅仅是简单地将意义强加于主体；它提供了话语工具，使人们能够产生除了在社会秩序中占主导地位之外的新的意义。

叙事疗法与后现代主义哲学和社会建构主义不同，它认识到一个人不仅仅是社会话语的产物，也是一个有能力克服社会制度对他或她施加的意义的人。人们有能力修正那些产生意义的情节，从而达到新的自我理解。这种观点认为，人们可以使用社会话语工具来修改和改变旧的自我理解，但是，这是对社会领域不受任何限制的传统存在主义观点的批判性采纳。怀特和爱普斯顿(White & Epston，1990)引用了格尔茨(Geertz，1976)的观点：

> 西方把人看作一个受限制的、独特的认知世界，是由动态的意识、情感、判断力、行为所组成的独特整体，然而不可避免的是，这在我们看来可能是非常奇特的想法。

这种关于人的看法，远远超过了笛卡儿双重物质理论及把认知者与他所认识的世界分离的概念。叙事治疗师所持有的关于人的看法，是后现代主义和存在主义哲学的融合，他们认为人类与他们所处的社会话语合作，共同建构意义。

五、总结

叙事疗法主要关注来访者对生活事件或行为的释义或解释，而不是事件本身。叙事治疗师通过自我设定的情节来理解意义。情节选自有助于叙述一个人自我故事的那些特定的事件或行为。后现代主义观点强调，人们的自我故事是由其所处的文化话语施与的。持怀疑论的后现代主义观点认为，现代社会建构自我认同是为规范人们的角色，使其更利于计算机化的官僚体系的管理，促进商品消费，从而巩固统治者的地位。后现代主义哲学家们警告，我们的社会制度已经日渐完善，我们社会的所有话语意义已经逐渐变成了单一的话语。越来越多持怀疑论的后现代主义哲学家们对我们是否有办法摆脱体制的控制产生怀疑，因为他们发现除了体制之外没有可供评判的角度。人、物、活动的意义已经开始与他们的经济价值、成本效益相关。

叙事疗法可以被理解为在后现代主义思想家所描述的情况下对个人生活的堕落和管理的响应。叙事疗法利用存在主义主题中的个人主观能动性和责任来帮助来访者解构社会系统强加于他的情节，从而获得自我创造的能力。叙事疗法通过协助来访者修改和建立充满生机的个人情节，为社会的整个话语带来一些启发。它帮助来访者回忆以前那些不适合他们自我故事的行为。这些行为和事件不再适合内化社会情节；对这些事件的认识需要一个更为现实的自我故事，尽管这些故事更为复杂。新的自我故事将更加现实，因为它融入了丰富的人生，而不仅仅是适合社会情节的那部分。

不过，近年来许多后现代主义作家的怀疑态度，是通过存在主义来解决和解除社会话语所限制的约束而得到缓和的。福柯是后现代治疗文献中最引人注目的后现代主义哲学家，他的晚期作品(20 世纪 80 年代)转向了自我构建主体，虽然他以前曾拒绝把其当作存在主义作品看待。尽管福柯的这些晚期作品在后现代主义治疗文献中并没有被引用，但它们能够支持个人有能力创造新的自我意义的观点。福柯与桑内特(Sennet，1982)在反思其早期工作时写道："当我在研究避难所、监狱等时，我或许强调了太多的统治技巧……我希望在未来的岁月中，可以从关于自我的技巧中学习权利关系。"关于自我的技巧在实践中就是指："允许个人以自己的方式或在他人的帮助下，对自己的身体、灵魂、思想、行为和方式进行一系列操作，从而使自己达到幸福、纯洁、智慧、完美或永生的状态(Foucault，1988)。"福柯此前的主体决定论的观点被抛弃，他转而关注个人对自己主体性的改变。福柯认为，希腊和罗马的文化"以克服现代形式的主体性，创造生活的新形式，打破现代化的强制性正常化制度为模型，提供了现代个人元素"(Best & Kellner，1991)。福柯(Foucault，1982)说："我们必须通过拒绝这种对我们施加了几个世纪的'标准化'个性来促进新形式的主体性。"福柯没有回归到主体天生具有内在本质和原始意志这一概念，而是在社会领域脱颖而出。然而，他现在提出，个人有权定义自己的个性。福柯晚期著作中的这些观点似乎比以前强调社会统治更适合支持后现代或叙述主义的治疗。

在丹齐格(Danziger，1997)对上述 11 个社会建构主义文卷的评论中，他得出结论："许多贡献者远不是社会建构主义或后现代主义的一员。”我相信，由于他们持有个体能动性和创造性的观点，以上评论也同样适用于叙事治疗师。

这个修改后的关于自我建构主体的后现代主义主题，最接近于叙事治疗中重构主体的概念。叙事治疗的过程是建立在存在主义的观点之上的，即人们有能力修改和重写他们已被同化的叙述。叙事治疗师的任务是协助人们行使这种能力。人们拥有这种能力在叙事治疗文献的许多研究案例中被证实。甚至那些在理论部分倾向于把自我看成是社会控制的书籍(例如，Freedman & Combs，1996)，也认为叙事治疗工作是新故事的开端。一般而言，心理治疗的理念是以人们有能力改变他们生活事件的意义，从而开辟新的行动路径和自我理解为前提的。精神分析、认知疗法以及叙事疗法都在这个前提下运作，甚至如今行为疗法也包含通过改变行为的归因方式来改变行为的观念。

维利(Wylie，1994)在一本主要介绍叙事治疗的杂志《家庭治疗网络研究》(*The Family Therapy Networker*)中对怀特的叙事治疗工作进行了描述：“怀特在生活的苦难交织的铁网之下，促使来访者合作，拥有个人勇气和主观能动性，自尊和情感活力，并对症下药。”叙事治疗师通过生成修改后的人生故事来产生信念。这种信念将这些治疗师从后现代主义哲学家们所持有的主体是社会话语的被动创造的观点中脱离出来。我认为叙事治疗师应该更加自信地拒绝这种认为主体空洞、无自我意志的观点。与后现代主义社会哲学家相比，他们的治疗经验对人类存在有着更为复杂和完整的理解。事实上，主体被动论的观点似乎已经被一些后现代主义哲学家抛弃。还未引用到叙事治疗文献中的后现代主义哲学的最新发展可能有助于叙事治疗师捍卫人们的创造力。后现代主义有助于叙事疗法的观点包括福柯转向承认个体能动性的观点，德里达关于语言系统中意义退化的观点和语言的固有倾向使人被分成两类——男人和女人，黑人和白人等——并抬高其中一类而降低另一类的地位，具有种族隔离威胁的观点。

关于人类的转变和主观能动性，后现代主义治疗师有着自己的故事要讲。我认为他们不必在意在法国后现代主义哲学家的早期怀疑论中发展出来的后现代主义版本，而更应重点呈现他们自己关于后现代主义中个体能动性的存在主义观点。

（洪梦月　译）

参考文献

Andersen, T. (Ed.). 1991. The reflecting team[M]. New York: Norton.

Anderson, H. & Goolishian, H. 1992. The client is the expert: a not-knowing approach to therapy[M]// S. McNamee & K. J. Gergen(Eds.). Therapy as social construction. Newbury Park, CA: Sage: 25-29.

Best, S. & Kellner, D. 1991. Postmodern theory: Critical interrogations[M]. New York: Guilford.

Bruner, E. M. 1986. Ethnography as narrative[M]// V. W. Turner & E. M. Bruner (Eds.). The anthropology of experience. Urbana: University of Illinois Press: 139-155.

Danziger, K. 1997. The varieties of social constructionism [J]. Theory and Psychology[J], 7(3): 399-416.

de Shazer, S. 1985. Keys to solutions in brief therapy[M]. New York: Norton.

de Shazer, S. 1991. Putting difference to work[M]. New York: Norton.

Dews, P. 1987. Logics of disintegration: Post-structural thought and the claims of critical theory[M]. New York: Verso.

Eron, J. B. & Lund, T. W. 1996. Narrative solutions in brief therapy[M]. New York: Guilford.

Fish, V. 1993. Poststructuralism in family therapy: Interrogating the narrative/conversational mode[J]. Journal of Marital and Family Therapy, 19(3): 221-232.

Foucault, M. 1982. The subject and power[M]// H. L. Dreyfus & P. Rabinow(Eds.). Michel Foucault: beyond structuralism and hermeneutics. Chicago: University of Chicago Press: 208-226.

Foucault, M. 1988. Technologies of the self[M]// L. M. Martin, H. Gutman & P. H. Hutton(Eds.). Technologies of the self. Amherst: University of Massachusetts Press: 16-49.

Foucault, M. & Sennet, R. 1982. Sexuality and solitude[M]// D. Rieff(Ed.). Humanities in review(vol. 1.). London: Cambridge University Press.

Freedman, J. & Combs, G. 1996. Narrative therapy: the social construction of preferred realities[M]. New York: Norton.

Geertz, C. 1973. Interpretation of cultures[M]. New York: Basic Books.

Geertz, C. 1976. From nature's point of view: On the nature of anthropological understanding[M]// K. Basso & H. Selby(Eds.). Meaning in anthropology. Albuquerque: University of New Mexico Press.

Geertz, C. 1983. Local knowledge: further essays in interpretative anthropology [M]. New York: Basic Books.

Gergen, K. J. 1985. The social constructionist movement in modern psychology[J]. American Psychologist, 40: 266-275.

Gergen, K. J. 1991. The saturated self: dilemmas of identity in contemporary life [M]. New York: Basic Books.

Goffman, E. 1961. Asylums: essays in the social situation of mental patients and other inmates[M]. New York: Doubleday.

Goffman, E. 1974. Frame analysis[M]. New York: Harper.

Goolishian, H. & Anderson, H. 1987. Language systems and therapy: an evolving idea[J]. Psychotherapy, 24: 529-538.

Hoyt, M. F. (Ed.). 1994. Constructive therapies. (vol. 1)[M]. New York: Guilford.

Hoyt, M. F. (Ed.). 1996. Constructive therapies. (vol. 2)[M]. New York: Guilford.

Kelly, G. A. 1955. The psychology of personal constructs. (vol. 1)[M]. New York: Norton.

Kerby, A. P. 1997. The language of the self[M]// L. P. Hinchman & S. K. Hinchman (Eds.). Memory, identity, community: The idea of narrative in the human sciences. Albany: State University of New York Press: 125-142.

Levant, R. F. 1984. Family therapy: a comprehensive overview[M]. Englewood Cliffs, NJ: Prentice Hall.

Mascolo, M. F. & Pollack, R. D. 1997. Frontiers of constructivism: Problems and prospects[J]. Journal of Constructivist Psychology, 10(1): 1-5.

McNamee, S. & Gergen, K. J. 1992a. Introduction[M]// S. McNamee & K. J. Gergen(Eds.). Therapy as social construction. Newbury Park, CA: Sage: 1-6.

McNamee, S. & Gergen, K. J. (Eds.). 1992b. Therapy as social construction[M]. Newbury Park, CA: Sage.

Neimeyer, R. A. 1995. Constructivist psychotherapies: Features, foundations, and future directions[M]// R. A. Neimeyer & M. J. Mahoney(Eds.). Constructivism in psychotherapy. Washington, DC: American Psychological Association: 11-38.

Neimeyer, R. A. & Mahoney, M. J. 1995. Constructivism in psychotherapy[M]. Washington, DC: American Psychological Association.

Neimeyer, R. A. & Neimeyer, G. J. (Eds.). 1997. Journal of constructivist psychology[M]. London: Taylor & Francis.

Neisser, U. 1993. The self perceived[M]// U. Neisser(Ed.). The perceived self: Ecological and interpersonal sources of self knowledge. Cambridge, UK: Cambridge University Press: 3-21.

O'Hanlon, W. H. & Weiner-Davis, M. 1989. In search of solutions: A new direction in psychotherapy[M]. New York: Norton.

Parry, A. & Doan, R. E. 1994. Story revisions: Narrative therapy in the postmodern world[M]. New York: Guilford.

Piaget, J. 1971. Psychology and epistemology: toward a theory of knowledge[M]. New York: Viking.

Schafer, R. 1992. Retelling a life: narration and dialogue in psychoanalysis[M]. New York: Basic Books.

Spence, D. P. 1984. Narrative truth and historical truth[M]. New York: Norton.

Thomas, M. B. 1992. An introduction to marital and family therapy: counseling toward healthier family systems across the lifespan[M]. New York: Macmillan.

Watzlawick, P., Weakland, J. & Fisch, R. (Eds.). 1974. Change: Principles of problem formation and problem resolution[M]. New York: Norton.

White, M. 1991. Deconstruction and therapy[M]. Adelaide, Australia: Dulwich Centre Newsletter.

White, M. & Epston, D. 1990. Narrative means to therapeutic ends[M]. New York: Norton.

Wylie, M. S. 1994. Panning for gold[J]. The Family Therapy Networker, 18(6): 40-48.

第二部分　叙事在心理治疗中的运用

第4章　心理动力学治疗中核心冲突关系主题法与病人叙事相结合

霍华德·布克(HOWARD BOOK)[1]

对于心理动力学治疗中的病人叙事来说，核心冲突关系主题法(The Core Conflictual Relationship Theme，CCRT)是重点突出(Luborsky，1984)、可靠(Luborsky & Diguer，1998a)、有效(Luborsky，1998a)，并且易于建构(Book，1998；Luborsky，1984)患者主要心理动力学冲突的构想(Luborsky，1984)。CCRT 是全世界超过 75 家研究中心都在进行探究的一种受到高度评价的研究范例(Luborsky，1996)。就其本身而言，它将心理治疗与精神病理学连接起来，把理论付诸实践，体现了科学原理和研究发现，有助于清晰地表达病人的关键冲突，可用作指导治疗的蓝图，作为变化的一个标志，通向更准确的干预，鼓励病人接受解释，尊重存在问题的人的独特性和人性(Eells，1997；Luborsky，1997)。

鲁波斯基(Luborsky，1984)在对 CCRT 发展的历史回顾中，描述

---

[1] 有关本章的信件请寄给霍华德·布克博士，地址为：Suite 101，2900 Yonge Street，Toronto，Ontario，Canada M4N 3N8，或发邮件至 hbwork@netsurf.net。——作者注

了 CCRT 出现后，从 1974 年到 1977 年的发展过程。在这期间，鲁波斯基开始回顾和评价心理治疗会谈，目的是跟踪那些可以说明重复性关系模式的线索，这些线索对于病人所处困境至关重要。CCRT 诞生于 1976 年 1 月 17 日，星期六，下午 2 点。在纽约州立大学南部医学中心精神病学系主办的科研与临床会议上，鲁波斯基提交了《早年生活的想法对于在理解移情中运用核心冲突关系主题法的影响》一文(Luborsky，1998b)。在进行这种自愿接受的练习时，鲁波斯基注意到，他所做的大多数推论，都是在他关注病人叙述自己和他人的互动情况时产生的。

鲁波斯基意识到，在这些病人的叙述中，有三项内容需要注意。第一个是病人在与他或她所谈到的人的关系中，所希望的、想要的或渴望的是什么？然后鲁波斯基以"愿望"(Wish)来描述该项内容，简记为 W。第二项是如果病人将要表达或按自己的愿望行动的话，他或她认为那个人会做出怎样的反应？这一项被称为是他人反应(the other person's response)，简记为 RO。鉴于这种对他人反应的看法，第三项是病人后来实际上会如何反应。这被称为自我反应(the response from the self)，缩写为 RS。自我反应是指说话人的行为举止，以及他或她的感受。

一、CCRT 看起来像什么

正如本章后面将说明的，CCRT 是由治疗师在评估阶段进行汇总，然后在评估之后的反馈阶段和正式治疗开始前向病人提出来。它由两个或三个句子组成，包含了病人的愿望(W)、他人的反应(RO)和自我反应(RS)(Book，1998；Luborsky，1984)。根据对 CCRT 构想的核心组成部分的可靠鉴定，鲁波斯基和迪格尔(Luborsky & Diguer，1998)报告了令人鼓舞的发现。他们通过比较 35 个案例的 CCRT 评分，来研究 CCRT 的评分者信度。请两位精神动力学取向的临床医师作为评判人。W 的加权 Kappa 值为 0.61(正常到良好，接近良好等级)，消极的 RS 评分者信度也为 0.61，消极的 RO 评分者信度为 0.70(接近优秀等级的最小值 0.75)。

在另一个系列研究中，对于一个小样本(8 名患者)采用标准可靠性方法进行评价，看 3 名训练有素的评判人对 CCRT 构想的评判是否基本相似或不同。结果，3 名评判人全部达成一致的次数占 75%(8 个案例中的 6 例)，3 名评判人中有两位做出相似表述的次数为 100%(Luborsky & Diguer，1998)。最后(Luborsky，1997)，许多研究显示 CCRT 和其他研究构想之间令人印象深刻的相似结果(Horowitz，Luborsky & Popp，1991；Luborsky，1993)，支持了 CCRT 的有效性。

波普、鲁波斯基和克立兹-克里斯托夫等(Popp，Luborsky，Crits-Christoph et al.，1998)以及后来波普、迪格尔等(Popp，Diguer et al.，1998)在不同意识层面(在两个独立的研究中)研究 CCRT 的普遍性，比较了来自患者梦境的 CCRT，和通过叙述他们清醒时与他人的互动获得的 CCRT。研究人员发现，“梦中反复出现的关系主题与清醒状态叙述中的关系主题之间有着显著的相似性，对于 RO 而言，相似性最高”。他们总结说：

> 在清醒状态的叙事和梦境中发现了相似的 CCRT，意味着 CCRT 跨越不同意识状态的相似性，而且，这些结果支持核心关系模式的概念，它表现为两种不同的思维状态或模式：在梦境中和觉醒时的叙事(Popp，Luborsky et al.，1998)。

以下段落用于说明治疗师在评估阶段形成的 CCRT，并在评估完成之后、正式治疗开始之前的一次会谈中，呈现给她的病人，史蒂文·赖特(Steven Wright)，一名 42 岁的建筑师。治疗师说：

> 在过去的三次会谈中(这里治疗师指的是评估面谈)，你和我已经讨论过很多关于你生活中现在和过去发生的事情。我们已经讨论过一些问题，但有一个问题非常突出，似乎在你所描述的你与他人关系的大部分内容中，贯穿着一条红线，看上去与促使你寻求治疗的紧张关系密切相关。这是我的看法(这是引入随后的 CCRT 的主线)。
>
> 在我看来，你想拥有一种关系，在这种关系里，当你感受到不公平对待时，你可以自信地回应，主动地发表言论(这是病人的愿望 W)，但是你认为，如果你这么做，其他人会猛烈抨击你(他人反应 RO-预期的)。因此，与其发表言论，不如闭嘴，什么也不说(自我反应 RS-行为)，并且不再

感觉紧张、愤怒、丢脸和卑微(自我反应 RS-情感)。

在我看来，这些感觉(自我反应 RS-情感)与持续的紧张感和烦躁情绪有关，这让你在第一时间来我这儿(在这里，治疗师正在把病人的 CCRT 与病人进门后的抱怨联系起来)。

然后，治疗师问："你觉得我说得怎么样？这是我们可能探索的重要领域吗?"病人体验治疗师的概念化——CCRT——是非常重要的，同时也是非常有意义的。在听到 CCRT 时，病人体验到有意义的程度，促使病人更多地了解 CCRT 在治疗中的根源，也提供了一个方向图，帮助病人确定需要努力的工作方向。CCRT 被夹在主线("我们谈过很多事情……但是有一个问题似乎像一条红线……")与探索性语句("你对我所说的有何看法?")之间。

(一)CCRT 的三个组成部分

CCRT 包含了前面描述的三个组成部分：在一种关系背景下产生的愿望，可能是其中一方预期的他人反应(RO-预期)或实际的反应(RO-实际)，具有行为和情感支撑的自我反应(RS-行为和 RS-情感)。这三个部分不是孤立存在的，而是以层叠方式相互联系的。他人反应(RO)是病人所期望的如果他或她按照愿望(W)采取行动就会发生的反应。当病人按照愿望(W)采取行动时，他人反应(RO)实际发生的情况并不常见。

在上面的例子中，预期的他人反应——猛烈抨击——是病人预期当他感受到不公平对待时如果大声说出来就会面对的。类似地，自我反应(RS)与他人反应(RO)有关。也就是说，RS 是病人在预期的(或实际的)RO 背景下所做的和感受到的。在上面的例子中，因为病人认为，如果他讲出来(W)，就会受到他人猛烈抨击(RO)，所以他实际上通过不说话、咬住舌头(行为)和感到紧张、沮丧、卑微(情感)来回应(RS)。它是一个"如果……那么"的关系，而不是这三个部分之间的关系。如果你想要大声说出来(W)，那么你就会预期别人将用猛烈抨击的方式来回应你(RO-预期的)，因此相反，你会保持沉默，但会感到紧张和卑微(行为和情感)。

第二个指导原则是，他人反应总是来自病人的视角。这个病人预期，如果他大声说出来，别人会猛烈抨击他，而客观的第三方是否可能陈述则无关紧要。“噢，正在和史蒂文交谈的女人，是一个温和的、说话轻声细语的人。她不仅不会抨击他人，还很难提高自己的嗓音!”在发展 RO 时，一个客观的观察者可能会说什么无关紧要，唯一有关联的是病人的预期可能是什么。

(二)CCRT 是如何发展的

CCRT 是什么时候发展的？CCRT 是由治疗师在他或她对所有病人进行的常规评估方式中发展而来。在工作实践中，心理学家、社会工作者和精神科医生会使用各种评估方式、评价方案或其他评估，这是很典型的。然而，除了开展常规的学科的具体评价之外，为了发展 CCRT，治疗师还会倾听并立即转录关系事件(Relationship Episodes，REs)。

关系事件只是病人讲述与另一个人互动的故事。这不仅仅是对另一个人的评论。例如，“我们这个新老板是一个绝对的混蛋，一个以自我为中心的自以为是的‘百事通’”。这不是一个 RE，这只是对另一个人的描述。RE 必须是关于病人和一个人之间互动的叙述。虽然这是相当简单的，通过询问病人将描述转变成 RE——在这个案例中，建筑师史蒂文的 CCRT 先前曾作为一个例子——他和给他留下那种印象的老板之间发生了什么。这是随后的交流：

治疗师：你能给我举个例子说明你和老板之间发生了什么，让你觉得你的老板是个混蛋吗？

史蒂文：当然。他闯进我的办公室——没有敲门——说：“史蒂维(Stevie)，我需要你明天早上完成你正在做的 Adams 报告!”我心想：“你一定是疯了。Adams 报告是我在做的四个报告之一，你的表现好像我只有一个报告要做一样。你为什么不用询问代替命令呢？而且和史蒂维(Stevie)有什么关系？我的名字是史蒂文(Steven)。上次我被叫作史蒂维(Stevie)是在六年级的时候。”老兄，我真想告诉他让他自己去做。

通过问问题：“听起来你们俩之间发生了什么事，你能给我举个例子吗?”治疗师让病人转向描述一个关系事件。当史蒂文开始说“他闯进我的办公室”，RE 就开始了。

通常，治疗师不需要鼓励或转向让病人谈及关系事件。如果有的话，让他们停下来，又是一个任务。病人永远在描述与配偶、重要他人、同事、粗鲁的陌生人、司机、服务人员和以前的治疗师之间不满意的遭遇。事实上，鲁波斯基、巴伯和迪格尔(Luborsky，Barber & Diguer，1992)发现，来自宾夕法尼亚大学心理治疗项目和经历严重抑郁的病人样本，在心理动力学治疗会谈中，平均而言会讲述 4.1 个关系故事。此外，在这一研究中，他们发现大多数故事都是关于最近的事件，这些事件发生在治疗会谈之前的两周内。当这些事件出现时，治疗师所要做的是熟练地识别并记录下这些关系事件(REs)。

治疗师会收集大约 4 到 6 个关系事件，以确保在选择最准确的愿望(W)、他人反应(RO)以及自我反应(RS)时的一致性，以得出将要呈现给病人的 CCRT。在评估会谈之后，治疗师会看看他或她记下的每个 RE，并试图找到病人在互动中想要得到满足的愿望(W)；病人预期发生或在愿望(W)背景下发生了的他人反应(RO)；以及自我反应(RS)，考虑到他人反应(RO)，病人在事实上和行为上感觉如何。

史蒂文的愿望是什么？他在叙述中告诉我们：“我想告诉他让他自己去做!”治疗师越接近可以得到的资料，病人用于表达他或她想要或希望做什么的真实话语，最终得到的 CCRT，就会更准确和有力。

他人反应怎么样？在这儿吗？不在。不过，在史蒂文描述这个关系事件时，治疗师可以通过这样的方式进行询问，即鼓励他描述。如果他按照自己的意愿行事，他认为对方会做出怎样的反应(RO——在这种情况下预期的 RO)？

治疗师： 那么，你因为他的强制、粗鲁和苛求感到很生气吗？

史蒂文： 当然。

治疗师： 而且，你想告诉他让他自己去做这些事情。(愿望)

史蒂文： 是的。

治疗师： 你这样做了吗？

史蒂文： 没有！

治疗师：我不是说你应该这么做，但你有没有跟他说你的不满？

史蒂文：事实上我没有。

治疗师：为什么没有呢？

史蒂文：嗯，他是新来的，而且是老板。我不想惹他生气。

治疗师：如果你说出来，惹他生气了，那么将会发生什么呢？

史蒂文：嗯，你知道有一句老话："新官上任三把火。"他是新来的，可能有一些他想从他以前工作中引进的同事。你知道发生了什么，这些人辞去了旧的工作，带来了他们共事过并且熟悉的人。

治疗师：你是说，如果你说出来，你可能会成为被解雇的首要候选人？

史蒂文：是的。

治疗师：那么你做了什么？

史蒂文：什么也没做，我只是保持沉默。

治疗师：那么这样做你感觉如何？

史蒂文：嗯，我仍然感到愤怒，但我又感到羞辱和卑微。

通过提出这个问题："你想做什么？"治疗师鼓励史蒂文将愿望具体化并表达出来。当他继续询问："如果你说出来，可能会发生什么事情？"他逐渐地引导这个病人说出他预期老板会怎样反应——他人的反应。通过询问史蒂文最终做了什么以及他的感受——与他想做的(W)相比——治疗师渐渐地引导病人，描述他自我反应的行为和情感成分。现在治疗师可以转录这些成分，如表 4-1 所示。

表 4-1　关系事件(RE)1：老板

愿望(W)	他人反应(RO)	自我反应(RS)
告诉他让他自己去做	解雇他	什么也没说(行为) 感到卑微(情感)

通过提出适当的问题，一个非常简短的不包含 CCRT 三个组成部分的关系事件，可以扩展到包含所有的部分。例如，在评估过程中，这位病人提道："在开车去上班的路上，这个白痴把我气坏了，但我没让这事毁了我的一天。"这是一个 RE，尽管很简短。它描述了病人和一个陌生人之间的互动，病人觉得被陌生人气坏了。这里没有明显的愿望、他人反应或自我反应。由于这个 RE 缺乏 Ws、ROs 和 RSs，治疗师可以简单地忽略它，等待病人描述另一个更具体的 RE。或者治疗师可能会问探索性的问题，以发现未说出的 W、RO 和 RS，如下面的交流所示：

治疗师：那么，他把你惹毛了？

史蒂文：是的，那个畜生在他的雅皮士保时捷里。

治疗师：当他把你惹毛时，你想做什么？

史蒂文：告诉他我的想法。

治疗师：你这样做了吗？

史蒂文：没有。

治疗师：为什么没有？

史蒂文：我不知道。

治疗师：嗯，如果你斥责他，你认为会发生什么事？

史蒂文：这可谁也说不准。路怒症。

治疗师：是啊，这些天似乎越来越多了。

史蒂文：是的，人们在停车场被枪击。

治疗师：所以，你什么也没做。

史蒂文：是的，我什么也没说，什么也没做，甚至没有给他一个轻蔑的表情。

治疗师：最后你感觉怎么样？

史蒂文：愤怒，沮丧，因为甚至没有瞪他一眼而对自己有点失望。

这些探索性问题引出了一个更加丰富的关系事件，充满了愿望、他人反应和自我反应。然后治疗师记下了 2 号关系事件：保时捷司机，并在相应栏填写他由此获得的信息，如表 4-2 所示。

表 4-2　关系事件(RE)2：保时捷

愿望(W)	他人反应(RO)	自我反应(RS)
告诉他我的想法 给他一个轻蔑的表情	遭遇枪击	什么也没做(行为) 感到愤怒、沮丧、对自己失望(情感)

一个关系事件不是由一个 CCRT 构成的。在评估阶段，治疗师应收集 4～6 个关系事件(RE)，以确保各部分的一致性、相关性和准确性。在收集到 4～6 个 RE 及其组成部分(愿望、他人反应和自我反应)后，治疗师仔细查看表格栏中的 Ws，ROs 和 RSs，寻找重要的主题，将那些似乎相关的 Ws 集中起来。治疗师对于 ROs 和 RSs 也会采取同样的做法。

对于史蒂文(Steven)，四个愿望(只有两个出现在这里)似乎是要让他的老板知道，不要叫他史蒂维(Stevie)；当然还要让老板知道他还有其他报告要处理，不能在短时间内完成 Adams 报告；告诉粗鲁的司机他的想法；至少给司机一个轻蔑的表情。这四个愿望的主题似乎是相关的，可以捆绑联系在一起，以一个总体的愿望代表：在感到不公平对待时自信地说出来。通过捆绑联系和发展重要的“他人反应”及重要的“自我反应”，来重复同样的过程。对于这个病人，最重要的愿望(W)、他人反应(RO)和自我反应(RS)是：

W：在受委屈时坚决地说出来。
RO：打击报复。
RS：什么也不说；感到生气、羞愧和卑微。

在评估病人的 CCRT 之后，正式治疗开始之前，治疗师将会把这些重要的组成部分呈现给病人。

治疗师然后问病人：“你怎么看我说的话？这是我们可以探索的一个重要方面吗？”通常情况下，患者会欣然接受 CCRT，发现它很有启发性。史蒂文回答道：“完全正确。这很重要。这正是我所说的。我以前从来没有想过这么清楚，但这就是真正发生在我身上的事情。”为什么病人认为 CCRT 如此有吸引力？他们能与它这么好地连接，是因为所有治疗师在做的是，为病人提供一个高度提炼、集中和综合病人已经告诉他的叙述！它全是用的病人的话，最重要的是，从病人的角度看。

在偶尔的情况下，病人不接受 CCRT，治疗师可能会问："什么似乎是错误的或不准确的?"或治疗师可能会说："好吧，让我们一次来看一个部分。"然后治疗师逐一探讨三个组成部分，以发现哪一个似乎不符合病人的经验。例如，治疗师可能会说：

> 我提到你有一个愿望，当你感到委屈的时候大声说出来，我从你那里得到了这个想法。例如，你告诉我你是多么想在保时捷司机惹恼你的时候告诉他你的想法，或者你想让你的老板知道叫你"史蒂维"对你是一种侮辱。这对你有意义吗?

与病人一起逐一评估这三个组成部分，通常允许进行一些微调——使用一个或两个不同的词——这会让病人对 CCRT 感到舒服。本章的以下部分将重点介绍心理动力学治疗背景下 CCRT 方法描述的心理动力学的目标。

二、使用 CCRT 方法的心理动力学治疗目标

(一)关于成功的心理动力学治疗目标

如果采用描述性的表述，CCRT 心理治疗的目标是减少患者的症状并促进人格成熟。从心理动力学来看，这些成功的目标是通过病人实现自己的愿望来达到的，而不是通过自我防御反应来应对。愿望(W)的实现，以及后来以自我限制、退化的自我反应(RS)方式应对的需要消失，在治疗过程中是通过病人基于移情视角对他人反应的确认、修通和解析完成的。

对于史蒂文·赖特，目标之一是帮助他实现愿望，即在受到不公平或不合理对待时，他能够说出来并表达他的观点，而不是退缩地什么也不说，却感到生气、沮丧和卑微(自我反应)。工作促进了这一过程，导致他日渐意识到，他现在的预期"受到猛烈抨击"(他人反应)，是他移情到别人身上的后果，似乎他眼前的人是他童年时期那个专横易怒的父亲。以前无意识的记忆和影响在治疗过程中浮出水面，并通

过重复回忆、重建和重新体验得以修通。随着这种修通的出现，他过去与父亲的关系对他当前看待别人的影响改变了。因此，史蒂文现在看待他人时，较少感到他过去从父亲那儿体验到的危险了，而且，如果他说出来他们随时会“猛烈抨击他”这种扭曲观点减少了。

(二)关于“倒退愿望”的警告

虽然动力学目标是为了促进病人实现自己的愿望，但在某些情况下，会采用相反的治疗来帮助病人实现其愿望。这种情况发生时，愿望(W)是倒退的：与毁灭、毁坏的欲望有关，或者是虐待狂，或者表现出过度依赖、退却或将自己孤立起来的愿望。例如，病人可能会说：

> 我实在受不了我婆婆。她以一种无法容忍的、有损人格的方式对待我。实际上有些时候，我想用拳头打在她的脸上。如果没有法律反对，谁知道我会不会这样做？我可能会。可是我真的不想进监狱。

在这里，愿望似乎是“我很想打她的脸”。这是一个倒退的愿望，治疗师不能帮助病人实现倒退的愿望。一旦确定，一个倒退的愿望被视为一个自我反应，而不是愿望。然后，治疗师寻找并确认未表达出来的真实愿望(W)。例如，对于上述病人，治疗师可能会询问：

> **治疗师：**你为什么这么生她的气？
>
> **病人：**她很粗鲁，很贬低我。我简直受不了。
>
> **治疗师：**那么，你希望她能尊重你吗？
>
> **病人：**是的。我的意思是甚至不需要尊重。如果她能以友好的方式对待我，那真的会对我们的关系有所帮助。

随着一点点地探索，愿望变为了“我希望我婆婆以友好的、和蔼的方式对待我”。他人反应是“她轻蔑地对待我”。而自我反应是“我已经憋了很长时间，感到伤心和愤怒，并且幻想着打她的脸”。真正的愿望(W)：“我希望她能以友好和礼貌的态度对待我。”这是我们能够帮助她在治疗中实现的东西。

三、心理动力学治疗的 CCRT 方法

一旦治疗师将 CCRT 呈现给病人，病人相信其相关性，正式的心理动力学治疗就可以开始了。在心理治疗过程中，治疗师几乎只倾听关系事件，以及关于病人与他人互动的叙述，很少注意其他事情。治疗分为三个阶段，每个阶段的治疗重点和治疗目标各不相同。

(一)开始阶段：说明 CCRT 的普遍性

心理治疗开始阶段的目标是致力于帮助病人更加了解 CCRT 被使用的频率，并认识到它支配着他或她的生活(Book，1998)。对于史蒂文，这意味着要聆听一些故事，他自发地叙述并指出他如何频繁地自动保持沉默，什么也不说(自我反应)，而不是适当地说出来(愿望)，因为担心这样做会招致报复(他人反应)——也就是说，他的 CCRT 如何频繁地控制他的行为。目标是使一种重复的、无意识的行为成为有意识的，以便史蒂文有更多机会看到他为这种自动的、适应不良的行为付出的代价。同时，治疗师鼓励他尝试新的更成功的行为方式。治疗师使用的主要方法是对质：将病人的意识带到他或她不注意的外部或内部现实中。下面的场景发生在第四次会话中，就是这样一个例子：

史蒂文： 抱歉我迟到了。我花了比我想象的要多一点的时间去买东西。

治疗师： 到底发生了什么事?

史蒂文： 嗯，我本来可以准时的，但是当我排队的时候，一个女人无意中走到我前面，然后，当她到收银台的时候，她却不能马上找到信用卡。

注意到他的话，“一个女人无意中走到我的前面”，史蒂文正在开始一个关系事件(RE)叙述，治疗师准备进一步探索史蒂文的 CCRT 对这种互动的影响，正如以下这段文字所示：

治疗师： 你的意思是什么，“她无意地插到你的前面”?

史蒂文： 嗯，我站在那里，她就走在我的前面，当时她正在从钱包里找信用卡。

治疗师： 那么，你感觉怎么样？她这样做的时候发生了

什么？

史蒂文： 什么都没发生。

治疗师： 你感觉如何？

史蒂文： 我觉得有点生气，但这并不是什么大事。

治疗师： 你感到生气。你脑子里在想什么？

史蒂文： 嗯，我想告诉她去后面排队。

治疗师： 然后呢？

史蒂文： 我没有这样做。

治疗师： 听起来很熟悉，不是吗？

史蒂文： 你是什么意思？

治疗师： 她不公平地插到你的前面，你本来想告诉她走开，但你没有。相反，你保持沉默，但最终感到恼怒、沮丧和卑微。这就是我们一直在谈论的，不是吗？你频繁地发现自己处于这种状态，当你受到不公平对待时，你有一种想大声说出来的愿望，但你没有这样做，反而保持沉默，感觉自己很渺小。这就是为什么我认为你感到紧张。

史蒂文： 哦，我的天哪！我没想到，这完全是同一种模式。就像上次会谈你指出的那样，我没有说我的牛排做得很好，相反是说那家餐馆做法稀罕。它毁了我的晚餐，但我什么也没说！这种情况似乎总在发生。

在这次交流中，治疗师与史蒂文就他的 CCRT 到目前为止看不见的力量进行对质。病人越是意识到他或她抑制愿望的普遍性，他或她就会越发积极地准备探索这种行为持续的原因。

(二)第二阶段：修通他人反应(RO)

这一阶段对于促进人格的成长至关重要，它使病人从构成他或她对他人反应的无意识力量中解放出来，这样他或她就可以自由地实现自己的愿望。特别是，这一阶段的重点是帮助病人理解 RO——在史蒂文的案例中，“受到猛烈抨击”的预期——与童年早期和他或她的照顾者的经历有关，超出了当前情况的现实。

对于史蒂文，我们做的是帮助他理解他持续的童年经历是如何在不知不觉中歪曲他成年时代对他人的预期的。他由一位脾气暴躁、非常挑剔的父亲养大，父亲经常对母亲吼叫，与母亲争吵，这使他的童年伴随着恐惧与无助。有所不同的是，因为他家里有一位易怒、挑剔的父亲，史蒂文在他的成人世界中走近每个人时，都伴随着一种无意识的预期，如果他要实现他的愿望，说出来，他们也会像他父亲一样，以一种可怕的、愤怒的方式对待他。在评估阶段提到了关于史蒂文家庭的这一信息。

通过使用对质和解释的技巧，本阶段的目标是帮助史蒂文将他早期的童年经历与他目前对其他成年人的期望联系起来。第二个重要目标是帮助史蒂文逐渐意识到，他对于父母让他暴露在这些冲突面前的无意识感受是怎样的，而且他从来没有安全感去体验和讨论这些被禁止的、可怕的感觉，在他的成年生活中对他人继续着这种移情反应，就像下面的文字所示：

治疗师：史蒂文，在过去的多次会谈中，我们反复看到，当你受委屈时是如何保持沉默的，而不是说出来。从你和我讨论过的情况看来，由于担心如果你大声说出来，你就会受到猛烈抨击，所以你保持沉默。那么，我想知道，你到底是从哪里得到这种想法的，就是如果说出来，会以你受到猛烈抨击告终？

史蒂文：我不敢确定。我不知道。

治疗师：嗯，我更感兴趣的是你想到的东西，而不是你确切知道的东西。那么，当你回想这个的时候，会想到什么呢？

史蒂文：嗯，这也许跟我的童年有关，成长在一个大喊大叫的家庭。

治疗师：关于这一点，请告诉我更多一些。你还记得什么？

史蒂文：太可怕了，他会大声叫嚷。这使我非常害怕。我受不了。

治疗师：那么你做了什么？

史蒂文：什么也没做。我能做什么呢？我只是个小孩。我吓得要死。我想让他们停下来。我想让他停止对妈妈大喊大叫。我什么也做不了。我只是个小孩。

治疗师：可以理解，作为一个小孩，你会如此害怕，害怕说出来。我倾向于认为，这种经历和感受已经转移到你生活中的每个人身上。

这种解释的重点不断重复。在某一时刻，史蒂文更加意识到，他现在被人打扰时感到如何愤怒，治疗师也会解释他过去可能对父亲同样感到愤怒。

治疗师：是的，对于那个轻蔑无礼的售货员，你一定很愤怒。这让我想知道你是否记得童年时感到愤怒过，比如对于你父亲。

史蒂文：没有。作为一个孩子，我是与众不同的，就像我告诉过你的一样。我完全没有愤怒的想法……除非我睡不着……现在我想起来了……过去我常常数数，数到我能数的最高点。为了使自己集中注意力，我曾假装我在一架飞机上扔炸弹，当炸弹爆炸时，会产生美妙的碎花图案，我就数这些炸弹。数数使我进入梦乡。

治疗师：嗯，太好了。你知道，也许那种碎花图案有助于掩饰你多么愤怒以及这种场景的破坏性，毕竟它们是炸弹落下和爆炸时的图像。也许这些图像与你感到愤怒有关，像一颗等待爆炸的定时炸弹。

更多像这样的解释性工作有助于史蒂文意识到他小时候对父亲如何愤怒。随着更多的探索，很明显，他小时候压抑和否认所有愤怒的感觉，反映了他所谓“拒绝认同攻击者”。也就是说，因为史蒂文如此鄙视父亲的行为，所以他无法容忍自己内心的愤怒。因为如果他表现出任何愤怒，甚至是冲动，就意味着他就会像他所讨厌的父亲一样，大发雷霆，具有潜在的破坏性。他最不想成为他父亲那样的人。史蒂文还意识到，他害怕任何主张、建议——任何超出被动的行为——可能会导致他父亲对他勃然大怒。进一步的解释工作有助于他认同并且更加易于接受，他小时候对父亲的愤怒情绪，他成年时对他人的愤怒情绪，以及他一直认为，生气就是像父亲一样，并且会招致报复。

随着史蒂文开始容忍愤怒的感觉，并意识到他否认对父亲的愤怒(基于他担心生气就意味着成为一个可怕的人，就像他看到他父亲表现得那样，而且他担心生气只会招致他父亲严重的报复)，他变得能更自由地体验、宽容和控制他现在的愤怒感受。宽容他的愤怒，让他在受委屈的时候适当地说出来，而不用担心报复。也就是说，他能够实现他的愿望了。当他变得更有能力这样做时，他不再需要依赖他以前保持沉默和被动，感到愤怒、卑微和紧张的抑制特质。也就是说，他不再需要以自我反应的方式回应。

(三)第三阶段：结束

在治疗的最后阶段，结束治疗被提出来，与失落、抛弃、悲伤和愤怒有关的常见问题都被仔细检查、确认和修通。然而，在使用 CCRT 方法时，治疗师需要特别检查设置。设置是特别的事情，病人通过它默默地表达他的自我反应，因为在无意识层面，他或她以他人反应的方式体验治疗师的行为。

弗赖德、克立兹-克里斯托夫和鲁波斯基(Fried，Crits-Christoph & Luborsky，1998)研究了出现在治疗师面前的 CCRT 和与他人交流时体验到的 CCRT 的一致性，认为“当病人与治疗师以及其他人交流时，会表现出普遍的关系模式，这种关系模式可以被识别出来”。他们发现，准确配对的治疗师关系事件与其他人的 CCRTs，比不匹配的更为相似。在所有 CCRT 组成部分上都发现了这一点，并且在 W 和 RS 两个成分上达到了统计显著性。他们的研究得出了关于 CCRT 的结论：“病人与治疗师的关系和病人与其他人的关系是相似的。”

这些研究人员还关注到这项研究如何强化了弗洛伊德的移情概念：病人与治疗师的体验，部分地与病人现在和过去与其他人的体验相似。这一后来的结论支持鲁波斯基、梅隆等人(Luborsky，Mellon et al.，1985)此前的研究发现，表明弗洛伊德关于移情的 9 个观察结果与 CCRT 中的他人反应具有一致性。

例如，经过 18 个月的治疗，史蒂文提出了结束治疗的想法，表示他的许多目标已经实现了：大部分时间他感觉好多了，不再紧张和焦虑，并且能够在适当的时候轻易地说出(愿望)，而不用担心这样做会引起报复(他人反应)。在对这一点经过两次会谈讨论之后，治疗师和史蒂文都同意，再进行四次每周一次的会谈后，就结束治疗。

在下一次会谈中，治疗师意识到史蒂文不再像以前那样积极主动地说话了。他想知道这是否是与结束治疗有关的一种轻微的反弹，这种被动性的重新出现是否代表了史蒂文原有自我反应的回归——咬自己舌头、保持沉默，而且看起来有些紧张。

他也将这种情况进行概念化，史蒂文的这种行为变化可能代表他原有他人反应的重现——报复——这可能是由结束治疗的决定引起的。换句话说，从 CCRT 的角度来看，治疗师的假设是，史蒂文无意识地将结束治疗的共同决定看作反映了治疗师对他的愤怒（他的 RO 再度出现）。

正如他指出的那样，史蒂文能够说：

> 你知道这很有趣，我们都同意停止，但是我开始认为你同意得太快了。既然你提到了，不知怎么我就有了你对我生气的想法。也许我对你很不礼貌，或者你发现，在你对我这么有帮助之后，我还会提出停止的想法，这是很无礼的。我想我有点把你的反应视为报复了，因为我提出停止治疗的想法冒犯了你。

通过这些话语，史蒂文描述了他意识到他原有的他人反应再度出现——预期报复——以及他原有的自我反应再度出现——保持沉默和被动，以防止预期的报复。

在结束治疗期间的设置不是不受欢迎的事情，因为它使治疗师和病人有第二次机会，以一种此时此地、充满情感的方式来重新审视、理解和更进一步解决病人的 CCRT。第二次机会进一步巩固了病人在治疗过程中的收获。随着史蒂文和他的治疗师使用这个设置来进一步巩固他在治疗期间的收获，史蒂文开始对围绕停止治疗产生的矛盾情感积极并自信地开展工作。尽管他想知道结束治疗后他是否还会保持这些收获，他的治疗师说：

> 虽然你将很快停止治疗，但这并不意味着治疗结束。你已经知道了很多关于你自己的事情，你对大声说出来的担心，以及你对报复的恐惧，这些都是基于你童年早期的经历。你曾经使用过的方法可以继续使用。

治疗结束后，史蒂文在他感到不公平对待的情况下说出来变得更加地主动，并且不那么担心这样做会刺激或激怒他人。3个月后，联系史蒂文进行简短的后续访谈时，他说，曾出现过一些情况，当他说出其他人的做法让他愤怒时，他发现尽管他很苦恼，但仍然能够坚持自己的立场。他还发现，这种经历并没有妨碍他新发现的能力——在后来他感到委屈的时候说出来。最有可能的是，他这个时候的关系事件会说明，他实际上在他感到委屈的情况下会说出来了，而不仅仅是希望说出来，但是在感到被轻视的时候却保持沉默。

四、结论

心理动力学治疗中的CCRT方法，使临床医生能够识别、概念化、处理和解决移情扭曲、强迫性重复以及妥协方案，因为它们包含在日常叙述中，病人会讲述他们与他们所处环境中其他人之间的相互作用。这个过程导致了症状的减少，在许多情况下，促进了积极人格的成长。从结果的角度，克立兹-克里斯托夫和鲁波斯基(Crits-Christoph & Luborsky，1998)评估了CCRT在治疗会谈初期以及治疗会谈后期的普遍性。关系事件中出现关系冲突的频率可以用来评估这种普遍性。他们比较了治疗中从初期会谈到后期会谈CCRT三个组成部分的出现频率。最后，他们评估了在会谈初期症状出现的情况，并与治疗后期进行比较。

这些研究人员发现，CCRT的普遍性从治疗初期到治疗后期是递减的，愿望的出现频率保持稳定，但是他人反应和自我反应的出现频率明显降低，并且CCRT普遍性的下降与症状出现的减少有关。这些发现支持心理治疗的动态目标：愿望不应该减少，而应该实现。这是通过修通他人反应及其移情影响而动态发生的，这样他人反应(RO)也会随着防御性自我反应的减少而减少。这些发现也支持CCRT的变化与症状减少有关的观念。

CCRT方法的好处在于简便性和有效性，这些潜在的动力可以清楚地发现，它为临床医生提供了具有移情作用和治疗效果的反应以及严谨的研究，支持了其概念上和治疗上的应用。

CCRT的未来发展可能包括，研究在对CCRT方法进行修改之后，对于特定的诊断类别、特定的年龄群体和特定的治疗模式(夫妻治疗、家庭治疗、团体治疗），如何获得疗效。如何将不同治疗方法结合起来——例如，简短的 CCRT 心理治疗和药物治疗——扩大对病人的好处，是另一个很有前途的领域。神经影像学的最新进展可能使研究人员将大脑活动和 CCRT 的准确性联结起来。

最后，在非临床环境中，心理动力学组织顾问也有机会使用 CCRT，作为了解组织中角色问题的方法，并说明特定的适应不良的组织文化如何干扰公司的任务、目标和最终的盈利(Kets de Vries，2002)。

（吕春莉　张爱莲　译）

参考文献

Book，H. 1998. How to practice brief psychodynamic psychotherapy：Core Conflictual Relationship Theme method［M］. Washington，DC：American Psychological Association.

Crits-Christoph，P. & Luborsky，L. 1998. Changes in CCRT pervasiveness during psychotherapy［M］// L. Luborsky & P. Crits-Christoph（Eds.）. Understanding transference：The Core Conflictual Relationship Theme method. Washington，DC：American Psychological Association：151-164.

Eells，T. D. 1997. Psychotherapy case formulation：History and current status［M］// T. D. Eells（Ed.）. Handbook of psychotherapy case formulation. New York：Guilford：1-2.

Fried，D.，Crits-Christoph，P. & Luborsky，L. 1998. The parallel of the CCRT for the therapist with the CCRT for other people［M］// L. Luborsky & P. Crits-Christoph（Eds.）. Understanding transference：The Core Conflictual Relationship Theme method. Washington，DC：American Psychological Association：165-174.

Horowitz，M.，Luborsky，L. & Popp，C. 1991. A comparison of the role relationship models configuration and the Core Conflictual Relationship Theme［M］// M. Horowitz（Ed.）. Person schemas and maladaptive interpersonal behavior. Chicago：University of Chicago Press：109-213.

Kets de Vries，M. F. R. 2002. The leadership mystique：a user's manual for the human enterprise［M］. New York：Prentice Hall.

Luborsky，L. 1984. Principles of psychoanalytic psychotherapy：a manual for supportive-expressive treatment［M］. New York：Basic Books.

Luborsky，L. 1997. The Core Conflictual Relationship Theme（CCRT）：a basic case formulation method［M］// T. D. Eells（Ed.）. Handbook of psychotherapy case formulation. New York：Guilford：58-83.

Luborsky，L. 1998a. The convergence of Freud's observations about transference with the CCRT evidence[M]// L. Luborsky & P. Crits Christoph (Eds.). Understanding transference: The Core Conflictual Relationship Theme method. Washington, DC: American Psychological Association: 307-325.

Luborsky, L. 1998b. The early life of the idea for the Core Conflictual Relationship Theme method[M]// L. Luborsky & P. CritsChristoph (Eds.). Understanding transference: The Core Conflictual Relationship Theme method. Washington, DC: American Psychological Association: 3-14.

Luborsky, L., Barber, J. P., Binder, J., Curtis, J., Dahl, H., Horowitz, L. M., Horowitz, M., Perry, J. C., Schacht, T., Silberschatz, G. & Teller, V. 1993. Transference-related measures: a new therapy-based class[M]// N. Miller, L. Luborsky, J. P. Barber & J. Docherty(Eds.). Psychodynamic treatment research: a handbook for clinical practice. New York: Basic Books: 326-421.

Luborsky, L., Barber, J. P. & Diguer, L. 1992. The meanings of narratives told during psychotherapy: the fruits of a new observational unit[J]. Psychotherapy Research, 2(4): 227-290.

Luborsky, L. & Diguer, L. 1998. The reliability of the CCRT measure: results from eight samples [M]// L. Luborsky & P. CritsChristoph (Eds.). Understanding transference: the Core Conflictual Relationship Theme method. Washington, DC: American Psychological Association: 97-108.

Luborsky, L., Mellon, J., Cohen, K., van Ravenswaay, P., Hole, A., Childress, A., Ming, S., Crits-Christoph, P., Levine, F. & Alexander, K. 1985. A verification of Freud's grandest clinical hypothesis: the transference[J]. Clinical Psychology Review, 5: 231-246.

Popp, C., Diguer, L., Luborsky, L., Faude, J., Johnson, S., Morris, M., Schaffer, N., Schaffler, P. & Schmidt, K. 1998. Study 2: The parallel of the CCRT from waking narratives with the CCRT from dreams: a further validation[M]// L. Luborsky & P. Crits-Christoph(Eds.). Understanding transference: the Core Conflictual Relationship Theme method. Washington, DC: American Psychological Association: 187-196.

Popp, C., Luborsky, L. & Crits-Christoph, P. 1998. Study 1: the parallel of the CCRT from waking narratives with the CCRT from dreams[M]// L. Luborsky & P. CritsChristoph (Eds.). Understanding transference: the Core Conflictual Relationship Theme method. Washington, DC: American Psychological Association: 175-187.

第5章　“发生了什么”——在体验式心理治疗中运用叙事

琳恩·E. 安格斯(LYNNE E. ANGUS)
詹妮弗·勒温(JENNIFER LEWIN)
贝弗利·布法德(BEVERLEY BOUFFARD)
德布拉·罗通迪-特雷维桑(DEBRA ROTONDI-TREVISAN)①

一、概述

在心理治疗实践和研究文献中，情绪过程(Greenberg，2002)、移情(Bohart & Greenberg，1997)和来访者反思(Rennie，1998)对富有成效的体验式心理治疗结果的贡献已经得到充分证明。相比之下，来访者叙事表达——特别是情感突出的自传式记忆的叙事性表达——对于促进体验参与、情绪唤醒和个人意义建构的重要性，之前很少得到重视。在本章中，我们希望能填补体验式实践和研究文献中的这一空缺。

具体而言，我们的观点是，来访者披露充满情感的个人叙事，是治疗会谈中情绪反应出现的基础，并且有助于简短体验式心理治疗中新意义的具体化。而且，分享情感上重要的个人记忆，对构建来访者和治疗师之间对于意义和理解的共同背景，以及发展强有力的治疗关系和联盟，是至关重要的。在本章中，我们将首先提出一个综合的治疗改变的叙事过程模型，它与一般的体验法和过程式体验心理治疗的基本假设相一致(Greenberg，2002；Greenberg，Rice & Elliott，

---

① 有关本章的信件请寄给在约克大学工作的作者，地址为：4700 Keele Street，Toronto，Ontario，Canada M3J1P3，或发邮件至 langus@yorku.ca. ——作者注

1993)。接下来，我们将为过程体验式治疗实践中叙事表达的重要性提供证据。最后，我们将确定经验丰富的过程体验治疗师及其来访者在取得成功结果时所采取的关键叙事策略。

二、叙事过程模型

叙事过程模型(Angus，Levitt & Hardtke，1999)认为，叙事表达产生于自传式记忆、情感和反身性意义建构过程的辩证相互作用。虽然个人重要的叙事以情感表达和唤醒为标志，但情绪的重要性只有在叙事框架中进行组织时才能被理解，这些叙事框架确定了感受到什么，关于谁，涉及什么需要或问题。叙事过程模型与体验式治疗改变的辩证建构主义观点相一致。该模型潜在的核心假设包括：①来访者的能动作用；②人类的反思和意义建构；③情感结构和情绪加工对促进二次改变或身份转变的重要性；④来访者与治疗师对话的共同建构性质。我们完全同意辩证建构主义模式(Greenberg & Pascual-Leone，1995，1997，2001)的基本原则，该模式将情绪加工和凸显意义建构过程视为心理治疗中变化产生的核心，我们也相信叙事表达和突出的个人记忆披露是体验式治疗中变化体验产生的基础。

根据自我改变的叙事过程模型，成功心理治疗的所有形式都涉及来访者生活故事的表述、细化和转换(Angus & Hardtke，1994；Angus，Hardtke & Levitt，1996；Angus et al.，1999)。个人认同被解释为情感突出的个人叙事的连贯整合，这些叙事明确或含蓄地代表着关于自我和他人的核心信念。叙事的情绪基调——愤怒、悲伤、喜悦或恐惧——似乎是个人记忆和叙事相互联系的一种主要方式。因此，隐含的情绪主题和它们所包含的个人记忆，成为我们分类、讲述故事的镜头，并构建我们与世界上其他人新的人际关系体验的意义。

在叙事过程模型中，治疗性改变被认为是需要一个叙事性故事讲述(外部叙事模式)、情绪区分(内部叙事模式)和探究反身性意义建构模式之间辩证转变的过程。

(一)外部叙事序列

在心理治疗中，关键是来访者要记住和表达真实的或想象的、过去的或最近的事件，以填补叙述中可能已被遗忘或从未完全承认并因此不被理解的内容(Angus et al.，1999)。这一治疗过程由叙事过程模型的外部叙事模式来体现，它解决“发生了什么”的问题(Angus & Hardtke，1994)。外部叙事序列可以是自传式或非自传式内容的个人故事。最近的研究结果已经证实，从 180 次体验式治疗会谈中摘录的所有外部序列，有 75%包含自传式记忆。

此外，外部序列可能包括对特定事件的描述，许多重复的类似事件的一般描述，或者是许多特定事件的组合(Angus et al.，1996)。自传式记忆从外部为来访者提供参与讲故事的机会，通过对生活经历和事件的具体细节进行口头描述，为治疗师创造一幅视觉上丰富的图画(Angus et al.，1999)。事实上，描述“发生了什么”可能还需要非自传式信息，或者真实信息或事件的记录。

(二)内部叙事序列

来访者还需要充分参与一个事件的生活体验，以便意识到并充分表达缄默的感受和情绪。当治疗师和来访者都参与到相关感觉和情绪的详细展开和探索中(会出现在复述自传体记忆时)，就可以实现这一点。内部叙事过程模式与这一过程相关，并且需要描述和细化与事件相关的主观感受、反应和情绪，并解决事件发生过程中“感受到什么”的问题。此外，内部叙事模式解决了治疗会谈期间与事件相关的感受。

对来访者而言，内部探究模式的功能是与治疗师分享他们与复述某一特定事件(外部模式)有关的再次体验到的感受和情绪，或表达在治疗期间新出现的感受和情绪(Angus et al.，1999)。研究支持这样一种观点，即关于创伤事件的情绪暴露可以为幸存者带来积极的免疫和心理影响(Harber & Pennebaker，1992；Pennebaker & Seagal，1999)。

(三)反身性叙事序列

富有成效的治疗最终目标是对所表达的经历进行反身性分析，这往往会导致对情境新的意义和观点的建构，并可能导致重构的叙事。这种重构的叙事可能支持或挑战关于自我和他人的促成来访者生活故事或宏大叙事的内隐信念(Hardtke，1996)。反思叙事模式代表了这种治疗过程，其特征是对事件和主观感受的反身性分析。因此，这种叙事过程模式解决了“它意味着什么”的问题，与发生了什么或在事件中感受到什么有关。

每种探究的叙事过程模式都有相应的治疗目标：①帮助来访者填补遗忘的或从未完全承认的内容，并因此得到理解；②帮助来访者“重新体验”事件并更好地表达和理解它，也许是第一次；③帮助来访者形成对自我和他人的新认识。总之，探究的三种叙事模式及其伴随的治疗目标是至关重要的，并有助于发展更连贯、更具情感差异的个人叙事，使个人对自己以及与他人的互动有更深入的理解。从本质上讲，叙事过程模式被视为人类意义建构的一种独特模式的基本组成部分，它构建、维护并在必要时修正我们在这个世界上的自我意识。

发展心理学家杰罗姆·布鲁纳(Bruner，1986，1990)指出，叙事在一种展开的连续时间线语境中组织和整合行为、情感和意义。他认为，连贯的个人叙事需要从叙述者的情境视角表达和整合叙事行为(如描述场景、设置演员的动作)和意识(如表达自我和他人的情感、信念、意图、目标和目的)的双重画面。从叙事过程模型(Angus et al.，1999)的角度来看，接近和表述来访者的情感世界、信念、期望、意图和目标——即布鲁纳(Bruner，1990)所谓的意识画面——对于观察和体验长期关系问题以及接受重大个人丧失的新方式的出现至关重要。从不同的关系出发点来进行反身性解析，然后再次体验痛苦的生活经历，有助于表达对自我与他人关系的新认识。对情绪、信念、希望、需求、动机、意图和目标(意识画面)的反思过程——以及它们在问题故事或叙述事件中包含的内容(行为画面)——使得经历能够得到充分理解并被接受为生活故事的一部分。实质上，它是行为画面(对一个事件连续并线性展开的描述，回答“发生了什么”的问题)与意识画面(对自我和他人的内部反应，解决“感受到什么”和“它意味着什么”的问题)的整合，能够构建一个连贯和充满意义的叙述，描述我们与世界上其他人的人际关系体验。

为了对心理治疗中的叙事过程进行实证研究，开发了一种识别与叙事加工模式相关的治疗谈话参数的系统方法(Angus & Hardtke，1994；Angus et al.，1999)。叙事过程编码系统(NPCS)和修订手册(Angus et al.，1996)从叙事过程模型发展而来，旨在应用于心理治疗的文字记录。NPCS为研究人员提供了一种合理、系统地分段治疗记录的方法，无论治疗的方式如何。NPCS 在近期的一系列心理治疗研究过程中显示了结构效度和良好的评分者内部一致性(Angus & Hardtke，1994；Angus et al.，1999；Gonçalves，Korman & Angus，2000；Gonçalves，Machado & Korman，2000；Levitt，Korman & Angus，2000；Levitt，Korman，Angus & Hardtke，1997)。

NPCS 需要两步过程，使研究人员能够：①根据口头对话中的内容转换，将治疗会话记录可靠地细分和描述成话题片段；②根据三种叙事过程模式中的一种，进一步细分和描述这些话题片段。叙事的类型有：①外部叙事过程序列，包括事件描述(过去、现在和/或未来，真实的或想象的)；②内部叙事过程序列，包括对经历的主观/经验性描述；③反身性叙事过程序列，它涉及与现在、过去和/或未来事件中表现的信念、行为和情绪有关的循环提问和意义建构过程。NPCS 提供了一种经验方法，用于识别三种叙事过程模式的出现以及模式之间的辩证转变，因为它们随着时间和会谈而发生。因此，叙事过程模型和 NPCS 可以作为一种启发式，用作探索心理治疗会谈背景下行为和意识双重画面的相互影响。

在过去的 5 年中，我们有机会深入研究叙事过程模式，以及在对 12 个来访者因为抑郁而接受简短过程体验式治疗进行完整案例分析的情况下呈现的转变(Angus et al.，1999)和未完成事件(Angus & Bouffard，2002)。现在将介绍来自对叙事、情绪和意义建构过程进行长期探究的结果，并提供重要发现的临床实例。

三、叙事过程和体验式心理治疗

过程体验式心理治疗是一种独特的、以情绪为重点的建构主义疗法，来源于格式塔(Perls，1973)和以来访者为中心(Rogers，1951)的心理治疗方法的整合。因此，它与人类固有的自我反省意识以及积极成长和自我发展有着共同信念(Greenberg et al.，1993)。格式塔方法为治疗师提供旨在唤起问题思维、感受和行为的一系列干预措施，来访者中心疗法鼓励治疗师对来访者情绪突出的体验采用移情、奖赏(肯定、接纳)和真诚的协调。

为了建立牢固的治疗联盟，过程体验治疗师首先与来访者建立一种安全、共情的关系。关系一旦建立，就可以引入格式塔技术，以促进长期存在的生活问题的解决。治疗的目标是发现并调整习以为常的适应不良情绪状态——无价值、焦虑性依赖、无力感、放弃和无效——这些被视为如抑郁这样的心理困扰的根源(Greenberg，Watson & Goldman，1998)。通过治疗过程，获得适当的情绪，以改变适应不良的情绪，并促进个体的适应性反应。这种改变情绪的过程被认为是通过使用特定的治疗技术来起作用的，这些技术有助于促进情绪的唤醒和加工。

在双椅工作中，来访者从两个不同的视角来表达他们对事件的体验或看法：批判自我和体验自我。“批判自我”被指示对“体验自我”表达严厉的批评或否定的自我陈述，以唤起强烈的情绪反应。然后通过使用初级情绪来改变诸如绝望、恐惧或耻辱之类的反应。例如，因丧失而引起的悲伤或因侵害而产生的愤怒。当更多初级情绪被激活时，来访者将被鼓励去克服这些和他们需求相关的负面认知。这导致了严厉批评的软化，以及先前自我的两个不同方面的谈判和整合(Greenberg et al.，1993)。

未完成事件是一个格式塔疗法的术语，表示长期存在的、未解决的关系问题，往往伴随着负担和怨恨的感觉。针对未完成事件的空椅工作涉及对以前被压抑的初级情绪的表达，如对虚构的坐在椅子上的重要他人的伤害和愤怒。这种干预导致了未满足需求的表达。来访者在这时候采取了另一方的视角，这将导致对另一方新的、通常更为积极的观点出现。这种解决方案涉及接受并原谅对方，或者在虐待的案例中，让另一方对其行为负责。

格林伯格(Greenberg，2002)指出，体验式心理治疗师的中心任务是促进来访者的情绪过程，使主要的适应性情绪反应可以被获取、表达和充分理解。从叙事过程模型的角度来看，来访者对情绪突出的、自传式记忆的叙事性描述——外部叙事序列——为诱发情绪的反身性加工提供了重要的体验起点，并为相关的个人意义提供了后续的表达。我们认为，从处理适应性情绪中浮现的个人意义，存在于一种隐含的叙事模式中，在这种模式中出现了一个新的故事来说明感受到什么、涉及谁，以及需要什么或关心什么。此外，当情绪发生变化时，来访者被促使去表达和讲述他们发现自己所处的新的情感状态。在可能的意图、信念和目标方面，对自我和他人的新观点也发生了转变和变化，试图创造一个情感一致的故事，将行为和意识的双重叙事画面结合起来。

对 18 对治疗同盟（therapy dyads）和 200 次治疗会谈进行深入分析，从因为抑郁和未完成事件而接受过程体验治疗的来访者中得出，来访者在他们的治疗会谈中专注于对突出的个人记忆的叙述和暴露。从 6 个因抑郁症而接受简短过程体验式治疗的来访者与治疗师的会谈中（Greenberg & Angus，1995），罗通迪-特雷维桑（Rotondi-Trevisan，2002）发现，74%的外部叙事序列或 668 个外部序列符合个人自传式记忆叙事的标准（Singer & Moffitt，1992）。换句话说，来访者在过程体验式治疗会谈中，平均向他们的治疗师透露了 6 个自传式记忆。

这些发现支持了这样一种观念，即通过讲述个人故事，我们向他人展示自己，并与参与的倾听者形成共识。此外，我们深入的叙事过程分析表明，治疗师对来访者自传式记忆叙事的协调，在成功的体验式治疗关系中，服务于两个关键功能：①发展强有力的治疗联盟；②为表达关于自我的新意义和观点而进行情绪过程唤醒和区分。现在，我们将通过过程体验式治疗会谈的临床实例，对这些关键贡献进行更全面的描述。

(一)叙事表达与治疗联盟

来访者使用生动的自传式记忆来向治疗师讲述他们的故事，并得到更充分的理解。自传式记忆叙事有助于发展一种强有力的、可信任的治疗纽带，使来访者和治疗师共同创造一种分享体验、认知和人际理解的感觉。如同个人故事中所传达的那样，治疗师移情地参与来访者的关键问题的能力，有助于通过向来访者灌输对治疗师的基本信任感，早日发展出强有力的、安全的治疗联盟。反过来，体验治疗师也会促使他们的来访者在治疗会谈中有情感地、反身性地探索和详细描述这些生动的记忆。探索情感和意义图式时出现的新意义，随后会在讲述关于生活经历的新故事的情况下，以及体现看待他人或与他人互动的新方式的故事中，被来访者具体化。

在以下的序列中，过程体验治疗师移情地支持来访者①描述构成创伤事件的一系列事件的详细展开（行为画面，外部叙述序列）和②区分在创伤事件中经历的情感、意图和评估（意识画面，内部和反身性叙事序列的转换）。它是行为和意识画面的整合，有助于在治疗会谈中共同构建连贯的创伤叙事。下面的片段来自一个过程体验治疗对子，并且效果良好，他们参加了在约克心理治疗中心进行的关于未完成事件的临床试验。

来访者：你知道我不能，因为在我的脑海里，某些类似的东西的印象是如此清晰，而且是很久以前的事情了（转向外部叙事模式和对单一事件记忆的描述）。我昨天还对我姐姐说，那个晚上对我来说是如此清晰。

治疗师：她①死的那个晚上。

来访者：那个晚上她自杀了。很清晰，我记得发生的一切。

治疗师：就像昨天发生的一样。

来访者：我记得（转向一个童年故事），这是我小时候记得最清楚的事情，我恨它，我的意思是我恨它（转向内部/情绪区分）。我记得我母亲去世的那个晚上，就是这样（自杀场景的单一事件叙述出现和外部转向/行为画面）。那时我正在散步，还有哥哥、姐姐，我姐姐应该在屋子里照顾我弟弟，嗯，很安静，我认为他们在等着跳出来，说："嘘！"你知道吗？小孩子爱玩的东西。

治疗师：嗯。

来访者：于是我踮起脚尖，蹑手蹑脚地走在人行道上，非常小心地打开前门，听，还是什么都没有，只有我耳膜里的声音（转向内部/意识画面）。

治疗师：这是一种震耳欲聋的沉默（治疗师唤起对内在体验的反思）。

来访者：如此安静，我正在想（转向反思/意识画面）这真是发疯，真的疯了，因为通常到这个时候他们已经跳了出来，会吓我一大跳，我们都会大笑。

治疗师：嗯。

---

① 指来访者的母亲。——译者注

来访者：我们会互相打闹，或做着别的什么小孩子会做的事。我记得我走进去(转向外部)，依然什么都没有，我认为这真的很有趣(转向反思/意识画面)，我脱掉靴子，悄悄地溜进厨房，我最先看见的是妈妈的脚——(转向内部)我完全被震惊了，不知道该怎么办。

治疗师：你的心脏几乎停止了(治疗师对来访者内部体验的唤起性描述)。

来访者：(转向外部叙事模式)我开始大喊，因为我认为我姐姐应该在那里，我开始尖叫着喊我姐姐，然后我注意到在桌子上有一张留言条，上面说，她参加完了我姑姑和叔叔家的新年晚会，他们让我小弟弟在那里睡觉，(反身性转变/意识画面)这是真的，因为所有的混乱，作为一个孩子，我太害怕了，不敢打电话给任何人，因为你知道，慌乱的时候你自己的注意力仅停留在你房子的四面墙内。

治疗师：的确，是的。

来访者：感觉像是过了10小时，我确信就过去了一分钟，但似乎是10小时。

治疗师：于是，你走进去，看到了实际发生的事情(治疗师引导来访者回到自杀场景的区分，转向外部/行为画面)。

来访者：我试着叫醒她，我想她可能会醒的，你知道的。

治疗师：作为一个小孩，谁知道？

来访者：我只是在摇晃她，摇晃她，试图唤醒她，并且思考着(转向反思/意识画面)。你知道，哦，天啊！我该怎么办？我该叫谁？我该怎么办？

治疗师：嗯。

来访者：所以我做的第一件事，(转回到外部/行为画面)我打电话给我姑姑，她和我姐姐赶过来，因为我一定说了——我不知道我说了什么，我不知道，当然当她进来时(转向反思/意识画面)我的心里也同情她，因为我无法想象一个成年人，我自己现在突然进入那样一个场景——和你的家人一起。

治疗师：是的。

在这个序列中，来访者和治疗师在一个详细展开的创伤场景下进行合作，在叙事性描述的背景下，清晰地提供了事件的开始、中间和结束。此外，还提供了一个清晰的现场和环境，以及卷入该事件的主人公和重要他人(姑姑)的内在体验。第一次，来访者开始形成对创伤记忆的连贯叙述。外部和内部/反身性叙事之间不断地相互作用，转变为展开的叙事场景与来访者在他母亲自杀时经历的情绪、意向和期望的无缝交织。

下面的例子也来自一个效果良好的治疗对子，并说明了过程体验治疗师如何帮助来访者提取和揭示突出的个人记忆：

来访者：(外部叙事转变)特别是在春天——今年5月前后，我真的在思考，回想到20年前的春天，当时我离开家时，我第一次发现我怀孕了。

治疗师：我明白了。

来访者：真的，天气——今年春天的天气使我回忆起1987年4月和5月发生的事情。

治疗师：哦，我明白了。嗯，你有什么可以重温并告诉我的吗?

来访者：嗯。

治疗师：你记起了什么?

来访者：我只记得很乱——匆匆忙忙地把婚结了，我们把所有要做的事情都放在两个星期内，一起去完成的。

在另一个来自同一治疗对子的例子中，治疗师探索了一种特定的自传式记忆叙事的呈现。

治疗师：嗯。所以看看有没有任何特定的记忆出现，你真切感受到的时刻。

来访者：嗯，哦，是的。

治疗师：嗯。

来访者：我想起来了，我记得我给家里打电话的时候。我打电话……我给我母亲家打电话，只是为了听到无论是谁接电话的声音。我这么做了四五次，然后就挂断了电话。

治疗师：嗯。

来访者：只是为了听到“她的姓”，只是为了和那间看起来如此遥远、已经成为过去的房子取得联系。

来访者回应治疗师对一段记忆的要求，用一种叙事的方式表达了来访者对家庭的深切渴望，那是她不得不放弃的——“失去”——她十几岁时，选择离家出走，和她刚出生的婴儿的父亲住在一起。显然，在所有这些例子中，治疗师积极地鼓励来访者转到对情感上重要的个人记忆的回忆，并向治疗师描述这些经历。

(二)叙事过程与情感意义建构

过程体验治疗师侧重于他们的来访者复述情感突出的自传式记忆，或外部叙事序列，使来访者能够进一步区分在重述个人记忆期间经历的情绪。很显然，基于过程体验模型，治疗师的一个关键任务是积极促进来访者处理向情绪体验、内部叙事模式的区分和细化转变。

迄今为止，NPCS(叙事过程编码系统)产生的独到见解之一，是发现从故事讲述到情绪分化的转变是最成功的。它首先是由来访者在一种反身性探究模式下积极探索他或她自己对叙事的经验反应。具体而言，过程体验治疗师引导来访者从外部叙事模式转向反思和内部叙事模式，以描述意识画面，促进情感意义建构和对自我和他人世界的新视角。反过来，痛苦情感的区分和叙事结构使得来访者能够反身性地探索和表现悲痛、创伤和失去的新意义。

勒温(Lewin，2001)对三个效果良好和三个效果不良的过程体验治疗对子进行了深入的案例分析，发现在效果良好的治疗关系中，内部模式转变的反思几乎占治疗师所参与的所有叙事过程模式转变的三分之一(30%)。相比之下，效果不良的治疗师对内部模式转变的反思明显较少(16.75%)。实质上，治疗师在来访者自我反思的情况下，特别关注情感意义，这会有助于来访者更为充分地进入他或她自己情绪感受的内心世界并持续描述，如同在治疗会谈中经历的一样。来访者对脆弱和痛苦情绪等强烈情感的探索也受到安全感和治疗师信任的支持。

以下来自一个效果良好的过程体验治疗对子的摘录，说明了在突出的个人记忆背景下，这种移情点化、反身性意义建构和情感区分的过程。

来访者：（外部叙事序列）罗伯(Rob)的哥哥彼得(Peter)最初是我的朋友，我们经常在一起花费很多时间读报纸……大部分的原因是，我不能——我害怕在其他人面前碰到罗伯，就因为我不能坐在那里保持安静，但我根本不能在彼得面前说会引起他愤怒的话……（转向反身性叙事序列）就好像出于某种原因他的想法和我不一样——我还没有搞清楚这一点——对我来说是非常令人苦恼的，而且已经很久了……（转向与相似感受相关的新关系情境中）而且和马克(Mark)也变得那样……我与马克最大的问题是，我能看出他是一个我可以喜欢和尊敬的人，但我对自己又有一种挥之不去的怀疑。

治疗师：这是你内心的怀疑……（移情反思/反身性模式）

来访者：是啊……这一切都发生了，我再一次被欺骗了，因为最终我感觉，发生在马克身上的是我对他的感情……（转到内部模式）就像不同的情感，但直到大约一星期前，还像是友情。

治疗师：那是什么样的……一种温暖的感觉？（移情推测，区分情绪体验/内部模式）

来访者：完全正确！我正要说是一种信任，一种温暖……这完全满足。

治疗师：内心感觉真不错。

来访者：确切地说，嗯，随之而来的是这种极其痛苦的、令人厌恶的恐惧感（转向反身性模式），因为在过去的4年中，唯一让我有这种感觉的人是拉乌尔(Raoul)，结果完全相反……就像我认为他最喜欢我，最能接受我是谁一样，这是一个巨大的骗局。

在这段摘录中，来访者和治疗师共同参与了对内隐情感和意义（布鲁纳叙事性意识画面的概念）的区分，这些内隐情感和意义弥漫在亲密关系中展开的问题事件(行为画面)。过程体验治疗师使来访者能够获取和表现内隐的情感结构，通过或借助于促进反身性和内部叙事过程的转变，对自己和他人的行为带来新的理解。然而，值得注意的是，这种促进过程在以下情况下最为成功，即先于来访者对他或她自己高度体验唤起的积极自我探索，这种唤起是来自治疗期间对重要关系事件的复述，或者参与空椅或双椅格式塔干预。

过程体验治疗师还关注来访者对情感突出的自传式记忆叙事或外部叙事序列的描述，以评估高度情绪唤醒和引入椅子干预等情绪加工标记物。在情感伤害的情况下，空椅干预旨在帮助来访者尝试体验进入内心世界或了解与他们经历了关系问题的重要他人的视角。

在寻求情感理解的过程中，需要解决的一个关键问题是，行为人对来访者造成这种情感上的痛苦的意图：“他们为什么伤害我?”意图问题直接涉及信任和依恋的基本问题，以及相信他人是可靠的和忠诚的。当亲人的行为引起我们情感上的痛苦，我们常常感到困惑，无法有效地整合愤怒、背叛、恐惧和悲伤等感受。寻求理解的核心是构建一个新的、情感连贯的叙述，它整合了故事的行为画面——发生了什么——和一个更具区分性和丰富性的对故事意识画面的叙述，在此，“我感受到什么?”和“这是什么意思?”等问题得到了更充分的解决。

下面是一个空椅干预的例子，来自与第一个摘录相同的治疗对子，证明了过程体验治疗师的移情反思、选择性提问和建议在帮助来访者进一步描述与创伤和丧失体验有关的意识画面(情感和意义)方面发挥了重要作用。治疗师的反应有助于支撑来访者对伴随个人记忆的隐含意义的反思过程，以及区分新的从他积极参与内在体验世界中浮现出来的情感反应。在这个序列中，治疗师首先让来访者想象将在他年少时自杀的母亲安排在一把空椅子上，然后要求来访者描述创伤场景(外部叙事转变)，接着鼓励来访者描述他的情绪感受(内部叙事模式)。来访者在描述记忆中的自杀场景和表达由可怕的印象引起的情绪感受之间来回转换。在这种治疗性舞蹈(therapeutic dance)中，治疗师移情地跟随来访者的旋律，并促进痛苦情绪和深度恐惧的表达。最后，来访者在序列结束时，转向一种反身性的提问模式，试图理解这一创伤体验。

治疗师： 告诉她你记得的事情，关于那些记忆（治疗师引导转向外部叙事模式）。

来访者： 恐惧和惊骇（流着泪）（来访者专注于情绪感受，内部叙事模式，体验到自杀场景中母亲内在形象的反应）。

治疗师： 随它吧（治疗师和来访者一起关注内部模式中的情绪感受，区分害怕、惊骇和恐怖），告诉她你害怕（来访者取了一张面巾纸）停留在惊骇和恐怖的状态，你做得很好——你记得什么？告诉她你的感觉。这很重要……

来访者： （哭泣）我觉得这些记忆是非常可怕的，我从未见过这样的事情。

治疗师： 告诉她。

来访者： 它深深铭刻在我的脑海里，我无法抹去。当我想起你，我甚至无法想起你，因为我只记得你……

治疗师： 告诉她你看到什么（治疗师引导转向外部叙事模式，以描述创伤场景的印象）。

来访者： 我看到的只是你躺在那里……我不敢相信，你没有醒来（转向反思和描述在自杀场景中进行的评估）。

治疗师： "没有醒过来"对你来说是什么样的？（治疗师引导来访者转向内部叙事模式）

来访者： 我真的很害怕（来访者转向内部/情感区分）。

治疗师： 我感到害怕（治疗师的移情反射和情感区分）——这很好，保持呼吸。我感到害怕。发生什么事了？（治疗师的问题引导来访者详细描述内心体验）

来访者： 完全不相信——（来访者转向反身性模式）你怎么能，你怎么能……

治疗师： 你怎么能这样做？（治疗师引导来访者直接用他在寻求理解和意义中产生的反身性问题面对他母亲）告诉她这一点。

来访者： 我真的不理解你为什么这样做。

治疗师： 停留在这些记忆——你想说什么？……你现在感觉怎么样？（治疗师引导来访者描述情绪感受，转向内部叙事模式）

来访者：（来访者继续处于反身性叙事模式）我在想，嗯，我怎么能，让这么久以前发生的事情到现在还控制我到这种程度。

过程体验任务干预的一个主要目标——如双椅和空椅任务——是提高来访者的情绪唤起，以促进来访者情绪过程的转变。情感转变可以从适应不良的次级情绪转到更为基本的适应性情绪反应，或者在个人记忆叙事背景下获得新的适当情绪反应。在过去的生活事件背景下体验新的、有时是矛盾的情绪反应，会导致我们对自己和他人行为归因的意图、希望、信念、需要和感觉发生重大转变。在这些时刻，我们看到自己和他人用新的眼光，并且被推动着去构建一个新的、情感一致的叙事，这个叙事说明发生了什么事，为什么发生，感受到什么，涉及谁，关于什么需要或问题。我们的观点是，情绪是被“理解”的，并且具有个人意义，当它们被组织到一个叙事框架中，就可以确定感受到什么，关于谁，以及与什么需要或问题有关。

与进行效果良好的过程体验式治疗的治疗师相比，勒温（Lewin，2001）发现，效果不良的治疗师试图从外部叙事序列直接转向内部情绪聚焦模式的可能性是其他人的两倍。同样，效果不良的来访者比效果良好的来访者更倾向于从内部向外部叙事转变。卢因认为，这两个发现可能相关。当抗拒他们的治疗师尝试使他们关注和区分悲伤和痛苦的情绪时，效果不良的来访者可能会发起更多从内部叙事模式回到外部叙事模式的转变。

在深入分析以下效果不良的过程体验治疗对子的背景下，卢因发现，大多数来访者的情绪体验涉及治疗师的以下做法之一：①做了大部分情绪处理；②更多地关注来访者的身体感觉而不是她内在的心理状态。来访者在探索她的感受时，似乎也扮演了一个比效果良好的来访者更为被动的角色，更倾向于关注身体的感觉，而不是讨论她的情绪。以下摘录，摘自第四次会谈，重点介绍了来访者对她身体感觉的关注，因为她很长时间都在描述她如何感到喘不过气来。

来访者：是啊，我发现我是，我是啊，我觉得呼吸短促了很多。（转向内部叙事序列）

治疗师：呼吸短促了很多？

来访者： 嗯。就是气喘吁吁、气喘吁吁的，你知道我（呼气）呼吸并张着大嘴，就像我不能得到足够的空气。

治疗师： 所以，就像是你几乎窒息了（治疗师的移情推测/隐喻）。

来访者： 是的。

治疗师： 那么，那种窒息感是什么样的呢？（治疗师引导来访者区分体验到的感觉）

来访者： 嗯，我去拿起电话，我可以坐着……（来访者从内部叙事序列转移到外部叙事序列）

值得注意的是，尽管治疗师对来访者的痛苦感受进行了隐喻，但来访者却从关注她的内心体验转回到故事讲述，而不是反思。前面的摘录还表明，不仅是情绪图式的激活，而且当事人的反身性参与，投入与充满情感的事件相联系的个人意义的描述，对治疗改变都是至关重要的。

四、结论

总之，来访者对个人故事的披露，以及随后对叙事行为和意识双重画面的详细描述，似乎是在过程体验式治疗中促进重大的来访者转变和个人改变的基础。对富有成效的过程体验会谈进行深入的实证分析的结果表明，治疗师明确地将重点放在以下策略上：使来访者能够停留在并更充分地表达叙事的意识画面的主要成分。这些成分包括对适应性情绪的区分、内隐信念、希望、意图以及对自我和他人的期望，涉及叙事的行为画面中展开的事件。

治疗师积极地促进来访者对情绪突出的个人记忆的披露，以达到意义建构和情感区分的目的，这在过程体验模式中不太明显，但在效果良好的治疗会谈中却清晰可见。此外，个人故事的披露似乎是来访者向治疗师透露"他们是谁"的基本手段，也是在治疗关系中建立共同理解和信任感的关键。反过来，过程体验治疗师引导他们的来访者进行反身性探索，富有情感地将这些生动的记忆引入治疗会谈中。在对情感图式的体验式探索中出现的新意义，随后在来访者讲述新故事的情况下被具体化，这体现了看待、体验和与世界上其他人互动的新方式。

总之，在深入探讨富有成效的治疗会谈中叙事、情感和意义建构模式的相互作用的背景下，人们对自我改变的情感和叙事过程的重要贡献有了更为不同的认识。这些发现对体验式心理治疗的理论与实践都具有重要意义，我们期待着参与到正在进行的体验式治疗实践和研究的进展中。

（吕春莉　冯琳琳　张爱莲　译）

参考文献

Angus，L. & Bouffard，B. 2002. “No lo entiendo”：la busqueda de sentido emocional y coherencia personalante una perdida traumatica durante la infancia[J]. Revista Psicoterapia，12(49)：25-46.

Angus，L. & Hardtke，H. 1994. Narrative processes in psychotherapy[J]. Canadian Psychology，35：190-203.

Angus，L.，Hardtke，K. & Levitt，H. 1996. Narrative processes coding system training manual[M]. Unpublished manuscript，York University，North York，Ontario，Canada.

Angus，L.，Levitt，H. & Hardtke，K. 1999. The narrative processing coding system：research applications and implications for psychotherapy practice[J]. Journal of Clinical Psychology，55：1255-1270.

Bohart，A. & Greenberg，L. S. 1997. Empathy reconsidered：new directions in psychotherapy[J]. Washington，DC：American Psychological Association.

Bruner，J. S. 1986. Actual minds，possible worlds[M]. Cambridge，MA：Harvard Press University.

Bruner，J. 1990. Acts of meaning[M]. Cambridge，MA：Harvard University Press.

Gonçalves，O. F.，Korman，Y. & Angus，L. 2000. Constructing psychopathology from a cognitive narrative perspective[M]// R. A. Neimeyer & J. D. Raskin (Eds.). Constructions of disorder：meaning-making frame works for psychotherapy. Washington，DC：American Psychological Association：265-284.

Gonçalves，O. F.，Machado，P. P.，Korman，Y. & Angus，L. 2002. Assessing psychopathology：a narrative approach[M]// L. E. Beutler & M. L. Malik(Eds.). Rethinking the DSM：a psychological perspective. Washington，DC：American Psychological Association：149-176.

Greenberg，L. S. 2002. Emotion-focused therapy：coaching clients to work through their feelings[M]. Washington，DC：American Psychological Association.

Greenberg L. S. & Angus，L. 1995. How does therapy work[M]. Social Sciences and Humanities Research Council Standard Research Grant(1995—1998).

Greenberg, L. S. & Pascual-Leone, J. 1995. A dialectical constructivist approach to experiential change [M]// R. A. Neimeyer & M. J. Mahoney (Eds.). Constructivism in psychotherapy. Washington, DC: American Psychological Association: 169-194.

Greenberg, L. S. & Pascual-Leone, J. 1997. Emotion in the creation of personal meaning[M]// M. J. Power & C. R. Brewin(Eds.). Transformation of meaning in psychological therapies: integrating theory and practice. New York: John Wiley: 157-173.

Greenberg, L. S. & Pascual-Leone, J. 2001. A dialectical constructivist view of the creation of personal meaning [J]. Journal of Constructivist Psychology, 14: 165-186.

Greenberg, L. S., Rice, L. N. & Elliott, R. 1993. Facilitating emotional change: the moment-by-moment process[M]. New York: Guilford.

Greenberg, L. S., Watson, J. C. & Goldman, R. 1998. Process-experiential therapy of depression [M]// L. S. Greenberg & J. C. Watson (Eds.). Handbook of experiential psychotherapy. New York: Guilford: 227-248.

Harber, K. D. & Pennebaker, J. W. 1992. Overcoming traumatic memories[M]// S. Christianson (Ed.). The handbook of emotion and memory: research and theory. Hillsdale, NJ: Lawrence Erlbaum: 359-387.

Hardtke, K. 1996. Characterizing therapy focus and exploring client process: investigating therapeutic modalities from a narrative approach[M]. Unpublished master's thesis, York University, Toronto, Ontario, Canada.

Hardtke, K., Levitt, H. & Angus, L. 1999. Investigating narrative processes in psychotherapy discourse: the Narrative processes coding system[M]. Zeitschrift fuer qualitative Bildungs-, Beratungs-und Sozialforschung.

Levitt, H. & Angus, L. 2000. Psychotherapy process measure research and the evaluation of psychotherapy orientation: a narrative analysis[J]. Psychotherapy Integration, 9(3): 279-300.

Levitt, H., Korman, Y. & Angus, L. 2000. A metaphor analysis in treatments of depression: metaphor as a marker of change [J]. Counselling Psychology Quarterly, 13: 23-35.

Levitt, H., Korman, Y., Angus, L. & Hardtke, K. 1997. Metaphor analyses in good and poor outcome psychotherapy: unloading a burden vs. being burdened[J]. Psicologia: Teoria, Investigao e Practica, 2: 329-346.

Lewin, J. K. 2001. Both sides of the coin: comparative analyses of narrative process patterns in poor and good outcome dyads engaged in brief experiential psychotherapy for depression [M]. Unpublished master's thesis, York University, Toronto, Ontario, Canada.

Pennebaker, J. & Seagal, J. 1999. Forming a story: the health benefits of narrative [J]. Journal of Clinical Psychology, 55: 1243-1254.

Perls, F. S. 1973. The Gestalt approach and eye witness to therapy[M]. New York: Dell.

Rennie, D. 1998. Person-centered counseling: an experiential approach [M]. Thousand Oaks, CA: Sage.

Rogers, C. 1951. Client-centred therapy[M]. London: Constable.

Rotondi-Trevisan, D. 2002. Memory narrative analysis and micro-narrative coherence in brief experiential psychotherapy for depression: an exploratory analysis [M]. Unpublished master's thesis, York University, Toronto, Ontario, Canada.

Singer, J. A. & Moffitt, K. H. 1992. A scoring manual for narrative memories[M]. Unpublished manuscript, Department of Psychology, Connecticut College, New London, CT.

第6章　返璞归真：认知叙事策略

奥斯卡·冈萨尔维斯(ÓSCAR GONÇALVES)
玛格丽达·R. 亨里克斯(MARGARIDA R. HENRIQUES)
保罗·P.P. 马查多(PAULO P. P. MACHADO)①

一、叙事性的精神病理学和心理治疗

叙事是人类特有的能力之一，人们能够用语言来描述个人的经历。无论是对我们自己还是对他人而言，这种以叙事表征经验的能力至关重要。这样看来，从社会心理的层面看我们可以被定义为叙述者。同样，从生物层面说叙事也是个必不可少的过程，它通过协调多样的大脑结构和运作过程来促进我们个人经验的整合(Cozolino，2002)。大脑所有结构的运作几乎都有叙事建构的参与，因此，我们可以说，人类的大脑，的确具有叙事性。

叙事心理学最有名的假设是：世界不是存在的功能，而是会发生什么。“发生了什么”这一概念是叙事过程中的一个关键因素——叙事就是发生了什么。我们坚持这样的想法，即精神病理学不是一种潜在的内部心理机制的结果(无论是生物上还是心理上)，而是患者叙事的产物(Angus，Levitt & Hardtke，1999；Botella & Herrero，2000；Dimaggio & Semerari，2001；Gonçalves，1995b；Hermans & Hermans-Jansen，1995；McLeod，1997；Neimeyer，2000；Omer & Alon，1997；White & Epston，1990)。更具体地说，我们所说的精神病理

---

①　有关本章的信件请寄给在(葡萄牙)米尼奥(Minho)大学工作的作者，地址为：Gualtar Campus，Department of Psychology，4710 Braga，Portugal，或者发邮件至 iep. uminho. pt。——作者注

学是一种叙事的结果，但由于一些原因，对患者的现实经验来说变得不适用(Gonçalves，2001)。

我们也可以认为精神病理学是社会的产物；该观点同意运用叙事的方式使患者的痛苦概念化，而不是使用带有侮辱性的诊断标签。另外，精神病理学成为与叙事生产密不可分的表征过程，以及在特定社会和历史背景下，患者及治疗师语言系统共同构建的结果。叙事分析要求我们关注叙事情节，探索每个患者的叙事潜力和限制，叙事建构的过程以及有助于叙事的社会话语。

目前，有大量的研究证明叙事模型在临床实践的适用性。例如，有研究结果表明叙事的连贯性和结构性程度与患者的健康幸福相关(Baerger & McAdams，1999；Pennebaker，1993；Russell & Wandrei，1996)。其他研究结果也表明，患者的病情与患者在叙事的复杂性、内隐性以及意义创造方面叙事分化的进步有关(Angus et al.，1999；Pennebaker，1993)。相反，对广场恐惧症患者自发性叙事的研究表明，其叙事过程显示出非常低的叙事分化水平(Gonçalves，Henriques，Alves & Soares，2002)。

此外，有证据表明，不同精神病理组织可能与特定意义系统的不同原型叙事有关(Capps & Ochs，1995；Gonçalves et al.，1996)。我们对这一主题的研究将在本章的最后提出，尽管还没有定论，但它倾向于支持一种假设，即精神病理学可以被概念化为某种社会建构形式。从本质上说，研究结果表明，由患者创造的虚构精神病理学与治疗师创造的虚构现实之间在根本上是不一致的(Gonçalves，2001)。我们认为，患者的心理痛苦体验已经远远超过了他们健康幸福的体验，更不用惊讶他们会有不同的方式去叙述那些经历。在创造性、功能性和适应性叙述过程中，我们发现一种阻碍原型叙述的话语多样性的倾向。当这种话语多样性受到挑战时，心理障碍就会出现。个体倾向于看到一个他/她必须独自承担全部责任的绝对的、不可改变的现实，而不是将现实看作世界本身多种可能性之间的谈判过程。

我们认为，在经验的叙事建构过程中，刻板性是产生心理病态的关键，并影响叙事结构的多种维度，同时抑制了构成个体健康幸福基础的多重潜能。反过来，心理治疗出现于修复人们叙事结构的需要，并证实患者的叙事产物对临床医生和心理治疗者的重要关联。毫无疑问，心理治疗的叙事模式旨在重新拥有和扩展自我体验的特质意义，促进更连贯、更复杂、更多元、更灵活的叙事。通过这种方法，心理治疗不再是在治疗或解决问题的范式中被定义，而是在一个创造范式中进行的。治疗的目的是在不限定边界的情况下促进自我改变。

为了推动这一运动，促进叙事概念重构以及心理治疗的改变，我们将提出心理治疗的认知叙事模式，它从建构主义范式中认知行为的传统演化而来(Gonçalves，1995b，1995c，1998)。该模式将心理治疗视为一种经验环境，在对过去生活的叙事、对现在的经历以及对未来期许的多重声音(即解构)中进行共同建构(即对话)。

二、认知叙事心理治疗的过程

到目前为止，我们可以知道精神病理学如何被概念化，就如同叙事小说和心理疗法已被视为一种叙事创作过程一样。认知叙事心理疗法的主要目的是促进叙事练习，使患者打开自己的内心，对自己的经验进行主动、多重表达的建构。治疗过程分为三个阶段：①回忆；②形象化；③投射。所有这些阶段都有一个共同的框架，一开始进行介绍和建模，然后在治疗会谈中提出了几项练习，并为日常的生活叙事中的家庭作业活动规定了一些练习。未来的叙事将在治疗的最后阶段讨论。每次练习之后，包括会谈和作业，都要对患者被激起的经验进行评估。家庭作业会在下一次的会谈进行讨论。

每一个阶段，在特定的患者任务上都有两个不同但互补的焦点。在共时层面上(即专注于患者当时的经验)，治疗工作是关注患者的微叙事，或日常生活情节的叙事建构。在历时的层面(即在患者的一生中)，重点关注患者的宏叙事，或应用于他们的生活经验的中心主题的叙事结构。在对患者宏叙事的任务进行历时探索之前进行放松练习，以促进回忆的自由联想。

虽然治疗过程的三个阶段是按顺序出现的，但有时患者会自发地在治疗早期提供叙述性的产物，而这些治疗在认知叙事模型的后期阶段更具有代表性。然而，我们建议，虽然在任何阶段都在探索叙事结构，但是治疗工作一定要关注到叙事结构的特定方面。

(一)阶段一：回忆

回忆阶段的目标是帮助患者了解他们的经历和自我叙事，这对完成意义探索过程至关重要。回顾过程本身就是一项积极的任务，它促进了替代现实的构建，这是治疗改变的核心。在这个阶段，患者参与一个循环的创造性过程，这个过程需要情景记忆叙事和语义记忆之间的转换(Tulving，1985a，1985b)。与语义记忆相比，叙事情节意味着由时间关系连接的情境化元素的存在。例如，如果患者说，"这是美好的一天"，治疗师就试图用"告诉我那天发生的事情"这样的陈述来促进叙述事件的展开。通过探索情节及其相关记忆，我们有可能创造新的意义。正是这种经验的情景元素创造了一种叙事语境，从而允许新的语义分化，因为我们通过探索经验的不同层面，允许出现新的意义，同时强调经验的多方面性。因此，在这个阶段的治疗目标是有意识地回忆一个详细的情节记忆叙事。

通过这种方法，回忆包含了创造性过程的所有要素，与实证主义的记忆观对比，它是一个静态摄影过程。我们使用回忆，不是为了唤起过去的事实，而是创造潜在的替代叙事结构。目的是从情节定向、结构顺序和叙事整合三个方面对情景记忆的叙事结构进行阐述和区分。

在临床上，治疗师通过让患者参与四项治疗任务，促进结构性叙事的一致性往更复杂的水平发展：情景回忆的介绍——引导想象练习，日常叙事情景回忆，生活情景叙事回忆和原型叙事结构。我们现在将介绍这个阶段最重要的活动。

情景回忆的介绍——引导想象练习。鼓励患者回想和叙述发生在整个生命周期中的情节，并根据叙事结构的标准元素来详细阐述。第一阶段包括通过放松感应练习建立联合可用性。第二阶段是由治疗师引导患者进行时空回归练习，治疗师邀请他或她识别发生在生命不同时刻的叙事情节，并以现在时态谈论它们。

日常叙事情景回忆。这一任务通过要求患者每天完成规定的任务，即回忆和记录一段叙述，以促进日常叙事的共时性、创造性结构。目前，患者需要描述事件发生的顺序、背景、对他们自身的影响以及和这次叙述的关系。

生活情景叙事回忆——从历时的角度来看，患者开始概括对生命事件的探索和结构。这项工作的一个特别方面是要求患者回忆他们生命中每一年的一个片段(从 0 岁到现在)，并把它写在一张编好号码

(按年)的纸上。

原型叙事结构。在回忆过程的最后阶段，已经基本确定患者叙事固定的主题。我们尝试选择一个叙事事件作为代表患者叙事主题的一个很好的例子(即原型)。从所有回忆的生命事件中，请患者选择最能代表其叙事功能专题的一个典型事件。正是这种叙事原型，将被用作治疗期间患者生活主题的历时组织者。

回忆的过程：阿曼达

阿曼达(Amanda)是一名30岁的大学讲师。她是一个活泼、有魅力、智力成熟的女人。她在与家人的交流沟通中遇到了困难。她感觉无力应对家庭和工作中的冲突，尤其是与继子之间的冲突。他们有着激烈的言语冲突。她对日常生活事件的选择突出了她受愤怒主导的反复的自我叙事。她叙述的时候是愤怒和绝望的。她的下颌看起来很紧张，讲故事的时候紧咬牙齿、紧握拳头。随着回忆的继续，出现了新的对照叙述。例如，患者在理发师那里待好几个小时。起初，这个故事只是一个原始的叙述，因此我们在治疗会谈中促进了它的结构性发展。她告诉我们当她来到美发店时，她希望尽快把头发整理好去参加社交活动。开始，她在美发店很紧张，因为她预计自己没有足够的时间为社交活动做好准备，她并不期待这样的结果发生。当理发师照料好她，给她按摩、洗发，她开始感到轻松，并愿意与理发师聊一些琐碎的事情，如她的假期计划等。她的态度和非语言的肢体语言变得更放松了。在回忆阶段结束时，当我们要求她选择一个原型叙事时，她描述了一个她反复回想的创伤事件：她在17岁时经历的性侵犯和强奸。她说，13年后，每当她觉得自己对某一特定情境快要失去控制时，当时的背景、感受和情绪都会被自动激活。

(二)阶段二：形象化

形象化阶段(adjectifying phase)的主要目标是允许患者在阐述记忆事件时给它赋予颜色、形状、气味、味道、质感、情感、思想和意义。形象化通过叙事符号化的过程激发了一种经验。这个阶段的重点是叙事过程的要素，目的是增加复杂性。这个目标是通过区分叙事的感官、情感、认知和隐喻方面来实现的。这将在以下阶段得以发展：客观化，情感和认知主体化，以及隐喻。

1. 客观化：表达感觉

我们用“客观化”一词来指分离不同感官体验的不同感官成分的过程：视觉、听觉、嗅觉、气味和动觉。在这个阶段，治疗师会提醒患者，我们经验的基础是内部或外部的感觉体验，这往往是患者忽略的事实。治疗师鼓励患者探索其感官经验的多样性，并让他们意识到没必要局限于一种单一感官体验，像个囚犯一样。这项活动提出了一种替代这一局限的选择，病理饱和感官(pathologically saturated sensorial)的生活体验，并鼓励患者逐渐意识并清楚表达各种感官体验。虽然回忆阶段的目标包括叙事一致性的创造，但是形象化阶段的目标需要阐述感官分化和更大的叙事复杂性。

日常叙事客观化。目标是提高患者在整体感官复杂性方面对过去经验叙述的能力，并利用这强化的技能管理日常遇到的状况。我们首先要求患者选择一个日常叙事，接下来将对它在感官多样性和多重性方面进行充分挖掘。我们要求患者在此时此刻，探索他们经验中视觉、听觉、味觉、嗅觉和动觉方面的内容。然后我们使用相同的程序来回顾其他的日常叙事。当患者通过了这些练习时，我们将开始客观化其原型叙事。

2. 形象化过程：安东尼奥

安东尼奥(Antonio)是一位 40 岁的个体经营者，因悲伤、失败、自卑和酗酒而寻求治疗。在回忆练习中，安东尼奥选择了一段他 6 岁时的早期片段，并称之为“我的原罪”。他说到，在小学的第一天，他决定拿一把小刀削铅笔。不幸的是，在同一天，他的一个同学发现自己的外套被一把刀划破了。因为只有安东尼奥带了小刀进教室，老师向他对峙：“为什么你要划破大衣，安东尼奥?”他回答老师的时候几乎要晕过去了。他从未料到他会因为自己没做过的事情而被指责。他再三否认他损坏了这件外套。然而老师并不满意他的回答，并给他的母亲打电话要求她来参加学校的会议。看到他母亲在学校哭泣和苦恼，他承认了自己并没有犯下的“罪行”。

在客观化练习的开始，安东尼奥的声音有一种自我贬低的语气，并发现自己很难完成练习。他的感觉仅限于与压抑的悲伤感觉有关的身体感觉，酒精似乎可以舒缓这种感觉。随着时间的推移，他越来越接受更广泛的感官体验，并描述其为一种“感觉惊愕”状态。以下情节表明了他感觉到意识的这种变化。最近，安东尼奥打算在当地的一家咖啡馆会见一位朋友，这种情形一般都会让他感到不自在和难为情。他对独自走进咖啡馆感到特别不舒服，因为他会想象有个挑剔的观众在观看和评价他的一举一动。安东尼奥朝着咖啡店走去，他将以往的经验作为治疗处方，客观化练习第一次有了积极作用。他坐下来，点了咖啡，然后用剩下的时间写下他在咖啡馆里感受到的各种各样的感觉。他惊讶地发现半小时过去了，他写了几页日记后才意识到他的朋友没有如期到来。

接下来的一周，安东尼奥开始客观化他的原型叙事。他很难重新体会他故事的感官层面，但在这样做时，安东尼奥第一次意识到他能够以一个观察者的角度来分析叙事，好像他是一个电影导演，在好奇的过程中消解自我的中心。也正是在中心消解的情况下，他想起了已随着时间遗失的母亲脸上的温柔、头发的香味，还有许多同伴熟悉的面孔，以及我们能够想到的创造性结构的记忆的所有维度。

3. 主观化：认知和情绪的形象化过程

主观化的目的是对患者的内部世界达到一个高度的差异或复杂性(参见 Lakoff & Johnson，1980)。从内部的角度来看，我们生活在充斥着情感和思想的混乱又令人着迷的世界里，而我们只是部分意识到这一点。心理功能障碍可以被理解为无法清晰地表达主观体验的丰富多样性，就像我们的情感经历和思路所反映的那样，而不是把它理解为一些负面情绪或无意识的想法的存在致病的结果。功能障碍可以理解为只专注于一种情绪体验或一种思想内容的结果。主观化就是为了促进我们意识到内在经验的复杂性和多样性。主观化阶段作为叙事建构手段的主体阶段，是创建内部经验的过程。从叙事的立场看，情感和思想之间的区别并不重要，因为它们都是内在象征体验的形式。然而，从方法学的观点看，这种区分可以帮助患者集中于他们经验中最未分化的方面(即基本情绪)，并扩展其叙事符号化(即认知)。

促进主观化阶段发展的治疗任务包括三个策略，类似于我们在前一阶段定义过的，分别是：主观化介绍和建模，主观化的日常叙事以及主观化的原型叙事。

主观化的日常和原型叙事治疗师通过五个不同的阶段扩大各种叙事的情感和思想的多样性：①情绪激活，这一阶段治疗师询问有关客观化的问题；②聚焦，在患者描述经验的同时，治疗师通过重复或夸张的方式促进患者感觉加强；③符号化，治疗师要求患者选择一个最能贴切描述正在经历的事的单词或符号，然后返回到身体的感觉作为验证符号化的方法(这个过程类似于调整旧的模拟无线电接收机)；④想法清单，探讨与所探索的每种情绪相关的最初产生的想法；⑤在渐进联合的过程中，鼓励患者将最初提到的到最终与之相关的思想都保留下来，直到探索了这几个想法，然后我们再回到最初的想法或情感。

4. 主观化过程：阿尔瓦罗

阿尔瓦罗(Alvaro)是一名 27 岁的工程师。他来到诊所，抱怨他周期性发作的欣快和抑郁的心情。过去，他的母亲和祖父被诊断患有双相情感障碍。阿尔瓦罗承认，欣快的时刻开始引起他的社交尴尬。虽然自己已婚，他总是被卷入婚外情。这些关系都有一个奇妙的模式。他的婚外伴侣通常是已婚的，而且这种关系总是以非常情绪化的方式开始，伴随着强烈的感情和对永恒的爱的承诺。但是，在几个星期之后，这种关系会痛苦地结束，巨大的悲伤就会将他吞没。这个抑郁时期将持续数周，只有新恋情的开始才会使它终结。阿尔瓦罗报告说，他觉得自己非常依赖这些情感循环，并认为是这些组成了他自己的生活。

当主观化工作开始时，对阿尔瓦罗来说又出现了一些新的东西。他选择了叙述在朋友农舍度过的一个秋夜的故事。客观化的练习为阿尔瓦罗带来了一大堆关于农场的感觉，主要是柴火的气味和照在他脸上火焰的温度。阿尔瓦罗在深化身体感觉时表现出一种平和的感觉和放松的想法，激发了他对过去平静和宁静事件的回忆。伴随着这种宁静，他有了保持“慢动作”的想法，他变得更加深思熟虑。当被问及这项练习时，阿尔瓦罗发表了一个奇妙的评论：“这些混合的感觉真有趣。”新的情感歧视的陌生感引起了一种复杂的感觉状态。然而，他的主观经验的复杂性出现了一条新的路径，情感的两极性创造了新的情感体验的可能性。无意识的想法让一种慢动作的思考和沉思成为可能。在日常叙事中，阿尔瓦罗现在试图找到宁静的事例以探索新的体验。悲伤和欣快感仍然存在，但已经不再独自掌控他的主观经验了。

5. 隐喻：意义的形象化

拉考夫和约翰逊(Lakoff & Johnson，1980)认为，我们的概念系统是通过隐喻来解释现实的。即使是这样，我们的观点是，隐喻是叙事意义的压缩。作为人类，我们的灵活性在于我们能够反思思考过程和创造多重意义。

我们认为，没有统一的或最终的意义，而事实上，现实是不断寻找叙事意义的产物。隐喻阶段邀请患者体验意义的相对性，接受它的不确定性，并变得乐于探索多重意义(Gergen & Kaye，1992)。我们希望患者能在他们所有经历中找到多重意义，尽管某些意义模式普遍存在，积极的提问会为更复杂的现实建构开辟更丰富的途径。

对于隐喻阶段，我们采用与前几个阶段类似的三种策略：隐喻的介绍和建模，日常叙事的隐喻，以及原型叙事的隐喻。

一旦患者被教会从感官、情感、认知来重新体验他们的叙事经历，下一步就是要完成对意义的探索。这一步是通过让患者选择一个隐喻(如名称、对象、概念、形象、植物和动物)，来构成一个象征经验的标题。一旦完成，患者就会被要求详细描述其他的隐喻，这些隐喻可以从原始隐喻图像中得到解释，最后，确定一个能综合其他比喻表达意思的最终隐喻。

6. 隐喻过程：安娜

安娜(Ana)是一位46岁的医生，在一次严重的抑郁发作后开始接受治疗。安娜一生中大部分时间没有经历过心理上的痛苦，她总是觉得自己是自给自足且坚强的。她是五个兄弟姐妹中最年长的，也是所有孩子中最听话、最负责任的。她的父母，尤其是她的父亲，以最微妙的方式控制着她的生活。作为年龄最大的孩子，父母期望她照顾弟弟妹妹。她在医学院取得学位，毕业后嫁给一个工程师，并且有了自己的孩子。所有这些期望她都达到了，但两个悲剧性的事件影响了整个完美的叙事。由于医疗并发症，她第三个孩子的出生成为她生孩子的最后机会。几乎同时，她的父亲去世了。安娜感到非常沮丧和困惑，她从来没有过自己的生活的想法第一次出现了。

在每周的隐喻叙事过程中，很明显，大多数安娜的隐喻都是在表达自由：水、海洋、帆船、河流。安娜认为这一周是不寻常的，她经历了很长一段时间都不曾感受过的幸福和平静时刻。在这一周里，她只有一天“艰难”的日子，与此相关的隐喻是“感觉被囚禁”。回到原型叙事的一刻到了。她描述了自己作为一名受过训练的医生，无法挽救父亲的中风最终导致了他死亡时的无力感。此时出现的隐喻是“抵押”。她意识到自己过去的生活就像被抵押了 46 年一样，而治疗将帮助她决定今后 46 年的生活方式。现在是支付抵押贷款的时候了。

（三）阶段三：投射

治疗过程的最后阶段会有意处理患者叙述的内容，并提倡引入多种多样的主题、人物、动作和背景。通过这种方式，被试能够构建存在的不同可能性。马库斯和尼瑞斯（Markus & Nurius，1986）称这个过程为探索“可能的我”，这个过程能够积极建立多样化的体验式回应。

当患者用备用内容计划，测试和评估叙述时，则出现了新的作者意识。在这个阶段，患者有意寻找新的叙述。这是激发创造力和轻松愉快的时刻。最后，患者会发现在治疗过程中向治疗师透露了非常多样化的叙述内容、情感和感觉。换言之，叙事已经失去了他们功能失常的单一性与饱和度。此时，患者已经不再需要心理治疗了。

这一治疗阶段的活动包括：①投射介绍和建模；②交替叙事的建构；③交替叙事的历史基础；④日常交替叙事的识别；⑤交替叙事的投射。

交替叙事的建构。首先，治疗师先进行第一次投射练习，其基础是探索替代患者解释过的根隐喻（root metaphor）或原型叙事。鉴于隐喻对于患者所象征的意义不变，治疗师将从对比的角度开始这一过程，以促进其意义的多样性。这一过程结束后接着是交替叙事情节的选取，鼓励患者从他们的生活中辨认出各种各样的自我叙事。在生活中，他们的叙述方式与根隐喻不同。其次，我们将通过多重隐喻的构建来探索这些替代情节的隐喻意义。我们将要求患者选择另一种隐喻，该替代隐喻能够综合之前的隐喻，或是最好的象征患者想要作为常规功能的替代品。

交替叙事的历史基础。这个阶段的目标是从新观点或有利位置的角度重建患者过去的生活故事。患者将被要求从生活中挑选事件，以说明这些对比形式的意义，并仔细地在各种背景、主题、动作和角色中寻找它们。

日常交替叙事的识别。将交替隐喻定位在一个过去的历史时期之后，患者将被要求找到可以通过交替隐喻来代替的日常叙事的证据，以及与根隐喻的其他对比。

交替叙事的投射。该活动是通过替代隐喻的投射对生活经验进行积极规划。该过程涉及以下步骤：①选择一个在接下来一周将要发生，并且患者愿意用它代表交替隐喻的事件；②经验的投射，其中治疗师建议患者以图像解释客观化情感和认知主体化的经验；③实施交替叙事和记录经验的形象化；④在治疗会谈中关于新的叙事的投射，促进主题、人物、行动和情境的多样性。该过程一直持续到患者和治疗师都清楚地意识到，患者的叙事内容的充分多样性和患者变化过程的永久性。

投射过程：阿曼多

阿曼多(Armando)是一名 23 岁的大学生，因数学问题留级多年。由于他持续的学业问题被送来治疗。这个学业问题似乎与他强烈的考试焦虑症和自我贬低的感觉有关。从治疗过程开始，阿曼多的困难很明显也被泛化到大多数社交情境，除了焦虑之外，他还缺乏社交技能。

阿曼多选择的原型叙事发生在他上课的第一天。教授问及学生的 SAT 成绩。这一提问伴随着一些关于分数低，以及数学背景如何对学业成就至关重要的评论。轮到阿曼多时，他惊慌失措，一直觉得自己是可笑的、幼稚的、懦弱的。他的根隐喻将自己比作爬虫，意味着他的渺小(昆虫)和不能离开地面的无能(爬行)。

阿曼多花了一些时间来熟悉投射态度的挑战和可能性。慢慢地，他对建构自己充满新的可能性的叙事变得热衷起来，使得自己的叙事包含多样化的语境和人物。随着建构替代隐喻的工作继续开展，他改变了自己的发型和穿着，并开始了体育锻炼计划，整个人焕然一新。此时一个新的隐喻出现：隐私的眼睛。实际上，他对社交环境的超级敏感使得他发展出强大的观察能力；也就是说，他是一个好的倾听者和对别人反应的评估者(但他之前一直用这些技巧来对付自己)。夏洛克·福尔摩斯(Sherlock Homes)是他最喜欢的人物之一。他被要求再去读那些他最喜欢的书，并试着在书中的人物和自己的隐喻之间寻找联系点。他开始意识到在他的一生中，包括现在，有时他能够认识到隔离自己和观察他人的技巧，并具有解决问题的创造力，即隐私的眼睛的特征。这种隐喻的叙事实现策略是针对各种情况和语境而产生的。

接近治疗过程的最后，阿曼多告诉我们，他决定转专业去读心理学。他的决定对我们来说是一个惊喜，对治疗师的某种认同的想法出现在了我们的脑海中。然后我们询问他的决定背后的原因。他用傲慢而有些优越感的表情回答："很显然啊，我亲爱的沃森(Watson)，从隐私的眼睛转向另一个隐私的眼睛是比较容易的呀。"

该模型已被用于不同年龄和心理问题的患者的临床工作。这种模型适用于特定的健康相关问题，如心肌梗死和消化不良。尽管未来的发展是有计划的，但其他方面发展与特殊的人群有关，即海洛因依赖者和儿童。

三、认知叙事心理治疗研究

到目前为止，我们已经展示了模型的治疗过程的不同阶段。现在我们将提出当前正在进行的来自米尼奥大学(葡萄牙)的一些研究来支持这一治疗方法。对这项研究的更广泛的描述将在其他地方进行介绍(Gonçalves & Machado，1999)。

在第一组的研究中，我们采访了 24 位广场恐怖症患者、18 位鸦片类药物依赖者、20 位酒精依赖者、11 位厌食症患者和 20 位抑郁症患者。在访谈过程中，我们从每个主题收集了重要的生活叙事，并进行了分析。

一般来说，鸦片依赖样本的原型叙事可以被描述为在公共场合发生的事件，并被一些无法控制的状况激活。在这种情况下，他们以避免痛苦和寻求享乐为目标。他们的行为，是一种内部状态的混合表现，这种状态徘徊在痛苦与受难、愉悦与轻松之间，具有典型的非对抗性并且受外部控制。叙事的结局通常是维持现状，而主题则是一种社会失落感和个人权力的丧失。对于酒精依赖者，原型叙事可以概括为一段在个人情境中发生的情节，并被一种失去的体验所激活。在这种情况下，个人以克服和逃避这种状况为目标。他们的行为表现为伴随着悲伤和紧张的哭泣和逃避。叙事的结果通常是感到孤立，并伴随着个人崩溃开始的感觉结束。厌食症患者的原型叙事是一个以学校或家为中心的事件。在这种情况下，他们对重要他人的态度感到失望。受试者试图在遭遇悲伤、焦虑、失望和愤怒时，用反抗和哭泣来表达自己的主张。典型的结果是受试者未能坚持自己的愿望，最后以使他人和自己失望而告终。

抑郁症患者的原型叙事是一个以家为中心的事件情节。在这种情况下，他们遭遇意外或家人突然的死亡。他被怀疑的感觉侵袭，并拒绝接受这个消息，从而变得麻痹。接着是深深的悲伤和愤怒。结果，受试者感到虚弱，想要逃离，决定孤立他自己。受试者会觉得自己的世界正在分崩离析。

对于广场恐怖症人群，原型叙事发生在医院和家之间，是由被患者视为一种分离和冒险的情境所激活。受试者试图通过回避、哭泣和寻求帮助，来维持安全并克服这一挑战，同时挑战自己。他们在这个过程中经历了糅合在一起的各种不同的感觉，如恐惧、不安全感、失去控制、被抛弃、悲伤、绝望、进攻、报复和个人肯定。个人试图通过逃避、哭泣、挑战自己和寻求帮助来恢复平静和安宁的感觉。这种情况通常以一种二分法的经验结束：一方面，人们对危险的意识提高；另一方面，自我意识和效能感增强了。

继霍华德、马尔兰德尔、梅尔斯和柯廷(Howard，Maerlender，Myers & Curtin，1992)的建议，我们计算出了原型叙事聚合效度。通过分析受试者与对照组正常人，我们测试了每个原型叙事的真实度。所有受试者都需要完成叙事原型并要求完成一个5点式里克特量表，即这个叙事可以作为个人的生活事件的可能性程度。结果表明，与对照组相比，经过精神病理学的样本评价的原型叙事与他们的个人生活显著相关。

如前所述，目前研究的一个潜在假设是，核叙事(nuclear narratives)在知识发展中发挥核心作用，并假设更多经验从核叙事中进一步进行分类、排序和整理。这三类功能障碍的原型叙事的聚合效度支持这些功能障碍的认知组织的特殊性质，以及在原型叙述中识别这种特异性的可能性。

在这项研究之后，我们测试了原型叙述的发散效度。每一个主题(即广场恐怖、鸦片依赖、抑郁、厌食、酒精成瘾)按照叙事的相似程度对个人重大的生活事件五个原型叙事排序；然后，他们评估了五个叙事方面的真实度（即每一个叙述都离个人重大的生活事件有多近）。受试者是患者本人、家人、朋友或其他重要人员和临床医生。

结果表明，临床医生能够识别每个精神病理学子群的原型叙事。抑郁症患者更多地使用抑郁原型叙事而不是其他原型叙事，但这在其他临床小组的原型叙事中并没有发生显著性差异。然而，广场恐怖症患者与药物依赖和厌食症的患者比起来更加认同自己相应的叙事。广场恐怖症患者的朋友、家人和重要他人与广场恐怖症患者表现出类似的结果。其他组没有显示出显著差异的结果。

在一个正在进行的研究中，我们正在分析广场恐怖症患者与海洛因成瘾者叙事的结构、过程和自发的叙事内容（即患者被要求描述一个重大的生活事件）。三本制定了评估的结构、过程和内容的手册反映了良好的内部一致性（Gonçalves et al.，2002）。初步的数据分析表明，对于广场恐怖症组和鸦片依赖组，自发的叙事证明了较高水平的叙事结构与较少关于叙事过程与内容的阐述。这些结果往往支持这样一种观点，即患者倾向于连贯地组织其叙事，但缺乏多样性和灵活性。

在另一项研究中（Gonçalves，Machado & Rosas，1997），60 名离开重症监护室的心肌梗死患者被随机分配到治疗组（认知叙事治疗）和对照组。治疗组共有认知叙事心理治疗三小时的日常会谈（客观化、主观化、隐喻化和叙事的投射）。对照组进行等量的关于生活琐事的非结构性的讨论。研究者对参与者在前测、后测和随访时的情绪状态和随访时的身体健康状况进行了评估。其他地方报道的初步结果（Gonçalves，Machado & Rosas，1998）表明，与对照组相比，叙事组的心理调整措施有所改善。

总之，在米尼奥大学和认知心理治疗中心进行的研究，旨在提高对叙述在改善身体和心理问题的患者身体和心理状况方面的作用的理解。我们期望这项研究将揭示治疗过程中的一些重要变量以及叙事策略在心理治疗中的作用。

加州大学圣塔芭芭拉分校进行的另一项研究使用了认知叙事心理治疗方法，这一方法作为联合抑郁和化学依赖患者以及认知治疗和指导性治疗的积极治疗方法之一（Beutler et al.，2003）。总体而言，平均治疗效果在临床上是显著的，但可能由于报告的初步结果的统计学功能较小，目前的治疗没有显著差异。然而，考虑到匹配变量时，结果变量的平均效应大小为0.30～0.63。这些结果倾向于表明叙事疗法对于治疗这些病症是有效的。

最后，我们根据过程的复杂性、内容的多样性和叙述结构的一致性三个方面对患者在三种治疗方法下的临床变化进行了评估和比较。样本中的每一个患者第一次、中间和最后一次治疗会谈按照叙述过程、上下文和结构手册进行转录和编码。在每一个治疗组中，改善最多和改善最少的患者的叙事的变化呈现出一个有趣的模式。那些治疗进展最为突出的患者给出了变化的证据，通过三次会谈的对比发现，过程的复杂性、内容的多样性和结构的连贯性具有比较大的变化。那些改善最少的患者并没有显示出这种模式。另一个有趣的结果是，在改善最多与改善最少的患者中，叙述治疗组在这项自发叙事分析研究中显示了过程叙事复杂性，内容多样性和结构的连贯性（Moreira，Gonçalves，Beutler & Harwood，2003）。

四、结论

人类是符号性的物种（Deacon，1997），具有普遍的语言本能（Pinker，1994）。正是因为这种语言本能，才有了叙事建构经验的空间。我们使用故事不仅是为了与他人交流，也是为了与自己交流。叙事不仅仅是一种设计来交流的工具，更是一种组织经验的方式。令人惊讶的是，叙事似乎是一种中枢执行功能，通过这种功能可以实现神经整合。例如，由迈克尔·加扎尼加（Michael Gazzaniga）和他的同事们的研究表明，我们的大脑一部分充当“翻译”，有助于持续和综合的叙述，作为在日常经验中提供结构和一致性的一种方式（Gazzaniga，2000）。西格尔（Siegel，1999）曾指出，“垂直的，背侧的，侧面的，半球的和时空的整合形式都存在于叙事过程”。叙事可以被看作我们培养大脑增加神经可塑性的一种方式。

我们相信，这十年将有助于更好地理解大脑的不同部分在叙事结构中是如何合作的以及叙事在大脑发展中的特殊作用。我们将更好地了解叙事在心理障碍中的作用，以及如何在临床上使用叙事来增加神经可塑性。也许这将最终帮助我们停止在先天本性和后天教育的束缚中理解心理治疗。在不远的将来，心理治疗最终会被视为培养天性的理想方式。

（陈羿君　杨梦萍　李捷　译）

参考文献

Angus, L. E., Levitt, H. & Hardtke, K. 1999. The narrative processes coding system: research applications and implications for psychotherapy practice[J]. Journal of Clinical Psychology, 55: 1255-1270.

Baerger, D. R. & McAdams, D. P. 1999. Life story coherence and its relation to psychological well-being[J]. Narrative Inquiry, 9: 69-96.

Beutler, L. E., Moleiro, C., Malik, M., Harwood, T. M., Romanelli, R., Gallagher-Thompson, D. & Thompson, L. 2003. A comparison of the Dodo, EST, and ATI factors among co-morbid stimulant-dependent, depressed patients [J]. Clinical Psychology & Psychotherapy, 10(2): 69-85.

Botella, L. & Herrero, O. 2000. A relational constructivist approach to narrative therapy[J]. The European Journal of Psychotherapy, Counselling & Health, 3: 407-418.

Capps, L. & Ochs, E. 1995. Constructing panic: The discourse of agoraphobia[M]. Cambridge, MA: Harvard University Press.

Cozolino, L. 2002. The neuroscience of psychotherapy[M]. New York: Norton.

Deacon, T. 1997. The symbolic species[M]. London: Penguin.

Dimaggio, G. & Semerari, A. 2001. Psychopathological narrative forms[J]. Journal of Constructivist Psychology, 14: 1-24.

Gazzaniga, M. 2000. Right hemisphere language following brain bisection: a 20-year perspective[M]// M. S. Gazzaniga (Ed.). Cognitive neuroscience. Malden, MA: Blackwell: 411-430.

Gergen, K. J. & Kaye, J. 1992. Beyond narrative in the negotiation of human meaning [M]// S. McNamee & K. J. Gergen (Eds.). Therapy as social construction. London: Sage: 166-185.

Gonçalves, O. F. 1995a. Cognicion, constructivism narrative: en busca de un sentido para las silabas[J]. Revista de Psicoterapia, 6: 45-52.

Gonçalves, O. F. 1995b. Cognitive narrative psychotherapy: the hermeneutic construction of alternative meanings [M]// M. J. Mahoney (Ed.). Cognitive and constructive psychotherapies: theory, research, and practice. New York: Springer: 139-162.

Gonçalves, O. F. 1995c. Hermeneutics, constructivism, and cognitive-behavioral therapies: from the object to the project[M]// R. A. Neimeyer & M. J. Mahoney (Eds.). Constructivism in psychotherapy. Washington, DC: American Psychological

Association：195-230.

Gonçalves，O. F. 1998. Psicoterapia cognitiva narrativa：um manual de psicoterapia breve [M]. Sao Paulo，Brazil：Edipsy.

Gonçalves，O. F. 2000. Viver narrativamente：a psicoterapia como adjectivação da experiência[M]. Coimbra，Portugal：Quarteto Editora.

Gonçalves，O. F. 2001. Da psicoterapiacomo ficção *à* psicoterapia como criação：as *más* notícias[M]// M. M. Gonçalves & O. F. Gonçalves(Coords.). Psicoterapia，discurso e narrativa：a construção conversacional da mudança. Coimbra，Portugal：Quarteto：7-25.

Gonçalves，O. F.，Alves，A.，Soares，I.，Duarte，Z.，Henriques，M. & Maia，A. 1996. Narrativa e psicopatologia[J]. Psicologia：Teoria，Investigação e Prática，1：307-318.

Gonçalves，O. F.，Henriques，M. R.，Alves，A. & Soares，L. 2002. Analyzing structure，process，and content in narratives of patients diagnosed with agoraphobia[J]. Revista Internacional de Psicología y de la Salud/International Journal of Clinical and Health Psychology，2：389-406.

Gonçalves，O. F. & Machado，P. P. 1999. Cognitive narrative psychotherapy：research foundations[J]. Journal of Clinical Psychology，55：1179-1191.

Gonçalves，O. F.，Machado，P. P. & Rosas，M. 1997. A elaboração narrativa dos aspectos psicotraumáticos do enfarte do miocárdio：Um manual terapêutico [J]. Psicologia：Teoria，investigação e prática，1：381-392.

Gonçalves，O. F.，Machado，P. P. & Rosas，M. 1998. Outcome and follow-up data on the impact of narrative elaboration of the psychotraumatic aspects of the myocardial infraction on patient's physical and emotional recovering[C]. Paper presented at the Annual Meeting of the Society for Psychotherapy Research，Snowbird，Utah，United States.

Hermans，H. J. M. & Hermans-Jansen，E. 1995. Self-narratives：the construction of meaning in psychotherapy[M]. New York：Guilford.

Howard，G. S.，Maerlender，A. C.，Myers，P. R. & Curtin，T. D. 1992. In stories we trust：studies on the validity of autobiographies[J]. Journal of Counseling Psychology，39：398-405.

Lakoff，G. & Johnson，M. 1980. Metaphors we live by[M]. Chicago：University of Chicago Press.

Markus，H. & Nurius，P. 1986. Possible selves[J]. American Psychologist，41：954-969.

McLeod，J. 1997. Narrative and psychotherapy[M]. London：Sage.

Moreira，P.，Gonçalves，O.，Beutler，L. E. & Harwood. M. 2003. Besides tests results, what changes in psychotherapy[M]? Braga, Portugal: Universidade do Minho. Manuscript in preparation.

Neimeyer, R. 2000. Narrative disruptions and the construction of the self[M]// R. Neimeyer & J. Raskin (Eds.). Constructions of disorder. Washington, DC: American Psychological Association: 207-242.

Omer, H. & Alon, N. 1997. Constructing therapeutic narratives[M]. Northvale, NJ: Jason Aronson.

Pennebaker, J. 1993. Putting stress in words: health, linguistic, and therapeutic implication[J]. Behaviour, Research & Therapy, 31: 539-548.

Pinker, S. 1994. The language instinct[M]. New York: Harper.

Russell, R. L. & Wandrei, M. L. 1996. Narrative and the process of psychotherapy: theoretical foundations and empirical support[M]// H. Rosen & K. Kuehlwein (Eds.). Constructing realities: meaning making perspectives for psychotherapists. San Francisco: Jossey-Bass: 307-336.

Siegel, D. J. 1999. The developing mind[M]. New York: Guilford.

Tulving, E. 1985a. How many memory systems are there [J]. American Psychologist, 40: 385-398.

Tulving, E. 1985b. Memory and consciousness[J]. Canadian Psychology, 26: 1-12.

White, M. & Epston, D. 1990. Narrative means to therapeutic ends[M]. New York: Norton.

第7章　在心理治疗中运用叙事：关系建构主义方法

路易斯·博特拉(LUIS BOTELLA)
奥尔佳·赫雷罗(OLGA HERRERO)
梅利塞尔·帕切科(MERITXELL PACHECO)
塞吉尔·科尔贝拉(SERGI CORBELLA)①

一、概述

故事处处都存在。人类的意义建构过程是嵌入在叙事形式中的，所以很难找到与叙事无关的人类生活的实例。人类历史就是一个充满故事的传记。宗教传统中有丰富的故事，从圣经寓言、禅宗佛教到苏菲故事。我们在家庭神话、传统和逸事等各种故事中生活。我们通过故事来表达爱情，从莎士比亚戏剧到流行爱情歌曲。我们按照故事的模式成长、工作、休息、做梦、受苦甚至死亡。故事是我们私人生活、关系网络、社会传统以及我们文化和历史制度的组成部分。然而，不知何故，心理学却忽视了故事的普遍性，或许是因为它试图建立一种"令人尊敬的科学"。它传统上采用的是与叙事性思维相对的"例证性思维"(Bruner，1986)，这在过去似乎显得更加科学。不同寻常的是，也有一些明显的例外。例如，弗雷德里克·巴特利特(Frederic Bartlett)爵士在20世纪初对记忆的经典研究。直到后现代主义开始把非常重要的"元叙事"(metanarratives)视为必须解决的问题(Lyotard，1993)，心理学才开始关注诸多领域的叙事。这些年来，

---

①　有关本文的信件请寄给在拉蒙卢尔大学心理学系工作的作者，地址为：Cister 22-24，08022 Barcelona，Spain，或发邮件至 Lluisbg@blanquerna.url.es。——作者注

各种人类心理过程的叙事方式越来越受欢迎，其中一些是当今主流心理学的一部分，也是越来越多的研究与实践的一部分。在建构主义者和社会建构主义者中，叙事作为人类心理功能的基本隐喻似乎格外引人注目。

我们这项工作旨在为这种持续的发展做出贡献，这是基于我们自己从关系建构主义角度对叙事和心理治疗的理解(Botella，2001；Botella & Herrero，2000)。因此，本章分为三个主要部分：第一，简要概述我们对关系建构主义的理解及其主要指导假设；第二，通过包含临床实践与研究的相关的建构主义方法，了解在心理治疗中运用叙事的一系列实践指南；第三，我们认为近期叙事治疗面临的主要挑战。

二、关系建构主义：历史与概念背景

本章的这一部分将介绍我们的方法是如何发展的，包括对我们的实践在历史、社会和文化传统中的地位进行简要讨论。

我们所说的关系建构主义(Botella，2001；Botella & Herrero，2000)，包含我们试图进一步推动建构主义与社会建构主义的对话(Botella，1995)，并用叙事声音和后现代方法来丰富它。在过去 10 年的学术和治疗工作中，我们一直在发展呈现在这里的这些理念。如今，这些理念启发了我们在巴塞罗那的布隆基那心理治疗科做心理治疗师的实践，还有我们在拉蒙卢尔大学的建构主义与话语过程研究小组的研究项目。如果说我们在本章中提出的理论假设最初是由它的资深作者(路易斯・博特拉)提出的，那么这些理论假设在我们的共同工作中，无论是在临床实践还是在研究工作中，都已经得到开发、应用、测试和完善。因此，与我们自己的方法相一致，我们将它们作为正在进行的谈话的话语成果呈现出来，而不是参与这种对话的任何个人。当然，我们也承认我们研究小组其他成员的重要作用，特别是安东尼娅・玛丽亚・戈麦斯(Antonia María Gomez)和葆拉・贝拉扎克斯(Paola Velázquez)。接下来，我们简要介绍关系建构主义的 10 个主要假设。

(1)人类需要解释意义。从建构主义的观点来看，人类的心理过程可以等同于“追求意义”(Bartlett，1932)。人类倾向于积极主动地对他们居住的世界和他们自己在其中的位置进行有意义的理解。人类需要积极努力地去解释经验，在我们周围的事件中寻求目的和意义(Neimeyer & Neimeyer，1993)。

(2)意义是一种解释性的语言成就。经验本身并没有意义。为了使原本“漫无目的漂流”(Efran，Lukens & Lukens，1990)的生命事件变得有意义并或多或少可预测，我们需要将这些事件模式化，找到它们之间的异同，并把它们放在展开的可理解的框架里，即解释它们。正如我们即将看到的，从关系建构主义取向来看，可理解性和改变是叙事疗法的两个关键目标。

(3)语言和解释是关系的产物。正如路德维希·维特根斯坦(Ludwig Wittgenstein，1953)所论及的那样，语言不是任何特定个体认知过程的私有财产，而是一个我们一起玩游戏的形式，是共同的话语实践和共同行动的关系产物。我们对经验的解释是在可理解的共享形式的背景下进行的。我们成为社会网络成员的过程，需要学习如何在形式上理解生活事件，以免使我们陷入关系孤立的困境。即使我们不想被接受，我们所采取的成为被抛弃者的行动方式，从社交上和关系上来看，也是一种持久的意义建构模式。

(4)人际关系是对话式的。由于关系和互动是以语言为中介的，所以它们需要通过对话的形式。在对话情境中，意义不只是个人责任或财产。我们的言语或行为的意义总是对补充的过程开放(Gergen，1994)，也就是说，我们的言行需要由其他人来补充其究竟意味着什么。因此，我们言行的意义永远不会是最后一种，它们可以有多种解释：意义总是可以被重新建构、重新定义、重新评估。每一个新的解释都为事件的新版本扫清了空间，同时也减少了对尚未说出的事件的补充空间。

(5)对话是由主体地位构成的。对话由自我构成，这种构成的力量来源于它们提供的主体地位。因为我们言行的意义并不完全取决于我们自己，而是在一个展开补充的过程中，因此对话创建了与正在发生的谈话相关的主体地位。从这个意义上说，我们可以根据我们参与的对话来将自己置于不同的地位。这种主体地位的结合成为我们自我概念的组成部分——不是一个完全私人的过程，而是有意义的对话内化的结果。

(6)主体地位是用声音来表达的。当一个主体地位用话语来表达时，它就变成了声音。因此，声音是构成内部对话的不同主体地位的话语表达。米哈伊尔·巴赫金(Mikhail Bakhtin，1986)恰当地指出，作者的声音可能不完全一致，但是会保持他们之间的对话关系，有些声音比其他人占有更多优势。内部对话和外部对话都采取一种语言交换的形式，在这个意义上，我们的言语不只是提供我们谈论的对象，还有其他我们能想到的竞争性话语。

(7)声音沿着时间维度表达构成了叙事。由于叙事的本质是时间，沿着时间维度的声音表达就是一种叙事形式。鉴于主体地位的对话性质和叙事声音的散漫表达，总有不止一种方式来讲述我们的生活故事，不止一种声音被听到，不止一个情节要表达。在这种重构的可能性中，存在着人类通常会发生改变的特质，尤其是心理治疗中的改变；如果不是由于意义构建过程的不确定性，那么在某些情况下，唯一的方法就是完全放弃某个场景。

(8)身份认同既是自我叙事建构的产物，又是自我建构的过程。不可否认，“我是谁”这一问题的答案在特定的时刻塑造和定义着我们的身份。然而，我们选择事件的方式包括(或排除)我们的叙述、我们围绕事件所表达的主题、我们认为重要或不重要的角色、讲述事件时我们所享有的或沉默的声音……所有这一切都是我们自己身份认同的构成和我们生命故事的内容。从这个角度看，身份认同成为作者身份的同义词。从目前所说的来看，很明显，要讲述的生命故事从来没有一个是固定的、最终的或准确的，讲述并不是只有一种方式，而是有很多的可能性。

(9)心理问题是嵌入在叙事过程中的身份建构。我们所说的“心理问题”或“障碍”构成人类与世界联系的一种“模糊集合”。然而，似乎所有人都相同的是，人们在身份叙事中引入了模糊的主观体验，并且存在个人能动性的缺失。在各种不同的话语表达方式下，那些抱怨心理痛苦的人都会自然地提到上述的一个或两个叙事障碍。就好像，不知何故，我们与身份叙事相关的地位被推到了一个作者无能为力的状态。就像西蒙(Simon)和加芬克尔(Garfunkel)的歌所唱的那样，生活似乎是“一场写得很糟却又必须表演的戏”。

(10)心理治疗可等同于一种合作对话，目的是改变当事人的身份叙述。心理治疗是通过语言进行的。尽管医学模式或生物学模式普遍存在，也有将心理治疗比喻为药物的说法，但心理治疗中转变的可能性不是来自一种治疗或治愈，而是来自一种人类对话的专门形式。在这种对话中，来访者表达出新的主体地位，讲出新的故事，出现新的理解形式，而来访者尚未说出的事件也获得了被有意识地用心倾听的机会。治疗师的技巧就是为进行这种改变性对话扫清空间。

我们将在该书下一部分进一步讨论最后这一点。在结束这一点之前，我们想简要阐述一下关系建构主义在叙事心理学和心理治疗的其他方法中的地位，特别是关于自我叙事的基本性质，而非其典型性。

辛格(Singer，1996)在仔细回顾了早期叙事方法的主要假设之后指出，他们中的一些人持有共同的观点，即对个人或集体叙事的研究，应该为研究超越叙事本身的“现实世界”扫清道路。这是受传统社会学或人类学启发的早期叙事传统的典型，辛格认为这种假设是客观主义的。相比之下，其他方法，特别是受符号互动论、人格学和最近的认知心理学启发的一些方法，则将叙事作为一种接近叙事个体“内在真实”的途径，辛格将这种假设称为主观主义的。

我们在这方面的立场既不是客观主义者，也不是主观主义者。我们不是将叙事作为不同领域经验的表现，而是作为一种适合它们自己的相关情境和基本情节的形式。也就是说，我们假设我们就是自己生活和讲述的故事，我们生活并且讲述我们自己的故事。用更专业的术语来说，关系建构主义是建立在叙事与生活经验的构成关系的假设之上的，在这个意义上，每个人都相互定义并塑造另一个人。因此，生活的经历越多，如在关键时刻遭遇一系列无法弥补的失败，对我们自己和他人可讲述的就越多；而以这种痛苦和沮丧的方式讲述得越多，生活就越是如此。

简要概述了指导我们实践的主要理论假设后，接下来就该讨论我们的实践本身了。

三、心理治疗的实践指南

正是本着一种综合的态度，我们的建议得到了最好的理解。正如我们在本章前一部分强调的那样，我们设想我们的主要理论假设为一种共同的原则，即叙事的一般维度和人类意义建构过程隐性或显性地参与了所有形式的心理治疗实践。然而，我们不认为这些共同原则是不具体的或非理论的；我们在前一部分所概述的 10 个主要假设都包含了相当具体的专业技能，以便在心理治疗中实施。从理论上讲，它们与我们试图弥合建构主义学习理论和建构主义之间的分歧是一致的。从这个意义上讲，我们自己的治疗实践方法是嵌入理论一致和技术折中的建构主义传统中的。我们自己作为实践者、硕士水平心理治疗专业实习生的培训师和督导师以及心理治疗研究者的经验，验证了这一总体框架的有用性。

接下来是综合介绍我们认为在前一部分讨论的概念假设对于在心理治疗中运用叙事的主要意义。我们已经对其中的一些假设根据其主要包含的主题进行了分类，并描述我们前面提到的一些意义，强调它们与这些分类的联系。此外，我们在每一个实例中都确定了一个或多个基本指导问题，以便它们可以作为治疗师在运用来访者的叙事表达时，确定关注焦点与行动的路线图，以及治疗师决定在治疗中选择使用的程序与技术。表 7-1 介绍了关系建构主义的主要概念假设以及它们所涉及的指导问题——已经归纳在一起以便对它们进行解释。

表 7-1　关系建构主义的概念假设和临床实践的指导问题

概念假设	指导问题
1. 人类需要解释意义。 2. 意义是一种解释性的语言成就。	我们的来访者如何从他们的经历中解释意义？他们在这个过程中遇到的主要困难或障碍是什么？
3. 语言和解释是关系的产物。	我们的来访者解释意义的方式是在怎样的关系背景中形成的？这些解释导致了什么样的关系？哪些是不鼓励采用的？
4. 人际关系是对话式的。	我们如何使用语言来形成治疗性对话，从而为我们来访者主体地位的改变清除空间？
5. 对话是由主体地位构成的。	
6. 主体地位是用声音来表达的。	我们如何才能在来访者的不同声音之间促成一种改变性对话？
7. 声音沿着时间维度表达构成了叙事。	我们如何在来访者的身份叙事中促成有意义的转变？

续表

概念假设	指导问题
8. 身份认同既是自我叙事建构的产物，又是自我建构的过程。	来访者的身份建构过程与他们的现病史有何建设性关系？
9. 心理问题是嵌入在叙事过程中的身份建构。	
10. 心理治疗可等同于一种合作对话，目的是改变当事人的身份叙述。	我们如何创建一种治疗关系，有助于在提高理解度和能动性方面产生有意义的改变？

很明显，这只是所有可能的指导问题中的一个，这个问题可以从我们的主要假设中得出。事实上，我们的表格一直在“完善中”，因为我们不断在实践和研究中发展和检验我们的观点。但是请注意，重点不在于具体的技术，而在于指导人们深思熟虑选择它们的概念性原则。

我们还用临床小插图来说明我们的主要观点，还有从我们的应用研究项目中挑选出来的结果，这些项目为我们的讨论提供了实证支持。

(一)经验、意义、解释和语言

指导问题：我们的来访者如何从他们的经历中解释意义？他们在这个过程中遇到的主要困难或障碍是什么？正如我们提出的其他指导问题一样，每个治疗师都可能根据自己偏好的理论框架或个人风格来回答这个问题。在我们的例子中，在处理第一个指导问题时，我们发现更有用以及在理论上与我们的方法更一致的概念模型之一，是经验循环。它最初是由凯利（Kelly，1970）提出来的，并由内梅耶(Neimeyer，1987)在个人建构心理学领域正式确认。

总的来说，经验循环把意义建构的过程描述为五个阶段的持续进程。按照这个进程，我们人类首先是根据对结果的主观预期来面对经验。在这个意义上讲，这种预期被认为是自我相关的，我们对其结果的投入可能较大，也可能较小。事件发生后，预期或者被证实，或者被否定(即有效或无效)。在叙事方面，叙事对于核心主题有效或无效的相关性越大，这种有效或无效引起的情感强度就越高。特别是如果预期无效，我们就需要建设性地修订我们的建构体系。核心主题和叙事过程都需要进行建设性的修订。因此，循环的“最后”阶段递归地连接到“第一”阶段，因为我们建设性修订的结果影响着我们应对新经验的方式。

仔细注意我们的来访者在治疗中讲述的话，以及他们讲述的方式，可以帮助我们治疗师对他们的解释过程“绘制一张地图”，并有助于更好地调动他们。在这一部分，我们将以关于叙事情节损失（将叙事情节归于一系列原本无关的事件）的深度质性研究项目中的一个案例研究为例（Botella et al.，2002）。在这项研究中，我们对一位中年父亲（路易斯·阿尔贝托，Luis Alberto）撰写的自传体叙事进行了定性分析，他的儿子自杀了。路易斯·阿尔贝托是一位成功的南美商人，在这场悲惨事件之后，他第一次寻求海外心理学培训。正是在这次学习过程中，通过与作者之一路易斯·博特拉的接触，他了解到了建构主义思想，从中发现了有助于重新解决因他儿子的决定所导致的困扰的办法。特别是，凯利（Kelly，1955，1991）关于自杀的讨论，将自杀视为一种“精心的选择”，其目的是保护一个人的意义系统，以避免更深的无价值感。这一观点深深地触动了他，并促成了书面反思，形成了他的日记。（篇幅限制，不允许我们对这项研究进行充分的讨论，甚至包括我们所分析的冗长的叙事片段。因此，有兴趣的读者可参考博特拉等人 2002 年的文献。）

来自本研究的数据，以及与相同项目相关的其他数据（Botella & Herrero，2001）表明，即使这种重建和重新组合过程是可能的，但它在某些情况下可能特别困难。这种困难来自在这种核心失效之后，自我叙事和人际关系不可避免地失去连贯性。叙事连贯性的丧失源自一个事实，即创伤性事件明显违背了一个人自我叙事的核心主题。因此，人们可能面临一项艰巨的任务，即重新解释一种无效的叙事，理解与支撑先前叙事的核心主题不相符的事件。某些创伤性丧失的案例可能非常难以处理，即实现叙事的重新建构，因为它们涉及似乎是人类存在的根本基石的破坏。例如，一个孩子的死亡，违反了“孩子比父母活得长”这个几乎是常识性的想法，很难将这样一个事件与相信宽容的上帝或公平的命运相协调。而且，自杀行为所带来的丧失，也使失去亲人者需要面对死者行动中的动因问题，不仅会质疑精神问题，也会质疑人类自由的本质。在这个意义上讲，路易斯·阿尔贝托的经历可能是重建中最难的一个，因为这涉及他儿子的自杀。

(二)对话、关系和主体地位

指导问题：我们的来访者解释意义的方式是在怎样的关系背景中形成的？这些解释导致什么样的关系？哪些是不鼓励采用的？在某种意义上，我们假定语言和解释是关系的产物，而不仅仅是个人的，那么，询问是什么关系背景[按照维特根斯坦(Wittgenstein)1953 年提出的术语，即“语言游戏”]促成了来访者解释经验的方式，就是有道理的了。

在治疗中这种关系背景的联合探索可以通过很多方式进行。通常，我们发现提出一些问题，来细化来访者主体地位和他们的重要他人之间的相似性和差异性，是非常有用的。例如，如果来访者把自己定义为无力的(而不是强大的)，我们就问他们，在家里谁是更无力的人，谁是更强大的那一个。我们甚至可以邀请他们沿着强大—无力连续体找到他们关系网络中的其他重要人物，并给每个人分配一个等级，就像它是一个非正式的储备网格(参见 Kelly，1955/1991)。我们也可以在对话中导入更细微的差别，问来访者在什么样的关系叙事或情境下，这些人表现更强大或更无力，或者在他们生活中的什么时候，他们更接近连续体的一端或另一端(这个过程与焦点解决治疗师所说的“评量式问句”类似，如 Kim Berg & de Shazer，1993)。

我们还发现向来访者询问他们使用术语的个人历史是很有用的。例如，在我们上面提到的情况下，我们可以问来访者，他或她是什么时候第一次听到“无力”(或“强大”)这个词的，谁在使用它，是对谁说的，它来自哪里，等等。

我们自己的研究项目结果也表明，一些治疗师如何使用语言来促进他们来访者的改变。其中有一个研究项目是通过治疗对话，对来访者展开的叙事性反思进行对话分析(见 Botella，Pacheco，Herrero & Corbella，2000)。我们在这些研究中的一个出发点是，来访者叙事性反思的发展与良好的治疗结果有关。该研究考察了展开反思叙事处理模式(而不是外部或内部模式；见 Angus，Levitt & Hardtke，1999)的过程，是通过治疗性对话进行共同意义建构的结果。我们试图阐明治疗性对话的条件和促进来访者改变的关系，根据他们的叙事和这些条件是如何起作用的。我们采用了质性和发现取向的方法来进行这项特别的研究，从约克的 I 抑郁症研究中，提取的一次完整的预后良好抑郁症短程体验式治疗的记录(15 次会谈)，进行编码和分析。来访者的叙事过程类型通过叙事过程编码系统(Angus，Hardtke & Levitt，1996；Angus et al.，1999)来确认。我们通过分层树对治疗性谈话的内容进行编码和分析，分层树法是我们受到扎根理论研究法(Glaser & Strauss，1967)的启发而开发的。

我们的研究结果表明，在所有的治疗会谈中，治疗师将自己定位为一种协作和反思的声音，促进和评论来访者的反思。这样可以让来访者说出一个与她在其他关系中占主导地位相反的位置，而不是专注于另一个人(在这种情况下，是治疗师)，就像她相对于她的父亲和丈夫的位置一样，来访者发现自己参与了一次主要焦点是她自己的对话。

此外，我们的研究表明，由于先前讨论过的对话定位，治疗性对话展开为一种共同的语言游戏，使来访者采取一种反思的态度。以前由治疗师发起的对话过程现在几乎不可能仅仅归于一个谈话者。即使我们的结果来自一种特别的治疗(过程体验)，它们还是可以被外推到其他疗法——至少所有治疗方法都是以提高来访者的反思水平为治疗目标。

(三)叙事和身份认同

指导问题：我们如何在来访者的身份叙事中促成有意义的转变？在一个人的身份叙事中重新获得一种理解和改变的感觉，连续性和非连续性之间的语言张力起着至关重要的作用。很多时候，我们听到来访者告诉我们的故事被一些生活事件严重地割裂了，这些事件给这些故事带来了意想不到的非连续性，包括挫折、虐待、创伤、损失、疾病或某个症状。这可能是大多数来访者将治疗的主要目标表达为“我想成为我过去的样子”的原因。不幸的是，这样的“叙事倒回”显然是不可能实现的，因为我们不能让时光倒流。不过，基克格德(Kierkegaard)说过，“生活是向前的，但对它的理解是向后的”。因此，正如贝特森(Bateson，1993)所说：“很多时候应对非连续性与发现连续性线索有关。你只有认识到你的旧情况和新情况之间的相似性，才能适应变化。”

我们迄今所讨论的大部分问题也可视为对这一指导问题的回答。然而，为了表述清晰和结构安排，在这一部分，我们将重点对我们使用的叙事维度进行简要论述，以便我们将治疗行为的注意力放在引起其中一个或多个有意义的变化上(见表 7-2)。

我们许多关于成功治疗(见 Pacheco & Botella，1999；Pacheco，Botella & Corbella，1999)的深入对话分析的研究结果表明，所有这些叙事维度对治疗性改变都很敏感。也就是说，当来访者因治疗成功而改变时，叙事维度也会发生变化。下面是妮科尔(Nicole)治疗前自我叙事的一系列片段，是她在接受治疗的初始会谈后，作为治疗任务而写的。妮科尔是一名 32 岁的女性，为广场恐怖症患者。我们的一项研究分析了其治疗叙事。她的叙事在成功治疗之前和之后发生了戏剧性的转变。这是表 7-2 中呈现的自我叙事维度很好的代表，也表明了它们是怎样因心理治疗而改变的。①

> (……)我母亲一直是一个既胆怯又保守的女人。她几乎在任何事情和任何人身上都能看到危险。我记得我十几岁的时候，她是如何警告我要远离男孩，警告我如果我想自己去做事的话，可能会发生各种可怕的事情。我父亲放弃了尝试改变她。当她近乎偏执的时候，他会让自己远离她的警告，并以绝望的眼光看着我。(……)我不知道我的恐慌来自哪里。我想我一定患有某种神经病……也许这是我基因中的一部分，因为我看起来越来越像我母亲了。(……)大多数时候，我感到我无力控制我的恐惧。我母亲曾经告诉我，我太脆弱了，甚至我的弱点都比我强，以她残忍的方式来看，我想她是对的(……)当我的恐惧控制我时，一切似乎都是极其危险的，充满威胁的。尤其是在大街上，或者在地铁里，别人看着我的样子……我简直受不了……他们似乎能够看到我的内心，看到我有多脆弱。(……)有时我能克服我的恐

① 在下面的对话中，作者使用(……)来表示他删除的与他观点无关的材料的区域，而用……表示说话者陈述的停顿。

惧……但这种情况很少发生，就像是焦虑和不安的海洋中的一滴水。(……)我感到被困在自己的恐惧中，我只能预见未来会变得越来越糟，越来越孤立。

表 7-2　自我叙事选择的维度

叙事终点　叙事目标，待解释的事件，要达到或避免的状态，结果的意义或"重点"。叙事的要点是针对问题"那又会怎么样?"的答案。

情节　对事件进行建构和互联，这样意义建构得以形成。

主题　以一组陈述为例证的总体思路或想法。

人物建构　由作者赋予叙事人物的特征。

起因　作者认为的引起所叙述事件的原因。它可以是内部的，当这种起因归于作者自身；也可以是外部的，当它被归于作者以外的其他来源。

能动性　根据作者的认知改变叙述事件过程的可能性。根据其可改变程度，当认为这种改变有可能时，叙述的任何事件都可以将作者置于积极的状态；当这种改变被认为是不可能的，所叙述的事件就可能将作者置于消极的状态。

相关性　事件的主题与叙事终点的相关程度。它可以高也可以低。

一致性　事件与叙事终点的一致程度。根据一致的程度，任何叙述的事件都可以是不矛盾的或矛盾的。

叙事形式　叙事活动与随着时间推移对它的评价发生改变有关。在某种意义上，叙事是渐进的，它将事件联系起来，这样随着时间推移，叙事活动会沿着评价维度增加。在某种意义上，叙事又是退步的，它将事件联系在一起，随着时间推移，叙事活动会沿着评价维度减少。在某种意义上，叙事则是稳定的，它将事件联系在一起，随着时间推移，叙事活动沿着评价维度保持不变。(Gergen，1994)

叙事意识水平　作者的反思水平表现在叙事中。当叙事仅仅包含事件的描述性表达时，它可以是外部的；当它涉及心理过程或状态时，只有作者才能知道，它就是内部的；当它涉及元层次(metalevel)时，即当事人叙述时的心理历程或状态，而不仅仅是事件发生的那一刻，那么它就是反身性的。(参见 Angus，Hardtke & Levitt，1996)

对可选方案的开放性　叙述的事件可以做选择性解释的程度。根据其开放程度，当对一个事件施加大量的文本限制时，就是说，对读者提出的问题只有一个正确答案时，事件就变得"很紧"(tight)。当对一个事件施加少量的文本限制时，即对读者提出的问题有许多可选择的答案时，事件可能是"松弛的"(loose)。

妮科尔自我叙事的"终点"是"我是如何成为我自己的"，实际上这是治疗师要她写的作业。妮科尔将她痛苦的根源几乎完全归于外部，从她提到的“神经病”以及“她基因中的某些东西”中可以看到。可能由于这个原因，妮科尔的能动性几乎不存在(“我无能为力”)。她自己软弱和脆弱的感觉几乎将一切(尤其是社会交往)变成了相关的威胁。妮科尔的自我叙事形式是明显“退步”的，只会导致对未来更糟糕的预期。此外，妮科尔在她的自我叙事中建构的其他人物(在这种情况下，是她的父母)完全不是令人喜欢的，并且造成了她的不幸感。她自我叙事中的一致性水平相当高，除了她提到了一些“克服恐惧”的个别事实。在妮科尔的自我叙事中，对可选方案的开放程度非常低，因为她建构自己生命事件的方式，除她自己外，几乎没有留下解释的空间。然而，有趣的是，她的自我叙事意识水平主要是内部的，即使她所意识到的情绪和想法的基调几乎完全是消极的、危险的和可怕的。

经过为期 6 个月每周一次的心理治疗会谈，治疗过程结合了行为暴露技术、公开讨论她的自我挫败和消极的自我建构、家庭治疗以及参加支持性治疗团体和一个自助小组，妮科尔写了一篇关于心理治疗是如何帮助她的故事。以下是她的故事片段：

> (……)我已经学会了把别人看成仅仅是：其他人。看着我的人显然也是一个有着她自己的恐惧、弱点、力量和梦想的人……就像我有我的故事一样，拥有她自己的故事。事实上，我一想到那个正在看我的人也可能因为其他某些原因在接受治疗，有时会自己暗暗发笑！(……)“成功的事件”现在越来越多，相信我，这是一个人可以拥有的最好的强化！(……)暴露帮助我控制恐惧，另外还有放松、呼吸和进行冥想练习。但是，现在我认识到那仅仅是个开始……仅仅是表面。恐惧将永远是一个无法控制的敌人，直到我能合理地确信这个世界不是危险的地方，人们不是在那里伤害我，而且即使是伤害我，我也能保护自己并且幸存下来。在我认识到这一点上，一些小组会话帮了我很多；我能与一些小组成员在渴望保护方面产生深深的共鸣。此外，家庭治疗会谈帮助我在具体情境中看清自己。(……)与自助小组的其他成员分享一些我的家庭经历，让我意识到我们之间有惊人的相似之处。我现在很清楚我们(尤其是我自己)的父母是会犯错的

> 人，即使他们对我的方式给我的自尊留下了创伤，学会忍受这样的创伤，治疗它们使自己变得更加强大，是我必须面对的挑战……而且我不是唯一的一个！（……）好吧……也许我终究有一个未来。无论如何，这个想法使我找到了一种新的责任感，以前我不知道它的存在。这在某种程度上有点惊人。但我不会称之为恐惧……它更像意外的兴奋。

妮科尔的叙事在我们分析的大部分维度上发生了变化。妮科尔现在将自己痛苦的根源更多地归因于内部了，从这种意义上说，她把自己的恐惧与脆弱部分归因于她自己对社会世界的建构。因此，她的力量感增加了，这可能与这种情况下行为暴露的成功有关。人们不再被看作一个相关的威胁，而是人类同胞(这些同胞甚至自己也处在治疗之中)。妮科尔的自我叙事形式由倒退转向进步，尽管她承认这种必需的责任感并不总是完全令人愉快的。她建构的其他角色(她的父母)似乎更有同情心了。一种新的一致性出现在妮科尔的自我叙事中，这种叙事围绕成功而非只有软弱、恐惧或失败。另外，她的自我叙事意识水平仍然是内部的，而且也具有反身性。她意识到的情绪和想法的基调现在不只是消极的了，在许多情况下是积极的。

至于路易斯·阿尔贝托(Luis Alberto)的叙事，对他的重新建构过程进行了全面而详细的描述，可以看到一种意义重建的模式。首先，他的叙事集中于一个特定的主题(职业和社会成功)，包括与所确定的主题相关的生活事件。然后，他生命中发生的创伤性丧失粉碎了他的自我一致感，是由于一个危险和出乎意料的事件(他儿子的自杀)，一个不符合原来叙事指导主题的事件：路易斯·阿尔贝托如何才能在他儿子自杀后继续认为自己的人生是成功的呢？尽管路易斯·阿尔贝托试图恢复一致性，“直到现在我从未接受自杀这一问题，我再一次全身心投入我的职业和学术工作中(在别人面前我从来没有离开过工作)，并且用怀疑的眼光看待人生，表现得与以前一样成功”。可以看到，创伤事件对他的影响太强大了，以至于不能轻易地从他的叙事中抹去。

正如我们已经分析的其他案例一样，他在叙事中展示的重建过程，正是要为他的生活和他的身份认同找到一个新的指导主题，这个重建过程没有忽略他的丧失，而是包括它甚至把它作为基础。因此，新呈现出的叙事不再只是专注于职业和社会成功，而是集中于一种新发现的感觉，包括“灵性、情感、爱、理性、体力，以及对个人未来和生活的积极态度、创造力和社交能力”。路易斯·阿尔贝托把这一过程等同于创造“一种新的建构体系”，这种过程“毫无疑问地赋予之前和之后的生活一种不同的意义”，这种建构允许他“重新生活，可能比以前更有热情，享受生活的全部意义：在家里，在工作场所，与朋友和熟人一起”。“能够重展笑颜，简而言之，好好活着”。

根据对谈话中自我叙事转变的片段的对话分析，我们还分析了成功的治疗，也就是说，在这些片段中，治疗对话围绕来访者发起的故事展开(见 Pacheco & Botella，1999；Pacheco et al.，1999)。我们的结果表明，在这些片段中，来访者和治疗师的叙事意识水平都主要是反身性的。此外，这些片段的相当一大部分在重建过程中遵循“放松—紧缩”模式(时间叙事解构重组)。

增加反身性和解构重组的双重过程可以在下面的例子中看到。来访者刚刚对治疗师讲述了一段经历，他展开了一场与父母的公开对话，是关于他童年时代的一系列痛苦回忆，其中包括他的父母。来访者主要用内部的叙事模式展开了自己的叙述，当他和父母谈话时，他提到了自己的感受和情绪，以及他认为自己的父母是怎样的感受。然后以下交流发生了：

治疗师：我知道你当时心情很复杂，因为你正在和你的父母谈话，我想一会儿再谈这些。但是我还想知道，此时此刻，当你向我讲述你和父母谈话的经历时，感觉怎么样……

来访者：你知道的……这有点滑稽，因为我感觉到了我当时的那种矛盾心理……你是知道的；处于那种两难境地，一方面觉得“这样会把事情讲清楚”，另一方面觉得“这将使事情变得更糟”。

治疗师：感觉好像有两个声音同时被激活了。我想知道它们是在对话中，还是一个在反对另一个，或者……

来访者：是啊……我也能感觉到这种两面性……我不知道谈话是否能描述我内心发生的一切……然而，我也能注意到此刻和那时的不同……

治疗师：那会是……

来访者：……现在我不需要防御，如果我犯了错误或者展现出一些弱点，我不会冒被挫败的风险……我不知道，我不确定我是否能更清楚地表达自己……

治疗师：也许这种感觉在某种程度上是由于我们在这里的关系不同于你和父母的关系，或者是由于你在这两种情况下有不同的地位……

来访者：是的，我想是这样。在这里我不需要防御，因为我不觉得会受到攻击。(沉默 5 秒；来访者开始哭泣)听到自己说，和父母谈话时感觉受到攻击，我感到很痛苦……

反身性叙事模式的转变是由治疗师把谈话聚焦于“此时此地”开始的，从而鼓励来访者从现在的角度来认真思考他最近的经历。然而，由于治疗性谈话是作为一种语言游戏展开的，这种游戏让来访者采取一种反思的态度，先前由治疗师发起的谈话过程，不可能只归因于一个谈话者。另外，在这个例子中，“放松—紧缩”循环，可以被视为来访者在寻找准确词汇描述自己的经历时遇到的最初困难，转变为他最近谈话中显示出的更加明确和深刻的意识。

前面提到的研究结果(见 Pacheco & Botella，1999；Pacheco et al.，1999)也展示了叙事分类中“起因”与“能动性”之间的密切联系(见表 7-2)。当来访者将事件的原因归于外部时，他们就会认为所提及的事件是他们自己不能改变的(缺乏外部动力来源)。相反，当来访者将事件的原因归于内部时，他们就会认为所提及的事件是他们自己能够改变的(激活内部动力来源)。

我们的第一个结果证实了这一过程的意义，亚当斯(Adams，1997)对此也有描述：反身性问题的作用是促进心理治疗中的改变。对于叙事分类中“起因”与“能动性”之间密切联系的循环模式，我们的研究结果证实了被普遍认同的观点，即来访者在心理治疗中最初的体验是缺乏对其困难的控制。这种体验导致了一种“控制自我”和另一个逃离这种控制的自我之间的分裂感。正如在分析的片段中，试图在这两个自我之间达成某种程度的整合可能是一个很好的策略，可以帮助来访者在自我叙事中以让他们增加能动性的方式看待事件。

(四)心理治疗和叙事身份重建

指导问题：我们来访者的身份建构过程与他们的现病史有何建设性关系？从我们当前的观点来看，我们来访者的现病史在一个生命故事背景下，以及构成他们身份认同的关系定位惯例中，才有意义。这并不意味着我们总是认为有必要进行长程治疗，以改变来访者的核心方面。事实上，我们的效果评估证据表明，我们的治疗方式可以被认为是短程治疗。我们通常要求我们的来访者通过临床结果常规评价系统(the Clinical Outcomes in Routine Evaluation，CORE)(见 Pacheco & Botella，1999；Pacheco et al.，1999)进行治疗效果评价，另外还要完成症状自评量表(SCI-90 修订版；Derogatis，1992)。时间是在治疗开始前、每四次治疗会谈之后、治疗结束时，以及在接下来 3 个月、6 个月、9 个月、12 个月的随访中。对 200 个案例的分析结果表明，在结果良好的治疗中，平均会谈次数为 12 次至 13 次。对治疗结果的测评分析表明，从治疗前到治疗结束，产生了临床上的显著差异。平均而言，这些差异在治疗前和第四次治疗会谈之间，已经是统计上的显著差异了，它们的统计显著性在第 4 次和第 8 次会谈之间还有增加。然而，我们认为有必要考虑连接来访者现病史与他们身份建构过程的经验逻辑。我们的经验表明需要这样做，否则只会导致一种系统的、关于个人经历的短视状态。

例如，玛丽亚是一位求助于我们的来访者。用她自己的话来说，她不能“没有痛苦地活着”，这让她对生活中几乎每个方面都感到持久的不满。随着她的传记叙事的展开，出现了一种模式，显示玛丽亚在她整个童年时期感到被父母忽略，因为他们几乎把所有的资源、爱和注意力都投入到玛丽亚的哥哥身上(哥哥被诊断为患有精神分裂症)。在治疗中的某一时刻，我们告诉玛丽亚，她“不能没有痛苦地活着”这一说法，也许可以解构为：

1. 我从未得到过我应得的爱和关怀；
2. 我不能生活在没有爱和关心的环境中；
3. 我认为被爱和关心的唯一方法就是接受正在生病的人的主体地位。

我们告诉玛丽亚，第 1 点对我们来说似乎是一个非常悲惨的局面，对任何人都会产生深刻的影响；第 2 点是很自然的一件事；第 3 点是缺乏可行的替代选择造成的不幸后果。我们建议，所有这些都可以通过反思、正念和积极的努力去改变它。我们要求玛丽亚把这三点写在一张卡片上，并把卡片随身带着。这样在接下来的几周里，每当她发现自己认为"我不能没有痛苦地活着"时，她可以反身性地阅读它们[这是由埃克(Ecker)和赫利(Hulley)于 2000 年在他们的深度取向短程治疗中提出的程序之一]。其结果是，玛丽亚能够在她的生活中做出一种有益的转变，即使并不是她在治疗中经历的所有改变都能归因于这一程序，但它确实触发了一系列非常有意义的变化。

(五)反身性、能动性和心理治疗中的叙事变化

指导问题：我们如何创建一种治疗关系，有助于在提高理解度和能动性方面产生有意义的改变？我们已经讨论过我们治疗观的基本原理，就是一种转变性的对话。然而，在这一部分，我们想简单地讨论一下，我们认为理想治疗关系中的重要态度。从我们目前的观点来看，治疗必须给来访者所有可能的力量和主动性。这一观点不仅基于大量研究成果证明了来访者因素在成功治疗中的重要性(见 Duncan & Miller, 2000)，同时也基于我们对心理治疗理念的伦理承诺，即解放，而不是矫正或医学治疗。

我们试图通过一些系统的和焦点解决治疗的典型问题，来鼓励我们的来访者积极参与治疗日程的共同讨论。例如，今天你想怎样利用我们的时间？了解些什么对我们来说是有用的？有什么变化表明情况正在好转？从长远来看，通过将自己定位为治疗师，我们试图在进行治疗时，通过表扬、鼓励和支持来访者在制订解决方案中的创造性，来验证他们在自己的改变过程中可以作为积极的作用发挥者。

为了从关系建构主义取向来检验我们对治疗关系的理论假设，我们进行了一系列研究，涉及治疗联盟和治疗中有益或无益的事件(见 Herrero, Jiménez, Poch & Botella, 2000; Pacheco, Corbella, Gómez, Velázquez & Botella, 2001)。在其中一项研究中(Pacheco et al., 2001)，我们对抑郁症的来访者在心理治疗中的有益事件进行了质性分析。在第 1 次到第 8 次会谈结束时，以及每 4 次会谈之后，有 17 个来访者被要求回答一份开放式问卷，涉及他们在那次特定会

谈中发现的有益的东西。我们用扎根理论方法(Glaser & Strauss, 1967)对他们的回答进行了分析，并排列为分层概念树。我们的分析中出现了三个高级类别：反身性、叙事改变和工作联盟。我们发现反身性与叙事改变之间有着密切的关系，反身性是实现叙事改变的前提。叙事改变中包含的所有类别均涉及来访者在他们的故事中发现新元素。

例如，参加这项研究的一位来访者，在她的一次心理治疗会谈中提到以下情况是“有益事件”：

> 在今天的会谈中对我有帮助的一件事是我意识到我是如何不知不觉地促成了我的以下感觉，即别人没有考虑到我的需要是由于我没有表达自己的需要，因为我觉得自己没有权利这么做。我想现在我意识到这一点，我会更有能力为自己说话，让别人知道我也有需要。事实上，我过去做过(即使很少)，所以我想这不是不可能的！

请注意，这个特别的来访者是如何在这种情况下将她对自己主体地位的反思觉察与一种新叙事的暂时出现联系起来的。这种新叙事以前是“罕见的例外”，现在开始呈现更高的叙事相关性。

在同一研究项目的另一项研究中(Herrero et al., 2000)，我们以40名患乳腺癌的女性为样本，进行了同样的分析。她们是三个不同治疗小组的参与者，小组会谈每周一次，进行了共计10次会谈，会谈遵循关系建构主义原则。我们发现在这项研究和先前研究中来访者所确认的有益事件既有相同之处，又有不同之处，大概是因为治疗方式(个体与团体)和来访者问题(抑郁与乳腺癌)的差异。

在这种情况下，我们的结果表明，参与者将治疗成分确定为团体本身(即作为一个整体)，而不是其个体成员。还有一种协同行动的意识(Gergen, 1994)。也就是说，整个小组感到成员在通过分享、交谈、团队凝聚力、共同性或移情等，一起和谐地行动并产生意义。在以前的研究中，我们的来访者对这两个方面(即团体方式作为治疗本身和协同行动作为有益事件)都没有反映，因为他们接受的是个体治疗。此外，乳腺癌团体治疗的参与者把他们与治疗师和他们相互之间的对话中产生的多种观点视为有益事件，因为它们促进了其他观点、交换意见或者提供建议。有趣的是，在这种情况下仅有 5 个人认为反身性是一个有益事件。

四、结论

我们想通过一个故事来暂时结束我们的思考。

> 不久前，一个与讲笑话有关的大会召开了。与会者都是有名的笑话讲述人，对流行笑话很熟悉，事实上，他们把这些笑话编了号，以作为一个方便的参考系统。这样，例如，在社交聚会和咖啡时间时，一名主持人会说"102 号"，每个人都会笑得前仰后合。在一个特定的时间，一个新到会的人说"560 号"，但出乎意料的是没有人笑。他坚持说："嘿，我说的是 560 号！"却发现再次遇到了冷场。他对这样的冷淡态度感到震惊，问他的同事："现在，第 560 号笑话有什么问题吗？"他们对他说："你知道……不是笑话本身有问题，而是你讲笑话的方式……"

当代心理治疗发现自身处于一系列对立的趋势之中，这种趋势被称为自我定位。一种趋势是建立所谓的经验支持治疗方法(见 Barlow，1996；Shapiro，1996)。另一种是许多治疗师对当今流行疗法的惯例性着迷。从长远来看，这两种趋势都能使叙事治疗的发展达到目的。在第一种情况下，可以通过把治疗转变为一系列治疗手册来进行，这样就很少或根本没有创造性的空间。在第二种情况下，模糊叙事治疗中独特的东西，给人一种"一切都是叙事治疗的一种形式"或者"每个人在治疗中都运用叙事"的假象。关于如何面对这些挑战的更详细的讨论超出了该书的范围。一些从建构主义立场进行的尝试性回答，可以从博特拉(Botella，2000)的论述中找到。无论如何，在这两种情况下，我们都要记住："不是笑话本身有问题，而是你讲笑话的方式。"

（王娜　张爱莲　丁雪　译）

参考文献

Adams, J. F. 1997. Questions as interventions in therapeutic conversation[J]. Journal of Family Psychotherapy, 8: 17-35.

Angus, L. E., Hardtke, K. & Levitt, H. 1996. The narrative process coding system manual: revised edition[M]. Unpublished manuscript, York University, North York, Ontario, Canada.

Angus, L., Levitt, H. & Hardtke, K. 1999. The narrative processes coding system: research applications and implications for psychotherapy practice[J]. The Journal of Clinical Psychology, 55(10): 1255-1270.

Bakhtin, M. 1986. Speech genres and other late essays[M]. Austin: University of Texas Press.

Barlow, D. H. 1996. The effectiveness of psychotherapy: science and policy[J]. Clinical Psychology: Science & Practice, 3: 236-240.

Bartlett, F. C. 1932. Remembering[M]. Cambridge, UK: Cambridge University Press.

Bateson, M. C. 1993. Composing a life[M]// C. Simpkinson & A. Simpkinson (Eds.). Sacred stories. New York: Harper Collins: 39-51.

Botella, L. 1995. Personal construct psychology, constructivism, and postmodern thought[M]// R. A. Neimeyer & G. J. Neimeyer (Eds.). Advances in personal construct psychology(vol. 3). Greenwich, CT: JAI Press: 3-36.

Botella, L. 2000. Personal construct psychology, constructivism, and psychotherapy research[M]// J. W. Scheer (Ed.). The person in society: challenges to a constructivist theory. Giessen, Germany: Psychosozial-Verlag: 115-125.

Botella, L. 2001. Diálogo, relações e mudança: uma aproximaçao discursiva à psicoterapia construtivista (Dialogue, relationships, and change: a discursive approach to constructivist psychotherapy)[M]//Ó. Gonçalves & M. Gonçalves (Eds.). Abordagens construcionistas à psicoterapia. Coimbra, Portugal: Quarteto: 50-61.

Botella, L. & Herrero, O. 2000. A relational constructivist approach to narrative therapy[J]. European Journal of Psychotherapy, Counselling, and Health, 3: 1-12.

Botella, L. & Herrero, O. 2001. El entramado narrativo de la pérdida y el duelo: un estudio de caso desde la terapia familiar constructivista (The narrative emplotment of loss and grieving: a case study from the standpoint of constructivist family therapy)[M]// C. Pérez(Ed.). La familia: nuevas aportaciones. Barcelona, Spain: Edebé: 258-274.

Botella, L., Neimeyer, R. A., Herrero, O., Pacheco, M., Figueras, S. & Werner

Wildner, L. A. 2002. The meaning of your absence: traumatic loss and narrative reconstruction[M]// J. Kauffman(Ed.). Loss of the assumptive world. New York: Bruner-Mazel: 31-47.

Botella, L., Pacheco, M., Herrero, O. & Corbella, S. 2000. The unfolding of client's narrative reflexivity through therapeutic dialogue in process-experiential therapy: a qualitative case study[C]. Paper presented at the 31st Annual Meeting of the Society for Psychotherapy Research, Chicago.

Bruner, J. S. 1986. Actual minds, possible worlds[M]. Cambridge, MA: Harvard University Press.

Derogatis, L. R. 1992. SCL-90-R, administration, scoring & procedures manual-II for the R(evised) version and other instruments of the Psychopathology Rating Scale Series[M]. Townson, MD: Clinical Psychometric Research, Inc.

Duncan, B. & Miller, S. 2000. The heroic client: doing client-centered, outcome-informed therapy[M]. New York: Jossey-Bass.

Ecker, B. & Hulley, L. 2000. The order in clinical "disorder": symptom coherence in depth-oriented brief therapy[M]// R. A. Neimeyer & J. D. Raskin (Eds.). Constructions of disorder. Washington, DC: American Psychological Association: 63-89.

Efran, J. S., Lukens, M. D. & Lukens, R. J. 1990. Language, structure, and change: Framewoks of meaning in psychotherapy[M]. New York: Norton.

Gergen, K. I. 1994. Realities and relationships[M]. Cambridge, MA: Harvard University Press.

Glaser, B. G. & Strauss, A. 1967. The discovery of grounded theory: strategies for qualitative research[M]. Chicago: Aldine.

Herrero, O., Jiménez, B., Poch, G. & Botella, L. 2000. Helpful and unhelpful events in constructivist/narrative psychotherapy groups with breast cancer patients [C]. Poster presented at the 7th International Congress on Constructivism in Psychotherapy, Geneva, Switzerland.

Kelly, G. A. 1970. Behavior is an experiment[M]// D. Bannister(Ed.). Perspectives in personal construct theory. London: Academic: 10-26.

Kelly, G. A. 1991. The psychology of personal constructs[M]. London: Routledge. (Original work published 1955)

Kim Berg, I. & de Shazer, S. 1993. Making numbers talk: language in therapy [M]// S. Friedman(Ed.). The new language of change. New York: Guilford: 5-25.

Lyotard, J.-F. 1993. The postmodern condition: a report on knowledge (G. Bennington & B. Massumi, Trans.)[M]. Minneapolis: University of Minnesota

Press.

Mellor-Clark, J., Barkham, M., Connell, J. & Evans, C. 1999. Practice-based evidence and standardized evaluation: informing the design of the CORE system [J]. European Journal of Counselling, Psychotherapy and Health, 2: 357-374.

Neimeyer, G. J. & Neimeyer, R. A. 1993. Defining the boundaries of constructivist assessment[M]// G. J. Neimeyer(Ed.). Constructivist assessment: a casebook. London: Sage: 1-30.

Neimeyer, R. A. 1987. An orientation to personal construct therapy[M]// R. A. Neimeyer & G. J. Neimeyer(Eds.). Personal construct therapy casebook. New York: Springer: 20-35.

Pacheco, M. & Botella, L. 1999. La transformació narrativa-dialògica durant el procés psicoterapèutic: una proposta d'anàlisi qualitativa de narratives amb suport computat (Dialogical narrative transformation in constructivist psychotherapy: a process research using a computer-assisted method for qualitative analysis)[J]. Aloma: Revista de Psicologia i Ciències de l'Educació, 5: 195-208.

Pacheco, M., Botella, L. & Corbella, S. 1999. constructivist psychotherapy: a process research using a computer-assisted method for qualitative analysis[C]. Paper presented at the XIIIth International Congress on Personal Construct Psychology, Berlin, Germany.

Pacheco, M., Corbella, S., Gómez, A. M., Velázquez, P. & Botella, L. 2001. Helpful events in psychotherapy with depressed people[C]. Poster presented at the 32nd Annual Meeting of the Society for Psychotherapy Research, Montevideo, Uruguay.

Shapiro, D. A. 1996. "Validated" treatments and evidence-based psychological services[J]. Clinical Psychology: Science & Practice, 3: 256-259.

Singer, J. A. 1996. The story of your life: a process perspective on narrative and emotion in adult development[M]// C. Magai & S. H. McFadden(Eds.). Handbook of emotion, adult development, and aging. New York: Academic Press: 443-463.

Wittgenstein, L. 1953. Philosophical investigations[M]. New York: Macmillan.

第 8 章　后结构主义叙事方法

吉恩·库姆斯(GENE COMBS)
吉尔·弗里德曼(JILL FREEDMAN)

我们所使用的“叙事疗法”这一术语，指的是一种不断变化的思想、态度和实践。该术语来源于麦克·怀特和大卫·爱普斯顿的著作(Epston & White，1992b；White & Epston，1990)。叙事治疗师们借鉴后结构主义学者如米歇尔·福柯(Foucault，1980)、杰罗姆·布鲁纳(Bruner，1990)及芭芭拉·迈尔霍夫(Barbara Meyerhoff，1986)等的观点，根据他们的特定情境，以不同的方式表达和体现上述学者的治疗方法。因为叙事治疗不仅仅是一种方法，更是一种哲学思想或生活方式，所以在详细介绍来源于此方法的具体实践之前，我们首先探讨叙事世界观的几个方面。

一、叙事隐喻

叙事疗法来源于后结构主义的概念，其含义是指故事的意义在于重述和重演(Bruner，1990；Meyerhoff，1986；Turner，1986)。太阳每天都会升起，但并不是所有的日出都是有意义的。那些被纳入个体生活叙事的日出(以及所有其他事件)才是对个体有意义的。一个故事，或许一个人会以图像和感觉的形式告诉自己，会是所有日出(或者其他事件)中有意义的，难以忘怀的。而在社会和人际层面有意义的日出事件，关于它的故事一定会在社会群体的成员之间通过重述传播开来。

当我们通过叙事隐喻的镜头时，我们发现这些故事塑造了我们的经验。我们组成自己的传记，却又生活在传记之外。在此过程中，我们不曾关注或记住日常生活中时刻发生的每一事件，只有无数经历中的小部分能被纳入我们的故事中。然而，我们彼此"演出"的这些故事并不都与我们的生活相关，只是从对我们的意义来说，这些故事成为我们的生活。

已经开始使用叙事隐喻来指导自己实践的治疗师们，世界观发生着巨大转变。我们并非试图解决问题，而更热衷于通过润色和丰富个体所讲述的事件内容，从而改变他们的生活。我们致力于提出和发展"深度描述"(thick descriptions)(Geertz，1973；Ryle，1971/1990)——人们生活经历中丰富、有意义而又多主线的故事，这些故事并不会被充满问题的故事情节所预测。似乎通过这些更复杂和更丰富的故事，人们可以活出新的身份、新的关系和新的未来。因为在生活中总是有很多事件并没有"用故事叙述"(storied)，因此对生活和关系进行更深层的描述总是有必要的。在这个由多条深度描述的线编织成的挂毯上，有问题的线并不重要，它们可以被看作细小的瑕疵或有趣的纹理。

二、权力

人们并非凭空编造自己的生命叙事。我们都出生在故事中，这些故事塑造了我们对可能发生的事情的看法，但我们很少把自己出生的故事看成故事。我们把故事当作"现实"。例如，《美国独立宣言》声称"人人生而平等"。当这句话被写下来时，人们这一天的故事使他们认识到一个现实，也就是说，这句话中的"人"(如涉及投票权时)指的是"拥有土地的白人男性"。这导致包括美国内战在内的斗争来改变整个社会，从此，这句话中的"人"理所应当地指各种肤色的美国男性，当然身陷囹圄者除外。之后又会有更多的汗水和冲突来改变这个故事，进而从男性推广到女性。故事有塑造我们社会现实的力量。反过来，社会也有能力塑造流传于其中的故事。米歇尔·福柯以其对知识和权力相互关联的研究令人记忆深刻(Foucault，1980)。他仔细而全面地描述了在一些特定领域(如疯狂、疾病、犯罪和性)，知识是(被认为是需要知道和值得知道的)从一个历史时期到另一个历史时期或从一种文化过渡到另一种文化的方式。他描述了权力的运作是如何随着知识的变化而改变的，以及知识如何随着权力而转变。

福柯描述了两种权力：传统的权力和现代的权力。传统的权力是我们与国王和其他族长联系在一起的一种权力。这种权力从一个中心发出，并通过残酷的外部手段在公众中执行。通过道德评判制度建立社会控制，使人们根据自己的道德价值观对待上帝、国王或其他中央权力机构。现代的权力则更加隐蔽和无形。这种权力在广泛分散和变化的群体中发展和传播。它基于规范和尺度，主要通过自我监督和同伴的规范评判来执行。它鼓励人们为了获得认可，基于符合规范的价值，采用理想标准(如 Vogue models)来面对测评分数或自我对照。

叙事治疗师们对现代的权力更感兴趣。我们认为，现代的权力贯穿于故事中，在这些故事中我们互相告知什么是值得追求的，什么是不值得追求的；什么是成功，什么是失败；谁是"对"的，谁是"错"的；以及我们在哪些方面衡量规范。我们认为，那种促使人们向治疗师咨询的单薄且不令人满意的故事，是受现代权力作用支持的，这往往是无形的。它们很容易被认为是理所当然的，因为它们隐藏在我们自愿用来衡量自己和彼此的规范、标准和尺度中。

我们研究现代权力的作用，这样我们就可以培养支持人们问题的话语意识。这使得我们能够以促使人们根据不同故事看到彼此的方式，与人们互动。从这个角度看，他们可以为了令人满意的生活故事，想象、体验和实践更多的可能性。

福柯特别感兴趣的是"真理假说"(truth claims)如何携带还原论中的"大概念"(grand abstractions)构成一种使许多人去人性化和客观化的叙述。他是在寻找和传播边缘化的叙述——那些存在但没有得到广泛传播或强有力支持的故事——这些故事或许可以平衡还原论中科学论述的过度权力。在带来"知识的回归"或"被征服知识的反抗"方面，他记述了"间断的、独有的和局部的批评之惊人效力"(Foucault，1980)。继福柯之后，我们相信，即使是最没有权力的生命，也总会有一些存在于主流故事之外的生活体验。叙事治疗师已经发展出产生"间断的、独有的和局部的"故事的思考和工作方式，这样人们就可以习惯并宣称生活的诸多可能性，这些生活状态存在于主流叙事所制定的规范和标准之外。

三、解释学转向

我们看重的是人们对自己经验的理解，而不是我们作为"专家"所理解的经验。这种看法被称为“解释学转向”(Bruner，1986；Geertz，1983)。在这种看法的影响下，我们将自己定位为感兴趣的人，善于提出问题以引出向我们咨询的人的知识和经验。我们致力于帮助人们意识到他们生活中被视为理所当然的文化故事的影响，不是直接指出来，而是通过提问的方式，促使他们去思考他们经验中的期望、规范、文化观念等，这样可能有助于他们解决所面临的问题。我们不去评估人们，使他们适应一般的、规范的分类，并基于按照这种评估他们应该做什么的假设去使用技术，而是询问与他们经验中以前被忽视的方面有关的问题。我们请他们记住、解释、评估他们经验中的那些方面，并确定这些新的故事是否比那些有问题的故事更有助于他们的认同、生活和人际关系。人们在自己的经验中获得智慧和方向，而不是源自专家的想法。因为人们通常乐于传播自己生活经验的故事(考虑到这可能对其他正面临类似困境的人有用)，我们让自己充当局部知识的档案管理员，以便将这些知识传递给其他人(Epston，Morris & Maisel，1995；Epston & White，1992a)。我们相信传播这些生活经验的故事，会有助于让我们的本土文化(在我们更加辉煌的时期，在整个世界)保持活力和多元化。

四、叙事世界观

我们所描述的想法构成了一种世界观或者一种生活方式。我们没有在工作和其他生活之间划分明显的界限。我们寻求的生活方式有助于合作、社会公正以及局部的、情境的、有特定背景的知识，而不是规范的思维、诊断的标签以及普遍的、非情境化的专家知识的规则。这种世界观引发了即兴创作和创造性，它支持我们的一个承诺，即不断教导自己，如果限制或征服人们的叙述，人们就不能充分地追求自己喜欢的生活方向。我们认为，使自己处于这种世界观是一个持续的过程。这需要不断反思我们行动的影响。我们已经发现了像那样一些问题，在这一过程中接下来会有所帮助。这些年来，这个问题清单已经发生变化。它最初是来自大卫·爱普斯顿的私人交流，这是他对我们请求他发表关于伦理与叙事方法的看法所做的回应。

- 谁的语言在这里享有特权？我是不是在用他们自己的

话来表达这些人想要讲的故事？还是我在争取用我最喜欢的话语来讲述我想听的故事？

• 在这些人的生活中，是否存在着限制或制造问题的占主导地位的故事？

• 我是否在不占主导地位的情况下对这些故事有所了解？

• 我是在评估这些人，还是我邀请他们去评估一些事情(治疗是如何进行的，各种做法的效果如何，生活中的首选方向是什么，等等)？

• 在这里我认为谁是专家？是我自己还是与我共事的人？

• 我工作是为了要求这些人理解我的专业知识，还是为了要求自己理解他们的经验世界？

• 我所做的是分开和隔离这些人，还是使他们产生一种团体和协作的意识？

• 我的意见是来自我的个人经验吗？我是否足够了解我的环境、我的价值观以及我的意图，以便这些人能够评估我的偏见所产生的影响？

• 我问的这些问题是保护了占主导的社会实践还是给出了替代性的实践方式？

• 我如何体现专业精神？我关心的是：我如何看待我的专业同事，或者如何让寻求我帮助的人认为我富有经验？

五、叙事实践

在叙事疗法的日常工作中，我们逐渐开始了解人们，就像人们想要被了解的那样。在最初的面谈中，我们想至少听到一些人们问题之外的生活(他们的兴趣，他们的生活状况等)。通过这样的谈话，我们希望表明的是，比起他们的问题，我们更加关注他们。而且，我们想从一开始就听到更广泛的故事，而不是通过直接讨论问题来了解。

我们倾听故事。这是一种非常不同的想法，从倾听症状、表面线索到深层意义、自我挫败的认知或“事实”。当我们听的时候，我们试着去理解人们的故事中有什么问题，我们倾听那些“经验相近”的问题名称(适合他们的词汇和世界观，而不是我们的)。我们给人们提供时间和空间，让他们去思考自己的故事，使他们成为自己故事的见证人。当面对夫妻或家庭开展工作时，我们更倾向于这种做法，某个人处于讲述或表演的模式，而其他人处于见证的模式。在整个来访的过程中，我们提供了讲述与倾听、行动与思考之间有节奏的转换。

我们不会试图引导人们走向预定的结果。同时——这可能是一种微妙的平衡——我们不想让现代权力影响预先确定的结果。也就是说，由于现代权力的运作，是通过要求人们按照文化建构的规范来生活，如果我们不花时间和人们一起思考现代权力在他们的生活中如何发挥作用，并对他们所面临的问题予以支持，他们可能会根据上述文化建构的规范来描述他们的目标和偏好。只有当这些规范的作用显现出来时，人们才能真正地描绘出自己想要的东西，而不是主流文化表明他们需要的东西。我们并不是中立的。我们试图影响人们意识到现代权力在他们生活中的作用，并尊重他们自己的生活偏好。

(一)关于问题的提问

我们在倾听时，会提出一些问题，鼓励人们考虑问题对他们的生活和人际关系产生的影响。集中关注现代权力的叙述和问题的影响，往往会带来人们与规范判断、自我监督和主流话语对抗的故事。这种询问往往会解构有问题的故事，为获取“独特的结果”(问题故事不能预测的事件)打开空间。随着特殊结果的出现，我们询问问题，鼓励人们将这些问题扩展或丰富成为难忘的、体验生动的故事，这些故事可以与问题故事相互交织。这样，人们的生活就会被描述得更加丰盈，并且是多层次的。麦克·怀特(White，1991)灵活而又明智地对解构进行了界定，将其定义为：

> 推翻被视为理所当然的现实和惯例的过程，这些现实和惯例包括：那些从它们产生的条件和环境中分离出来的所谓“真理”；那些脱离现实的隐藏自己偏见和成见的说话方式；以及那些常见的征服个人生活的自我和人际关系实践。

同样，福柯(Faccault，1977)认为，现代权力的作用可以使人们意识到自己是“驯服的身体”，服从于他们不能主动发声的知识和常规。有很多有关性别、种族、阶级、年龄、性取向及宗教（这里只列出一部分）等的征服故事，这些故事中我们的文化是如此普遍和根深蒂固，以至于我们会不知不觉地深陷其中。我们相信，作为治疗师，当我们在工作中从来访者的生活和关系中感受到这些故事的时候，我们的责任是培养对我们社会中主流（及占主导地位的）故事的成熟认识，并开发出一种能够共同检验故事效果的方法。

蕾切尔·哈瑞-马斯汀（Hare-Mustin，1994）使用了“镜像房间”的比喻，来讨论如何让进入治疗的唯一想法就是所涉及的人带入治疗室的想法：

> 治疗室就像一个有镜子的房间。它只反射出它里面的声音。如果治疗师和家庭不知道边缘化的话语，如那些与从属的性别、种族和阶级成员相关的话语，这些话语仍然会留在镜像房间之外。

这一概念意味着，治疗师们必须不断地思考那些让我们认知什么是可能的话语，包括我们自己和接受我们治疗的人。这种反思促使我们询问解构性问题——这些问题以尊重、耐心地详细检查问题和呈现支持他们的话语与规范性判断为目的。

（二）外化对话

怀特（White，1987，1988/1989，1989；另请参见 Epston，1993）曾提出：问题不在于人，问题在于问题本身。外化是一种实践，受以下信念支持：问题是在一个人的生活中发生作用、影响或渗透的东西，是与人有区别的、不同于人的。

我们相信，倾听过程中带着问题是与人分开的这种信念，有着强大的解构作用。如果我们认为这些问题本质上是有问题的，那么它就会使我们与人们进行不同的互动。它为人们的故事创造了一个不同的接受背景，在这个背景中我们可以致力于理解人们的问题，而不会把人们看成是有问题的或病态的。在夫妻和家庭治疗中，外化创造空间让人们超越问题去看到彼此。在这种情况下，人们的故事较少会受到限制。

我们可以通过询问与问题的环境影响有关的外化问题来暴露限制性话语。什么“导致了”问题？什么“减少了”问题？谁能从中获益？在什么情况下，有问题的态度可能会有用？哪些人会自豪地提出这种问题？哪些人会明确地反对这一问题及其意图？诸如此类的问题促使人们考虑他们的整个生活环境如何影响问题，反之亦然。随着问题的外化，可以确定，人与自己的问题本身并不是问题，而是人们与问题有关系。

在外化对话中，我们希望听到问题的影响。当我们询问一个问题对人们的生活和人际关系的影响时，他们可以停止思考自己或他们的人际关系固有的问题，相反，他们会考虑自己与问题的关系，以及他们是否想要改正问题。

(三)绘制立场说明地图

麦克·怀特(Mann & Russell，2002)开发了一套实践做法，我们发现它在进行外化对话中很有效。他描述了在构建“立场说明地图”时可以遵循的四个步骤。

第一步是商议一个关于某个困扰或问题的与体验接近的特别定义。我们力图采用人们用来描述问题的语言和形象来谈论他们的问题。如果谈话中没有出现标签，我们会问这样的问题：

- 你怎么称呼这件你一直在挣扎的事情？
- 你如何描述是什么阻碍了你？
- 你提到了“悲伤”，这会是你们之间最好的标签吗？如果是的话，你能再确切地说一下悲伤对你来说意味着什么吗？

第二步是通过不同的生活领域来描绘问题的影响。我们通过问这样的问题来做到这一点：

- 你是如何感到悲伤的？
- 什么声誉会让人们想起你？你自己怎么看待你自己？
- 当那些麻烦的事情突然出现时，情况是怎样的？
- 你和你母亲之间的沉闷关系从何而来？它是否对你们有不同的影响？这对家庭其他成员有什么影响？

- 恐惧会阻止你做什么？
- 还有谁会发怒、大惊小怪、激动，这些都有影响吗？怎么影响的？

一旦我们协作形成一个影响清单，第三步就是让人们仔细评估每一种影响。下面这些问题对这一步很有帮助。

- 这是好事还是坏事？
- 你对这些麻烦的事情感觉如何？
- 你喜欢你和母亲之间的沉闷关系吗？
- 当恐惧阻碍你去看电影的时候，这会让你感到快乐、悲伤或者有其他什么感受吗？

第四步是让人们证明他们评估的正确性。这时，我们认为治疗师应该询问形成人们评价的原因、动机、价值观等。我们的问题如下：

- 为什么你认为这是你在生活中不想要的东西？
- 你为什么不喜欢它？
- 当恐惧阻碍你去看电影的时候，为什么会让你难过？
- 当惯性使你不能完成某件事情时，是什么让你感到非常尴尬？

第三步和第四步是配合着完成的。也就是说，我们要求人们在评估下一个影响之前评估每一个影响，并证明他们的评价是正确的。

当人们回答关于某个具体问题的所有提问时，它会在外化语言中反复出现。通过这个过程，这个问题通常会被认为是明确而清晰地分开的。人们对问题的立场有一个明确的认识，他们经常描述他们将来愿意如何去行动和感受它。家庭成员不是互相争斗，而是经常联合起来解决这个问题。在这样的时刻，给一个计划命名通常是有用的。

(四)命名问题和计划

对问题命名常常会导致对这个问题进行不同的审视和思考。当我们关注问题，并继续询问它们时，对问题的命名会变得富有诗意而又引人注目。

最近我们见了一对年轻的异性恋夫妇。这位男子描述的问题是，半夜他会被一支对着他头的枪惊醒。当我们让他给这个问题（他所说的“焦虑症”）命名时，他称之为“小偷”，因为它想偷走他的睡眠。他的妻子，在他给问题命名之前，一直对他的恐惧和失眠不屑一顾，现在很容易联想到黑夜里有盗贼入室行窃的恐怖。她开始欣赏她的伴侣独自面对问题的勇气。她建议他叫醒她，以便她能帮助他面对小偷。他对这个问题富有诗意而又引人注目的命名，帮助她制订了一个帮他勇敢面对问题的计划。

一旦问题被明确命名，我们就开始倾听并询问计划。我们在人们的描述中注意听取那些可以作为计划名称的字眼。如果我们没有听到对于计划或生活方向的清晰陈述，我们可以问一些直接让人们命名的问题。一些问题和计划是由几个人共同分享的。其他人关心的是某个家庭成员，而不是其他人，即使他们一起接受家庭治疗。见证彼此的故事，听到问题和促使他们成长的计划，对家庭成员来说可能是非常重要的，即使每个人都关注于不同的问题或计划。

对计划进行明确和直接的讨论，并且与问题进行对比，可以成为治疗的一个重要部分。当人们给问题和计划命名时，我们会做记录，这样，我们就可以一起提出并丰富对策。这种对比增强了特殊经验的意义。如果没有一个确定的对策，问题故事之外的经验可能会被忽略或者显得微不足道。有了对策，人们可以在他们没有问题的经验中感知到生活状态和意义。例如，一旦一个人宣布了“多听我的希望，少听我的恐惧”的计划，她参与的任何对话，都可以被描绘成希望和恐惧如何影响她倾听的叙述。在这样一个计划被明确讨论并达成一致之前，对话可以被赋予许多不同的含义，或者根本没有意义。

计划的名称常常伴随着治疗的进展而改变，治疗师的工作是跟上人们在语言和概念上的变化。在整个过程中，我们为计划寻找个人化的、唤起记忆的、富有诗意的命名。我们问一些问题，让人们根据他们确定对自己生活有意义的不断变化的情节和对策，将自己的观念、思想、情感和行为融入故事。

（五）独特结果

我们让人们讲述和体验新故事的途径是通过“独特结果”。独特结果是指不会被任何充满问题的故事情节线索所预测的任何事件。独特结果可能是一个计划、行动、感觉、陈述、愿望、梦想、想法、信念、能力或承诺(Morgan, 2000)。独特结果是开放的，通过提问和反身性讨论，可以发展成新的故事。有时，人们直接提供独特结果。例如，在描述一个问题时，有人可能会说，“情况并非总是如此”，然后继续描述一个独特结果。这是不寻常的，因为人们参与再创作的过程，保存新的独特结果，并告诉他们的治疗师。在其他时候，独特结果深深地埋藏在人们对他们的问题故事的描述中，如果我们不想错过他们，非常仔细地倾听是很重要的。例如，如果有人说：“偶尔我能顺利地度过，但通常……”然后继续讲一个问题故事，只有当我们仔细倾听时，我们才能对“偶尔”一词感到好奇。

通常情况下，开放是以类似于我们描述过的方式自发发展的，因为我们是以解构的方式倾听，向人们询问所面临的问题对他们生活和人际关系的影响。如果开放不是自发发展的，我们可以更直接地询问他们。当我们处理一个外化问题时，寻求开放的直接方法是询问一个人对问题生活的影响。也就是说，我们会问如下问题，“曾经有一段时间，这个问题试图占上风，但你能抵挡它的影响吗?”或者“你曾经能够摆脱问题，哪怕只是几分钟吗?”或者“问题总是伴随着你吗?”当详细地询问这类问题对人的影响时，人们通常可以找到他们能够摆脱问题影响的事例。每一个这样的事例都可能开启另一种生活叙事。

(六)从独特结果中发展故事

一旦我们认同某个看起来有关的优先开放事件，我们就会提出一些问题，让人们将其发展成另一个故事。在这个过程中，我们没有一个公式可以遵循，但是我们要记住，故事涉及的事件是在特定背景下通过时间和情节来组织的，而且通常包括不止一个人。

在讲述一个优先事件的故事时，人们是在表现意义(Meyerhoff, 1986)。我们致力于使治疗环境成为一个仪式性的空间，在这个空间中，意义被有意义地呈现。理想的情况下，我们希望人们在讲述他们的独特结果时重新体验事件。我们通过提出问题来发展一个内容和意义丰富的故事，以促进他们这种体验性的参与(Freedman & Combs, 1993, 1996)。

继布鲁纳(Bruner, 1986)之后，怀特(White & Epston, 1990)谈到行为和意识的“双重画面”(或者在他最近的作品中，关于“身份”的论述)。他认为构成人们生活的故事在这两种画面中都有展现，这对于治疗师对两者进行询问都有帮助。让我们先来看行为画面。

行为画面包括多种形式的细节，其中涉及特定情境和背景下多个人物的观点，还包括行为本身发生了什么，以什么顺序，涉及哪些人物?

举一个简单的例子，杰夫在一次最初的治疗预约中说，多年来，他的幸福一直在恶化。并且，这是他第一次寻求治疗。我们可能想知道他是否只是决定接受治疗，而事实上，出现了独特结果。下面是一些我们可能会问的问题：

- 你是什么时候决定寻求治疗的?
- 做出决定后有什么不同吗?你注意到你的感觉或想法发生了变化吗?
- 其他人参与了这个决定吗?他们当时说了或做了什么对你有影响吗?或者是从过去与他们的互动中想起了什么吗?
- 你还记得今晚向这里预约面谈的感觉吗?挂电话时你在想什么?
- 你迈出这一步谁最高兴?他们对此会说些什么?

在行为画面中，我们有兴趣和人们一起建立一个“主体自我”。也就是说，我们询问一些问题，着眼于支持个人能动性的新事件的诸多方面(Adams-Westcott，Dafforn & Sterne，1993)。再创作这一行为需要并显示个人能动性，大多数人在这项工作中都体验过。我们通过各种方式，询问人们是怎样达到他们的目标的，这进一步增强了个人能动性。

在上面的例子中，我们可能为此询问以下问题：

- 根据你所描述的绝望，我可以看到，在面对这件事时如何决定是相当挣扎的。你能告诉我更多你是如何面对绝望的吗?
- 你是准备怎么走这一步的?准备工作做了什么?
- 你是如何充分地远离你今晚在这里展示的绝望的?

当一个故事出现时，我们思考它的状态：在独特结果之前发生了什么？事情是如何顺利进展的？有错误的开始吗？这个特别的小插曲导致了什么？在这方面，我们特别感兴趣的是，是否有一个转折点，一个故事发生好的变化的地方。

虽然转折点并不是对于每个人在任何情况下都适合的比喻，但当它适合时，它突出了一个我们可以及时描绘的重要事件。我们认为，对这类事件给予特别关注是有益的，它会带来更多的状态和细节，甚至可以把它当作故事中的一个故事来对待。

无论行为画面里的故事多么生动，如果它有意义，它也必须在身份画面中发展。"身份画面"，我们指的是想象中的领域，人们在其中绘制出与他们在行动画面中的经验有关的意义、欲望、意图、信念、承诺、动机、价值观等。换句话说，在身份画面中，人们思考着在行为画面中所蕴含的经验的意义。

为探索身份画面，我们(Freedman & Combs，1993)会问一些有意义的问题。这些问题促使人们从行为画面中后退一步，从而反思他们所描述的行为的意义。比如，我们可能会问：

- 说到你决定寻求治疗的希望，你如何看待？
- 它描述了你面对绝望时心底抱有希望的做事方式吗？
- 如果你的伴侣目睹了你为这一步所做的准备，那对她意味着什么呢？

在共同创作的故事中，我们在行为画面和身份画面之间转换，反复地来回交织。

(七)时间：发展"现在的历史"，把故事延伸到未来

在努力理解生活的过程中，人们面临着以时间顺序排列活动经验的任务，以达到对自己和周围世界的连贯性描述(White & Epston，1990)。

一旦确定了首选事件，我们希望跨越时间将该事件与其他首选事件连接起来，以便它们的意义得以留存，从而使事件及其意义能以更好的方式丰富人们的叙述。因此，一旦确定了一个首选事件并进行了叙述，我们就可以提出一些问题，将其与过去的其他事件联系起来，并发展这些事件的故事。下面是一些可能确定此类事件的问题示例：

- 当你回想过去的时候，你能想到哪些你可能指望的事件？这反映了其他时候可能你已经放弃希望，但是你没有。
- 如果我们采访在你的生活中认识你的朋友，谁能预测你能做到这一点呢？关于让他们预测到这一点的事，他们会和我们分享什么样的记忆呢？

随着人们越来越多地从过去紧紧抓住以问题为主的故事中解放出来，他们能够预见、期望和计划问题较少的未来。为了带来这样的未来体验，我们可能会问：

- 我们刚才谈论的是一项成就和过去发生的为这一成就铺平道路的几件事。如果你认为这些事件在你的生活中开创了一种方向，你认为下一步会是什么？
- 你已经学到了一些东西，它们改变了你对自己生活可能性的看法。如果你把这个新观点放在心里，你怎么看待未来可能会有所不同？

(八)反思

正是通过反思我们的经验，才使得这种经验有意义。虽然这种反思的实践可能会发生在我们没有建构或提倡的情况下，但是这种“自然”的思考不一定集中在治疗对话中正在促进的首选体验或新的叙述上。

只要有可能，我们就利用反思团队(Andersen，1987)或局外见证人团队(White，1995，1997，2000)来增加讲述和复述的听众。我们用一种非常特别的方式来组成这种群体，这种群体主要包括四个部分(Cohen，Combs，DeLaurenti，DeLaurenti，Freedman，Larimer & Shulman，1998；Freedman，2002；White，1995)。

在第一部分，治疗师对前来寻求帮助的人进行访谈，而局外见证人团队则从单向镜后面(或稍有距离)对访谈进行观察。在第二部分中，见证组与谈话的人交换位置，使这些谈话的人作为见证组去倾听这段对话，然后提出问题，并对他们所观察到的情况进行反思。在第三部分，治疗师和前来求助的人回到原来的位置，前来求助的人对作为见证组的观察所得进行反思。在第四部分，所有的人都集合在一起详细讨论这次访谈，使其更加明晰。治疗师和局外见证小组成员对每个人在访谈中关于他们的问题、目标以及追求方向的提问做出解答。

在访谈的第二部分，如果一个局外见证人团队或一个没有经验的反思团队正在思考，治疗师可能会提出一些问题来引导团队成员，重点关注感动团队成员的内容，以及访谈过程中出现的可能的优先方向。我们要求团队成员基于自己的经验进行反思，对受委托的人向在场其他人公开他们的生活表示感谢，并对谈话中给他们自己的生活带来不同的部分做出评论。

当没有反思团队时，我们会寻找其他方式来促进反思。通过一次和一个人交谈，其他家庭成员可以通过其他一些方式发挥出一个团队的作用。虚拟团队就很有用。我们可以通过要求人们简要描述一些人来设置虚拟团队，这些人是他们希望在心理治疗中一直能倾听的人。然后我们问他们，他们认为这些虚拟成员中的每个人将会受到什么冲击，以及对那个人将会产生什么样的影响。我们也可以要求人们成为一个自己的团队。我们经常会这样说："如果你坐在角落里偷听这个话题，此时此刻你会为自己坚决要求什么?"然后，我们可以用同样的方式访谈这个人，我们可以采取这种方式访谈一个缺乏经验的反思团队。

(九)记录和传播新故事

因为我们相信，在治疗中出现的新故事只有发生在治疗室之外，才会带来转变，所以我们对记录和传播新故事感兴趣(White & Epston，1990)。我们在治疗中记笔记，特别是用人们自己的话来记录新故事的发展过程。我们经常回顾这些笔记，并大声朗读出来。当人们表明自己的立场，描述一个新的成就，或达到一个转折点时，我们可能会共同创建一个文件或证书，使其正式化并以此来纪念它。有时我们为了人们的个人用途制作录像带，这些录像带反映出他们达到了什么程度。我们可以把人们所学到的东西制作成录音带或文件，以供其他面临类似问题的人使用(Epston & White，1992b；White & Epston，1990)。通过这种交流，人们可以在虚拟联盟中结合起来。

我们有时在两次治疗会谈中间写信。在这些信中，我们反思独特的结果，并提出我们在治疗对话中没有提出的问题。我们希望，这样能丰富并延伸已经开始出现的知识。我们有时会形成正式文件，列出新故事的重要内容(Freedman & Combs，1997)。为了促进这些知识的传播，我们鼓励人们在生活中与其他人分享这些文件。

另一种促进替代故事传播的方式是，邀请人们的社交网络成员(朋友、同事、主管、老师、邻居、牧师等)参加治疗会议。他们可以作为局外人证人团体，或者作为治疗的一部分更为直接地接受访谈。

六、叙事治疗实践：一个实例

我们提供以下记录来说明我们在实践中所描述的一些想法。在记录中，我(Jill)正在和切莱斯蒂娜(Celestina)交谈，由于她面临亲密关系困难，因此来询问我。在我们一起工作的早些时候，她和我说了一些她从未对别人提起的事，她整个童年都受到来自她父亲对她身体的虐待，而且她曾经目睹过她母亲遭受虐待。

在写这篇记录之前的一次谈话中，作为形成"立场说明地图"的一部分，我询问了虐待对她的影响。切莱斯蒂娜列举出是恐惧、自责、缺乏自信、人际关系困难以及经常担心危险。在我们之前的几次谈话中，她决定对这些影响做些什么，而不是仅仅关注人际关系中的困难。她将这一问题命名为"虐待的影响"，并将自己的计划命名为"滋养我的灵魂"。

我们花费了一些时间考虑哪些更主要的文化故事能支持这些问题。我们讨论了父权制的故事——妇女和儿童作为男人的财产，以及把受虐者描述为受损物品的故事。在切莱斯蒂娜的经历中，这些故事导致了羞耻感和恐惧感。切莱斯蒂娜在波多黎各长大，直到她搬往芝加哥，远离她的父亲，她才发现她有望完全摆脱那些问题故事，并相信得到帮助是有可能的，而且是恰当的。

这是一个非常简略的概要，涉及切莱斯蒂娜和我在谈话中处理的一些主题，这些主题与问题故事以及支持这些问题的主要文化故事有关。当我(Jill)听到这些故事时，我对理解这些故事感兴趣，也注意到独特的结果。在面谈之初我们就进行了记录，切莱斯蒂娜提到了她的一个新体验：享受独处的时光。这种体验是无法用恐惧和自责来预测的。在听到享受独处时光这一新体验的某些细节时，为了揭示这一现状的来历，我询问了她这种体验的根源。这使得切莱斯蒂娜将这种体验与深度思考联系在一起，这种思考她很久以前就意识到了，甚至在她还是一个小女孩的时候。当她做区分时，我感兴趣的是将它们与问题(虐待的影响)或计划(滋养我的灵魂)联系起来。

我们用斜体字提供一些评论，将文字记录与我们所描述的实践联系起来。

切莱斯蒂娜：我更享受自己独处的时光……当我写日记的时候……当我躺在家里的时候。当我没有这样的时间时，我感觉非常糟糕。我需要出于一种积极的意义将自己与外界隔离。是出于一种积极的意义……只是需要有时间去放松，去放慢脚步，去阅读及思考。这很有趣，因为这些从未真正成为我生活的一部分。现在我清醒地认识到，如果我不这样做，我会觉得我需要它。

吉尔：所以，这让我想到"滋养你的灵魂"的一部分是"与你自己建立一种新的关系"。

(在这里我感兴趣的是，将切莱斯蒂娜所谈到的与她的计划名称联系起来。如果这个新进展不是她计划的一部分，这可能与我们的谈话无关。如果它是相关的，那么把新进展与计划名称联系在一起，就可以帮助切莱斯蒂娜加深对这个替代故事的体验，以及表达出她背后的问题所带来的种种影响后，她的感觉。)

切莱斯蒂娜：是的。

吉尔：这是对的吗?

切莱斯蒂娜：是的。

(这个核实非常重要，而且与解释学转向有关。我想确保我尊重切莱斯蒂娜的想法，而不是我自己的。)

吉尔：嗯，如果说三年前你发现你有时间和自己独处，那会是什么样子呢?

切莱斯蒂娜：嗯……哇！啊……

吉尔：也许，如果我这样问你：现在找时间和自己相处，与三年前在同样情境下做这些会有什么不同?

(通过提问来对比不同时间的体验，可以使变化更加明显和有效。)

切莱斯蒂娜：啊，好吧。首先，这是一种不同的感觉。我并不是因为我不想见到任何人，或者我不想面对我生活中正在发生的任何事情，而去孤立自己。这不是逃避任何事情。这就像花时间和自己独处，并享受这个过程。

吉尔：嗯……那么，你是说，过去是为了逃避某件事吗？但是，现在是……

切莱斯蒂娜：是的，因为我记得我一直想做那样的事。但是，在我的脑海里，我并不是很清楚我想做什么，怎么做，我真正想做什么。我记得曾对我的朋友说："我想去没有人认识我的地方度过一个周末，就我一个人待在那里。"但是，我真的没想过为自己花时间，就好像"我只是想去"，而我从来没有这样做过。

吉尔：这对我来说有点意思。这让我想知道，是否即使你还没有和自己建立那种关系，反正你知道这是可能的。你认为呢？

切莱斯蒂娜：是的。

吉尔：你觉得怎么样……如果我们能随着时间稍稍回顾一下……你认为我们会看到什么？……是你发展与自己这种关系的根源。（*在这里，我感兴趣的是揭示现状的来历。*）

切莱斯蒂娜：啊，哇……我不知道。我一直喜欢思考事情，任何以某种形式发生或影响我生活的事情。而且，我以前有很多自我对话，现在我仍然这样做。但现在，这不是自我怀疑。它只是，就像……我不知道。也许这是我的一种方式，让自己平静下来，以某种方式从家里发生的虐待和所有的压力中坚持过来。

吉尔：这样，好吧……你认为，即使虐待和压力是巨大的，你能够与自己建立起一种关系的方式，能够沉浸在思考中的方式，是一种前兆吗？是不是有什么东西为你能够和自己形成这种良好的关系奠定了基础？

切莱斯蒂娜：我可以这样说。

吉尔：嗯，那是你当时欣赏的东西吗？你的思考和自我对话是你熬过家里那些事的一种方式吗？

切莱斯蒂娜：是啊，是啊。

吉尔：如果你当时知道的话，如果你能回到过去预见未来，看看你现在是怎么度过的，只想和自己在一起，慢下来，享受独处的感觉……如果你能在你的未来看到这些，那么那时候这对你意味着什么？（这里我在问一个意义问题。）

切莱斯蒂娜：啊……希望！……希望。我认为这是最合适的词，希望。

吉尔：嗯嗯。

切莱斯蒂娜：好像将要发生一样，而且你会实现目标。并且……

吉尔：嗯。那么，我问你一个问题。你会这样说，嗯，"感激和自己相处的时光"，你会说那是反虐待之类的事情吗？或者你会说这是一件"超越"虐待之类的事情吗？

切莱斯蒂娜：都会！

吉尔：都会？

切莱斯蒂娜：是的，都会。因为它创造出了这种——我喜欢的——反虐待的环境，我喜欢这个词。同时，它就像是超越了，就像是在继续前进。

吉尔：嗯。

切莱斯蒂娜：两者都会。都会！嗯，我想我曾经告诉过你，我觉得我一辈子都在奔跑。奔跑，做每件事都如此之快。有时候就好像在逃避很多事情。我是一个非常亢奋的人，而且很活跃，我总是这样的。但是，现在我不觉得我在奔跑，我觉得我在"做事情"。

吉尔：是的。

切莱斯蒂娜：你知道，这让人感觉很不一样。

吉尔：怎么不一样？

切莱斯蒂娜：因为我不着急。我能更好地享受我正在做的事情，而且我能够以一种更好的方式来管理自己的压力。

吉尔：嗯。那么，你能给我举一次你是在做事情而不是在奔跑的例子吗？（切莱斯蒂娜提到了一个独特的结果。我现在希望发展它的故事。）

切莱斯蒂娜： 让我想想，这个我真的不……或许我曾经有过这样的时刻。

吉尔： 它不必是一个幻想，一个巨大的成功。就说一个时刻，任何时刻都行。

切莱斯蒂娜： 最近的？

吉尔： 是的。

切莱斯蒂娜： 好吧。也许这听起来与我们所说的无关，但是这是我能想到的唯一例子。我想我告诉过你，我处于……很多不同的压力源。你知道的，去上学。当时我正在接受的培训几乎占据了我所有的时间。我真的没有太多时间在办公室做工作。而且，第一周，我很紧张。你知道，我几乎要哭了，因为我就是这样的人，我只是不能这样做。但是，我记得我一直在做的一切。我和自己对话，就像"让一个人跟我说话"，就像"让一个人去做你必须做的每件事。"

吉尔： 嗯。

切莱斯蒂娜： 而且，这是真的，我慢下来，我在想，"好吧，如果我能做，我就能做到。就是这样。""你需要休息，"我对自己说，"你需要休息，你不必为任何需要做的事情过分担心。"而且，啊，"夏天就要结束了，你会有更多的时间去做其他事情。"而且……

吉尔： 我能问你一个问题吗？

切莱斯蒂娜： 嗯嗯。

吉尔： 你是用英语还是西班牙语和自己对话？

切莱斯蒂娜：（大笑）实际上，这听上去会很有趣，我都用！

吉尔： 都用？你能做到吗？我可以听听它是什么样子吗？可以吗？用英语和西班牙语和自己对话，就像你做的那样？

（我认为复述对于切莱斯蒂娜再次体验这个替代故事是有用的。我不想以我自己的解释去妨碍她的体验。我也想知道是否可能有在这里有用的重要体验，它们是切莱斯蒂娜波多黎各语言和文化的一部分。）

切莱斯蒂娜： 哦，我的天哪！啊……哦。

吉尔： 我听不懂，但我只是有点想听听它是什么样的。

切莱斯蒂娜： 嗯，通常我会先用西班牙语这样说，嗯，“你很痛苦”，然后我开始用英语这样说“你要去做，没有人逼迫你”。然后就用西班牙语和英语一直反复地说“别担心……没问题……”

吉尔： 嗯嗯。

切莱斯蒂娜： 有一个人正在唱歌，让我试试能不能翻译那个标题，这首歌的名字好像是“每个人都有自己的世界，自己的事情”。你知道，你喜欢什么。而这就是我，这就是我喜欢的。他在唱“我更喜欢……”，嗯，“我更喜欢做我自己，而不是为了取悦别人而伪装自己。我喜欢待在绿树环绕的地方，去看……”嗯，我不太清楚，“……水”(或诸如此类)“……而不是待在城市里，烟雾弥漫。”他在做对比。

吉尔： 嗯。

切莱斯蒂娜： 我喜欢这首歌，因为这个作品的脚本，而且它使喜欢它的读者相信，“我也是这样的！”你知道吗？

吉尔： 嗯嗯。

切莱斯蒂娜： 我更喜欢自由，做真正的自己，忠于自己。我不奢求太多，只是想平静地生活。

许多叙事工作涉及讲述和复述，而且——通过复述——体验不会被问题故事预测的故事。叙事也可能包括获得问题故事的新意义，或者从不同的角度去讲述故事，或者根据人们通过替代故事、首选故事对自己的了解来进行讲述。对于切莱斯蒂娜来说，叙事工作包括制作一盘治疗对话的录像带，作为一个她可以反复观看的文件。

在我们一起进行的工作中还有一点，切莱斯蒂娜为自己创建了另一个文件，名为“我的旅程”。在里面她记录下她学到了什么，以及她如何通过摆脱虐待的过程发生改变(我们称之为外化)。她把这份文件读给我听，读给她最亲密的朋友和她母亲听。以这种方式，她向听众传播了她的首选故事。

在切莱斯蒂娜摆脱了虐待的影响，并“滋养她的精神”时，我们邀请了一个局外见证人团队参加了两次她的治疗会谈。团队的支持和思考对她的新进展做出了巨大的贡献。

切莱斯蒂娜还充当了我治疗的一位年轻人的局外见证人，当时这位年轻人正在与来自他父亲的暴力影响做斗争。她对这位年轻人有很大的帮助，同时也提供了一种方式来尊重切莱斯蒂娜关于这类问题的认识。

允许我们发表关于她的文字记录，并让读者相信她的生活细节，也是切莱斯蒂娜为她的新故事、首选故事创造读者的途径。她对虐待经历及其影响进行了重新讲述，不再集中于异常状态。她认为自己的工作有助于其他人在一起挑战虐待及其影响，她为此感到高兴。

（王娜　冯琳琳　张爱莲　译）

参考文献

Adams-Westcott, J., Dafforn, T. & Sterne, P. 1993. Escaping victim life stories and co-constructing personal agency[M]// S. Gilligan & R. Price (Eds.). Therapeutic conversations. New York: Norton.

Andersen, T. 1987. The reflecting team: dialogue and meta-dialogue in clinical work [J]. Family Process, 26: 415-428.

Bruner, J. 1986. Actual minds/possible worlds[M]. Cambridge, MA: Harvard University Press.

Bruner, J. 1990. Acts of meaning[M]. Cambridge, MA: Harvard University Press.

Cohen, S. M., Combs, G., DeLaurenti, B., DeLaurenti, P., Freedman, J., Larimer, D. & Shulman, D. 1998. Minimizing hierarchy in therapeutic relationships: a reflecting team approach[M]// M. Hoyt (Ed.). Handbook of constructive therapies: innovative approaches from leading practitioners. San Francisco: Jossey-Bass: 276-293.

Epston, D. 1993. Internalizing discourses versus externalizing discourses[M]// S. Gilligan & R. Price (Eds.). Therapeutic conversations. New York: Norton: 161-177.

Epston, D., Morris, F. & Maisel, R., 1995. A narrative approach to so-called anorexia/bulimia[M]// K. Weingarten (Ed.). Cultural resistance: challenging beliefs about men, women, and therapy. New York: Haworth: 69-96.

Epston, D. & White, M. 1992a. Consulting your consultants: the documentation of alternative knowledges[M]// D. Epston & M. White (Eds.). Experience, contradiction, narrative, and imagination: selected papers of David Epston and Michael White. Adelaide, Australia: Dulwich Centre Publications.

Epston, D. & White, M. 1992b. Experience, contradiction, narrative, and imagination: selected papers of David Epston & Michael White[M]. Adelaideo,

South Australia: Dulwich Centre Publications.

Foucault, M. 1977. Discipline and punish: the birth of the prison (A. Sheridan, Trans.)[M]. New York: Panatheon.

Foucault, M. 1980. Power/knowledge: selected interviews and other writings, 1972—1977(C. Gordon, Ed.)[M]. New York: Pantheon.

Freedman, J. 2002. Using reflecting teams[M]// A. R. Roberts & G. J. Greene(Eds.). Social workers' desk reference. New York: Oxford University Press.

Freedman, J. & Combs, G. 1993. Invitations to new stories: using questions to explore alternative possibilities[M]// S. Gilligan & R. Price(Eds.). Therapeutic conversations. New York: Norton: 291-303.

Freedman, J. & Combs, G. 1996. Narrative therapy: the social construction of preferred realities[M]. New York: Norton.

Freedman, J. & Combs, G. 1997. Lists[M]// C. Smith & D. Nylund(Eds.). Narrative therapies with children and adolescents. New York: Guilford: 147-161.

Geertz, C. 1973. The interpretation of cultures[M]. New York: Basic Books.

Geertz, C. 1983. Local knowledge: further essays in interpretive anthropology[M]. New York: Basic Books.

Hare-Mustin, R. 1994. Discourses in the mirrored room: a postmodern analysis of therapy[M]. Family Process, 33(1), 19-35.

Mann, S. & Russell, S. 2002. Narrative ways of working with women survivors of child of working with women survivors of childhood sexual abuse[J]. The International Journal of Narrative Therapy and Community Work, 3: 3-21.

Meyerhoff, B. 1986. "Life not death in Venice": its second life[M]// V. W. Turner & E. M. Bruner(Eds.). The anthropology of experience. Chicago: University of Illinois Press: 261-286.

Morgan, A. 2000. What is narrative therapy? An easy-to-read introduction[M]. Adelaide, Australia: Dulwich Centre Publications.

Ryle, G. 1990. Collected papers: critical essays and collected essays 1929—1968 [M]. Bristol, UK: Thoemmes Press. (Original work published 1971)

Turner, V. 1986. Dewey, Dilthey, and drama: an essay in the anthropology of experience[M]// V. Turner & E. Bruner(Eds.). The anthropology of experience. Chicago: University of Illinois Press: 33-44.

White, M. 1987. Family therapy and schizophrenia: addressing the "in-the-corner" lifestyle[J]. Dulwich Centre Newsletter: 14-21.

White, M. 1988, 1989. The externalizing of the problem and the re-authoring of lives and relationships[J]. Dulwich Centre Newsletter: 3-20.

White, M. 1989. Selected papers[M]. Adelaide, Australia: Dulwich Centre

Publications.

White, M. 1991. Deconstruction and therapy[J]. Dulwich Centre Newsletter, 3: 21-40.

White, M. 1995. Re-authoring lives: interviews and essays[M]. Adelaide, Australia: Dulwich Centre Publications.

White, M. 1997. Narratives of therapists' lives[M]. Australia: Dulwich Centre Publications.

White, M. 2000. Reflections on narrative practice: essays and interviews[M]. Adelaide, Australia: Dulwich Centre Publications.

White, M. & Epston, D. 1990. Narrative means to therapeutic ends[M]. New York: Norton.

第三部分　叙事的认同和自我多样性：对心理治疗的影响

第9章　叙事认同与心理治疗

丹·P. 麦克亚当斯(DAN P. MCADAMS)
莉萨·贾尼斯(LISA JANIS)[①]

在过去的一些年里，叙事疗法在心理咨询和心理治疗领域逐渐受到重视(例如，McLeod，1997；White & Epston，1990)。在这期间，心理学家也把研究的方向转向了叙事、剧本、情节以及萨宾(Sarbin，1986)提出的“人类行为的故事性”等方面。认知心理学家就人类是如何编码、存储和提取现实生活事件和个人经历中储存的信息进行了数以百计的研究(例如，Conway & Pleydell-Pearce，2000)。社会心理学家运用叙事的方法对亲密关系的发展进行了验证性研究(Murray & Holmes，1994)。发展心理学家(developmental psychologists)则对学龄前儿童理解故事和讲故事的缘由进行了研究(Fivush & Kublai，1997)。人格(personality)叙事理论的发展是基于人们天生就是故事述说者的前提假设，这一理论经过格雷格(Gregg，1991)、赫尔曼斯和

---

① 有关本章的信件请寄给本章作者，地址为：Northwestern University，Department of Psychology，Annenberg Hall，Room 209，2115 North Campus Drive，Evanston，IL 60208，或者发邮件至 Dmca@northwestern. edu。——作者注

肯彭(Hermans & Kempen，1993)、麦克亚当斯(McAdams，1985)、汤姆金斯(Tomkins，1987)以及辛格和沙洛维(Singer & Salovey，1993)等学者的完善得到发展。生命叙事的研究方法和理论除了应用在心理学领域，在社会学(Denzin & Lincoln，1994)和教育学(Casey，1996)领域也得到蓬勃发展。如今，各学科的学者一致认为生命叙事研究(narrative study of lives)需要各领域、各学科共同努力，即从个体、社会甚至是国家层面，探索社会生活中人们生存背后的故事(Josselson & Lieblich，1993；Josselson，Lieblich & McAdams，2003)。

在行为与社会科学中，以叙事为基础的理论和研究方法的中心思想是：人类通过故事来理解他们的生活和他们所处的世界。麦克亚当斯(McAdams，1985，1993，1996)在其认同叙事模型中指出，认同本身就是生命故事(life story)的内在形式，由环境、背景、人物、情节和主题组成。在青春后期和成年初期(emerging adulthood)，个体在社会中开始重新解释过去、认知当下以及在不断修改自我故事中预测未来，自我的综合叙事为现代生活提供了一些社会心理的统一和目的。内化的生命故事基于传记事实，但是大大超过事实，因为为了使故事对他们和他们的听众有意义，人们构建故事会选择适当的经验和想象来解释过去和未来。

叙事认同(narrative identity)是由人与文化背景共同创作的心理社会建构(psychosocial constructions)，他们的生活被嵌入其中并被赋予了意义。因此，生命故事反映的是个体所处社会的价值观念和规范，主要包括性别、种族和阶层方面。然而，每个人的生命故事都只存在于特定的文化背景中，两代人之间的生命故事也是截然不同的。每个人的叙事认同方式也是互不相同的，它有别于传统心理学中个体心理特征之间的差异——特质、动机、智力等。例如，生命故事可以被比较，如与机构和教会(Singer，1997)、救赎与污染(Maruna，2001；McAdams，Reynolds，Lewis，Patten & Bowman，2001)这类主题线的显著性形成对比。由于生命故事结构的复杂性(Woike，Gersekovich，Piorkowski & Polo，1999)、连贯性和可理解性(Baerger & McAdams，1999)，因此，每个人的生命故事都是独一无二的。叙事认同是个体独特人格的重要组成部分，它是在特定的家庭、社会交往(social relationships)(Thorne，2000)以及特定社会的特定历史时刻中形成的(Gregg，1991)。

一、什么是认同

麦克亚当斯(McAdams，1985)的叙事模型源于埃里克森(Erikson，1963)的自我认同(ego identity)发展概念。埃里克森认为，在青少年(adolescence)晚期和成年初期(个体发展八个阶段中的第五阶段)，人们应首要解决自我认同和角色混乱之间的冲突。在生命历程的这个时刻，人们开始探索在社会中可获得的意识形态和职业选择，尝试各种社会角色，以此巩固个人意识中的信仰和价值观以及对生活计划做出临时承诺，承诺他们将有意义地融入新的社会环境中(Marcia，1980)。在这一发展时期，人们首先需要把自己的各种社会角色、才能、倾向和社会参与整合到模式化的思想和活动中，为生活提供一些社会心理参考和途径(Breger，1974)。

认同是自我在成人世界中的整合形态，这种整合包括两种方式。第一，从共时性(synchronic)来说，认同整合了当下生活中各种不同的、可能相互冲突的角色和关系。“当我和我的父亲在一起的时候，我感到手足无措；但是，当我和我的朋友聊天的时候，我由衷地感到轻松愉快”。认同需要整合这两件事情之间的差异，从而当它们产生分歧时，也能被视为同一自我的组成部分。第二，从历时性(diachronically)的角度来看，认同必须在时间上进行整合。“过去我很爱玩棒球，但现在我想成为一名社会心理学家”，或者“以前我是一个虔诚的基督教徒，但现在感觉我不信仰任何宗教”。认同需要整合这些反差，从而当自我元素被时间(或内容)分开时，它们可以有意义地组合在一起，形成一个临时的整体。直白一点来说，就是在青少年或年轻人第一次意识到现在、过去以及将来可能有许多不同的(和冲突的)事情，他们会被社会鼓励产生一种强烈的欲望，变成一个(大的、综合的、动态的)个体。当然，生命中完美的整合只是一种理想状态(Gergen，1992；McAdams，1997)。但是，埃里克森的认同概念(Erikson's concept)特别强调自我整合趋势，尤其是人生中第一次出现自我整合期(青少年晚期至 25 岁左右)，也就是阿内特(Arnett，2000)界定的成年初期。在该发展期之前个体没有认同。

但这并不是说个体就没有“自我”，也不是说在青春期后期之前他们不知道“他们是谁”。当你问任何一个10岁或者3岁的孩子，他们都可以告诉你，他们是谁，和他们的名字，并且能够谈论他们的性格、社会角色、社会关系、最喜爱的食物、不喜欢的事物等。因此，认为儿童没有自我意识是荒谬的。但埃里克森认为，儿童普遍没有产生认同是因为自我的整合还不是他们的社会心理问题。埃里克森(和麦克亚当斯)对“认同”概念的运用比心理学、社会学和日常用语中的普遍用法更具专业性和特殊性。从这个角度来看，认同并不等同于“自我”或“自我概念”甚至“我是谁”；相反，它指的是人们对自我理解(self-understandings)的特殊才能，自我可以被这种才能安排或配置。在某种程度上，一个人的自我理解是共时性和历时性的整合，这使他位于一个有意义的心理社会位置，并提供给他的生命一定程度的统一和目的，那这个人就“产生”了认同。因此，认同在成年初期之后才开始“工作”。在这个时候，人们开始将他们的生活融入自我定义的故事中，这是一个内在化、不断发展的自我的故事。它将自我共时性和历时性整合在一起，解释了为什么我和父亲在一起时手足无措，以及和朋友在一起时的轻松愉快，也可以看出这些变化是怎样一步一步、一幕一幕产生的——我从一个热爱棒球的虔诚的基督教徒怎样变成了一个无宗教信仰的社会心理学家。

为什么认同形成要等这么久？为什么要到成年初期的时候，人们才会开始构建自己的生命故事，达到生命的统一？埃里克森的解释继承了弗洛伊德的思想，即认为认同的形成时期与性有关。青春期性特征的发展(sexual development)有助于开启认同过程，它标志着成熟的成年人在爱情和工作中的地位。此外，由于生理和心理发生的巨大变化，青少年可能会意识到：我不再是个孩子了。随着这种认识的实现，他们会对个人历史有了一种新的理解：“我不知道现在我是谁，但我知道我已不是从前那个我了(McAdams, 1985)。”童年已成为过往，而成年即将到来。

同样重要的是，埃里克森(Erikson, 1959)认为，青少年的社会关系和社会期望正在改变：“青少年被给予回应、被赋予职责和地位与他的认同形成有很大的关系，他的逐渐成长和变化对那些开始理解他的人来说是有意义的。”父母、高中老师、兄弟姐妹、朋友、学院招生顾问、商界、媒体以及现代社会的很多方面都在直接或间接地催促着青少年和成年早期的人们快速“进入生活”(Habermas & Bluck, 2000)。他们已经到了要对未来做出决定的时候了，包括学业、服兵役、工作以及婚姻和家庭。总的来说，西方社会“期望”青少年和青年人可以开始研究职业、人际和社会的意识形态，并最终做出承诺，即使这只是暂时在成人世界里寻找个人化的职业。也就是说，社会和成年初期都是在为个体形成自我认同做准备，直到他真正进入成年期。埃里克森(Erikson, 1959)曾说：

> 这段时期可以被看作一种心理社会的暂停，通过自由的角色实验，个体可以在他社会的某个部分找到一个职业，即使这是一个有着明确定义的职业，但对他来说是独一无二的。在这过程中，他们获得了内在连续性和社会一致性，使过去的他和未来的他连接起来，并调和他设想的自己和周围人眼中的他。

在这段生命历程中，认知的发展可能是认同出现的工具性条件。继布雷杰(Breger, 1974)和埃尔金德(Elkind, 1981)之后，麦克亚当斯(McAdams, 1985)认为，青春期的形式运算思维(formal operational thinking)可以为认同探索提供认知能力。随着形式运算思维的出现，年轻人可以借助假设—演绎(hypothetico-deductive thinking)思维，系统地接受各式各样可能适用于他们生活的假设场景和理想。认同对思想家而言，是一个有吸引力的抽象概念。布雷杰(Breger, 1974)曾写道：“对自我片面或完整的(integrative)认识是来自对过去我是谁、现在我是谁以及将来我要成为谁的整合，这是儿童根本想象不到的抽象。”但是，“随着青少年期形式运算思维的出现，整体性、统一性和整合成为内省的现实问题”。因此，越来越复杂多变的生活可能会被整合为一个有意义的整体，这种可能性对自我反思的成年初期者来说是特别有吸引力的。

麦克亚当斯认为，成年初期的青年人开始将他们的生活融入有文化意义的故事中来进行整合。同样，哈贝马斯和布拉克(Habermas & Bluck, 2000)提出，构建完整的生命故事所需要的认知思维，要到青春期和成年初期才能得到良好发展，整合的生命故事的衔接需要理解和利用四种连续性。在进入小学的时候，孩子们对故事的构成有了内在的理解，他们能够讲述自己生活中一些简单的经历，这些小故事体现了哈贝马斯和布拉克所说的时间连续性(temporal coherence)。从小学到青春期这一阶段，他们吸收文化知识来想象社会中的典型生活，从而发展出哈贝马斯和布拉克提出的传记连续性(biographical coherence)。例如，他们开始了解人都是在家庭和学校中长大的，然后在青春晚期离开家，成年后从事工作，再结婚生子。随着时间推移，在变老退休之前，人们在职业中朝着自己所理想的方向发展等。

然而，哈贝马斯和布拉克(Habermas & Bluck，2000)认为，个体要到青春期才会用因果叙事来解释在传记背景下不同的事件是如何联系在一起的。因果连续性(causal coherence)在青少年的不断成长中体现出来，为个人的生活提供叙事描述，解释一个事件是如何产生、发展、转变的，或者以某种有意义的方式与个人生活中的其他事件相联系。这样就可以用生活事件来解释人格特质、态度、信仰和爱好。例如，青少年可以解释他们为什么会拒绝父母的民主政治信仰，为什么在异性面前会害羞，或高中初期是怎样成为他们认识自己的转折点的。就个人经验而言，他们是从自己过去众多的人生经历中选择一些事件来重建一个连贯的解释。此外，在主题一致性(thematic coherence)方面，他们会认同那些整合了他们生活的片段和解释他们是谁以及他们生命故事的主要观念、价值或原则。哈贝马斯和布拉克(Habermas & Bluck，2000)的研究表明：因果和主题连续性在青少年早期的自传式叙述中很少见，但在青少年时期和成年期都有显著增长。所以，当个体到了成年初期的时候，他们通常能够并且渴望建构关于过去和自我的故事，这些故事展示了时间、传记、因果和主题的连续性。自传记忆和叙事理解已经发展到可以帮助认同塑造。

二、生命故事和生命历程

虽然编写完整生命故事所需的心理社会和认知能力要到青少年晚期和成年早期才会发展成熟，但这并不意味着青春期的个体是突然、毫无准备地编写自己生命故事的。正如埃尔金德(Elkind，1981)在个人寓言中所描述的那样，生命故事的版本可能会更早出现。例如，在日记和其他个人资料中，年轻的青少年可能会编一些关于自己的潜在伟大或独特性的荒诞自传体故事，这些故事有高度的连贯性，但可能与他们的现实生活并没有多大的联系。埃尔金德认为，个人寓言会在青春期逐渐消失，但它们可被视为生命故事的初稿(McAdams，1985)。早在青春期前期，个体就能够以故事的形式将个人记忆(intimate memories)串联起来，亲子对话研究(Fivush & Kuebli，1997)结果显示：孩子正在收集和处理各种各样的经历，这些经历最终会融入他们后来整合的生命故事中，或是对生命故事有重要影响。麦克亚当斯(McAdams，1993)认为，即使早期的依恋类型也可能最终反映在成人生命故事所呈现的整体叙事基调和质量上。儿童没有明确地形成认同来构建融合的生命故事为他们的生活提供参考和途径，以及在现代社会的社会心理职业中进行有意义的定位，但间接地为将来的认同收集了材料。因此，成人生命故事的主要形象和主题可能反映了早期生活的影响。

虽然成熟的生命故事可能会开始于青少年和年轻人的认同形式，但当这个发展时期结束时，个体的认同建构却未停止。埃里克森(Erikson，1963)最初的阶段模型将认同形成局限于一个单一的社会心理阶段(成年初期)，但麦克亚当斯的叙事模式强调在整个成年时期延续认同工作。生命故事在生命历程中不断发展和变化，反映出不同的时代性和非时代性事件的发生及转变。麦克亚当斯(McAdams，1993)认为，在生命的不同时期，人们可能会从不同内容和特性方面去编写生命故事。例如，个体在青春期晚期和青年期可能会把他们的一些身份认同的问题集中体现在基本价值观和信念上(Perry，1970)。能够建立一个清晰、有说服力的信念系统来组织一个人的生活，证明生命故事中建立主题连续性的强大机制。从成年早期到中期(early to middle adulthood)，许多美国人把他们的认同工作集中在阐述、扩大和精炼生命故事的主要人物或个人意象上。意象是一个理想化的自我形象，在叙事中充当主角(McAdams，1984)。类似于马库斯(Markus)和纽瑞尔斯(Markus & Nurius，1986)提出的“可能自我”，意象体现了生命故事中重要的动机趋势，如对权力、成就或亲密的强烈需要(McAdams，1985)。意象的构建有助于将我的不同人格融入同一叙事模式中——忠诚的妻子、热情的女权主义者(feminists)、深情的母亲、渴望逃离郊区的少女、想要回到乡村的退休者等。构建一个单一的生命故事把不同的自我表征整合为一个意象，这可以解释威廉·詹姆斯首先提出的“一体式自我悖论”(Knowles & Sibicky, 1990)。

中年这一时期可能会引起许多现代成年人重要的身份认同。毕生发展理论学家写过一篇文章，关于如何意识到人的生命已经过半，这可以使人们担忧失去和死亡，并能刺激长期压抑的倾向的现实，如传统上女性的男性倾向和男性的女性倾向(Gutmann, 1987; Levinson, 1978)。生命历程(life course)理论强调在中年时期的社会角色和关系，以及在日常生活中不断变化的偶然性(Elder, 1995)。不同流派的理论学家大多数都认为中年期是许多人的心理社会发展的黄金时期，因为在这时期，他们在家庭、工作和社会中扮演着重要的角色。埃里克森的认同理论(Erikson, 1963)认为，理想状态下，中年期是生育能力最强的阶段，因为在这一时期，他们把时间、精力和资源集中在关心和帮助下一代的幸福上。最近，一系列的实证研究也证明了中年时期的生育能力对心理和社会的重要性(例如，McAdams, 2001a; McAdams & de St. Aubin, 1998; Peterson & Klohnen, 1995)。

有两项不同但是有联系的研究表明，中年时期的生育对于个人叙事认同变得越来越重要了。首先，随着男性和女性进入婚姻并步入中年期，关心下一代、为未来积累财富、为曾经得到的好处回馈社会的生育动机成了他们生命故事中越来越突出的主题(McAdams, de St. Aubin & Logan, 1993)。其次，成年人步入中年，他们可能越来越关心自己生命故事的结局。故事的开头和中间都不可避免地导致结局，而结局导致一种结束和分离的感觉(Kermode, 1967)。生育的意象为成年人提供了一种特别有吸引力的方式来构建“结局”，即使人们深深地沉浸在生命历程的中间。一个人努力所产生的产品和成果可能会比他存在更久，按照那些好的事物(和人)构造的生命故事会成为自我持久的遗产。生命叙事强调生育隐含地提供了一些可能被认为是好的和令人满意的结局的故事(Kotre, 1984; McAdams, 1985)。相反，这样的结局又会反过来影响人们的开始和发展阶段。因此，根据成年期社会心理的变化和对未来理解的改变，对一个人的叙事认同进行相当大的修改，甚至是重新想象遥远的过去，这一点也不值得惊讶。生育代表了成年中期的一个发展挑战，然而成人在如何应对这一挑战上他们之间是存在显著差异的。自我报告量表和过程评定的定量研究表明，成人的生育倾向存在个体差异(见 McAdams，2001a)。有些成人的生育能力明显要强于另外一些人。此外，生育的个体差异与叙事认同的差异有关。

例如，麦克亚当斯，戴蒙德，德圣·奥宾和曼斯菲尔德(McAdams, Diamond, de St Aubin & Mansfield，1997)对在客观的(行为或自我报告)生育指标上得分高的成人与得分在中等到较低范围的成人所构建的生命故事进行比较发现，相对于低生育组，高生育组成人倾向构建一个更有责任感的故事(commitment story)。在典型的承诺故事里，主人公(a)拥有早期家庭的祝福或优势，(b)在幼年时期就对他人的痛苦很敏感，(c)受到一个清楚且引人注目的个人意识形态的引导，并随着时间推移保持相对稳定，(d)能将不愉快的事转变成好的结果(救赎序列)，(e)为未来回馈社会设置目标。作为一种内化的自我叙事方式，承诺故事有助于维持和加强已生育的成人以积极的方式为下一代努力。虽然许多不同的生命故事可能都由高生育力的人构建，成人努力指导和培养下一代可以理解为使他们坚定承诺的内在叙事，他们注定要为他人做贡献。但这种个人选择深深根植于他们的童年时期，而早期对他人不幸遭遇的敏感则强化了他们的选择。随着时间流逝，个体仍然坚定地被一个明确且有说服力的信念支撑。此外，感知生命的救赎序列(将坏的经历转换为好的结果)提供了希望：今天的努力工作会为未来带来积极的收益；为社会做贡献要像养育孩子一样努力，这样个体就会拥有源源不断的动力。在文学作品、神话和民间传说的故事中，庆祝生育通常会被确定为承诺故事的一部分主题(McAdams，1993)。

在承诺故事中，一个突出的主题是将坏的事转变成好的结果，这就是麦克亚当斯等人所说的“救赎序列”。救赎也是改过的吸毒者(Singer，1997)和前科犯(Maruna，2001)生命故事中一个重要的主题。麦克亚当斯、雷诺兹等人(McAdams, Reynolds et al.，2001)在对学生和成人关键的生命故事场景的叙事进行编码时，发现救赎序列和相反的污染序列(contamination sequences)的叙事模式。污染序列会将一件情绪积极的事件变得糟糕。研究结果显示：生命故事中的救赎序列与自我报告测量的生活满意度、自尊和生命连续性呈正相关，与抑郁呈负相关。相反，污染序列与抑郁呈正相关，与幸福感的三个指标呈负相关。这一结果与健康心理学的研究一致：那些将伤痛、疾病和不幸解释为好处的人往往会更快地从挫折中恢复过来，总体上也更积极(Affleck & Tennen，1996)。因此，虽然生命故事的功能是为自我提供自我认同，但它也有助于改善情绪(Josephson，Singer & Salovey，1996)以及心理健康的整体维护。

三、文化与生命叙事研究

所有文化中的人都会讲故事，并将故事告诉其他人。故事是内化的社会，故事存在于社会背景下。“自传体记忆的叙事结构与其他社会交往的叙事结构没有明显的区别。”鲁宾(Rubin，1998)写道：“自传体记忆的回忆通常可以定义一个社会群体的行为。”发展心理学家强调儿童和成人是怎样在交流中分享个人记忆以及如何在社会上构建自传体记忆的。索恩(Thorne，2000)认为“个人记忆”(personal memory)这个术语不太恰当，因为大多数重要的记忆都已与他人分享了，她建议使用“私人记忆”(intimate memory)这一术语。索恩(Thorne，2000)提出，自我定义的记忆和生命故事的建构是一项社会事业，“家人和朋友一起参与到自我形成中”。然而，即使家人和朋友不在了，生命故事仍保留了他们的社会性格。赫尔曼斯和肯彭(Hermas & Kempen，1993)认为自我类似于复调小说(polyphonic novel)，包含了大量相互对话“讲”的内化的声音。相反，麦克亚当斯(McAdams，1998)认为所有的生命故事都是由外在和内在的观众共同制定的。一个人总是在倾听和观察——它是朋友或熟人、父母和孩子，或是弗洛伊德的超我、米德的类化的他人(generalized other)、内在的依恋对象(internalized attachment objects)或是上帝。

生命故事是社会文化的缩影，故事源于文化。根据一个社会对什么是可以讲述的故事的隐含理解，它们出现、发展再达到顶点，最后在特定的社会规章制度、社会习俗对这些故事的接受程度中销声匿迹。就像罗森·沃尔德(Rosenwald，1992)提出的“当人们讲述生命故事时，他们是依据特定文化的可理解的模型来讲的”。正如上面提到的，哈尔贝斯和布拉克(Habermas & Bluck，2000)认为：在写出令人信服的生命故事之前，他们必须熟悉文化中的传记概念。在现代西方文化中，传记始于家庭，主要是对个体早期成长和发展的描述。可以解释早期经历对成年后期的影响，可以让个体把自己的思想运用在生活中，成为个体开始自我探索的转折点，看到自己曾经辉煌和暗淡的经历(McAdams，1996)。在不同社会背景下，人们的叙事方式和评价标准都是不一样的(Gregg，1991)。

因此，即使在一个特定的社会中，每种故事都可以反映出社会思潮中存在的主流文化与亚文化。比如，女权主义者海尔布伦(Heilbrun，1988)认为，在西方社会中，很多女性“被剥夺了叙事、文本、情节或例子，她们被假设的权力控制了她们的生活”。很明显，生命故事反映了社会的性别和阶级结构，也反映了在社会生活环境中的经济、政治和文化中普遍存在的霸权主义现象。社会中的权力精英将某些生命故事凌驾于他人之上，因此，许多叙事研究者(narrative researchers)和临床医生试图为那些被压制或边缘化的生命叙事提供机会使其发声和表达(Franz & Stewart，1994；Gergen & Gergen，1993；White & Epston，1990)。

社会科学研究中多采用宽领域、无限制的合作方式，各个学科共同努力编写、讲述和宣传生命故事。因此，近年来对生命叙事的研究得以兴起。尤其是女性、不同肤色人种、底层人群以及历来在生命故事中被忽视甚至是受压制的群体受到关注(Josselson & Lieblich，1993；Josselson et al.，2003；McAdams，Josselson & Lieblich，2001)。这一领域的许多研究都是采用归纳、解释的方法来深入研究特定的社会和文化群体中所收集到的生命故事例子。例如，莫德尔(Modell，1992)在即将成为父母的已婚夫妇(expectant parents)讲述他们为什么让孩子被领养时，发现了生命故事共同的主题和叙事策略。瓦尔科娃(Walkover，1992)发现，让已婚夫妇在即将成为父母的时候设计他们所想象的未来的故事，他们会浪漫并理想化他们将拥有的孩子，这表明了对童年完美性的一种隐含(但不理性)的相信。林恩(Linn，1997)的研究发现了以色列士兵(Israeli soldiers)共同的生命叙事模式，即他们拒绝做出与他们信仰不符的侵略行为。格雷格(Gregg，1996)提出了一种混合的生命故事叙事形式：以摩洛哥的现代青年(young Moroccans)作为研究对象，把传统的伊斯兰教信仰和现代主题进行融合。科勒、霍斯泰特勒和博克瑟(Cohler，Hostetler & Boxer，1998)对同性恋夫妇的生命故事中所存在的生育上的冲突、挫折和可能性进行了分析研究。克洛里斯(Crossley，2001)探究了HIV呈阳性的人是如何将对处境的感受和家庭的意义转变成生命故事的主题。

四、治疗关系

在现代生活中，心理咨询和心理治疗为生命故事的讲述和转变提供了绝佳的机会。随着现代成年人努力改善他们的生活并理解他们所处的混乱世界的生活，治疗师和咨询师能为生命叙事提供支持和指导，叙事治疗师(narrative therapists)为干预日常生活中的心理社会建构提供了众多的方法(例如，Hermans & Hermans-Jansen，1995；McLeod，1997；Singer，1997)。然而，在众多的方法中最关键的是释放法(emancipation metaphor)。治疗师帮助他们从感到压抑的社会文化中解放出来(例如，White & Epston，1990)。治疗师运用一系列的技术(比如，将来访者呈现的问题外化)帮助他们从"固有的思维"和"重要的和被忽视的生活经历"中走出来(White & Epston，1990)。叙事治疗(narrative therapy)中，个体在重新编写自己的故事时会更关注自己日常生活中那些愉快的经历，因此更可能感受到"有益的、满意的和开放的"(White & Epston，1990)。

过去的几十年间，叙事治疗运动和社会科学叙事研究的兴起都是在平行的轨道上发展起来的。然而，在很多领域，某一学科的发展可能会对其他学科产生影响，尤其是麦克亚当斯在叙事认同以及生命叙事的相关领域的研究将对叙事治疗的认识和实践产生重要的影响。其影响主要体现在以下四个方面。

第一，叙事认同的研究和理论认为，叙事治疗所达到的改变对认同和人格的发展具有影响。麦克亚当斯(McAdams，1996)认为，人格是由三个部分组成：气质性特征(如抑郁质、神经质、外倾性)，适应性特征(如动机和目标、应对策略、防御)，综合的生命叙事(如认同)。由于没有心理治疗方法可以改变人的基本固有特质，所以一些批评者声称治疗只能对次要人格起作用并且其治疗作用都是暂时的、有限的。然而，最近有研究表明，个体的具体策略、适应能力以及内在生命叙事与气质性特征对行为产生的影响是一样大的(McAdams，2001b)。在改变人们的目标和策略以及提供新的故事以使他们的生活有意义的过程中，叙事治疗师正在影响人的人格，就像他们正在改变家庭和其他社会关系中的动态一样。

第二，叙事认同研究结果表明，治疗师需要仔细思考生命故事发展维度的重要性。现代社会中的个体要到青春期晚期和成年初期才会把他们的生活经历整合到生命叙事中。而在这之前，他们的认知还达不到这个水平；他们所处的社会生态环境也不鼓励这样的认同构建。小孩在 5 岁时明白故事是什么，但他们需要很多年才能在完整的叙事中看到他们的生活经历（Habermas & Bluck，2000）。因此，干预治疗需要做出相应的改变。比如，不能期望小学生从不同的生活事件和故事中得出主题结论，即使这样的结论对成年人（和治疗师）是显而易见的。青少年可能会开始得出这样的结论，但他们很容易得出抽象的结论，这与埃尔金德（Elkind，1981）对个人寓言的研究结果一致。一些青少年可能缺乏认知灵活性和对模棱两可的容忍度，因为他们需要快速地接受极权主义的解决方案和抽象的意识形态，为应对复杂世界提供叙事的感觉。中年人可能会考虑到生育和生命故事的结局，尤其是在家庭咨询（family counseling）中，叙事治疗师需要理解和协调不同的发展需求，使家庭不同成员理解他们彼此的生命故事和生活方式。

第三，个人的叙事认同与他所存在的世界有关。叙事研究者和治疗师都非常看中文化对生命故事编写的影响。但叙事治疗的一些案例显示，最真实有活力的生命叙事是那些无视文化约束的故事（例如，White & Epston，1990）。从这个角度来看，占主导地位的文化叙事是霸权和压抑的，然而那些对个人的生活经验来说更真实的被征服的话语似乎存在于文化之外，仿佛存在一种无文化核心的个人经历。叙事研究者似乎对生命叙事超越文化的可能性不那么乐观（Rosenwald，1992）。从最可疑的观点来看，被支配的话语的释放可能只是一个文化塑造的叙事对另一个的替代。生命故事是个人与个人社会共同的心理社会构建。即使在治疗环境中，共同构建也可能获胜，因为叙事治疗师有意无意地鼓励某些认同构建而不鼓励其他。即使治疗师能够保持中立，改变过程本身也一定反映了文化类别和期望。叙事治疗中产生的新的、完善的自我，也是一种文化构建。

第四，叙事治疗师和研究者都在致力于研究什么样的故事才是心理学理想的生命故事。怀特和爱普斯顿(White & Epston，1990)曾经提出，好的生命故事能超越主流的文化叙事捕捉到丰富的生活经验现象，可以解决问题和拓宽个人生活，是“有益的、令人满意的和开放的”(White & Epston，1990)。罗森·沃尔德(Rosenwald，1992)认为“满意的”生命故事可以“提高人们的行动力”。麦克亚当斯(McAdams，1993)为成熟的和促进认同的生命叙事设立了一系列心理学标准：连贯性、开放性、真实性、差异性、协调性和整体性。从麦克亚当斯的角度来看，生命故事不仅仅是心理社会论述，也是呈现特定道德观点的文化文本(MacIntyre，1981；Taylor，1989)。适应、满足、应对、幸福等心理语言对于充分理解和评价一个人的生命叙事是有益的，但不充分。所有的文化都在推销某种商品，并将某些特定的形象描绘成好人且在特定的文化背景下过着美好的生活(Taylor，1989)。叙事治疗师必须将这些额外的心理类别带进孩子、成人和家庭的工作中。作为叙事改变的推动者，他们必须就对来访者生活有意义的心理、文化和道德流利交谈。

在治疗和研究中，是什么构成一个好的生命故事的问题，必然会引出叙事真理这一棘手的问题。叙事方法倾向于采用建构主义认识论的变式。换句话说，故事就是一种与现实生活有着不确定关系的意义建构(meaning-making constructions)。麦克亚当斯的生命故事认同理论采取了社会心理建构论的中间立场。叙事认同有虚构的成分但并不完全等同于小说。与《纽约客》(*New Yorker*)的故事不同，一个精心设计的、社会心理真实的生命故事是建立在个体现实的社会和物质生活基础之上的。因此，判断个体生命故事的成熟性和完整性的一个重要标准是真实性。生命故事是由人的故事和使故事有构建意义的文化共同构成的。叙事认同是一种话语形式，尽管文化会随着时间推移而改变，但它具有独立完整性，或多或少能解释以及塑造和指导人类生活的心理现实。

那些喜爱更纯粹的社会建构主义的理论家可能会发现，在某种意义上，认同应该和社会、物质现实保持一致，而不是说这些现实无论如何都不能客观地知道(例如，Gergen，1992)，因此，没有任何标准可以考察生命故事的真实性。怀特和爱普斯顿(White & Epston，1990)持相似的观点，他们声称“我们不能了解客观现实，所有的了解都需要一种解释行为”。该理论认为，特殊情况下，通过治疗来修正生命故事不只是放弃错误而追求真理的过程，更是一个决定病人被主导故事困住并寻找与主导故事相反的经验片段的过程。使用这些新发现的生活方面，治疗师可以和来访者共同努力形成一种可选择的、理想的、更有帮助的、令人满意的和开放式的故事。

然而，彻底的建构主义观点受到了质疑，杰出的叙事治疗师罗森沃尔德(Rosenwald，1992)认为建构主义太过“随心所欲”。换句话说，极端的建构主义者认为，故事只反映了社会规则而并非社会现实，但只要可以解决来访者的问题，每一个故事都是一样好的。然而，罗森沃尔德(Rosenwald，1992)认为这个标准对一个“更好的”故事来说太自由了：“一个故事会因它的元素能够被方便地重组以适应这个场合而变得更好吗？如果是这样的，那应该被称为小说。但小说可以减轻人的痛苦吗？”

罗森沃尔德提出，真正的叙事既不是表征性的也不是实用的，而是辩证的。治疗师的任务不仅仅是通过简单挖掘来访者的过往经历来重新编写一个新的权威的故事，还要帮助来访者掌握改写自己生命故事的方法和发展一个将持续一生的升值的和期待的过程。罗森沃尔德认为，生活是生活在一个叙述者故事的最新版本的阴影下。在生活中，叙述者尝试生活在故事所表达的内容中并在任何感觉缺失的地方构造故事；在时间上，采取的行动可以重新确认故事的某些特征，同时使其他方面复杂化甚至相反。新的生活经历为新的故事奠定了基础，而新的故事反过来又决定了未来的行动方向。病人越熟练地对自己的叙述进行缜密的修改，这个过程就会持续越久，生命故事就会变得越来越连贯和生动。因此，生活故事既不完全符合客观现实或实际问题，但它们也不是针对特定情况而产生的间断性小说。最新的生命故事是对过去的总结。随着他们克服了过去故事中的自毁效果，以后的叙述会更加令人满意。这样，故事就像参与对话的人一样相互联系；正如罗森沃尔德指出的那样，即使没有单一的真相，也没有特别的问题得到充分解决，对话也可能是富有成效和有启发性的。持续的辩证法是叙事的过程，叙事可以反映出“真实”的劳动。

总的来说，叙事治疗师正在改变人们的生命叙事。叙事研究者正在从科学的角度研究这些故事。迄今为止，治疗师和研究者在生命故事的话题上并没有太多的交流。我们相信，未来将会有许多机会，让研究生命故事的临床医生和研究者进行富有成果的对话。本章主要探讨生命叙事研究中的一个具体的理论和研究方法。麦克亚当斯的叙事认同模型(narrative model of identity)似乎在很多方面都和叙事治疗相互联系。在未来，叙事治疗、研究和理论都将在一定程度上有利于临床医生和研究者分享观点和看法。

（刘佳怡　黄芳　译）

参考文献

Affleck，G. & Tennen，H. 1996. Construing benefits from adversity：adaptational significance and dispositional underpinnings[J]. Journal of Personality，64：899-922.

Arnett，J. J. 2000. Emerging adulthood：a theory of development from the late teens through the twenties[J]. American Psychologist，55：469-480.

Baerger，D. & McAdams，D. P. 1999. Life story coherence and its relation to psychological well-being[J]. Narrative Inquiry：969-986.

Breger，L. 1974. From instinct to identity：the development of personality[M]. Englewood Cliffs，NJ：Prentice Hall.

Casey，K. 1996. The new narrative research in education[M]// M. W. Apple(Ed.). Review of research in education(vol. 21). Washington，DC：American Educational Research Association：211-253.

Cohler，B. J.，Hostetler，A. J. & Boxer，A. 1998. Generativity，social context，and lived experience：narratives of gay men in middle adulthood[M]// D. P. McAdams & E. de St. Aubin(Eds.). Generativity and adult development. Washington，DC：American Psychological Association：265-309.

Conway，M. A. & Pleydell-Pearce，C. W. 2000. The construction of autobiographical memories in the self-memory system[J]. Psychological Review，107：261-288.

Crossley，M. 2001. Sense of place and its import for life transitions：the case of HIV positive individuals[M]// D. P. McAdams，R. Josselson & A. Lieblich(Eds.). Turns in the road：narrative studies of lives in transition. Washington，DC：American Psychological Association：279-296.

Denzin，N. & Lincoln，Y. (Eds.). 1994. Handbook of qualitative research[M]. London：Sage.

Elder，G. H.，Jr. 1995. The life course paradigm：social change and individual development[M]// P. Moen，G. H. Elder，Jr.，& K. Luscher(Eds.). Examining lives in context. Washington，DC：American Psychological Association：101-139.

Elkind, D. 1981. Children and adolescents (3rd ed.) [M]. New York: Oxford University Press.

Erikson, E. H. 1959. Identity and the life cycle: selected papers[J]. Psychological Issues, 1(1): 5-165.

Erikson, E. H. 1963. Childhood and society(2nd ed.)[M]. New York: Norton.

Fivush, R. & Kuebli, J. 1997. Making everyday events emotional: the construal of emotion in parent-child conversations about the past[M]// N. L. Stein, P. A. Ornstein, B. Tversky & C. Brainerd(Eds.). Memory for everyday and emotional events. Mahwah, NJ: Lawrence Erlbaum: 239-266.

Franz, C. & Stewart, A. J. (Eds.). 1994. Women creating lives: identities, resilience, and resistance[M]. Boulder, CO: Westview.

Gergen, K. J. 1992. The saturated self: dilemmas of identity in contemporary life [M]. New York: Basic Books.

Gergen, M. M. & Gergen, K. J. 1993. Narratives of the gendered body in popular autobiography[M]// R. Josselson & A. Lieblich(Eds.). The narrative study of lives(vol. 1). Thousand Oaks, CA: Sage: 191-218.

Gregg, G. 1991. Self-representation: life narrative studies in identity and ideology[M]. New York: Greenwood.

Gregg, G. 1996. Themes of authority in life histories of young Moroccans[M]// S. Miller & R. Bourgia(Eds.). Representations of power in Morocco. Cambridge, MA: Harvard University Press.

Gutmann, D. 1987. Reclaimed powers[M]. New York: Basic Books.

Habermas, T. & Bluck, S. 2000. Getting a life: the emergence of the life story in adolescence[J]. Psychological Bulletin, 126: 748-769.

Heilbrun, C. G. 1988. Writing a woman's life[M]. New York: Norton.

Hermans, H. J. M. & Hermans-Jansen, E. 1995. Self-narratives: the construction of meaning in psychotherapy[M]. New York: Guilford.

Hermans, H. J. M. & Kempen, H. J. G. 1993. The dialogical self: meaning as movement[M]. New York: Academic Press.

Josephson, B. R., Singer, J. A. & Salovey, P. 1996. Mood regulation and memory: repairing sad moods with happy memories[J]. Cognition and Emotion, 10: 437-444.

Josselson, R. & Lieblich, A. (Eds.). 1993. The narrative study of lives(vol. 1) [M]. Thousand Oaks, CA: Sage.

Josselson, R., Lieblich, A. & McAdams, D. P. (Eds.). 2003. Up close and personal: the teaching and learning of narrative research[M]. Washington, DC: American Psychological Association.

Kermode, F. 1967. The sense of an ending[M]. New York: Oxford University Press.

Knowles, E. S. & Sibicky, M. E. 1990. Continuity and diversity in the stream of selves: metaphorical resolutions of William James's one-in-many-selves paradox[J]. Personality and Social Psychology Bulletin, 16: 676-687.

Kotre, J. 1984. Outliving the self: generativity and the interpretation of lives[M]. Baltimore, MD: Johns Hopkins University Press.

Levinson, D. J. 1978. The seasons of a man's life[M]. New York: Knopf.

Linn, R. 1997. Soldiers'narrative of selective moral resistance: a separate position of the connected self[M]// A. Lieblich & R. Josselson(Eds.). The narrative study of lives(vol. 5). Thousand Oaks, CA: Sage: 94-112.

MacIntyre, A. 1981. After virtue[M]. Notre Dame, IN: University of Notre Dame Press.

Marcia, J. E. 1980. Identity in adolescence[M]// J. Adelson(Ed.). Handbook of adolescent psychology. New York: John Wiley: 159-187.

Markus, H. & Nurius, P. 1986. Possible selves[J]. American Psychologist, 41: 954-969.

Maruna, S. 2001. Making good: how ex-convicts reform and rebuild their lives[M]. Washington, DC: American PsychologicalAssociation.

McAdams, D. P. 1984. Love, power, and images of the self[M]// C. Z. Malatesta & C. E. Izard (Eds.). Emotion in adult development. Beverly Hills, CA: Sage: 159-174.

McAdams, D. P. 1985. Power, intimacy, and the life story: personological inquiries into identity[M]. New York: Guilford.

McAdams, D. P. 1993. The stories we live by: personal myths and the making of the self[M]. New York: William Morrow.

McAdams, D. P. 1996. Personality, modernity, and the storied self: a contemporary framework for studying persons[J]. Psychological Inquiry, 7: 295-321.

McAdams, D. P. 1997. The case for unity in the (post) modern self: a modest proposal[M]// R. Ashmore & L. Jussim(Eds.). Self and identity: Fundamental issues. New York: Oxford University Press: 46-78.

McAdams, D. P. 1998. The role of defense in the life story[J]. Journal of Personality, 66: 1125-1146.

McAdams, D. P. 2001a. Generativity in midlife[M]// M. Lachman(Ed.). Handbook of midlife development. New York: John Wiley: 395-443.

McAdams, D. P. 2001b. The person: An integrated introduction to personality psychology(3rd ed.)[M]. New York: John Wiley.

McAdams，D. P. & de St. Aubin，E. (Eds.). 1998. Generativity and adult development：how and why we care for the next generation[M]. Washington，DC：American Psychological Association.

McAdams，D. P.，de St. Aubin，E. & Logan，R. 1993. Generativity among young，midlife，and older adults[J]. Psychology and Aging，8：221-230.

McAdams，D. P.，Diamond，A.，de St. Aubin，E. & Mansfield，E. 1997. Stories of commitment：the psychosocial construction of generative lives[J]. Journal of Personality and Social Psychology，72：678-694.

McAdams，D. P.，Josselson，R. & Lieblich，A. (Eds.). 2001. Turns in the road：narrative studies of lives in transition[M]. Washington，DC：American Psychological Association.

McAdams，D. P.，Reynolds，J.，Lewis，M. L.，Patten，A. & Bowman，P. T. 2001. When bad things turn good and good things turn bad：sequences of redemption and contamination in life narrative，and their relation to psychosocial adaptation in midlife adults and in students[J]. Personality and Social Psychology Bulletin，27：472-483.

McLeod，J. 1997. Narrative and psychotherapy[M]. London：Sage.

Modell，J. 1992. "How do you introduce yourself as a childless mother?"Birthparent interpretations of parenthood[M]// G. C. Rosenwald & R. L. Ochberg(Eds.). Storied lives：the cultural politics of self-understanding. New Haven，CT：Yale University Press：76-94.

Murray，S. L. & Holmes，J. G. 1994. Storytelling in close relationships：the construction of confidence[J]. Personality and Social Psychology Bulletin，20：650-663.

Perry，W. C. 1970. Forms of intellectual and ethical development in the college years [M]. New York：Holt，Rinehart & Winston.

Peterson，B. E. & Klohnen，E. C. 1995. Realization of generativity in two samples of women at midlife[J]. Psychology and Aging，10：20-29.

Rosenwald，G. C. 1992. Conclusion：reflections on narrative self-understanding [M]// G. C. Rosenwald & R. L. Ochberg(Eds.). Storied lives：The cultural politics of self-understanding. New Haven，CT：Yale University Press：265-289.

Rubin，D. C. 1998. Beginnings of a theory of autobiographical remembering[M]// C. P. Thompson，D. J. Hermann，D. Bruce，J. D. Read，D. G. Payne，& M. P. Toglia (Eds.). Autobiographical memory：Theoretical and applied perspectives. Mahwah，NJ：Lawrence Erlbaum：47-67.

Sarbin，T. (Ed.). 1986. Narrative psychology：the storied nature of human conduct [M]. New York：Praeger.

Singer，J. A. 1997. Message in a bottle：stories of men and addiction[M]. New

York：Free Press.

Singer，J. A. & Salovey，P. 1993. The remembered self[M]. New York：Free Press.

Taylor，C. 1989. Sources of the self：the making of the modern identity[M]. Cambridge，MA：Harvard University Press.

Thorne，A. 2000. Personal memory telling and personality development[J]. Personality and Social Psychology Review，4：45-56.

Tomkins，S. S. 1987. Script theory[M]//J. Aronoff，A. I. Rabin，& R. A. Zucker (Eds.). The emergence of personality. New York：Springer：147-216.

Walkover，B. C. 1992. The family as an overwrought object of desire[M]// G. C. Rosenwald & R. L. Ochberg (Eds.). Storied lives：The cultural politics of self understanding. New Haven，CT：Yale University Press：178-191.

White，M. & Epston，D. 1990. Narrative means to therapeutic ends[M]. New York：Norton.

Woike，B. A.，Gersekovich，I.，Piorkowski，R. & Polo，M. 1999. The role of motives in the content and structure of autobiographical memory[J]. Journal of Personality and Social Psychology，76：600-612.

第10章　叙事自我的发展：一种对话方式

休伯特·J.M. 赫尔曼斯(HUBERT J. M. HERMANS)[1]

一、概述

心理评估和心理干预技术用于叙事治疗已有几十年，本章将对此进行详述。在学习和研究心理学的这些年里，我通过对各种治疗方法的尝试、不同著作的研读，特别是与不同的来访者接触后，对心理治疗有了很多新的认识。然而，这么多年来，我在治疗的过程中一直坚持着三个原则，直到现在它们仍对我有很深的影响。

第一，来访者在叙述生命故事或重要经历时，他们不仅是在倾诉也是在倾听；不仅是对咨询师讲述也是对自己讲述。这种治疗就是来访者在咨询师的影响下对过往经历重新进行解释。而这种叙事治疗的方法打开了来访者重构自己生命故事的大门。当然，咨询师在很大程度上甚至是很必要地影响了这种反馈性倾听(feedback listening)的效果，但其基本原理仍是来访者倾听自身的生命故事，然后在心理咨询师的影响下重新认识自己。

第二，来访者在叙事的过程中会与咨询师形成对话空间(dialogical space)，这种对话空间可以促使来访者在过去的经历和新的认知之间建立起一种新的联系，从而使来访者在此基础上重述自己的生命故

---

① 感谢埃尔斯·赫尔曼斯-詹森(Els Hermans-Jansen)对呈现的案例研究的贡献以及英格丽德·约瑟夫斯(Ingrid Josephs)对本章的建设性意见。有关本章的信件请寄给本章作者，地址为：Department of Clinical Psychology and Personality, P. O. Box 9104, 6500 HE Nijmegen, The Netherlands，或者发邮件至 HHermans@psych. kun. nl。——作者注

事。这种对话空间有利于来访者逐渐意识到自己对过往经历的认识和理解正在发生变化。

第三，咨询师和来访者各自从自身的角度出发，在对来访者的过往经历进行交流的过程中，可以促使对话空间的建立。来访者自己从过去的经历中选择一些事件作为生命故事的素材，因此，他们最明白生命故事中这些事件具有的特殊意义。从另外一个方面来说，咨询师在过往的治疗经历中曾遇到过类似的问题，因此，他们更擅长运用治疗理论、方法和具体技术来评估和影响来访者的叙述。以咨询师专业的知识储备为出发点，咨访双方建立一种合作关系，让来访者重构自己的生命故事。自我倾听(self-listening)、认识与改变之间的逐渐转化以及承认来访者的特殊性，这三个方面是咨询师和来访者对就改变来访者叙事自我而交流的基础。

二、对话自我：一种多立场的声音

本部分将对“对话自我”(Hermans & Kempen，1993)这一叙事方式的基础理论进行详述。简单来说，对话自我是意识中一种动态的、多变的(声音)立场，这种意识与其他人的评价是紧密相连的。对话自我旨在让来访者进行深入的自我剖析，在这一过程中，假设自我是由许多相关的自动空间立场(录入、记忆和想象)组成，I(主体自我)可能从一个立场转移到其他立场。这种立场的转变有利于各立场间在问与答或赞同与反对中建立起对话关系。以下将会从对话和自我两个方面对对话自我的概念进行详述。

俄罗斯学者米哈伊尔·巴赫金(Mikhail Bakhtin，1929/1973)阅读了陀思妥耶夫斯基的著作后，在他的复调小说的比喻中曾明确提出去中心化对话(decentralized dialogue)概念。复调小说的主要特征是，在对话关系中的小说人物都有自己独立的思想，他们通常会碰撞出思想的火花。小说中每个人物的意识形态中的观念也反映了作者的世界观，而不仅仅是陀思妥耶夫斯基笔下描述的包罗万象的艺术场景。陀思妥耶夫斯基塑造的小说人物不是屈从于现实社会的“顺从的奴隶”，而是敢于站在创作者的对立面，发出反对的声音，甚至是反抗他的思想统治。通过不同的人物刻画，陀思妥耶夫斯基呈现出一个不同的甚至是与社会对立的观点的机会，他的作品中不同社会阶层的人们都发出了“同一种”陀思妥耶夫斯基式的声音。这些人物互相质疑或彼此肯定，试图说服或是嘲笑对方。于是，在这样的氛围中就可以碰撞出思想的火花。就像在复调乐章里，不同的声音与乐器有着不一样的位置，它们在合奏时既相互和鸣又相互抑制。复调小说的出现标志着在文学界被称为“全能叙述者退役”的开始(Spencer，1971)。

根据罗森伯格(Rosenberg，1979)的观点，对叙事理论中自我成分的认识可以追溯到心理学史上该概念主要的提出人——威廉·詹姆斯(James，1890)。詹姆斯引入了自我心理学的经典区分：I 与 Me 的区分。詹姆斯认为，I 是主体自我，Me 是客体自我。主体自我具有三个特征：持续性、独特性和选择性(详见 Damon & Hart，1982)。主体自我的持续性是一种个体整合感，也就是一种稳定感。主体自我可以本能地感受到自己与他人的不同，认识到自己的独特性。最终，个体的选择性是在主体自我不断发展的过程中表现出来的，即接受和拒绝某种思想。

詹姆斯(James，1890)提出，客体自我是由自我中的各种经验组成的，自我对话理论中十分重要的一点是客体自我和“我的”(Mine)的逐渐转化。他认为客体自我主要是个体对自身所拥有事物的认识，“不仅仅是他的身体和灵魂，而且还包括他的服饰、房子、妻子和孩子，他的祖先和朋友，名誉和工作，土地和宠物，以及游艇和银行账户”。“我的”(mine)的范畴包括处于情境中的人和周围的事物，该定义意味着不仅“我的母亲”甚至是和我对立的“我的敌人”都是自我的一部分。就像罗森伯格(Rosenberg，1979)指出的那样，詹姆斯对自我的理解已经延伸到周围的环境了。基于自我概念，詹姆斯继续发展自我理论并提出：自我的含义十分广泛，它包含冲突、对立以及社会环境中和谐相处的事物。

在自我对话理论涉及的专业术语中，主我立场(I-positions)并不仅仅局限于自己评价的自我。外界评价的自我作为自我的延伸也是主我立场的一部分，也就是“另一个我”。该观点与巴赫金(Bakhtin，1929/1973)的研究结果一致，他曾指出“对作者而言，英雄不是‘他’也不是‘我’而是具有价值的‘你’，那是另外一个成熟的‘我’”。从这点来看，巴赫金的研究超越了詹姆斯提出的自我概念，因为詹姆斯对 Me(他人眼中的我)的研究仅仅停留在初级水平上。根据巴赫金的研究，我们可以看出社会他人不仅是属于 Me 的一部分，同时也是属于 I 的一部分。也就是说，社会他人作为自我的外部领域，不仅仅是“我的”，也是“另一个我”，是具有主体意义的自我或具有拟人化性质的客体(如一件艺术品、一个玩具、一幅画、自然风景或对你有特殊意义的地方)，而不仅仅是自我在客体意义上的延伸。其他人比如说知己具有两层含义：他们和我很像(自我)但他们又与我不同(区别)。因此，自我认识不仅是认识自己而且也是认识与他人之间的关系。由此可以看出，认识自我和认识他人之间是紧密相连的。

对话自我的概念从巴赫金的复调小说中来看，是由威廉·詹姆斯对于 I—Me 二者关系的重新构想产生的。空间词：立场和动态性词：定位和复定位(见 Harré & Van Langenhove，1991)形成了一种理论构想：I 更具有深层次的概念，它在任何时候都存在于自我和世界当中。像复调小说中的部分叙述的那样，主我立场之间的差异主要表现在声音上，它可以决定内外世界之间的对话关系。

基于这些论述可以把对话自我概括为一种动态、多样的主我立场，在一定的空间情境中，主体的我可以随时间和空间的变化而从一个位置转移到另一个位置中。主体的我在不断变化甚至是对立的立场中会发出不一样的声音，这样不同立场间就建立了对话关系。声音的作用就好像故事中互相联系的不同角色一样，每个角色都会站在自己的立场讲述自己的经历。正如不同位置的 I 发出的声音一样，处于不同立场上的主体的我基于客体的我的角度来讲述彼此的经历，结果就形成了一个复杂的、叙事性结构的自我(Hermans，2001b；Hermans，Kempen & Van Loon，1992)。

综上所述，内部声音(internal voices)和外部声音(external voices)是紧密相连的，它们拥有共同的基础。个体和社会的共有基础是它们都由赞同和反对的声音组成。个体和社会认识对话关系拥有两个必备的条件。第一，多种声音的社会和个体多种声音的社会(multivoiced society)和多声音的个体(multivoiced self)可以让不同主体间相互交流。第二，在社会和个体中，不同立场间的联系取决于社会主导(dominance)力量。就像一些社会中的个体或团体比其他个体或团体拥有更多的权利和资源一样，自我中一些立场会更有实力，在某些特殊情境中，他们比其他立场中的自我拥有更多表达和交流的机会。总的来说，对话交流和对话优势是对话自我固有的特征(Bhatia & Ram，2002；Gregg，1991；Hermans & Kempen，1993，1998；Linell，1990；Taylor，1991)。

(一)心理治疗即各个立场的重建

从对话理论角度来看，叙事形式(narrative-informed)的心理治疗是来访者灵活地从一个立场转移到另一个立场来重建来访者的所有立场。这对于不同立场间建立稳定的联系具有重要的意义。如果某个或一些立场在自我中占有主导地位，那么它或它们就会抑制其他立场间的转移，自我的系统就会失调。因此，心理治疗的目的是通过保持各个立场间灵活的变动来改变这种主导关系(见 Honos-Webb，Surko，Stiles & Greenberg，1999)。

关系以及对话立场使自我中所有的立场保持在一种有序的状态中。改变各个立场可以通过三种方式实现。第一种方式，一个新的立场既应该属于整个对话立场的系统，同时也应该存在于自我之中。重要的是，新的情境可以使自我建立起一个新的立场，但是自我对新立场的接纳在很大程度上取决于整个现存的自我组织系统。如果某个特殊的立场或联结的立场统治着整个组织系统，每个新的立场就会受到抑制，那么在有机会以任何有效的方式创新这个系统之前，系统内部会产生分裂，或者至少新的立场会从属于处于强势地位的立场。为了新的立场能够顺利地融入组织系统，必须首先了解现在的组织系统以及某些特殊立场的变化(例如，我是一个罪犯或我总是生气)。如果满足了这个要求，这种治疗方法就可以有效地处理新立场与强势地位的立场之间的关系。在心理治疗的过程中，优势立场的变化是必然的，从而在整个组织系统中，新的立场才能够与“旧”立场和谐相处甚至是超越了“旧”立场的地位(Hermans，1996a，1996b；Honos-Webb et al.，1999；Leiman，2002)。

第二种方式，系统中弱势立场变为强势立场。在这种情况下，这些立场已经是属于自我系统中的一部分了，但这是心理治疗的结果。例如，利萨克(Lysaker，2001)在研究中指出，精神分裂症(schizophrenia)就是“对话自我的崩溃”。要解决这个问题，来访者会经历三个阶段：精神分裂症前期、治疗中期以及治疗后期。他们的研究发现，某些特殊的立场在第一阶段特别活跃(如我是音乐的痴迷者)；而在第二阶段时，这种现象似乎就会消失；但在第三阶段又会重新活跃起来。一些数据表明这些特殊的立场在个体的自传体描述中会或多或少地被这段时期隐藏起来。这些立场似乎已经完全消失，但事实是它们已经不再是自我的一部分。因此，心理治疗的目的是让这些立场重新成为自我的一部分。

第三种方式，两个或两个以上的立场以新的方式相互支持或者在某些方面培养出合作关系，从而建立起自我的子系统。拥有相同目标的立场可以合作形成联盟(例如，我是一个享受生活的人，我感到很快乐)。然而，以前各持己见甚至是互为敌我双方的立场也有可能形成联盟。

比如，一个对自己的能力极度怀疑并且最终感到崩溃的来访者，在他的整个治疗过程中，我有幸在 18 个月的时间内见证了他自我中所有立场的发展变化。最初，显然有三个立场在他现在的生活中占据强势地位：怀疑自己的立场、完美主义的立场以及可能地位没那么明显但对他而言十分重要的享受生活的立场。虽然享受生活的立场对来访者非常重要，但是它一直处于怀疑自己的立场和完美主义的立场的压制之下，而完美主义的立场可以缓解怀疑自己的立场产生的焦虑。在整个过程中，我和来访者发现：长期占据强势地位的完美主义立场产生的影响可以通过在适当的时候给他人委派任务以及学习一种新的工作方式逐渐减少。当我们第二次检查他的整个立场的时候发现，完美主义立场和享受生活立场已经形成了强大的联盟，甚至可以战胜自我组织系统中的怀疑立场。来访者可以慢慢地享受努力工作的乐趣，并且面对任何事情都不需要他人催促就可以很好地完成任务。新联盟呈现了自我立场重要部分的重组，其优势在于完美主义立场的地位不再是坚不可摧，继而与享受生活的立场建立一种新的合作关系。这些案例研究表明，先前相互对立甚至是互相排斥的立场也有可能建立新的联盟(详见，Hermans，2001a)。

总的来说，心理治疗的目的是通过不同立场间的灵活转变以及主观幸福感增加的方式来重组自我的立场。自我的立场会因为新的立场的出现而发生改变，处于弱势地位的立场变为强势地位的立场就会促使各种立场间形成新的联盟。前面的案例(examples)表明：把一些立场当作有用的(好孩子)而把另一些立场当作没用的(坏孩子)，这是不现实的。但是，它们在自我立场中所处的地位可能使整个自我立场正常发挥作用也有可能导致自我立场功能失调。让我们用一个具体的案例加以说明。

表 10-1 利奥的立场

内部立场	外部立场
我是父母的孩子	我的父亲
我是一个大学生	我的母亲
我很脆弱	我的前女友——劳拉
我是一个报复者	我的朋友
我是应该受到惩罚的	我的弟弟——提姆
我是有需求的	我的妹妹——希拉
我是可以被接受的	我的大学同学——弗兰克
我很性感	导师：亚瑟
我是一个幻想者	完美的女朋友
我很令人失望	牌友
我是一个有思想的人(C)	咨询师：艾尔莎
我是一个跟踪狂(C)	爱好：滑雪
我是不可原谅的(C)	女性(C)

注：C＝利奥选择的内部立场

(二)利奥的立场：跟踪狂、报复者以及幻想者

利奥(Leo)是一名29岁的男性，在上司否定了他的工作状态后，他联系了心理咨询师(埃尔斯·赫尔曼斯-詹森)。上司认为他太傲慢无礼，与同事关系不融洽。同时，他钟情的女朋友和他分手了。于是，他处于崩溃的边缘时，写了一封恐吓信给他女友，控诉她给他造成的一系列困扰。他的女朋友拒绝了与他的任何联系。虽然女友对他非常冷漠，但他却控制不住自己想她，反而更加为她神魂颠倒。他表达感受的方式是跟踪前女友和她的新对象，晚上总是打电话恐吓他们。利奥逐渐意识到他的所作所为就是一个跟踪狂，这同时也影响了他的工作，于是就寻求心理咨询师帮助。

听了利奥的故事后，治疗师(与我合作的治疗师)认为利奥如果进行心理治疗的话，首先他需要认识自我立场。心理咨询师给利奥列出了一系列与他有关的以及之前治疗过程中有相似情况来访者的内外部立场(如 Rowan & Cooper，1999)。利奥逐条判断这些立场，并且在

符合他目前生活状况描写的地方做出标记。利奥认为和他现实状况相关的立场见表 10-1(完整的立场列表见 Hermans，2001a)。利奥做出选择后，心理咨询师要求他补充一些他自认为的立场。他补充了三个内部立场(表 10-1 中用 C 标记)，一个是“我是一个跟踪狂”，他认为这是他最主要的立场之一，这对他现在的生活产生着重大影响。在外部立场中，利奥补充了一条：“女性”，是指他经常去妓院，而这花掉了他大部分积蓄。

为了使这些立场列表尽可能的具体化，利奥可以在外部立场列表中进行姓名标注。比如，标注劳拉(Laura)：他的前女友。而对于他幻想的女朋友却没有标注姓名，她似乎是超现实存在的，是那样令他神往，而他始终是一个幻想者。

通过来访者从自己的角度对立场进行了理解以及对立场列表进行了补充标注后，这就可以把来自不同背景的二者的表述连接起来：心理咨询师和来访者。这一过程可以使咨询师以专业的角度去理解来访者的叙述。另一方面，咨询师易对来访者产生共情。这可以成为来访者和咨询师互相理解的关键点。

建立了上述立场后，内外立场关系的本质就很明了了。在治疗的这一阶段，咨询师和来访者都十分关注某个关键的内部立场和某个关键的外部立场间的关系，同时也在其他立场中探寻这种关系。在利奥的案例中，跟踪狂(内部)和他的前女友劳拉(外部)明显是跟踪狂和报复者之间的联系。利奥承认他的跟踪行为是报复前女友的一种方式，同时他也认为咨询师用“报复”一词恰到好处地反映了他跟踪的目的。在外部立场中，他与劳拉交往符合他的期望，即只要他与劳拉建立了良好的关系，劳拉就是想象中完美的女朋友，她同时拥有了这两方面。劳拉和利奥虽然结束了这种恋人关系，但劳拉的美好形象可以作为一种补偿，继续满足利奥的期望。去妓院找“妓女”对利奥而言就是一种补偿，她们可以满足他被关注和尊重的需要。

在讨论各个立场的关系中，心理治疗师和利奥发现了一个具有巨大影响力的立场：幻想者。利奥认为这对他和被自己理想化的劳拉的关系至关重要(见表 10-2 各立场间的现状及相互关系)。

(三)故事重要部分的评价

为了深入探究跟踪狂这一背景立场，心理咨询师让利奥重点从报复者和幻想者的角度来讲述他的生活以及他与劳拉之间的关系。治疗的这一阶段，咨询师使用了一些开放—封闭式的问题来让利奥认识他以往的重要经历。

这些问题都是自我对抗方法的部分(Hermans & Hermans-Jansen，1995)，让来访者讲述他们自己的过去、现在和未来的故事。关于"过去"的一个问题是："在你过去的生活中，有什么重大的事件现在仍在继续对你产生强烈的影响吗?"来访者和治疗师并排坐着看这些问题。这种空间位置象征着来访者和治疗师之间的合作关系。这个程序要求来访者在治疗师帮助他们制定句子后给出他们的联系。将这些句子写在小卡片上，他们可以很容易地在后期治疗过程中与其他句子进行对比。类似的问题也会用来询问来访者的过去和未来(Hermans & Hermans-Jansen，1995)。

在整个治疗框架下，很重要的一点是来访者面对这些问题是从前期确定的立场而并不是从不确定立场(undefined position)(就像平常的测试和采访一样)出发来思考和回答的。在利奥的案例中，他首先站在报复者的立场上思考这些问题，然后再讲述一件或多件对其个人有积极(愉快)或消极(悲伤)意义的事件。这种意义就叫评价(valuations)。表 10-2 列出了利奥从报复者立场所做出的一些评价。然后，仍通过对开放式问题的思考，利奥又把自己放在一个幻想者的立场上来做出最重要的评价。这些评价见表 10-2。

表 10-2　报复者、幻想者和自我接纳的评价和情感两维度

	Sa	Oa	Pb	Nb
从报复者的角度评价				
1. 当我没有什么可以失去的时候，我很享受毁灭他人的快感；我从中会失去一些东西也会得到一些东西。	12	1	18	16
2. 当我感觉(前女友)对我不忠诚并被我发现时，我想用武力或电话骚扰教训她……我想让她痛苦。	13	3	18	21
从幻想者的角度评价				
3. 我以后会变得很富有并能过上无忧无虑的生活，让我感到很开心；我会和里格一起分享。	10	7	28	0
4. 我是众所周知的改变世界的人，我是一个被人尊敬的英雄。	2	7	22	2

续表

	Sa	Oa	Pb	Nb
从接纳自我的角度评价				
5. 当我接受自己攻击他人、嫉妒他人……然后我就可以接受我是个跟踪狂。	1	0	0	37
6. 因此，约翰逊(前任上司)嘲笑我的想法(追梦者)，我现在明白了为什么我可以从皮特(现任上司)那里得到尊重。例如，我得到尊重是因为我管理到位。	19	4	41	4

注：S＝自我确认的情感；O＝社会交往的情感；P＝积极的情感；N＝消极的情感。

a. S和O维度上的得分介于0到20

b. P和N维度上的得分介于0到40

整个叙述过程的基本原理是当来访者向他人或自己讲述生命故事的时候，他们就会自然而然地对这些事件和事件发生的背景做出积极或消极的评价。来访者之所以对一系列事件或背景做出评价，是因为这可以把这些有序的事件和背景作为一个有意义的连接点。一些评价可能会涉及一些令人恐怖的事件、巨大的挑战、与他人的重要交往、一个难以实现的梦想等。心理治疗的一个目的就是找出哪些评价与某一个特殊立场之间的联系。探究这些评价的一个重要作用在于评价比立场能更深入具体地了解来访者，同时也能更深层次的理解来访者的特殊经历对他们的影响。因此，咨询师更易于探究这些事件给来访者带来的情感变化。从这个角度来看，评价就是立场和重要经历之间的桥梁。

(四)叙述的情感部分

情感部分不仅对理解某些重要的评价是必不可少的，而且也是探究许多评价的重要突破口。各种评价虽然涉及不同的情境，但它们都拥有共同的情感基础。这种假设与目前叙事治疗的重点一致，即都强调情感对叙述的重要影响(如 Angus，Levitt & Hardtke，1999)。

在评估研究中，需要对四种情感进行区分：有关自我确认或自我情感(如力量和自尊)；有关与他人的关系及合作或他人情感(如柔情和爱)；积极(P)情感(如快乐和内心的平静)；消极(N)情感(如焦虑和无能为力)。在咨询师的帮助下，来访者从某些特定立场中得出评价后，开始选取列表中的不同情感词汇来评定每条评价。来访者都用 0～5 六点量表来对每一条评价做出评定，这些评定在一定程度上可以体现出某些经历产生的特殊情感与来访者的评价存在相关。这一过程由来访者在电脑上独立完成。当来访者完成了这一评定后，电脑会根据来访者对情感词汇做出反应所得的总分自动把这些情感归类到 S、O、P、N 组。然后，咨询师就根据评定结果与来访者讨论他的情感模式(affective patterns)和做出评价(Hermans & Hermans-Jansen，1995)。

这一过程背后的原理是：当个体在发展和组织他们的立场与做相关评价时，从深层意义来说，是以满足基本需求为前提的，也就是巴甘所论述的 S 和 O 动机(Bakan，1966)，以及中介作用与交流(详见 McAdams，Hoffman，Mansfield & Day，1996，从叙事角度探讨这些动机)。当来访者的这些动机得到满足后就会出现积极的情感体验；当他们遇到无法逾越的艰难险阻时就会笼罩在消极的情绪中。有人曾假设这些基本动机可以在评价的情感部分得以体现。通过研究 S、O、P 和 N 之间的联系可以发现评价的情感组织和它们对应的立场。

利奥评价中的情感部分在表 10-2 右边栏用 S、O、P 和 N 组展示出来。与报复者立场做出的评价进行比较发现：O 情感完全受到了 S 情感的影响，P 和 N 也受到了 S 的影响。在基本的情感水平上，报复者坚信自己是具有攻击性和毁灭性的。然而，他的复仇只带给了他一点点"快感"，因为他负性情感的出现表明他对于报复并没有感到开心。

利奥从幻想者这一角度做出的评价不仅内容完全不一样，而且情感基调也是不一样的。S 和 O 情感的地位相当。然而，走出深陷自我确定后他的幻想也变得积极了，似乎他梦想的世界并不是根植于他的基本动机。

在对利奥故事中重要的部分评价以及他们具有的情感意义的探讨中，最重要的收获是，幻想者是报复者背景立场中最有影响力的一种立场。利奥曾是一个与报复者对立的幻想者，但是幻想者这一角色在他和劳拉的关系中发挥着重要的作用。这一探究发现，跟踪狂、报复者以及幻想者三者之间像一个联盟，报复者在努力重塑幻想者具有攻击性的形象。在研究虚拟化的幻想者和自我确认的报复者中发现，利奥成为一个跟踪狂。而心理治疗的意义在于帮助利奥从他无法摆脱的幻想者立场中解放出来。

三、治疗过程：参与、创造、巩固

到目前为止，我们把治疗重点都放在了立场清单的建立，与来访者目前生活紧密相关的并代表自我叙事的一个或一个以上立场的选择，以及来访者在选择了的立场中评价和影响的建立。同时，这些研究也逐渐开始从叙事自我和评价过渡到自我改变上。来访者建立立场和评价并不完全是依靠咨询师的评价技术。来访者通过增加立场或者讲述重要经历、做出评价以及对应的情感反应来努力治疗。心理咨询师会请来访者继续参与结果的探讨。换句话说，来访者是整个过程的共同参与者(Hermans & Bonarius，1991)。

在治疗的这个阶段我们仍然会使用一些技术。紧接着，根据凯利(Kelly，1955)建立的模型，我们把第二阶段称为验证/无效阶段(validation/invalidation)。在这个阶段，来访者需要详细地叙述自己的行为和亲身经历，并且把自己的理解和特定情境或自我叙事联系起来，从生活体验的角度对其做出解读。

在验证治疗效果的初期，利奥发现那些隐藏在立场清单下的内容似乎对他未来的发展十分重要。在建立立场清单的过程时，已经将“我接受”这一立场纳入其中(见表10-1)。但这一立场在利奥目前的生活中并没有发挥多少作用，相反，“拒绝”(见表10-1)这一立场却对他现在的生活产生了重大影响。利奥和他的咨询师意识到，接受的立场对于很多自我中心的立场(如跟踪狂、报复者和幻想者)来说，是一个有效的平衡。对利奥来说，接受就意味着他仅仅是和周围其他人一样的平庸，不是世界上独一无二的创造者。同时，咨询师要求利奥对周围人要有更多的关注以及以平常心去看待他的理想、成功和失败。

该验证是通过三个步骤来进行的：参与、创造和巩固。第一步，在参与阶段，来访者应该对与原立场(幻想者)和相对立的立场(忍受者)相关的经历和自我叙事予以关注，这是重新建立来访者立场清单的重要途径。这一阶段建构叙事结构技术就是记录，基本包括：事件发生的地点、时间、人物以及发展势态。咨询师要求利奥把重点放在叙述过往经历中一两件他不接受的事件上，并且进行详述以便于他们在接下来的环节对其进行分析。

第二步就是创造，咨询师会要求来访者首次尝试在不同场合中用新的行为代替以前习得的行为。利奥的案例体现在：在某一特定情境下，他应该尝试接受自我和他人(如平静地接受他的新女朋友和其他人交谈)。在创造阶段，咨询师可以采用一些技术用于来访者的治疗中。最典型的一项技术是梯度确认法。来访者和咨询师一起就可供选择的立场进行选择和讨论，逐渐增加来访者面临情境的难度。接下来，来访者把学习到的东西运用到一种或多种相似的情境中，这就有利于提高成功的概率。

第三步就是巩固，来访者把新行为用于不同的生活情境中，并且每次的难度都有所增加。这一步的目的在于，在不同的情形中不断地重复该行为，从而使这一行为得到巩固。这一阶段，利奥会面临一件十分戏剧性的事件：他的新女朋友和他分手。事实上，这对于他的接受水平而言是一次终极测试。他会再一次失控吗？报复者立场会占据绝对地位吗？该事件之后，利奥和咨询师就这件事进行了探讨并且成功地控制住了自己的情绪。他和他的女朋友决定分手后还是朋友。

总的来说，治疗过程的目的在于使评价和改变逐渐地相互转化。这需要两个周期的治疗才得以实现。较长的一个周期需要三个步骤：研究—验证—研究(IVI)。验证又可分为三个子部分：参与—创造—巩固(ACA)。较短一个周期基本与问题经验同化量表(Assimilation of Problematic Experiences Scale，APES)描述一致：一种立场是怎样占据绝对地位的，这一观点逐渐得到了其他学者的支持(Honos-Webb et al.，1999)。

(一)评价治疗的成功

验证过程开始后的五个月就开始了第二阶段的探究。同时，利奥可以从目前为止建立起来的接受立场中形成一些自己的评价，具体评价见表 10-2。利奥的第五条评价表明，他意识到自我中报复者的立场有所不妥，同时对这一特征进行了详尽分析。在第六条评价中，他的幻想者立场和接纳自我立场建立了联盟。这些评价表明，幻想者立场并不完全是幻想的，而是逐渐与接纳自我立场融为一体的，因此，利奥现在正在寻找一种更现实的方式来获得尊重和关注。

总的来说，我们总结了几条对话技术区分治疗改善或成功。①新的立场的建立、新的联盟的建立、预设一个有效的平衡点，这一平衡点可以保持立场清单中占绝对地位的立场与个人叙事的平衡；②能够在相关立场、对立立场以及日常生活经历中找到一个清晰的连接点；③有能力用新的方式去尝试新行为，从而培养和巩固新的立场；④能够在不同情境下应用反对立场，从而使新的行为成为一种习惯；⑤能够发展和养成与积极的自我确认紧密相连的立场和评价；⑥元立场(meta-position)的发展，来访者可以从中对其他立场间的动态关系进行深刻的洞察（Dimaggio，Salvatore，Azzara & Catania，2003；Georgaca，2001；Hermans，2003）。

在对成功的治疗的评价中，情感维度是尤其重要的。25 年来，我们从来自不同社会经济背景和不同文化水平的大量的来访者中研究出了情感模式(Hermans & Hermans-Jansen，1995)。在基于自我确认、与他人的合作和联盟以及积极和消极情感之间相关联的指数上，我们对六种主要的评价类型进行了区分(见图 10-1)。范・吉尔(Van Geel，2000)用心理测量学方法对几千条评价进行研究，结果表明，从这六个方面也就是这六种类型可以解释 60%多的评价。然而，范・吉尔把一组刚进行心理治疗的来访者和一组大学生作为被试进行比较发现，两组被试在有

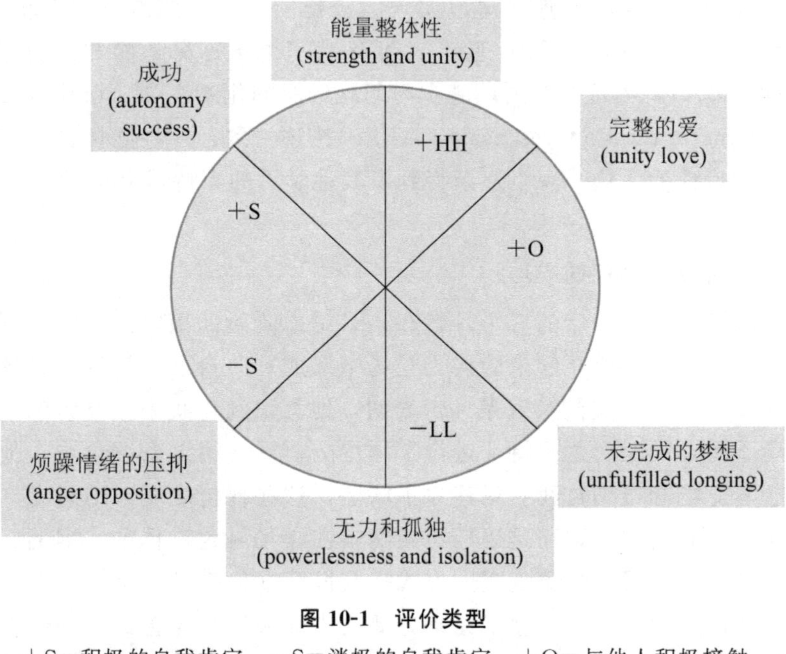

图 10-1　评价类型

注：+S=积极的自我肯定，−S=消极的自我肯定，+O=与他人积极接触，−O=与他人消极接触，+HH=高自我肯定和高接触，−LL=低自我肯定和低接触。

关积极的自我确认(类型＋S)方面存在显著差异：大学生对积极的自我确认做出的评价会多于来访者。从另一个方面来说，来访者对自我确认、联系和合作的不愉快经历会做出更多的评价(LL 型)。

我的临床经验与这一研究结果一致，在成功的心理治疗过程中，来访者的自我确认感会逐渐上升，这就意味着他们逐渐形成了一种能够自动处理自己问题的机制。

基于故事、立场和评价的大样本研究结果改变了我们对决定治疗成功的因素的看法。但是，我们将研究结果运用到个案中应持有一种谨慎的态度。个人的立场清单和做出的评价是基于个体的具体情况得出来的。因此，任何研究结果都应该根据来访者的特殊经历以及来访者的组织立场和评价而做出相应的解释。

(二)治疗关系

我们的评定方法和来访者立场清单的改变应该取决于来访者与咨询师的合作关系。鉴于自我概念的延伸，在治疗过程中，咨询师对来访者而言就是“另一个我”并且也是来访者自我外部立场的变革。因而，该立场的治疗就在于内外部立场间互相的对话关系。也就是说，咨询师在来访者的立场清单中是一个元立场，这是理解内外部立场在自我中占有绝对地位立场间动态关系的重要途径。因此，咨询师的存在有利于来访者增加新的立场、建立新的联盟或者预设一个目标立场。咨询师特殊立场的作用在利奥的案例中将进行详细叙述。

利奥的主要立场见图 10-2。整个圆代表了三个占绝对地位的立场：内部、外部和外界。正如我们看的那样，开始的两个区域代表自我的延伸。然而，后一个区域并不属于自我，而是代表了一个无限的区域，表示所有可能进入自我的新立场。这个未封闭的圆表示外界的立场有可能会移动到内部的自我区域，从外部移动到内部与其他立场对立，反之亦然。因此，立场的进出取决于情境和时间的变化。表 10-2 中长方形区域代表着自我发生变化的一个对话空间(同见 Goolishian & Anderson，1992；Reichelt & Sveaass，1994)，这个空间就像是两个立场间有争议的区域。一个立场的领地在长方形上线以上，另一个立场的领地在长方形下线以下。上线以上的立场代表了治疗初期利奥立场清单功能失调的部分。他通过追逐自己幻想的女朋友以及频繁进入“妓院”来弥补他被抛弃的伤痛。同时，报复者立场也在积极地做无效尝试，对美好幻想的破灭进行补偿。

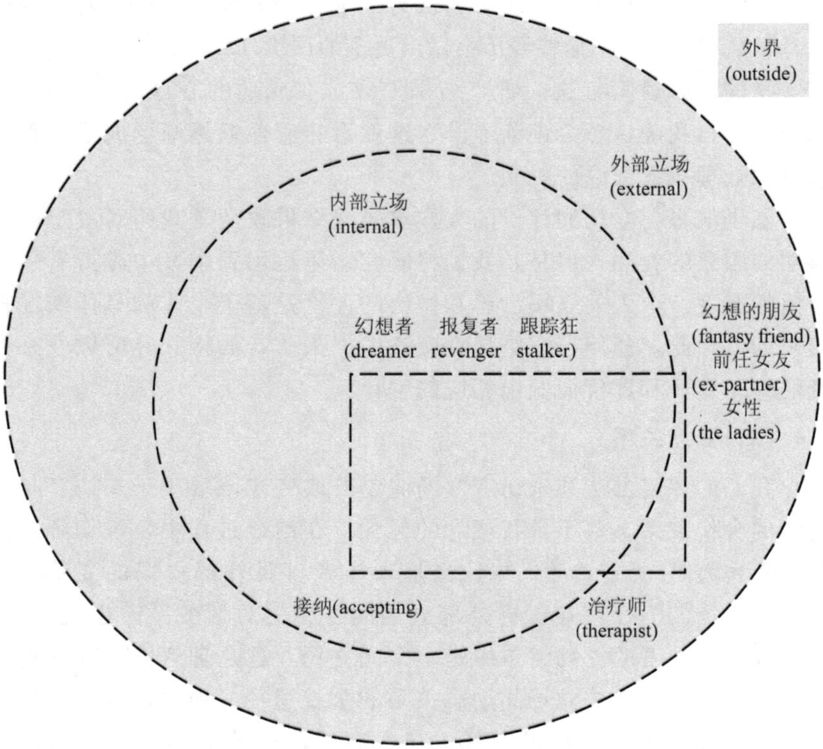

图 10-2 利奥的主要立场图

咨询师的治疗方法是通过建立一个新的立场来改变各立场间相互补偿的关系(Benjamin，1997)。接纳立场拥有的同时，对内部立场(幻想者、报复者、跟踪狂)和外部立场(前女友、幻想的画面、妓女)做出反应的潜力。因此，这种补偿关系可以使自我原来的结构、补偿关系保持不变并且承认原有立场的存在，能够创造一个足以改变整个系统结构的平衡点。在利奥的案例中，心理咨询师是作为长方形下线以下区域的补偿关系的促进者，同时也是与自我内部立场中接纳立场的合作者。事实上，心理咨询师并不能完全保持中立，也需要支持接纳立场。为了更好地组织和改变这个机制，咨询师还需要运用心理学方法推动该立场的成长。

总的来说，咨询师在治疗过程中起到了两个作用：①咨询师通过推动来访者建立自我的新结构，从而补偿他们现有失衡的结构；②对来访者而言，她也是一个元立场，来访者可以在情感洞察的基础上逐渐认识到与自己的问题相关立场间关系的本质。

根据临床经验就可以初步判断来访者的一些病症。这里所说的对话治疗技术可以被应用于以下情形：①找出来访者自我认知或自我叙事中症结所在；②解析来访者的叙事自我；③非灾难性的创伤经历；④无法设定个人目标的感觉；⑤社会团体中的问题（如家庭或其他社会团体成员间的矛盾）；⑥不清楚解决身心问题的意义；⑦单一主题限制的自我叙事；⑧移情和反移情的研究。

咨询师需要注意以下的一些方面：①有严重的创伤性经历的来访者不能谈论他们的问题；②在自我叙事中明显缺乏事件组织的能力；③服用一些药物而最大限度地暂时或永久地改变了自我意识；④认知神经的严重损害限制了来访者的自我意识或自我认知；⑤精神病医疗资源的匮乏带来的伤害虽然并没有引起人们的重视，但是在来访者身上却表现得很明显；⑥来访者拒绝与咨询师合作（赞成和反对对话治疗，同见 Lysaker & Lysaker，2001）。

四、未来的自我和社会

如本章所述，对话治疗的目的在于重建和改变来访者的叙事自我。该理论的基本观点是反对那些站在自己故事的立场，以上帝的视角来叙事的全知视角的叙述者。正如复调小说中的隐喻所描述的：心理治疗就是来访者和咨询师构建一个对话空间，从而建立相互对立的立场，再改变现有结构中各立场的地位，最终达到改变自我的目的。

我认为在未来研究中最大的挑战是社会文化的变化会对自我的构建产生一定影响。正如过去数十年间社会科学提出的那样，我们的心理理论和治疗必定受到文化的限制。然而，随着全球化的发展，自我和精神疗法受到了前所未有的挑战。就像一个社会，自我受到了各种声音的影响，结果，社会主流文化的变化马上就影响到了自我，文化就像是一个“社会的大脑”。根据表 10-2 可以看出，自我和外界之间的关系比以前任何时候都要开放，各种各样的声音迅速地进入或脱离自我。随着多种文化的交融，人们越来越难以对多元的文化声音以及权力差异给出确定答复（Bhatia & Ram，2002；Hermans & Kempen，

1998；Josephs，2002）。

由于这些变化，叙事心理治疗面临着越来越多由不同文化背景的人们所讲述故事的异质性。随着全球化的发展，我们中的大多数人甚至是所有人可能都会进行文化大融合。倘若如此，咨询师与来访者之间的对话就会变得越来越复杂，来访者会具有多种立场的特征。

（李光程　黄芳　译）

参考文献

Angus，L.，Levitt，H. & Hardtke，K. 1999. The narrative processes coding system：research applications and implications for psychotherapeutic practice[J]. Journal of Clinical Psychology，55：1255-1270.

Bakan，D. 1966. The duality of human existence[M]. Chicago：Rand McNally.

Bakhtin，M. 1973. Problems of Dostoevsky's poetics（2nd ed.）（R. W. Rotsel，Trans.）. Ann Arbor，MI：Ardis. [Original work published 1929 under the title，Problemy tvorchestva dostoevskogo (Problems of Dostoevsky's Art).]

Benjamin，L. S. 1997. Human imagination and psychopathology [J]. Journal of Psychotherapy Integration，7：195-211.

Bhatia，S. & Ram，A. 2002. Acculturation，dialogical voices，and the construction of the diasporic self[J]. Theory & Psychology，12：55-77.

Damon，W. & Hart，D. 1982. The development of self-understanding from infancy through adolescence[J]. Child Development，4：841-864.

Dimaggio，G.，Salvatore，G.，Azzara，C. & Catania，D. 2003. Rewriting self narratives：the therapeutic process[J]. Journal of Constructivist Psychology，16：155-181.

Georgaca，E. 2001. Voices of the self in psychotherapy：a qualitative analysis[J]. British Journal of Medical Psychology，74：223-236.

Goolishian，H. A. & Anderson，H. 1992. Strategy and intervention versus nonintervention：a matter of theory[J]. Journal of Marital and Family Therapy，18：5-15.

Gregg，G. S. 1991. Self-representation：life narrative studies in identity and ideology [M]. New York：Greenwood.

Harré，R. & Van Langenhove，L. 1991. Varieties of positioning[J]. Journal for the Theory of Social Behaviour，21：393-407.

Hermans，H. J. M. 1996a. Opposites in a dialogical self：constructs as characters[J]. The Journal of Constructivist Psychology，9：1-26.

Hermans，H. J. M. 1996b. Voicing the self：from information processing to dialogical interchange[J]. Psychological Bulletin，119：31-50.

Hermans，H. J. M. 2001a. The construction of a personal position repertoire：method and practice[J]. Culture & Psychology，7：323-365.

Hermans，H. J. M. 2001b. The dialogical self：toward a theory of personal and cultural positioning[J]. Culture & Psychology，7：243-281.

Hermans，H. J. M. 2003. The construction and reconstruction of a dialogical self[J]. Journal of Constructivist Psychology，16：89-130.

Hermans，H. J. M. & Bonarius，H. 1991. The person as co-investigator in personality research[J]. European Journal of Personality，5：199-216.

Hermans，H. J. M. & Hermans-Jansen，E. 1995. Self-narratives：the construction of meaning in psychotherapy[M]. New York：Guilford.

Hermans，H. J. M. & Kempen，H. J. G. 1993. The dialogical self：meaning as movement[M]. San Diego：Academic Press.

Hermans，H. J. M. & Kempen，H. J. G. 1998. Moving cultures：the perilous problems of cultural dichotomies in a globalizing society [J]. American Psychologist，53：1111-1120.

Hermans，H. J. M.，Kempen，H. J. G. & Van Loon，R. J. P. 1992. The dialogical self：beyond individualism and rationalism[J]. American Psychologist，47：23-33.

Honos-Webb，L.，Surko，M.，Stiles，W. B. & Greenberg，L. 1999. Assimilation of voices in psychotherapy：the case of Jan[J]. Journal of Counseling Psychology，46：448-460.

James，W. 1890. The principles of psychology(vol. 1)[M]. London：Macmillan.

Josephs，I. E. 2002. "The Hopi in me"：the construction of a voice in the dialogical self from a cultural psychological perspective[J]. Theory & Psychology，12：161-173.

Kelly，G. A. 1955. The psychology of personal constructs[M]. New York：Norton.

Leiman，M. 2002. Toward semiotic dialogism：the role of sign mediation in the dialogical self[J]. Theory & Psychology，12：221-235.

Linell，P. 1990. The power of dialogue dynamics[M]// I. Markovǎ & K. Foppa (Eds.). The dynamics of dialogue. New York：Harvester Wheatsheaf：147-177.

Lysaker，P. H. & Lysaker，J. T. 2001. Psychosis and the disintegration of dialogical self-structure：problems posed by schizophrenia for the maintenance of dialogue [J]. British Journal of Medical Psychology，74：23-33.

McAdams，D. P.，Hoffman，B. J.，Mansfield，E. D. & Day，R. 1996. Themes of agency and communion in significant autobiographical scenes [J]. Journal of Personality，64：339-378.

Reichelt，S. & Sveaass，N. 1994. Therapy with refugee families：what is a "good" conversation[J]. Family Process，33：247-262.

Rosenberg，M. 1979. Conceiving the self[M]. New York：Basic Books.

Rowan，J. & Cooper，M. 1999. The plural self：multiplicity in everyday life[M]. London：Sage.

Spencer，S. 1971. Space，time，and structure in the modern novel[M]. New York：New York University Press.

Taylor，C. 1991. The dialogical self[M]// D. R. Hiley，J. F. Bohman & R. Shusterman (Eds.). The interpretative turn. Ithaca，NY：Cornell University Press：304-314.

Van Geel，A. L. M. 2000. Agency and communion：a psychometric study of the self confrontation method [M]. Unpublished doctoral dissertation，University of Nijmegen，the Netherlands.

第11章　同化与叙事：故事是意义的桥梁

凯特琳·奥萨图克(KATERINE OSATUKE)
梅雷迪思·J. 格利克(MEREDITH J. GLICK)
迈克尔·A. 格雷(MICHAEL A. GRAY)
达西·J. 雷诺兹(D'ARCY J. REYNOLDS，JR.)
卡罗尔·L. 汉弗莱斯(CAROL L. HUMPHREYS)
莉萨·M. 萨尔维(LISA M. SALVI)
威廉·B. 斯泰尔斯(WILLIAM B. STILES)①

来访者通过叙述他们的故事的方式来进行心理治疗(Hermans，1999；Neimeyer & Mahoney，1995；Sarbin，1986)。叙事可以再现来访者过往复杂的生活经历。一个好的生命故事主要体现在丰富的人物描写、情节和主题；它可以把听者引入到来访者复杂的世界中；它可以使刻画的人物形象更加具体、深刻和独特(McAdams，1996)。研究者试图通过来访者的叙事方式或者来访者叙述故事的变化来判断心理治疗的效果(Angus，Levitt & Hardtke，1999；Gonçalves & Machado，1999；Grafanaki & McLeod，1999；Lowe，1999；McLeod，1997，2000，2002；McLeod & Balamoutsou，1996；McNamee & Gergen，1992；Neimeyer，2000b)。建立同化模型(assimilation model)(Stiles，1999，2002；Stiles et al.，1990)需要一套系统的方法来挖掘来访者故事中的变化以及理解和解释观察到的变化。在心理

---

① 有关本章的信件请寄给本章作者，地址为：Miami University，Department of Psychology，Benton Hall，500 East High Street，Oxford，OH 45056，或者发邮件至osatukk@muohio. edu。——作者注

治疗的过程中，我们可以根据同化模型来了解那些创伤性经历是怎样同化到来访者的自我中的。同时，同化模型也提供了一种特殊的语言，它可以告诉我们那些经历是怎样变成自我中的问题，而这些问题又是如何解决的以及它们是如何融入自我并且转换为来访者的心理能量的。也就是说，同化模型就是一面发现来访者创伤性经历以及歪曲认知的镜子。

故事是一种依次讲述早期童年经历并且和他人、自己进行交流的方式(Gonçalves & Machado，1999)。本章后面会提到，同化模型认为故事就是一座意义的桥梁——把我们过往的各种经历黏合成一个整体(通过表征方式：语言或其他符号)。同化的过程就是在自我中分散的部分间建立起有意义的桥梁。每个故事都代表了来访者对过往经历中的不同的人、地点以及事件的同化。然而，有些来访者叙述的故事比其他人更好，则其心理治疗的修复效果更好。心理治疗的过程可以理解为人们重构自己生命故事以更好地同化过往的问题经验的过程。为了说明这个问题，我们应该首先意识到生命故事是在心理治疗的过程中产生的。为了解释这一点，我们首先应该承认心理治疗发生的故事背景。

一、我们生活在一个充满故事的世界

我们生活在一个充满故事的世界之中，我们的生活由各种各样的故事组成(Bruner，1986，1990)。从我们出生开始，我们就生活在一个充满各种期待各种可能的故事中。我们每个人都在各自特殊的家庭中长大，这在我们出生前就已经是注定了的。我们的故事会受到历史、社会、文化和家庭的影响。

家庭故事叙述了我们的故乡、我们在家庭中所扮演的角色以及家人对我们的期望。随着我们逐渐长大，家庭故事在不断地记录着我们的成长经历。它们在我们学会说话之前就开始塑造我们的人格。我们的抚养者通过讲故事的方式来培养我们的是非观。他们可能会通过给我们分享他们自身的工作经历或他们小时候说谎后受到惩罚的经历，来告诉我们诚实或努力的重要性。这些故事向我们传达了我们的社会文化背景下和家庭中前辈们的教训和道德价值观。

在社会交往(socializing)中，我们大多数时候都是以故事的形式来分享彼此的个人经历，分享那些让我们欢笑或流泪的经历，炫耀骄人的成绩，赞叹高超的技能，闲聊友人的八卦。内梅耶(Neimeyer, 2000a)曾说过："这种相互交流是一种社会交往而不是一种认知技能。在一定程度上讲述者与倾听者不可避免会产生某种联系，而这一过程也含蓄地要求听众做出一定的回应。"我们通过讲述故事与其他人进行交流，在讲述故事的过程中也可以表达我们的观点，这同时也反映出了我们的世界观。倾听他人的故事可以帮助我们认识他们走过的路，感受他们的感受；了解他人的故事也可以使我们更好地去理解他人。简单地说，我们通过故事走进他人。

我们的认同研究通常是通过分析许多不同的故事来完成的。我们努力去感受别人的故事，也就是在我们的社会文化背景下所发生的故事，同时寻找到别人的与自己的之间的最佳契合点。也就是说，我们通过故事来使我们的经历变得有意义。当我们在编写自己的故事或进行自我叙事时，其中的每一个故事都在潜移默化地影响着我们(Gonçalves, 2000a; Pennebaker & Seagal, 1999)。我们故事中的每条线索都或多或少地融入我们的故事和认同中，它们在自我叙事中留下那些重大或琐碎事件的踪迹。在这过程中，许多不同的故事都在某一点上相互融合。然而，虽然故事的脉络在有些地方是交织在一起的，但是当你仔细探索时，仍会发现它们是井井有条的(McLeod & Balamoutsou, 1996)。

当我们使用这个术语时，故事就是一种特殊的叙述，具体记录着个体经历的每件事的开端、高潮和结尾部分，同时也传递出主角的情感，表现出个体的道德观和价值观(McLeod, 1997)。比如，拉塞尔和卢卡列洛(Russell & Lucariello, 1992)的研究中指出，我们认为叙事中"主角应该有目标、能做出行动，而生理或心理、现实或理想都应该包含在自身的故事中"。故事的结构(记录每一事件的开始和结束部分)可以帮助我们组织经验，带给我们作为主角的效能感，从而使我们产生价值感。我们在故事中表现出来的特征、相关事物和发生的事件之间都存在联系，也就是说这是一个由原因、过程、发展组成的相互联系的整体，这与其他人的故事是截然不同的(Neimeyer, 2000a)。在故事中，它们相互之间的这种关系使它们可以相互理解。有些故事中的人物相当重要；不管在我们的生命中还是我们的故事中他们具有重要意义。当其他故事中人物关系发生变化时，这将会对故事造成很大的影响。

在某种意义上，自我既是一个故事也是一个讲述者(storyteller)，它把我们的生活经历编织为一个故事(Neimeyer，2000a)。自我故事的中心主题就是一个元叙事或宏叙事(macronarratives)(Angus et al.，1999；Gonçalves，Korman & Angus，2000)、个人的传奇(McAdams，1996)、美好生活的故事(McLeod & Lynch，2000)、文化叙事或生活剧本(life scripts)。最重要的元立场绝不是完整和固定的，而是隐含在个体特定的故事中的(McAdams，2000)。自我是一系列通过复杂的交互过程而产生的叙述或故事的综合，同时也是新的故事不断加入、旧的故事不断修正的过程。

然而，我们叙述的方式也许并不能准确反映我们的生活经历。在大部分的自我故事中，一些个人故事的线索可能并不清晰，也有可能和其他线索交织在一起；除此之外，它们看着十分清晰实则交织如麻。这种相互交织的故事线索我们可能不能完全理解或者和元立场融为一体，而其中有些线索甚至是相互矛盾的。这些线索可能隐藏在不同的地方，通过暗示、伪装、回避、甚至是否认的形式表现出来。这通常使讲述者讲述的故事并不能彻底地表达出自己的思想情感，有时候甚至会南辕北辙(McAdams，1998)。这种叙述对元立场的影响可能并不会马上表现出来。揭开这些面纱，我们可能会突然发现那些我们没有意识到但对我们的生活有着很大影响的因素，这一发现可能会改变我们的生活和叙事。

二、什么造成了有问题的故事

当故事无法发挥它们的功能时，如分享经验，形成联系，或者准确地反映个体的生活经验，故事就会变得有问题。同时，当故事反映个人困扰或有问题的经历时，故事也可能成为问题。我们会依次把这些问题弄清楚。

有些问题可能是由于文化背景的限制造成的。某些个人经历并不能完全编写进故事。例如，同性恋者的约会、恋爱以及亲密行为在很大程度上都不能为主流文化所接受。我们不能随意地否定过去的经历，因为文化推崇的叙事主题可能也是不为个人所接受的或者是存在问题的。这些主题中有部分是主流文化所推崇(culturally endorsed)的，但实际上对个体而言却是自我毁灭式(self-destructive figures)的。这主要体现在一些女强人身上，她们希望可以同时努力做一个优秀的母亲、员工、称职的妻子以及一个对社会有用的人；或者是体现在具有大男子主义的男人身上，他们勇往直前、坚强、独立，因为他们把接受他人帮助看作一种耻辱。其他文化所倡导的结果似乎是微乎其微的。例如，一个需要他人支持和照顾的女孩，或者是一个全身心投入到孩子身上的母亲，她失去了所有的兴趣爱好，结果当她的孩子长大后她就会体会到空虚感。同样地，我们的故事似乎是千篇一律(stereotyped)的(例如，孩子的长辈、烈士)。当人们发现自己和这些人的经历是如此相似时，他们会意识到其实自己一直都生活在叙事原型(prototype narratives)中(Gonçalves et al.，2000)，也就是说，人们之所以会形成这种破坏性的原型认同，仅仅是因为社会文化没有提供其他可供选择的原型。

社会文化所倡导的模范形象有时候需要个体付出很大的代价才能做到。例如，维尔斯马(Wiersma，1988)提到了那些充满正能量的故事，这些故事是由刚加入职场的家庭主妇们，在应面试官要求讲述她们的生活经历时讲出来的。然而，一旦进一步了解后就会发现，这些“压抑释放”的故事实际上是带着恐惧、迷惑的面具，带给人一种失落感——这些人在讲述自己的故事时不能完全表达出她们真实的感受。这种传统文化促使女性快速地进入职场，享受独立和自由，但这并不是她们个人经历的全部。这是个人故事中的典型事件。这些故事没有帮助她们认识到工作对她们意味着什么，而相反的是让人更加压抑。社会文化背景迫使她们歪曲自己过去的经历，从而顺从于社会期望。传统的故事和人物角色可能会忽视或拒绝接受其他观念和看法。在这些案例中，正如拉塞尔和旺德雷(Russell & Wandrei，1996)提到的：“故事不再完全是个人的建构而是社会的建构，为了缓和个人或社会矛盾的叙事保持前后一致性，社会建构是需要不断变化的。”

因为故事是关于个人过去痛苦的经历，所以可能会存在很多问题。例如，一个曾遭受熟识且信任的亲人性侵的女性可能难以理解一直以来保护自己的人会这样伤害自己。她生活中突如其来的变化可能使她的个人故事支离破碎也难以赋予其应有的意义（见 Neimeyer，2000a）。这种不完整、模糊的故事就会令人怀疑，因为这难以使她从过去的经历中获得快乐；这些事件和感受一直充斥着她的生活，自己和他人都无法完全理解。她缺少有意义的线索来把这些灰暗的过去和以后的生活经历连接起来。研究表明，心理健康和个人生活故事的连续性有紧密的联系(Baerger & McAdams，1999)。

创伤性经历难以摆脱并且无法用语言形容，因为它们是如此令人痛苦的。人们通常通过否认这段经历来摆脱痛苦。创伤性经历中的幸存者通常会选择性遗忘，自动忽视创伤性经历。有太多的痛苦无法用语言表达和形容。有创伤性经历的来访者在叙述时，通常都是极力掩饰或隐藏那段经历的。这些极力掩盖的经历带来的伤痛就更难化解和同化。而这些故事对来访者所带来的伤害是毁灭性的，因为他们陷入其中无法自拔。例如，一个有受虐史的女性可能会期待其他人的这种治疗形式，而这可以作为一种自我实现（self-fulfilling prophecy）(Briere，1996；Coffey，Leitenberg，Henning，Turner & Bennett，1996；Finkelhor & Browne，1985；Janoff-Bulman & Frieze，1983)。

讲述有创伤性经历的故事总会引起我们痛苦的情绪以及内心强烈的情感冲突，讲述有问题的故事会引起内心或其他方面的痛苦和冲突(如人际关系、家庭关系、社会关系)。遭受痛苦的主体决定了这些问题的解决方式。例如，一个被儿童保护法判定虐童的母亲可能需要参加心理治疗。在该案例中，遭受痛苦的是社会而不是母亲，所以应该由社会来决定治疗方式。

从同化的角度来看，问题经验的本质需要在环境背景中来界定。这些问题可能来源于过往经历与其他事物之间的冲突，可能是社会文化背景、他人需要或我们的期望或元叙述。我们认为这种观点是盲目的：他们认为问题在于缺乏互相同化，而不在于他们自己的过往经历。从这一点来看，精神病理学也可以被看作一个故事，一次把问题经历和其他事物融合在一起的尝试(见 Hillman，1975；Kelly，1955；Leitner & Pfenninger，1994；Mair，1989；Szasz，1960，1990)。例如，一个物质依赖成瘾的丈夫可能会选择毒品来消除他的压力和不安全感，而毒品又成了他婚姻生活的一个障碍。谈论他的压力可能会帮助他跨过他认为过不去的坎，同时也可以鼓励他采用一种新的方式而不是用毒品来解决这些问题。这种方法既可以解决他的问题，也可以缓解他妻子的焦虑。同化为理解问题经验提供了一个框架，并描述了一个可以解决问题的过程。无论是在心理治疗还是其他治疗中，同化问题经验的过程都是采用类似的方法。这是我们现在要注意的一个过程。

三、同化是一面镜子

当我们发现自己处于一个有问题的故事中时，我们可能会试图避开问题的一面，否认或拒绝面对它们，拒绝那些不恰当的叙述。我们可能仍然停留在一个挥之不去的阴影中，演着并不适合我们的剧情。抑或是，我们可能会重新审视我们的故事或者寻求可能解决问题的方法。

向自己或他人组织讲述我们的故事，通常可以缓解我们的紧张情绪(Pennebaker，1997；Rennie，1994)。有些人在重新构思自己的故事或者和挚友、家人或偶像倾诉后会感到放松；有些人会寻求专业人士的帮助，如心理咨询师。心理咨询师可以倾听他说的任何事情并保密，也更能设身处地去理解他。这个治疗的特殊性在于，咨询师会十分关注来访者叙述的故事，同时也应用专业的知识来帮助来访者。心理咨询师会试图挖掘来访者没有完全表达出来以及刻意隐藏的经历，同时也会鼓励来访者表达出来。咨询师对来访者叙述的故事保持高度的敏感性，这是叙事治疗的一个重要特征(Sluzki，1992)。

同化模型(Stiles，1999，2002；Stiles et al.，1990)是指在那些成功的心理治疗案例中，过往有问题的经历是怎样影响来访者人格的。该模型来源于咨询师对来访者叙事深度的定性分析，并描述变化过程中的共同点。这个模型可以解释治疗师如何帮助那些经历过问题故事的来访者减轻痛苦，以及这些有问题的经历怎样帮助他们在自我和文化层面找到更具主导性的叙述。根据同化模型(assimilationist model)我们可以看出，自我就是一个由各种相互联系的没有问题的经历联系起来的一个整体。同化模型中过去经历留下的痕迹被称为内部声音(Honos-Webb & Stiles，1998；Stiles，1997，1999；Stiles，Benjamin et al.，1997)。声音的隐喻注重我们内部表达的积极部分。声音就是过去经历留下的痕迹，主要包含当下个体所有的特征(如思想、情感、动机以及行为)。一旦涉及这些特征，声音就会给予积极的回应；特定情境可以刺激他们表达和行动。特定情境起到的刺激作用在一定程度上与这些声音相似，声音传达出来的信息通常可以让人想起这些相同的经历。人与人之间交流就是通过声音来传递信息的，因此个体有时候就会出现言行不一致的情况。

正如前面论述的那样，言行不一致是源于未同化的(unassimilated)声音，也就是过去的经历还没有完全地与当下连接在一起。未同化声音之间的矛盾——比如说当一种声音出现，并质疑处于强势地位的群体时，这种未被同化的声音会使个体产生烦躁不安的情绪(如恐惧、愤怒、羞愧、厌恶)。也就是说，对过往伤痛经历的描述在一定程度上会引发痛苦的情绪。伤痛的经历可能是一段痛苦的回忆，是自我无法接受的部分或者是任何让个体感到恐惧或痛苦的事件。这些声音是不为社会主流文化所接受的，因此它只能默默地、孤立地存在。

同化过程产生于主导声音与问题声音的对话中。问题声音产生之初是势单力薄、不为世人理解的(虽然它可能会引发严重的负性情绪)，而强势的主导声音就会诱发个体做出反应(如压抑或逃避)。通过交流，问题声音就会逐渐与主导声音融为一体。这一过程就是声音彼此之间的相互认识或者说是理解彼此的桥梁。声音是通过彼此相互分享故事来搭建桥梁的。当两个声音以同样的方式进行理解的时候，就会产生一座意义上的桥梁，这时一个故事便成功地表达并包含了两个声音。

问题经验同化量表(Assimilation of Problematic Experiences Scale，APES；表 11-1；Stiles et al.，1991)总述了主导声音和问题声音之间的关系质量，而这些关系质量描述了问题经验演变成资源的一系列阶段。APES 量表结果的各个部分都提出问题声音。首先是反抗或孤立，其次是恐惧，极力逃避，再次是承认和面对，最后相互和解，接着理解，再一起解决日常生活中的问题，并最终完全融入自我中成为一种心理能量。同化的内省过程类似于人际交往过程，最初排斥新来者，从交流、完全接纳彼此之间的差异开始，最终彼此之间变得前所未有的亲近。这种声音就可以与其他声音畅通无阻的交流并能进行合作。

表 11-1　同化问题经验量表(APES)

0. 回避/隔离。当事人没有觉察到问题；问题声音是沉寂的或游离的。情感可能很微弱，反映出当事人在面对问题时声音成功的回避，问题声音可能会通过躯体症状，见诸行动或状态转换来表达自身。
1. 无意识思想/竭力逃避。当事人主动回避去面对问题。问题声音的出现仅仅是为了回应治疗师的干预或者外部的情境，并且是压抑或回避的。情感包含未聚焦的负面情感；情感与内容联系可能是不明确的。
2. 模糊觉察/出现。当事人能够意识到问题，但不能清晰地对问题进行描述。问题声音持久的出现于意识之中。影响包括与问题材料相联系的心理的痛苦和恐慌。
3. 问题陈述/澄清。当事人能够清晰地对问题进行描述，并且这些问题是可以被影响的。对立的声音是分化的，并且能够独立诉说。情感是负面的，但是可控的，不存在恐惧。
4. 理解/领悟。当事人能够在某种程度上理解问题。声音之间达成相互的理解(意义之桥)。情感可能是混合的，伴随一些不愉快的失败，也伴随一些愉悦的惊喜。
5. 应用/修通。理解被用来处理问题。声音协同工作去处理生活中的问题。情感是积极的、乐观的。
6. 智慧/问题解决。当事人成功地解决了特定问题，代表能够灵活地整合多个声音。情感是积极的、满意的。
7. 整合/掌控。当事人自动地对解决办法进行泛化；声音被整合了，并成为服务新情境的资源。情感是积极的或者是中立的(例如，这里不再有些事情使之兴奋)。

来源：这一表格是由威廉・B. 斯泰尔斯设计的，并出现在他的多篇文章中。见 Stiles，1999。

注意：同化被认为是连续统一体，并允许出现中间层。例如，2.5 代表模糊的意识/出现(2.0)之间的同化中的一个层面和问题声明/澄清(3.0)。

同化模型的研究已经不仅限于心理治疗领域的质性研究(qualitative research)，在案例领域也已经开始有研究(如 Honos-Webb，Stiles，Greenberg & Goldman，1998；Knobloch，Endres，Stiles & Silberschatz，2001；Stiles，Meshot，Anderson & Sloan，1992；Stiles et al.，1991；Varvin & Stiles，1999)。然而，对同化模型的研究也已日趋成熟，对该模型也进行了定量研究(quantitative research)(Detert，Llewelyn，Hardy，Barkham & Stiles，2002；Field，

Barkham，Shapiro & Stiles，1994；Reynolds et al.，1996；Stiles，Barkham，Shapiro & Firth-Cozens，1992；Stiles，Shankland，Wright & Field，1997)。以往的研究表明这些问题声音导致的不同结果，更高阶段的同化通常与心理治疗的结果紧密相连，APES量表对此进行了描述。

也就是说，同化模型中的叙事源于对日常生活事件和心理治疗各个阶段的探究。同化模型具有叙事根源(narrative roots)，源于对心理治疗各个阶段的故事和经验的共同探索。同化模型本身就是一种叙事，是从研究者的角度来大致描述个体经历的变化过程。这可以看作一个元叙述——心理治疗过程中发生的故事，有别于心理治疗中来访者的自我叙事的故事。

(一)同化过程

心理治疗就是一个过程，即让来访者心中担忧不被外界认可的声音，在咨询室这样一个安全的环境中，可以毫无顾虑地表达出来，在这里他们不会感到任何来自他人的威胁。咨询师和来访者建立有效沟通桥梁的第一步就是让来访者心中的问题声音完全进入意识领域。问题声音和主导声音二者必须建立联系。形成一个问题的主题是改变或者是保证治疗有效的一个开端(Hermans，1999)。根据表11-1概括的内容我们可以看出，把无意识声音表达出来就是同化问题经验量表(APES)中的第一步(无意识思想/竭力逃避)，第二步(模糊觉察/出现)以及第三步(问题陈述/澄清)。

当他们开始互相理解彼此的成长经历时，他们就可以一起建构有助于他们重新认识他们自己过往经历的故事，一旦这两种声音都充分呈现并得到同等的认可，它们就会开始相互倾听。当他们对彼此的理解增加时，他们能够共同构建一个故事，帮助解释他们的经历(Glick，Stiles & Greenberg，2002)。随着这两种声音对新故事的贡献，它们达到了一种共同的理解，这也就成为连接它们的直接桥梁(APES中的第四步：理解/领悟)。一旦二者之间建立有效沟通的桥梁，来访者就可以重新认识自己周遭所发生的一切。这是APES中的第五步(应用/修通)和第六步(智慧/问题解决)。桥梁成为表达问题声音的渠道，同时也是认识过往经历的一种方式，是过往和当下的一个连接点。声音留有它们自身的特征；它们不是简单地融入一种新的声音，而是与新声音之间建立联系。一旦它们能够建立联系，它们之间就会形成新的能量而不是问题，它们就可以轻松地处理好现实中的问题。这样来访者在各种各样的新情境中都可以灵活应对。各种声音最终会成为一个统一的整体，到那时候问题就不再困扰来访者了(APES 第七步：整合/掌控)。

(二)同化过程中的修复

我们建议可以把同化模型看作一面镜子，从中我们可以看出过往经历中的问题、被压抑或被拒绝的声音都有可能成为故事的一部分。同化可以成为咨询师和研究者描述来访者变化的一种方式。

从同化的角度来看，对故事的描述就是一种声音，只是它可能是在不同层次间的整合或互相接纳。故事是不同的事件或者是多种声音相互联系的一种方式。故事详细描述了不同人物之间的联系。也就是说，一个故事就是连接不同声音之间的桥梁。将人物视为声音，并把故事作为它们之间的桥梁，我们的观点延伸了波尔金霍恩在 1996 年提出的观点：自我故事就是自己作为主角与其他人物之间的联系，他们通常都是家庭成员和朋友。另外，同化模型也指出故事中许多主角(声音)都与周围亲近的人以及外部人物之间有密切联系。我们赞同“叙述是表达的方式，尤其适用于完整事件的表达”和“把不同的生活事件整合为一个统一整体的能力”(Polkinghorne，1996)。

同化模型与叙事疗法(narrative therapies)的目标有相似之处，目的在于把客户的故事描述成更连贯、更复杂、更多样化的叙述(如 Gonçalves & Machado，1999)。更坚定、详尽地描述可以促进不同声音间的互相了解，多种声音间的相互连接可以使它们之间的沟通更有效。把具有同一特点的人物连接起来的方式是多种多样的，而且这些方式也可能不断变化和发展。

来访者故事可能是一个不断变化的过程，我们可以通过 APES 的步骤来检验(见表 11-1)。通过比较声音的不同整合程度，APES 的描述为我们提供了一种比较不同来访者或者是同一来访者不同阶段的故事的方式。APES 的使用是按照拉塞尔和卢卡列洛(Russell & Lucariello，1992)提出的要求进行的，即研究者更加系统和以观察或实验为依据来证明来访者在心理治疗的过程中发生了变化。来访者的成长故事是连续的，每一阶段的故事也都是处于 APES 的不同同化水平上的。

有位来访者因为强迫性清洗行为占用了她过多时间，扰乱了她的正常生活，惹恼了她丈夫而前来进行心理治疗。她把这一系列的强迫性行为都看作一种病态行为，因此她希望寻求专业人员的帮助来改变她的这些行为，从而使家庭保持和谐。这是一个比较平常的故事，故事发展脉络清晰，结局完美。主人公是一个寻求帮助的有某种病态的来访者，而她的丈夫则直接受到她病态行为的影响，这时需要一个善良的专业人士来解决这个问题。随着心理治疗地推进，来访者开始变化，她意识到过去毫不相干的事件之间存在的联系。在她被丈夫推下楼梯而导致流产后，她的强迫性清洗的行为就开始出现。她丈夫是在对她极度不满的情况下才做出这样的行为，因为他发现另外一个男人总是向她献殷勤，这让他十分嫉妒。而来访者现实生活中的这些事件与故事的前面部分的描述并不吻合，但是在来访者的叙述中并没有表现出来，因此她叙述的故事与现实发生的事件脱节。在心理治疗过程中让来访者提及这些是为了让她意识到这些事件对她产生的影响。来访者认为经历过的事件之间是毫不相干的(McLeod，1997)，她的故事是破碎的，似乎这些事件之间有着难以解释的缺口，她想获得一个解释，为什么爱她的丈夫会做出殴打她、辱骂她以及把她推下楼梯这一系列的行为。

在她第一次叙述的故事中，一些事件(如强迫性清洗行为和流产)之间的联系是在 APES 量表中的 0 阶段(逃避，分离；见表 11-1)或 1 阶段(潜意识的想法，逃避)。当她意识到自己的痛苦情绪时，她与丈夫的关系就从第 1 阶段上升到第 2 阶段(模糊意识，潜意识的想法开始被意识到)。强迫性行为不会使她感到失控；这些行为也不会让她分心，进而再次惹怒她的丈夫。这个版本是她陷入受虐关系中无法自拔的悲剧故事，她认为婚姻关系中总是会不可避免地产生误会。由一个充满爱的婚姻故事变成了一个充满虐待的故事，这是让人感到很难受的，但是心理治疗可以让她讲述出被虐的经历，也可以使他们参与到叙述故事的过程中。咨询师让来访者把自己作为故事中的人物来看待这些经历，让来访者认识到这种关系状态已经成为一个问题，并且帮助她看到自己怎样才能独自去处理这个问题。在这种情况下，治疗前期设定的目标就会发生变化：非专业人士可以轻而易举地解决她的问题。到了 APES 量表的第 3 阶段时，现在故事就变为主人公想要知道她是怎样变成现在这种令人讨厌的样子以及她如何改变这种现状。随着来访者内部声音之间的桥梁越来越稳固，这个例子可以继续用 APES 解释后面的阶段。在每一阶段中，受虐经历的声音与来访者对自身和自己的病态行为的认识之间有着不同的联系。改变她的自我认识表现在她叙述的结构中，APES 中对这些变化进行了描述，同时也提供了一种比较同一来访者叙述故事的不同版本或者是比较多个来访者的故事的途径。

内部声音之间建立沟通的桥梁的过程，类似于人际和文化背景下的交流过程。不同文化背景的来访者的故事逐渐交织在一起，团体中就会出现不同的声音。我们认为这种团体内的个体大部分情况下可以用同一种方式进行交流。

为什么无论是个体、人际间，还是一定文化背景下，多重声音之间的对话与交流会有优势？在社会中，社会发展多样化才能促进社会的全面发展。例如，一个小镇上住着农民、警察、教师以及艺术家，他们就可以从不同的方面来促进小镇的发展。不同的人有不同的才能，因此他们之间的交流是同等重要的。他们必须要通过与他人交往才会知道谁可以完成某项特定的任务或者解决某一专业问题。

同样，个体内部的交流也是一样的。随着个体的不断成长，内部声音发展良好，各部分全面发展，个体才能成功解决现实生活中的种种问题。内部声音也只有通过相互交流才能知道哪种声音最适合应对哪种特定的情境。多样化发展的优势在于：它可以给我们更好、更准确的资源来帮助我们理解经验。

(三)问题声音的同化：一个案例

现在，我们将用玛格丽特(Margaret，化名)的案例，通过同化来阐述这个修复过程。这个案例在此前已经用质性的叙事方法进行了分析(McLeod & Lynch，2000)。对该案例详细的同化分析见格利克 2002 年的研究(Glick，Stiles & Greenberg，2002)。在该研究中，我们将从同化和叙述之间联系的角度来进行详述。玛格丽特是一个 58 岁的高加索妇女，她的婚姻境况不佳，同时面临着子女成年要离家生活的情境。她参与了约克人本治疗抑郁症(York Depression Project)项目，接受了 17 次来访者中心疗法(client-centered therapy)的治疗

(Greenberg & Watson，1998)。和所有参与该项目的来访者一样，她符合精神疾病诊断手册中的一些标准(DSM-III-R；美国精神病学会，1987)，因此她被诊断为患有轻度至中度抑郁症。最后，一系列的测量结果显示她恢复良好，因此，她被认为是该组织采用来访者中心疗法中最成功的案例之一。格林伯格和安格斯(Greenberg & Angus，1994)研究心理治疗过程的后续部分时[该研究由加拿大社会科学和人文科学研究理事会(Social Sciences and Humanities Research Council，Canada)提供基金支持]，他们将 17 个阶段的治疗进行收录并深入分析。

玛格丽特主要的生活方式就是无微不至地照顾整个家庭，也就是我们常说的家庭主妇。她的社会角色会带给她双重感受：一种是她对爱的渴望；另一种是她感觉自己有义务照顾她的家人，她的感受都受到她的思想、感情以及行动的影响。这种与世界交流的方式，玛格丽特持续了很多年。她是一个称职的照料者，她也可以从中实现自我价值。然而，当一个新的声音出现的时候，即她渴望他人的关心，她内心的冲突就日益增加。这个问题的声音就被贴上了“关心我”的标签，而这就威胁到了“照料者”，因为“关心我”的需求和“照料者”要求的无私产生了冲突。由于她在照顾家人的过程中没有得到任何帮助或者支持作为回报，内心冲突的结果就会使她产生一种挫败感。在叙述中，玛格丽特以她生活的社会文化背景中普通妇女的口吻进行了叙述：好的妻子和母亲应该竭尽全力照顾家人，要把家人的需求放在首位。当玛格丽特感受到自己的需求急需得到满足时，她却找不到一种表达需求的合理方式。因此，她长期遭受的心理困扰就逐渐发展成为抑郁。

在她整个治疗过程中，玛格丽特强烈表达了她的问题声音：关心我，这就到了 APES 第 2 和第 3 阶段。一旦这两种声音保持平衡，它们就开始互相聆听，慢慢建立起沟通的桥梁。在第 11 次治疗的时候，桥梁就十分坚固了(APES 第 4 阶段)。玛格丽特意识到：之前，无论她的丈夫什么时候提供帮助，她都拒绝。结果，她丈夫感到和他妻子关系疏远了，不了解妻子想得到哪方面的帮助，于是不再给予妻子支持。下文将会阐述玛格丽特的想法和认识(代表“关心我”的话语用斜体，代表“抚养者”的话语用粗体)。

玛格丽特：……以前，我从来都没有用这种方式考虑过，也许，他也会觉得被忽视了，也许！他一定感觉被忽视了。

咨询师：当……(你)很在意你的家人怎么了……

也许他感到被忽视了，同时可能很孤立无援。

玛格丽特：嗯，你知道我从来都不会从那个角度去思考。

我只是总是……有一种很不满的感觉，

我、我唯一的支柱(轻笑)并不是这个。

咨询师：哦哦，似乎你丈夫应该给予你更多的支持。

玛格丽特：嗯，你知道的，也许我的感觉被忽视了，就像我之前说的，我如此在意我父母，以至于我不让他走进我的生活。我实在太在意我的父母了，也许我把他们推离了我的生活……

咨询师：也许他并不知道怎么帮助你或者其他什么原因？

玛格丽特：是的。

咨询师：也许他不知道你当时需要什么。

玛格丽特：……是的，你知道的，我从来都没有从这个角度考虑过，

那很奇怪……我想也许我是如此愤怒，失望，你知道的。

咨询师：也许也还有很多伤痛无法表达。

(第 11 次：1100～1123 页)

这种对玛格丽特与她丈夫关系叙述的改变，表明这两种声音之间出现了一个新的连接点，他们可以从另一个人的角度来看问题。“关心我”的声音可能会对“照料者”说：“当你丈夫试图帮助你的时候，而你却把他推开，因而没有满足你被照顾的需要，你会感到失望。”“照料者”可能会回答说：“是的，你从来都不让他知道你确实需要一些情感支持和认可，因此，我们又怎么能怪他没有帮助你呢。”

从这之后，玛格丽特开始表达她的需求(当她需要帮助的时候让她丈夫知道)，同时，在他们的婚姻生活中，她也从她丈夫的角度来

考虑问题。他们的婚姻关系开始得到改善，她也开始把这种变化成功地用于她生活的其他方面。在最后的三次治疗中，玛格丽特报告说她成功摆脱了“照料者”的角色，这应到了 APES 的第 6 阶段。在玛格丽特治疗的过程中，她的女儿结婚了，玛格丽特说她并不觉得她应该对婚礼的每个细节负责。她让其他人来操心这些事情，使她自己可以放松和享受生活。以前生活中的绊脚石（寻求和接受帮助）变成了垫脚石。从接受治疗到现在，玛格丽特不得不重新调整如何成为一个好的妻子和母亲的元叙事。

玛格丽特重构的元叙事中，她的内部声音可以表达它们的需要，她不再感到不适和压抑。相反，在治疗关系的影响下，她能够表达出她需要照顾他人也需要照顾自己。治疗的修复过程为玛格丽特提供了发现或者创造一种更好地叙述她的生活经历的机会。随着她的故事的发展，玛格丽特能够获得新的经验。比如，她能以更积极和灵活的方式来处理她女儿婚礼的事情。

四、故事风格反映了声音的特征和声音的内在联系

（一）声音的特征

来访者叙述中的声音。例如，玛格丽特案例中的“照料者”和“关心我”可以明显反映出其内部的其他声音以及当下所处的状态。同时，他们不同的表达方式也可以表现出他们的特点。语音表达的形式和内容中的一致特征可以帮助个体分辨出是哪种声音在诉说。具体来说，可以从以下几个方面来认识和分辨声音。

从某种特定声音的角度来看，意向性就是来访者希望解决的或打算说或做的事情。在治疗中，我们可以从来访者简短的言语中了解他的一般需求，而他的行为也具有一定的意义。

与声音相关的另一声音特点是声音的功能，另外，个体的特点也可以通过言语表现出来，如谈论的事件，对事件的描述，表现出来的情绪情感，对某事的态度，提的问题，表达出的不同意见，概述、总结等。

内容就是声音所反映出来的东西，如一个人、一件事或者一种情绪，以及提出的问题或表达的不同意见。

情感表征了声音的内容是如何表达的，以及声音反映出来访者的何种情绪情感。

诱发情境可以推测出对指定声音的回应——外部或内部目标可以先于(促使)声音表现出来。

交流模式必须要将特定声音的表达放在整个对话背景中。对话模式不断调整对话顺序或对话结构。只有把对话模式放到整个背景中来看，才能深刻理解各声音间的关系。

(二)故事中各声音间的关系特征

当前面讨论的声音规则适用于故事人物时，故事就会涉及该人物或事件或者是关于他们的生活。故事情节、内容中的规则可以表现人物特征，在故事的背景下，其他人物也可以表现出自身的特征，故事中不同人物之间的结构或交往关系在不断发生变化。

咨询师在叙事治疗过程中了解来访者故事的结构特征，有助于发现来访者不同声音之间关系的变化。这些变化特征主要包括故事的连贯性和一致性，叙事中人物的类型，描述人物的丰富性，关于时间、地点和事件顺序的规则，主人公与作者以及主人公与其他人物之间的关系。有研究表明，来访者叙述的故事低于平均水平与其身心疾病有关(Hambleton，Russell & Wandrei，1996；Russell & Wandrei，1996)。

正如各种不同的叙述具有一致性的表述一样，叙述中的对话模式本身也具有一致的特征和典型元素，使得它们可以被识别(Bakhtin，1986)。故事中相互连接的因素被称为风格。但语言结构或意识结构是否是影响人们叙事的最基本因素也存在争议(Bakhtin，1984，1986；Foucault，1971；Habermas，1990；Heidegger，1971；Lacan，1981；Wittgenstein，1969，1980)，尽管如此，风格仍然是来访者组织和了解他们对自己经历的复杂反应的有用指标。各种风格通常都遵从统一、公认的规则。对悲剧的定义：

[A]戏剧创作……是为了处理严肃的或者比较忧郁的主题。具体地说，一个高尚的人，他的性格因为某个单一的弱点而有了缺陷，如骄傲、嫉妒等，这使他违反了神圣的法律或道德准则，这必然导致他的堕落或毁灭(Webster，1989)。

在同化的专业术语中，风格反映了不同声音的结构，因此在叙事治疗过程中来访者的故事是独特的。这些故事风格反映了来访者在社会交往中反复出现的模式。

(三)风格和 APES 阶段

连接 APES 各阶段(见表 11-1)的是叙述风格。我们发现以下的模型可能出现在来访者在心理治疗过程的叙述之中。在 APES 的 0 阶段，个体可能按他人所期望的成长，来访者讲述的通俗故事脱离了他或她的实际经历。APES 第 1 阶段的叙述中会出现碎片化、恐怖的故事，这反映出来访者有痛苦的经历，虽然只是对事件局部的认识。APES 的第 2 阶段会出现悲剧性的故事，反映出以前被隐藏的精神上的创伤带给来访者的痛苦。APES 的第 3 阶段会反映出故事的矛盾性，故事中的痛苦线索一致贯穿于整个痛苦经历。APES 的第 4 阶段，我们发现来访者的故事就是心理小说的变形，具有鲜明特征的任务和故事线索，希望了解这些特征而不是只关注这些行为。APES 的第 5 阶段主人公会发生变化，他们会努力、勤奋工作，成功克服获得需要路上的困难。最终，APES 的第 6 到第 7 阶段，叙事诗——关于成就、荣誉和成功的故事出现，反映了来访者在面对曾经有问题经验时获得的进步和整合后带来的成就感。根据波尔金霍恩(Polkinghorne，1996)对来访者生命情节的观察发现，由于本身有一些生理或心理上的缺陷，来访者都会经历专业指导下的修复期，在经过系列治疗后，他们逐渐从认为自己是个受害者转变为意识到自己才是人生的主人。

每种风格表现出来的特征与个体的耐受能力有关，因为这些特点反映了人类意义建构的基本特征(Bakhtin，1984)。也就是说，人们建构故事的方式基本上与人们建构不同生活经历的意义一样，这具体是在建立独特风格的百年历程中形成的(Bakhtin，1970/1979；Patterson，1985)。后面这点在 APES 中极为重要，也就是 APES 与风格都尝试反映人类生活过程中的一般特征。

五、心理治疗是如何起作用的？从同化的角度看叙述的价值

个体内部声音间冲突的降低可以减少负性情绪的产生。当一种声音感到自己被倾听和理解，就会产生一种愉快的感觉，这样个体就会

感到更舒心。即使一种声音没有完全被整合（如非 APES 第 7 阶段），一旦这种声音出现并进入意识领域（APES 第 3 阶段）并且与重要团体间建立了有效沟通的桥梁（APES 第 4 阶段），来访者在处理未来生活中的问题会体验到更多的效能感并且感到更自信。他们的信心不仅仅是来自一种信念或者是转瞬即逝的良好感觉；与更优秀的人物建立联系，个体在处理未来的问题时会更容易。内部有效沟通的桥梁能够使个体在某一特定环境或背景允许的情况下，使用最适合当下的资源或某一特定的声音。如果有效沟通的桥梁足够坚固的话，那么个体甚至可能意识不到一种特定声音的出现。内部声音的整合明显表现在意识到怎样有效地应对当下情境。例如，同化一段关于背叛的痛苦经历可能最终会提高个体分辨他人是否可靠的能力。

同化也会发生在人际关系中。建立一种关系需要一些共同的背景，也就是说，一些人际间的有些同化需要有效沟通的桥梁来进行调节。建立人际间有效沟通桥梁的一种普遍方式是在这段关系中共同分享故事，也就是个体间共同创造、协商和接纳彼此。人际间同化过程的发展与内部同化顺序一样。因为不同的个体对相同的事件和言语有不同的理解，所以个体对人际交往中发生的同一事件也有不同的认识。只要这些个体永不相遇，那么这也不会成为问题。然而，当他们建立一种关系后，其他人可能对他们的故事会产生不一样的看法，这就容易使他们的内心产生冲突。为了使这段关系继续保持下去，双方都必须共同解决这一冲突从而建构双方认同的故事。他们可能会根据当下或过去共同经历的事件来建立彼此之间的联系，重新进行叙述。接纳彼此差异的程度取决于他们关系的深浅程度。

这种同化修复的过程也发生在社会学和文化发展中。当个体之间走得比较近的时候，就会自然而然地分享发生在自己生活中的故事和秘密（Gergen，1985，1999）。社会文化背景下受到大众追捧的故事在不断变化，而每代人所讲述的故事都能够反映出他们生活的时代特征。当个体同化他们的问题经验，产生新的、更适应的故事时，这些故事就会通过人际交往传递。然后，这些故事就会逐渐成为广为流传的故事中的一部分，这些故事主要是关于社会交往、孩子的抚养、婚姻或家庭方面的事情。例如，从 20 世纪美国盛行的文化叙事中，我们可以看出无论这段婚姻是如何糟糕，合格的妻子都不能抛弃她们的丈夫和家庭。随着越来越多的女性摆脱了这种社会文化的限制，如今，美国出现了女权运动(feminist movement)，并且女性要重新塑造她们的形象。同化可以关注和体现这一文化变迁过程，而不是像传统心理治疗模式那样仅仅关注个体的心理问题。

六、结论

我们已经提出了关于叙事理论和心理治疗变革的同化模型如何相互作用和相互影响的观点。我们也论述过哪些因素会导致个体形成创伤性故事，治疗过程中怎样重建这些故事以及同化模型如何帮助来访者描述和感知这些变化。最后，我们推测这些变化对来访者和他周围的人都是有意义的。我们发现同化模型是源于对大量的临床案例的分析，故事中符号学的功能、故事的发展以及观测这种变化的方法，使我们可以深刻认识故事中意义建构的过程、来访者讲述的过往伤痛和美好的经历以及在心理治疗过程中发生的变化。

（黄芳　李光程　刘佳怡　译）

参考文献

American Psychiatric Association. 1987. Diagnostic and statistical manual of mental disorders(3rd ed. , rev.)[M]. Washington, DC: Author.

Angus, L. , Levitt, H. & Hardtke, K. 1999. The narrative process coding system: research applications and implications for psychotherapy practice[J]. Journal of Clinical Psychology, 55: 1255-1270.

Baerger, D. R. & McAdams, D. P. 1999. Life story coherence and its relation to psychological well-being[J]. Narrative Inquiry, 9: 69-96.

Bakhtin, M. M. 1979. Estetika slovesnogo tvorchestva (Aesthetics of verbal art) [M]. Moscow: Moscow University Press. (Original work published 1970)

Bakhtin, M. M. 1984. Problems of Dostoevsky's poetics(C. Emerson, Trans.)[M]. Minneapolis: University of Minnesota Press.

Bakhtin, M. M. 1986. Speech genres and other late essays[M]. Austin: University of Texas Press.

Briere, J. 1996. Therapy for adults molested as children: beyond survival(2nd ed.) [M]. New York: Springer.

Bruner, J. 1986. Actual minds, possible worlds[M]. Cambridge, MA: Harvard University Press.

Bruner, J. 1990. Acts of meaning[M]. Cambridge, MA: Harvard University Press.

Coffey, P. , Leitenberg, H. , Henning, K. , Turner T. & Bennett, R. T. 1996. Mediators of the long-term impact of child sexual abuse: perceived stigma, betrayal, powerlessness, and self-blame [J]. Child Abuse and Neglect, 20: 447-455.

Detert, N. , Llewelyn, S. , Hardy, G. E. , Barkham, M. & Stiles, W. B. 2002. Assimilation in good-and poor-outcome cases of very brief psychotherapy for mild depression[M]. Manuscript submitted for publication.

Field, S. D. , Barkham, M. , Shapiro, D. A. & Stiles, W. B. 1994. Assessment of assimilation in psychotherapy: a quantitative case study of problematic experiences with a significant other[J]. Journal of Counseling Psychology, 41: 397-406.

Finkelhor, D. & Browne, A. 1985. The traumatic impact of child sexual abuse: A conceptualization[J]. American Journal of Orthopsychiatry, 55: 530-541.

Foucault, M. 1971. The order of things: an archaeology of the human sciences[M]. New York: Pantheon.

Gergen, K. J. 1985. The social constructionist movement in modern psychology[J]. American Psychologist, 40: 266-275.

Gergen, K. J. 1999. An invitation to social construction[M]. London: Sage.

Glick, M. J. 2002. Assimilation analysis of problematic experiences in two cases of client-centered psychotherapy [M]. Unpublished master's thesis, Miami University, Oxford, OH.

Glick, M. J. , Stiles, W. B. & Greenberg, L. S. Building a meaning bridge: therapeutic progress from problem formulation to understanding[M]. Manuscript submitted for publication.

Gonçalves, O. F. , Korman, Y. & Angus, L. 2000. Constructing psychopathology from a cognitive narrative perspective[M]// R. A. Neimeyer & J. D. Raskin (Eds.). Constructions of disorder. Washington, DC: American Psychological Association: 265-284.

Gonçalves, O. F. & Machado, P. P. P. 1999. Cognitive narrative therapy: Research foundations[J]. Journal of Clinical Psychology, 55: 1179-1191.

Grafanaki, S. & McLeod, J. 1999. Narrative processes in the construction of helpful and hindering events in experiential psychotherapy[J]. Psychotherapy Research, 9: 289-303.

Greenberg, L. S. & Angus, L. 1994. How therapy works[M]. Social Sciences and Humanities Research Council Standard Research Grant(1994—1998).

Greenberg, L. S. & Watson, J. 1998. Experiential therapy of depression: differential effects of client-centered relationship conditions and process experiential interventions [J]. Psychotherapy Research, 8: 210-224.

Habermas, J. 1990. Moral consciousness and communicative action (C. Lenhardt & S. W. Nicholson, Trans.)[M]. Cambridge: MIT Press.

Hambleton, G., Russell, R. L. & Wandrei, M. L. 1996. Narrative performance predicts psycho-pathology: a preliminary demonstration[J]. Journal of Narrative & Life History, 6: 87-105.

Heidegger, M. 1971. Poetry, language, thought (A. Hofstadter, Trans.) [M]. New York: Harper & Row.

Hermans, H. J. M. 1999. Self-narrative as meaning construction: the dynamics of self investigation[J]. Journal of Clinical Psychology, 55: 1193-1211.

Hillman, J. 1975. Re-visioning psychology[M]. New York: HarperCollins.

Honos-Webb, L. & Stiles, W. B. 1998. Reformulation of assimilation analysis in terms of voices[J]. Psychotherapy, 35: 23-33.

Honos-Webb, L., Stiles, W. B., Greenberg, L. S. & Goldman, R. 1998. Assimilation analysis of process-experiential psychotherapy: a comparison of two cases[J]. Psychotherapy Research, 8: 264-286.

Janoff-Bulman, P. & Frieze, I. H. 1983. A theoretical perspective for understanding reactions to victimization[J]. Journal of Social Issues, 39: 1-17.

Kelly, G. A. 1955. The psychology of personal constructs[M]. New York: Norton.

Knobloch, L. M., Endres, L. M., Stiles, W. B. & Silberschatz, G. 2001. Convergence and divergence of themes in successful psychotherapy: an assimilation analysis[J]. Psychotherapy, 38: 31-39.

Lacan, J. 1981. The language of the self: the function of language in psychoanalysis [M]. Baltimore, MD: Johns Hopkins University Press.

Leitner, L. M. & Pfenninger, D. T. 1994. Sociality and optimal functioning[J]. Journal of Constructivist Psychology, 7: 119-135.

Lowe, R. 1999. Between the "no longer" and the "not yet": postmodernism as a context for critical therapeutic work [M]//I. Parker (Ed.). Deconstructing psychotherapy. London: Sage: 71-85.

Mair, J. M. M. 1989. Between psychology and psychotherapy: a poetics of experience [M]. New York: Routledge, Chapman & Hall.

McAdams, D. P. 1996. Personality, modernity, and the storied self: a contemporary framework for studying persons[J]. Psychological Inquiry, 7: 295-321.

McAdams, D. P. 1998. The role of defense in the life story [J]. Journal of Personality, 66: 1125-1146.

McLeod, J. 1997. Narrative and psychotherapy[M]. London: Sage.

McLeod, J. 2000. Narrative processes in experiential therapy: stories as openings [C]. Paper presented at the British Association for Counselling Annual Research

Conference, University of Manchester.

McLeod, J. 2002. A qualitative narrative analysis of two intake interviews[C]. Paper presented at the Society for Psychotherapy Research meeting, Santa Barbara, CA.

McLeod, J. & Balamoutsou, S. 1996. Representing narrative process in therapy: qualitative analysis of a single case[J]. Counselling Psychology Quarterly, 9: 61-76.

McLeod, J. & Lynch, G. 2000. "This is our life": strong evaluation in psychotherapy narrative[J]. European Journal of Psychotherapy, Counselling, and Health, 3: 389-406.

McNamee, S. & Gergen, K. J. (Eds.). 1992. Therapy as social construction[M]. London: Sage.

Neimeyer, R. A. 2000a. Narrative disruptions in the construction of the self[M]// R. A. Neimeyer & J. D. Raskin(Eds.). Constructions of disorder. Washington, DC: American Psychological Association: 207-242.

Neimeyer, R. A. 2000b. Performing psychotherapy: Reflections of postmodern practice[M]// L. Holzman & J. Morss(Eds.). Postmodern psychologies, societal practice, and political life. New York: Routledge: 190-201.

Neimeyer, R. A. & Mahoney, M. J. (Eds.). 1995. Constructivism in psychotherapy [M]. Washington, DC: American Psychological Association.

Patterson, D. 1985. Mikhail Bakhtin and the dialogical dimensions of the novel[J]. Journal of Aesthetics and Art Criticism, 44: 131-139.

Pennebaker, J. W. 1997. Writing about emotional experiences as a therapeutic process[J]. Psychological Science, 8: 162-169.

Pennebaker, J. W. & Seagal, J. D. 1999. Forming a story: the health benefits of narrative[J]. Journal of Clinical Psychology, 55: 1244-1253.

Polkinghorne, D. E. 1996. Transformative narratives: from victimic to agentic life plots[J]. American Journal of Occupational Therapy, 50: 299-305.

Rennie, D. L. 1994. Storytelling in psychotherapy: the client's subjective experience [J]. Psychotherapy, 31: 234-243.

Reynolds, S., Stiles, W. B., Barkham, M., Shapiro, D. A., Hardy, G. E. & Rees, A. 1996. Acceleration of changes in session impact during contrasting time-limited psychotherapies[J]. Journal of Consulting and Clinical Psychology, 64: 577-586.

Russell, R. L. & Lucariello, J. 1992. Narrative, yes; Narrative ad infinitum, no[J]! American Psychologist, 47: 671-672.

Russell, R. L. & Wandrei, M. L. 1996. Narrative and the process of psychotherapy: theoretical foundations and empirical support[M]// H. Rosen & K. T. Kuehlwein (Eds.). Constructing realities: meaningmaking perspectives for psychotherapists.

San Francisco, CA: Jossey-Bass: 307-335.

Sarbin, T. R. (Ed.). 1986. Narrative psychology: the storied nature of human conduct[M]. New York: Praeger.

Sluzki, C. E. 1992. Transformations: a blueprint for narrative changes in therapy [J]. Family Process, 31: 217-230.

Stiles, W. B. 1997. Multiple voices in psychotherapy clients [J]. Journal of Psychotherapy Integration, 7: 177-180.

Stiles, W. B. 1999. Signs and voices in psychotherapy[J]. Psychotherapy Research, 9: 1-21.

Stiles, W. B. 2002. Assimilation of problematic experiences[M]// J. C. Norcross(Ed.). Psychotherapy relationships that work: therapist contributions and responsiveness to patients. New York: Oxford University Press: 357-365.

Stiles, W. B. & Angus, L. 2001. Qualitative research on clients' assimilation of problematic experiences in psychotherapy[M]// J. Frommer & D. L. Rennie(Eds.). Qualitative psychotherapy research: Methods and methodology. Lengerich, Germany: Pabst Science Publishers: 112-127.

Stiles, W. B., Barkham, M., Shapiro, D. A. & Firth-Cozens, J. 1992. Treatment order and thematic continuity between contrasting psychotherapies: exploring an implication of the assimilation model[J]. Psychotherapy Research, 2: 112-124.

Stiles, W. B., Benjamin, L. S., Elliott, R., Fonagy, P., Greenberg, L. S., Hermans, H. J. M., Bucci, W. S., Karon, B. P. & Leiman, M. 1997. Multiple voices: a virtual discussion[J]. Journal of Psychotherapy Integration, 7: 241-262.

Stiles, W. B., Elliott, R., Llewelyn, S. P., Firth-Cozens, J. A., Margison, F. R., Shapiro, D. A. & Hardy, G. 1990. Assimilation of problematic experiences by clients in psychotherapy[J]. Psychotherapy, 27: 411-420.

Stiles, W. B., Meshot, C. M., Anderson, T. M. & Sloan, W. W., Jr. 1992. Assimilation of problematic experiences: the case of John Jones[J]. Psychotherapy Research, 2: 81-101.

Stiles, W. B., Morrison, L. A., Haw, S. K., Harper, H., Shapiro, D. A. & Firth-Cozens, J. 1991. Longitudinal study of assimilation in exploratory psychotherapy[J]. Psychotherapy, 28: 195-206.

Stiles, W. B., Shankland, M. C., Wright, J. & Field, S. D. 1997. Aptitude-treatment interactions based on clients' assimilation of their presenting problems [J]. Journal of Consulting and Clinical Psychology, 65: 889-893.

Szasz, T. S. 1960. The myth of mental illness [J]. American Psychologist, 15: 113-118.

Szasz, T. S. 1990. The theology of therapy: the breach of the First Amendment through the medicalization of morals[J]. Changes，8：2-14.

Varvin，S. & Stiles，W. B. 1999. Emergence of severe traumatic experiences：an assimilation analysis of psychoanalytic therapy with a political refugee [J]. Psychotherapy Research，9：381-404.

Wiersma，J. 1988. The press release：symbolic communication in life history interviewing[J]. Journal of Personality，56：205-238.

Wittgenstein，L. 1969. On certainty[M]. Oxford，UK：Blackwell.

Wittgenstein，L. 1980. Culture and value[M] (P. Winch，Trans.). Oxford，UK：Blackwell.

第12章　心理治疗故事理论：基于透视的治疗角度

罗伯特·L. 拉塞尔(ROBERT L. RUSSELL)
弗雷德·B. 布赖恩特(FRED B. BRYANT)
塞塞莉亚·卡斯蒂利诺(CECELIA CASTILINO)
玛丽露·琼斯(MARYLOUISE JONES)
玛丽·旺德雷(MARY WANDREI)
珍妮·皮埃特(JEANNE PIETTE)
柯尔斯腾·埃琳(KIRSTEN ELLING)

每一种理论流派的儿童心理咨询师在进行诊断和治疗工作中都不可避免地会用到叙事的治疗方法。例如，在诊断过程中，一些常用的诊断工具都是基于来访者的叙事或者是对事物的理解来进行的[如主题统觉测验，Henry，1973；儿童主题统觉测验(Children's Thematic Apperception Test)，Bellak，1986；目的—手段陈述测试，Platt & Spivack，1975；韦氏记忆量表(Wechsler Memory Scale)，Wechsler，1945]。临床上的访谈也通常是以引导来访者讲述自己寻求心理治疗的原因开始进行的。在心理治疗的过程中，叙事贯穿于咨询师和来访者的每一治疗阶段的始终。事实上，在儿童心理治疗的过程中，讲故事是与儿童进行交流最常用的方式(Lebo，1952)。

在处理社会心理问题时，对叙事的重要性的认识正变得越来越明显，即使这与实际的应用情况并不一致。例如，只有32%的儿童和青少年的临床医生认为，讲故事作为一个具体的治疗技术只是偶尔有用，而仅为12%的咨询师认为它总是有用的(Koocher & Pedulla，1977)。从规范性的、发展的角度来看，对叙事在治疗中的作用做出高度评价似乎是必要的，因为故事贯穿个体整个生命过程中自我形成和处理过程的始终。

同时，令人遗憾的是叙事在临床上的应用还缺乏应有的研究：目前，还没有大量的实证性文献来支持叙事治疗可以运用到儿童心理治疗中，尽管最近人们对这一领域的兴趣增长令人振奋。儿童治疗师经常会面临以下的挑战：①在发展上和临床上掌握儿童叙事的意义；②开发技术来改变儿童不良的叙事模式。这两项挑战便可以反映以往对于叙事专门研究的少之甚少。(例如，Stiles，Meshot，Anderson & Sloan，1992)。遗憾的是，几乎没有儿童心理治疗的研究关注咨询师或来访者在治疗过程中使用的言语(Shirk & Russell，1996)。

为了弥补叙事在儿童心理治疗中的空白以及加大对儿童心理治疗过程的研究，我们需要共同努力来证明：①叙事的主要内容与临床和发展有关；②有能够用于研究叙事的方法。而且，我们需要知道心理咨询师是否不同于普通的聊天对象或者咨询师与来访者之间的叙事过程(narrative processes)是否不同于他们过往或者未来和朋友之间的聊天过程，这都可以运用到咨询师的治疗工作中。事实上，“因为没有大量实证性的研究调查过心理治疗过程中个体行为的改变和普通的个体行为的变化之间有何不同，所以不能说明是心理治疗过程中运用的专业技术对来访者行为的改变起作用(Siegfried，1995)。”

在本章，我们首先来探讨这些问题。第一，我们先尝试确定哪些关键叙事维度会对儿童发展及儿童心理治疗(child psychotherapy)产生至关重要的影响作用。然后，我们论证这些维度的哪些方面是可操作的。第二，我们回顾了一些相关数据，这些数据能够解答专业治疗师与非专业个体(专业治疗师 vs 父母援助性治疗)之间的叙事差异。之后，再根据研究结果把专业的咨询师对来访者叙述的故事做出的回应与其他人对同一故事做出的回应进行比较。

一、叙事的发展以及临床的重要性

叙事的很多方面和心理健康(psychological health)都是息息相关的(详见 Russell & van den Broek，1988；Russell & Wandrei，1996)。事实上，作为一种表征形式，叙事是个体呈现和描述他们自身认识的世界、他们自己以及他人的一种普遍使用的方法。叙事源于日常生活，其范围超越了神话和日常意识。即使叙事是最精确的科学，它也会受到其他学科的影响以及各种形式主义的侵入(Danto，1985；MacIntyre，1980)。最后，科学理论是认识/描述某一领域的途径，某领域的开端(原因)，发展(过程，法律)以及结果(结果/影响)与认识有组织和无组织过程有关。

当我们试图用个体及其具有的独特技能来证明其存在的各个方面的主观意义时，叙事就开始扮演双重角色。在日常生活中，叙事仿佛就是一个铸造厂，在文化共同体中建立和流通。在社会科学中，叙事的功能可能主要表现在描述和解释物种起源以及个体意识之间的联系。叙事在日常生活和社会科学中的双重使命，证明了它作为人类主要组成部分的地位。

叙述和叙事的表达方式将叙述者和倾听者引入历史的和想象的空间。从最基础的层面来说，运动是物体在可测的瞬时空间中的传输。从抽象意义上来说，一个物体在空间的移动可以认为是一种运动。然而，日常生活和现实社会科学对这一机械运动的研究兴趣，只有当它们被两种价值观念激活的时候才会被唤醒。在第一种观念中，例如，一个在空间中移动的物体可能会出现意外下落，就像我们说的，不是物体移动和下落才与地面建立联系，而是物体的意外下落或物体的有意降落是以一种滑稽的方式制造了一个幽默。在这里我们好像是从物理学上的一个物体移动的角度或把它作为一个框架来赋予其结构意义。毕竟，偶然性事件不是自然事件。从第二种观念来看，根据我们的设想，把物体置于一个特定的位置下落，这种下落就是意象派认为的下落。尽管我们看到的同样是物体下落，我们把下落看作某个独特的主体或客体的一种动作，甚至不管这个主体或客体是不是严格生物学意义上的人类。这两种观念之间的联系说明，当我们试图了解人类或像人类一样的运动时，我们可以看出整体意向性和认同/人格/能量是什么。

这里，我们可以得出一个简单的公式：当我们从意象派的角度来评估一个动作时它就成了一种运动，而这种运动只能由动因引起。从这个意义上来看，这句话“约翰从家里到市中心”约等于“在某个时刻，物体从一个被称为家的地方移动到被称为市中心的地方”。这是机械意义上的相等。如果这样的事情真的发生，就会产生一种语言上的“失意”，这皆源于我们与家里或市中心或约翰的潜在联系。这些“失意”将会产生历史性的影响，而不仅仅是在空间和时间上对“家庭”“城镇”和“约翰”产生影响。但是值得注意的是，如果我们说，“约翰匆忙的从家里赶到了市中心”。我们增加了一些简单的信息，而不是简化为客观主义的翻译。“匆忙”这个词语并不能准确地反映约翰在地上走路的速度。相反，它增加了一种主观性或意识构成要素，而这个附加说明或更确切地定义了运动的独特地位，以及人的身体运动的独特地位。

从这个意义上来说运动的轨迹早就是一种意识画面(landscape of consciousness)了，无论后者是预先的假定还是准确的描述。甚至当我们试图摒弃主观主义的叙事[例如，在一些文学作品中，罗伯-格里耶(Robbe-Grillet)的新小说或海明威(Hemingway)的《太阳照样升起》(*The Sun Also Rises*)中的新章节]并写出客观主义或现象学的故事时，读者们会自行想象那些被忽略的内容，没有对“运动”展开主观性描述就不利于展现主人公的特征(详见 Bruner，1986，1987)。然而，很多时候我们都会被夸张的动作吸引，最后，我们关注的动作的意义或对表演者的评价就自然而然地产生了。我们关注自己在事件中的角色以及内心的变化过程超过了关注这件事本身的程度。

这种关注既不是偶然也不是零星的。相反，我们把这件事看作具有巨大利益的社会目标。我们了解他人的思想观念是必要的，了解的这个过程对我们人类而言具有极高的价值；不去认识和了解它们，我们也一样会付出很高的成本。了解动机的基本原理和它们在语言与非语言中的表达，这在社会群体的生存中是必不可少的，尤其是在争夺权力或稀缺资源的时候，在协商物种再生产时也同样重要。

幸运的是，每个发育充分且有完整中枢神经系统的正常孩子，在幼儿早期就形成了对人类主观状态的重要认识。例如，这些显示表达态度(如我认为，我知道，我假装)或表达情态的标志性词语(包括但不限于情态动词：应该、能够、将要、必须、可以等)或其他体现道德或其他情感的词语。获得意识并正确使用这些内在状态被视为儿童已经发展了“心理理论”的证据(例如，Astington & Gopnik，1991；Bretherton & Beeghly，1982；Johnson & Wellman，1982)。心理理论可以让我们区分“思想、信念、目标，(情绪)的世界和从纯粹存在的世界获得的知识”(Johnson & Wellman，1982)。正如摩尔和弗赖伊

(Moore & Frye，1991)指出的那样，心理理论不但在描述、解释和控制自我和他人行为时可以发挥重要作用，而且也可能是认知进一步发展的重要基础。

大量的自然和实验研究结果发现：心理理论发展的欠缺也与儿童精神病理学(child psychopathology)有关，最常见的表现在自闭症方面(Baron-Cohen，1991；Baron-Cohen，Leslie & Frith，1986；Eisenmajer & Prior，1991)。描述性研究和一些实验研究也表明，情绪和认知观点采择(perspective-taking)能力理论上与理论思维的能力发展有关，而且年龄较小儿童的观点采择能力低于年龄较大儿童的观点采择能力(Selman & Byrne，1974)。因此，观点采择能力发展水平较低的孩子在解决问题方面不如正常的孩子(Selman，1980)。各种实验结果表明，个体在叙述中表达自己内部状态的能力可以预测其成年早期的抑郁、焦虑和认知困难的程度(Hambleton，Wandrei & Russell，1996)。因此，在学龄前和中学时期，正常的心理理论发展已经开始形成(Frye & Moore，1991)，这可以为他们提供评估所需的准则。正确认识和使用心理理论对儿童的正常发展至关重要。

叙事和心理理论之间有什么联系？叙事是十分重要的，因为①心理理论是培养和提高沟通能力的基本手段(Feldman，1988)；②心理理论可以反映出个体对生活事件的理解水平，也就是，可以反映个体的意识状态和行动计划(Bruner，1986，1987)。叙事可以使个体以象征和文体的形式与心理理论建立联系，并通过增加交流主题/判断事件结果来形成自己的故事。即使是在儿童语言发展的单词句阶段，这种相互作用也很明显(Bretherton，1991)，在这一阶段，儿童通常通过语境来填补叙述的空白。最后，这种故事的阅读和交流就奠定和巩固了成人之间进行文化交流的基础。从这种程度上来说，讲故事是一种用于主体和主体间文化理论的表达、发展和运用的基本方式。不能运用文化理论的个体容易产生心理焦虑。

二、叙事、心理理论和心理治疗

儿童心理病理学的理论和研究以及心理社会治疗通常都集中在儿童对过往经历歪曲的认识上。例如，对自我图式或归因偏差过程方面的歪曲认识(Crick & Dodge，1994；Kendall，1993)。然而，拉塞尔和范登布鲁(Russell & van den Broek，1988，详见 Russell，1991)认为行为发生情境的内部表征是以叙述的形式组织起来的。因此，介入叙事表征可以改善治疗效果，因为叙事提供了行为发生的前因后果和表现形式，在这个过程中，个体更多的归因和图式被情境化并获得其人际意义。个体能够改变其主要的叙事表征，获得更深入、更广泛的参与新行为的机会。

个体能够做出这些改变的途径就是采用叙事的方式。理论学家，如贝特尔海姆(Bettelheim，1977)，加德纳(Gardner，1971，1993)，以及麦克马林(McMullin，1986)指出，讲故事可以帮助来访者改变或"修复"人际关系的表征结构。贝特尔海姆(Bettelheim，1977)，加德纳(Gardner，1971，1993)和麦克马林(McMullin，1986)也指出在儿童心理治疗过程中，运用童话故事(fairy tales)的治疗方法比传统的心理治疗更能使具有焦虑特质的儿童发生积极变化。在儿童发展中也有人指出，"与抽象概念相反，在其他因素的影响下，故事可以让读者或听者感觉更真实并且可以陶冶人们的道德情操(Vitz，1990)"。然而，在这些研究中，几乎没有人研究叙事表征的哪些方面最有可能成为改变或修复目标行为的最有效方式。

埃利斯(Ellis，1962)的理论研究是一个重大的转折。他关注把情境中的行为放在一个严格的价值评价框架里去评价其所产生的负面影响(弗洛伊德理论中提出的习惯性受虐超我)，虽然这种影响是无意识的，但是可以通过个体对事件的看法及做出的反应看出其认知发生了曲解，行为反应过激。(所有的语言都能够表现出情态理念，只有有些语言由独立的句法系统来完成，如英语)言语系统是一个情态辅助系统。因为心理理论只能实现零散的透视论，他强调把"行动"定义为引起适应不良的原因(如过度的焦虑和内疚)，从而形成病理学和叙述类型之间的联系。意识产生的影响可以表现在一些简单的话语中："我从家里到市中心。""我必须从家里到市中心。""我想从家里到市中心。"即使个体没有通过语气传达信息，我们也可以通过他使用"必须"这个词看出他的心理压力，这还可以预示如果无法到达市中心时的烦躁状态与后果(例如，我必须……或其他)。如果我们假想一个人完全在这种"自我设定"框架下来叙述他的过往经历，用他孤立的一些生活片段来代表整个过往的经历，我们可以看出其对哪些事件肯定是进行了曲解或偏离了个体的主观意志。换句话说，这些曲解反映个体完全把自己置于“自我设定”的框架下反映出来的内心状态与个体轻松的状态完全不一样。

有很多其他的框架和概念可以通过语言符号和其他心理理论中的标志性词语来反映个体的状态，如愿望、信念和目标等。很多实证性研究也证实了心理治疗过程与语言符号以及心理理论中的标志性词语之间存在相关。比如，洛德、卡斯泰利诺和拉塞尔(Lord，Castelino & Russell，1990)的研究发现来访者描述过往经历反映出的深层次含义与他们描述内部状态的语言和使用的动词及心理理论的标志性词语有关。来访者描述他们的内部心理状态、信念、愿望、意图和情感也与心理治疗的效果有关(Stiles，1979)。无独有偶，心理理论中的这些标志性词语在心理咨询师的谈话中也在大量使用。埃西格和拉塞尔(Essig & Russell，1990)的研究不仅区分了罗杰斯、埃利斯和佩尔斯心理治疗过程中使用心理理论标志性词语的交流方式，而且还提出每个来访者在针对某一事件随心所欲地谈论他的看法比按照理论标准谈论他们经历的事件更能让我们信服。埃西格和拉塞尔(Essig & Russell，1989b)的研究也指出在成功的心理治疗中做出的较高判断不同于基于咨询师、来访者或二者在谈论过程中使用心理理论标志性词语的频率而做出的较低判断。

当我们致力于儿童治疗过程的研究时，虽然童年时期是心理理论标志性词语发展期以及性格形成和社会交往的发展期，但相关研究工作却少之又少。我们试图通过一项研究来激发人们对这一领域的兴趣，该研究概括了一系列的心智理论和情态理论的标志性词语。在实验研究中，我们从临床中对儿童进行治疗的案例中选取样本，将咨询师的记录与非专业人士对儿童叙事的重新解读进行了对比分析。在这过程中，我们使用了埃西格和拉塞尔(Essig & Russell，1990)的分类策略，把心理理论和情态理论中的标志性词语分为16类。除此之外，我们还采用了塞尔曼(Selman，1980)的观点采择量表进行测量，一方面测量自我意识的程度，另一方面测量社会观点采择能力。由于用言语来反映心理理论中的内容比用言语不反映任何观点要复杂，所以我们增加了两个变量来评估叙事的复杂性。第二次测量是为了了解我们的被试是否能力十分突出并且可以使用心理理论中复杂的词语进行叙事(Shirk，1988)。

根据这些叙事概念，我们对比了非专业人士和专业的咨询师在叙事治疗和复述故事的过程中使用的所有心理理论和情态中的标志性词语。在现实的治疗过程中，学龄期的孩子会给被试详细的讲述故事。然后研究者要求被试从三种不同角度来复述故事：主人公、母亲和咨询师。

我们推断如果被试在心理治疗过程中使用心理理论标志性词语讲述的故事明显不同于他们对父母和逐字情况下讲述的故事，他们可能就开始接受叙事疗法的治疗。另外，如果父母和治疗情况下的复述都不同于逐字情况下的复述，但是父母和治疗二者条件下的复述没有差别，这就表明被试很难区分有益的治疗性的复述和对父母复述的差别。换句话说，他们不能将与普通熟悉的父母角色相关的有益语言做任何进一步的深化拓展。再从另一个方面来看，如果在同类条件和咨询师在场的条件下，与听完他人详细讲述后再复述故事，且二者本身有差异，那么就难以辨别心理治疗的作用和同类条件下讲述故事之间的效果差异。换句话说，被试在日常情境中与他人和与父母交流不能进一步扩展他们的语言。通过对比被试在心理治疗条件下进行的叙述和咨询师(Gardner，1971)重述的来访者的故事，我们可以了解咨询师重述的故事是否与被试叙述的故事存在差异，以及二者之间存在怎样的差异。而这种差异的存在有利于找到影响儿童心理理论发展的潜在影响因素。

在我们的研究中，18 个男性被试每个人都先听 6 个故事，每个故事的字数都在 77～425 范围内。这些故事都是(Gardner，1971)在儿童心理治疗过程中讲述过的故事。我们找到了其中的一个儿童作为我们的被试重复讲述这些故事，以便于我们可以把复述的故事录下来，再按统一的标准修改后放给每个被试听。他们能够分别站在父母和咨询师的角度准确地复述其中两个故事。最终，一共有 108 个故事，他们能够准确复述 36 个。

埃西格和拉塞尔(Essig & Russell，1989a)的分类法对复述故事中情态和心理理论的程度以及类型进行评价。分类表把个体就事件进行简单和复杂描述中表达自己观点所使用的词语分为 16 类(详见附录 A)。埃西格和拉塞尔把情态词定义为在一个句子中位于逻辑主语和逻辑谓语之间的词语或短语。这些词语或短语是为了说明事件对于讲述者或主角的意义并且可以详细阐述讲述者或主人公与该事件之间的关系(详见附录 A 对情态词的定义)。例如，在某些段落中，“遗憾的是，他把狗劈成了两半。”“遗憾的是”是一个情态词：它可以反映心理学意义中行动主体的相关行为表现。情态词是一些特殊的标志性词语，如副词、助动词或介词短语。比如，这句话“他尝试尽最大的努力把狗的两部分重新组合到一起”一共包含了两个情态词。在这句话“他把狗的两部分重新组合到一起”被“尽力”所修饰，这就称作为一个表目的的情态词，因为句子的基本点在于尽力或行为主体的目的。因此，“尝试”同样也被动词短语“尽他最大努力”所修饰，这就可以被称作一个情态行为，因为它可以通过“尝试”这个词来反映主体的情感取向。有 8 种不同类型的情态词特别适用于阐述单个主体的主观性。另外 6 种情态副词分别为：方式、持续时间、开端、结果、方面和程度。

埃西格和拉塞尔(Essig & Russell，1989a)认为情态和心理理论中有 8 个不同的标志性词语通常用于复杂句中。他们把这些词语称为谓语词。通常，当一个包含主语和动词的新事件被添加到基本事件中，并进一步解释讲述者或行为主体的内部世界时，就确定了一个谓语。话语中有一些帮助理解的预示，“主人确实没有注意到(狗挡在了路上)”。其中，暗含的基本信息是“狗就在路上”。谓语的操作是“主人注意”。从心理学意义上用新的动词短语来对行为主体进行描述就涉及要获得事件的基本信息，在这个例子中，它包括了不同的行为主体。结果，推断涉及从一个行为主体的角度来解释另一个行为主体的行为或解释自己的行为。新的动词短语也被修饰了，这是某种程度的规范。其他亚型的谓语词包括：猜测、主体化、描述、复述、恳求、出现和态度(详见附录 B 的解释和例子)。

我们采用塞尔曼(Selman，1980)针对自我意识和角色采择所制定的量表来评估故事。以下是塞尔曼提出的自我意识的五个水平：

1. 物理学意义上的“自我”概念，定义了最早的自我概念，并将其定义为物理存在[例如，儿童故事中(详见附录 A)：“然后他慢慢成长能够转圈/他像一只小狗”]。

2. 内在、外在自我的分化标志着个体产生心理学意义上自我意识的开端(例如，“我将要做……任何你想让我做的事”)。

3. 内省的自我(introspective self)标志着儿童意识到他人的观点与自己观点的差异(例如，“从前有一条很瘦但不觉得自己瘦的蛇。有一天，他遇到一条长得胖的蛇，于是就夸耀自己瘦的优势”)。

4. 作为观察者和被观察者的自我概念，标志着个体可以采择第三方的观点(例如，“他感觉很糟糕，因为他不能做其他的事情，他试图通过关注这一点来掩盖自己的失落”)。

5. 无意识的出现是因为自我意识到一个不一定受到意识限制的内在领域(例如，“蛇觉得自己想要自我赞赏——它虽然不知道为什么，但是他仍然这么做了”)。

每个故事都得到一个最高水平的自我意识的评分(1～5 分)。

以下是塞尔曼和伯恩(Selman & Byrne，1974)提出的观点采择发展的四个水平：

1. 以自我为中心的角色采择(egocentric role-taking)，主要表现在个体认知中自我的生理分离以及个体不能区分自己和他人观点的差异[例如，“以前这里有一只小狗。当然，他有(他是指小狗)……”]。

2. 自我角色采择，能够意识到他人观点的存在，但是没有将他人的观点整合到自己的观点中(例如，“狗醒了，开始意识到周围的异常情境”)。

3. 自省角色采择(self-reflective role taking)，这涉及一项更高水平的意识，个体能够从他人的角度来看待自己的行为和意图(例如，“小老鼠没有意识到，如果它做了这样的事情，那些喜欢它父亲的老鼠会感到很难过”)。

4. 相互角色采择(mutual role taking)，包括采用第三方的观点以及遵从其他小朋友制定的规则(例如，“如果你患上了严重的疾病，你必须花费很长的时间和做出很多努力，才能使身体痊愈”)。

每一个故事都是作为一个整体进行分析，并且对反应高角色采择水平的故事进行分级评估(1～4 分)。

评估被试复述故事主要采用两种简单的方法：每段/句子和采择类型采用的频次。每段的评估就是对每段文字的字数进行评估。每段内容一般包括单独的句子和其他从句(Wiener & Mehrabian，1968)。最终，每段中的文字可以用来评估词汇的含义。角色采择类型选择的频率用整个叙事中新词数占总词数的比例来计算，这样可以评估叙事中词汇的新颖度和冗长度。当该频率接近 1.0 时就说明叙事中采用了很多新词。

测量的所有编码都具有较高信度。当我们在分析被试的叙事时发现，被试在同类条件和在心理治疗条件下进行的叙事与回忆叙述的故事有差异，具体表现在情态词的使用(如心理理论的标志性词语)和观点采择水平上的不同。然而，因为被试的故事在六种测量中都是差异不显著，所以，这些差异可能是被试本身、其他因素或咨询师等原因，而不是自身情感基础的原因。

这些研究结果表明，当我们用复述故事的方式来帮助儿童时，成人一方面倾向运用透视主义把这些叙述的事件放在心理理论和情态的框架下来分析儿童的心理。从另一个方面来说，这是从多个角度来分析问题。当参与者角色扮演的采择能力提高时，他们会将思想和动机的各个方面都融入在复述儿童故事的过程中。这样的融入大概是有帮助的，因为它强调和标记语言上那些使人际动机和意义活跃起来的观点，从而构成和造就了个体的性格。

有趣的是被试参与研究的故事与他们在回忆故事使用的推测方法与反射出来的自我意识并没有差异。透视论受到了推测和反射出来的自我意识(self-awareness)的影响，这似乎要求更高水平的认知/语言和情感发展，因此这种影响可能会遇到更大的挑战。这可能暗示着，参与者的故事似乎限制了他们对心理理论和情态理论的帮助，这些理论明确地涉及从多角度来看待物质运动和他人的身体状态。这可能对个体的发展是有意义的。其他人必须成为配角或内化为自我的一部分，身体运动必须付诸行动，而这必须在个体的自我意识成为有意图行动的主体之前，以及对该行动和机构的思考，是可能的。

当我们把儿童叙事、在心理治疗条件下被试叙事和真正的咨询师叙事进行比较时，三者之间的差异就很明显了。咨询师和被试两个变量之间的差异与儿童得分之间存在相关。为了说明这个问题，我们计算效应值的大小。例如，用儿童得分的标准差除以儿童和咨询师之间得分的平均数。这些效应值反映了叙事测量和儿童标准差得分标准化之间的差异程度。

咨询师的得分为 0.4±1.62SD，大于儿童在情态词和观点采择上的平均分。同样，被试得分为 0.7±2.4SD，大于儿童的平均分。这个平均分是被试的故事从个人(8 个情态词中有 4 个都与行动有关)、意图、现实情况、可能性/必要性、真实性以及类型或与不同于咨询师故事的方式进行叙述。相反，咨询师的故事是通过多个角度来认识这些事件从而形成了透视论，这是从更深层的程度来进行的叙事。事实上，被试采用的叙事策略具体通过从时间、认知和任务的角度来对事件展开叙述，因而他们注重活动和行为是否达到行动标准的评价体系。其次才是故事人物作为行动主体出现。相反，咨询师采用的这些策略特别注重透视论自身，因而强调形成观念或有价值声音的基本能力。

咨询师在自我意识和推测的得分为 1.14±1.98SD，大于儿童的平均分。被试在自我意识和推测得分为 0±0.14SD，低于儿童的平均分。回忆中，推测包含两个语法对象，一个是上位概念的对象，另一个是下位概念的对象，这可以在句法去平衡其他因素之间的差异。在这里，咨询师似乎强调社会性(自我/其他)和主体性(主体我/客体我)的观点，在这种观点中，透视论找到了它的基础与持久的评价核心。同时，咨询师通过强调故事中角色的自我意识来表现人物性格。因此，个体自身的价值观念是相对的，有可能其他人认为你的价值观念并不是那么重要。

在精巧和复杂性方面，有经验的咨询师的故事和儿童以及参与者的故事有显著的不同。咨询师每段话中平均使用的词语为 0.6SD，大于儿童得分的平均数。然而，被试在咨询师指导的条件下每段使用词语的平均数为 5.6SD，大于儿童的得分。这说明通过每段使用的词语来判断被试讲述故事的复杂程度比儿童讲述故事的复杂程度高出 9 倍以上。除此之外，咨询师方式采择的平均比率为 2.43SD 低于儿童叙事方式采择的比率。被试方式采择的比率只有 0.28SD，低于儿童叙事方式采择的比率。也就是说，咨询师复述故事采用新颖词语的程度是被试讲述故事采用新颖词语程度的八分之一。

总的来说，在精巧和复杂性维度上的这些得分表明：有经验的咨询师与儿童讲述故事使用语言的复杂程度相近，咨询师在叙事中采用了大量概念冗长的词语。相反，被试在咨询师指导的条件下使用复杂的词语多于儿童在同等条件下使用的量，但是使用概念冗长词语的频率很低。通过对比被试，我们发现咨询师在十分努力地介绍和重复心理理论和情态理论在理解行为中的作用，同时，咨询师使用的语言与儿童的语言/认知和情感发展能力十分接近(咨询师讲述的原故事和被试与咨询师复述的故事见附录 B)。

三、结论

在这一章中，我们试图为叙事和儿童叙事治疗的集中研究和临床关注找到合理的理由。我们强调了叙事和叙述在心理理论和情态理论的发展和表达中的作用，以及后者似乎错综复杂地涉及适应和调整。我们尝试展示心理理论和情态理论的各个方面是如何运作和研究的，我们还展示了一些不同于专业咨询师的、非专业的、实用的方法。总的来说，我们注重心理理论、情态和叙事在透视论发展中扮演的角色，这是获得自我和他人意识的关键部分。

我们也论证了当被试以一种有益的方式复述儿童讲述的故事时，被试确实增加了使用心理和情态理论中标志性词语的频率。他们好像明白心理理论中修复、加深或扩张能够帮助未来儿童的发展。我们认为，这是民间智慧的一个共同原则，是成年人在对孩子进行教育的过程中所使用的一种非常普遍的原则(Moore & Frye，1991)。然而，咨询师比其他人更善于运用叙事疗法。他们关注的重点远不止透视主义的形式，即在某些方面，要求咨询师存在表面或实质上的相同甚至是相反的观点，如角色采择、镜像自我和预测，每一方面都是相对和绝对的统一。专业的心理咨询师在案例咨询中可以针对儿童言语理解达到的复杂程度来与儿童交流。这就涉及主体间的概念，自我的主体性是通过人际交往(即对话和叙事)实现的，而不是其他方式(Shotter，1995；Vygotsky，1936/1978)。

从研究中得出的心理治疗方法可以概括如下：个体在叙事和交流中对自我和他人的排序可以体现出丰富的心理理论知识，在叙事过程中他们使用了大量简化和概念性的叙事话语。叙事治疗模式关注来访者的这些叙事话语，如来访者的观点、感觉、希望、想象、意志、认识和结论，以及他们如何使用不同的词来叙述具体的事件，其主要目的是为了重建或提高来访者的自我认同感和社会交往。最终，从一个全面的角度来看，我们能够清晰地表达自我和他人的观点决定了现象学世界的形式和内容，它似乎显示并发挥了我们自身的作用。然而，不管我们从情境中反映出来的自我是什么样子，而对我们是谁以及我们和我们的同伴是怎样的人的叙述取决于我们的人格特点。

换句话说，叙事提供了一种叙述我们是谁、我们同伴是谁的方式，并阐明我们和他们所拥有或尚未完成事情的人际意义。在治疗过程中，咨询师不能通过来访者按时间顺序简单描述的一些事件来推测各事件之间的联系，因为来访者没有客观地来看待这些事件，也没有什么东西可以完全真实地呈现个体的经历。也就是说，我们可以看到，即使是被试也是从主观的角度来看待儿童发生的一些基本事件。他们把事件放在一个以意志、情感和意图为参照的时间内，作为表明详述事件的开始、发展和结束。这样的划分不能从一个客观的时间减少或衍生。从这个意义上来说，叙事时间是个体对过去行为潜能的评价发生变化的原因。

心理咨询师可以考虑到这个问题。但是除此之外，咨询师还关注来访者在事件发生的时间里做出的评价——反映了他们的意图、期望、希望、责任感以及真实感受和做出的掩饰——一般取决于他人对该事件的评价。从这个意义上来说，在人际交往中，我们有多个主体间相互连接的时间点。这种叙述和叙事方式特别适合反映人类现状和时间多元化。透视主义认为，这种方式有助于儿童的发展，尤其是有心理问题的儿童。

我们希望未来的研究可以进一步地完善我们的叙事概念、心理和情态理论，为叙事用于儿童治疗提供更多的实证支持。

附录 A：样本故事

在接下来的故事中，斜体字表明详述，黑体字表示谓语，有下划线的词或段表示观点采择的证据，大字体词是自我意识的依据。

儿童故事(刺激因素故事)

1. 从前，有一只小狗。/2. 当然，他有自己的主人。/3. 以前，

当它的主人劈柴时，/4. 这只小狗挡了主人的路。/5. 一不小心，主人把小狗劈成了两半。/6. 因此，主人又把劈成两半的小狗缝在了一起。/7. 但是主人在把小狗缝在一起的时候*出了错*。/8. 主人在缝的时候把小狗的后脚向上，前脚向下缝了。/9. 这只小狗是世界上独一无二的。/10. 当*然*，这只小狗**对主人说，“嘿，给我一根骨头**。/11. 我(会)站在我的后脚上。/12. 我(会)变魔术。/13. 我(会)给你表演翻筋斗。/14. 我可以做任何你想要我做的事情。”/15.“请给我一根骨头。”/16. 这只小狗的名字叫史努比(Snoopy)。/17. 所以他的主人给了它一根骨头。/18. 然后，他的后脚就转了转。/19. 于是，它就和平常的小狗一样了。/(每部分的词语使用指数=8.0；类型/采择比例=0.51；角色采择=1；自我意识=2；每部分语言表达指数=0.53；每部分推测指数=0.05)

治疗专家故事

1. *从前*，有一只小狗。/2. 这只小狗正站在劈柴的主人旁边。/3. 由于*失误或意外*，它的主人把它劈成了两半。/4. 虽然它的主人是一个善良的人，/5. 但是他*以前*犯过很多错。/6. 由于失误，它的主人把劈成两半的小狗缝在一起时，/7. 他把小狗的后脚缝在了上面，/8. 把小狗的前脚缝在了下面。/9. 看起来真的很好笑。/10. 于是，这只小狗**产生**了一种想法，/11. 它*可以*改变这种情况。/12. 只要它的主人能给它一根骨头。/13. 它不**知道**/14. **它简直是异想天开，**/15. **要解决这个问题并不是那么简单**。/16. 仅仅啃一根骨头是不能改变这种情况的。/17. 所以它乞求主人给它一根骨头。/18. 它的主人终于**说：“好的，**/19. **我(会)给你一根骨头。”**/20. 于是，小狗啃了这根骨头。/21. 小狗十分失望，/22. 它**发现**/23. **骨头并没有改变它的身体情况**。/24. 于是，它**冥思苦想它能做什么来改变它的身体状况**。/25. 于是，它决定去镇上看医生。/26. 医生检查了它的身体后，**说：“你需要先做手术，然后再进行锻炼。”**/27. 因此，它就去做手术去了。/28. 这样，它的身体就恢复了原来的样子。/29. 它把脚放到*应该*在的地方，/30. 转了转身体，/31. 然后，开始了一系列的练习。/32. 而这需要做出很多努力，/33. 要和医生、咨询师进行合作。/34. *很久之后*，/35. 他终于恢复了原来的体型，/36. 它的脚回复到*正确*

的位置了。/37. 它变成了一条幸福、健康的小狗了。/38. 这个故事的寓意是，复杂的疾病没有快速治愈的办法——/39. 如果你有复杂的疾病或问题，/40. *你必须* **花很长的时间**/41. 以及要**非常努力来战胜它，**42. 需要*经常*与他人合作。（每部分词语使用指数=7.8；类型/采择比例=0.42；角色采择=4；自我意识=2；每部分语言表达指数=0.50；每部分推测指数=0.24）

主题故事：详细回忆情况

1. *从前*，有一只小狗。/2. *当然*，这只小狗有一个主人。/3. 有一天，它的主人劈柴时/4. *不小心*把它劈成了两半。/5. 主人在把它缝在一起的时候*出了错*。/6. 他把小狗缝在了一起/7. 后脚向上/8. 前脚向下。/9. 这只小狗名叫史努比。/10. 史努比*当然想*要一根骨头，/11. 所以，有一天它向它的主人要一根骨头。/12. 它**说它能做杂耍来换取骨头**。/13. 它会翻筋斗/14. 会用后脚站立。/15. 于是，主人给了它一根骨头。/16. 从那之后，他就变为和正常小狗一样了。（每部分词语使用指数=7.25；类型/采择比例=0.47；角色采择=1；自我意识=1；每部分语言表达指数=0.50；每部分推测指数=0.06）

主题故事：父母情况

1. *从前*，有一只和主人十分亲近的小狗，它是主人的伙伴。/2. 有一天，它的主人在劈柴的时候，/3. *不幸的是*，主人把它劈成了两半。/4. 然后，主人*就*把两部分连接在一起。/5. 然而，他用了*错误的连接方法*，/6. 前面部分的牙齿在一边，后面部分的牙齿在另一边。/7. 小狗醒过来，/8. **意识到这种异常的变化**，/9. **对它的主人说："听着，我多多少少都会原谅你的**，/10. 因为**我认为我们可以赚些钱来做一些事情**。/11. *仅仅*给我一根骨头，/12. 我*就能够*给你表演魔术，/13. 我们*就可以*吸引很多人围观。"/14. 然而，小狗啃完了骨头后——/15. *奇迹出现了*，小狗的牙齿*能够*自动恢复到正常状态了。16. 因此，**我认为这个故事的寓意***应该*是**当我们认为事情处于最糟糕的状态时**，/17. 他们*就会变得*更好。（每部分词语使用指数=10.5；类型/采择比例=0.61；角色采择=2；自我意识=1；每部分语言表达指数=0.95；每部分推测指数=0.29）

主题故事：治疗专家情况

1. 从前，有一只小狗，它有一个主人。/2. 这只小狗非常爱和信任他的主人。/3. 有一天，当它的主人在劈柴的时候，/4. 小狗在玩耍，/5. 挡了主人的道。/6. 主人*确实没有*注意到，/7. 因为他在全神贯注地锯木头，/8. 于是就把小狗劈成了两半。/9. 主人尽力把小狗拼在一起，/10. 把两半小狗重新缝在了一起。/11. 由于他缝的时候犯了个错误，/12. 他把小狗的前脚缝在了*右边*，/13. 但是后脚却朝上了。/14. 因此，小狗**对它的主人说："我想要一根骨头**。/15. 给我一根骨头，/16. 我(将)为你表演魔术。/17. 我(会)跳到我的后脚上，还(会)翻筋斗。"/18. 于是，主人就给了它一根骨头。/19. 突然，小狗的后脚又回到前面来了。/20. 这只小狗名叫史努比。它很幸福，/21. 他们又变成了幸福的主人和小狗。(每部分词语使用指数＝8.0；类型/采择比例＝0.82；角色采择＝2；自我意识＝2；每部分言语表达指数＝0.42；每部分推测指数＝0.10)

附录 B：表达和预测亚型(predication subtypes)

表达亚型(specification subtypes)

1. 对意图的表达。个体的描述是表达意图和期望或者是计划："他想离开家""她试图使它工作"。

2. 对方式的表达。对该事件的描述取决于某种必要性或可能性的概念(包括诸如许可、义务、验证等)："他不能离开家""她不得不让它工作"。

3. 对行为的表达。个体对某一事件的评价或观点是基于个体的表现："他高兴地离开了家""她满腔热情地使它工作"。

4. 对结果的表达。从个体的角度来看这件事已经完成："他离开了家""她不再让它工作"。

5. 对事件开端的表达。从个体参与的角度来看该事件才刚开始："他刚离开家""她开始让它工作了"。

6. 对状态的表达。个体正处于某件事情的短暂状态中："他正出门""她使它继续工作"。

7. 对过程的表达。个体对某件暂时的抽象(如不能用钟、日历等)

的状态的评价："他从不出门""她偶尔让它工作"。

8. 对程度的表达。个体对事件的真实性或现实性的判断要么减弱要么增加："他离开了部里""她现在确实在工作"。

预测亚型

1. 对事件表面性的预测。个体推断某一事件发生过或正在发生："堂娜(Donna)假装她爱过他""孩子们想当飞行员"。

2. 对认识的预测。个体可以从一件事中了解到其他事件的情况："比尔(Bill)得知，她从来都没有爱过他""她记得她小时候的事情"。

3. 对描述的预测。事件个体在表达或对某一行为进行描述时将这些信息传达给另一个体："候选人告诉他的支持者，他们在选举的时候给了她很大的帮助""他的表情告诉她他是多么地难过"。

4. 对重述的预测。一个事件的个体在表达或描述某一行为时，它以直接引语的形式将事件的基本情况传递给另一个个体："候选人告诉他的支持者，'我们表现得很好'""她对自己说，'我过去没有足够努力'"。

5. 对假设的预测。个体能够意识、了解和预料到未来要发生的事情："她认为他会赢""他希望玛丽离开这个聚会"。

6. 对主体的预测。个体对过去或现在的认识："他认为他赢了""约翰相信他是超人"。

7. 对态度的论述。个体对某一事件的认识，而这认识似乎就是事件的结果："谢莉尔(Cheryl)喜欢下午去健身房""当她离开时，他感到很困惑"。

8. 对恳求的论述。主体表现出与其他主体行为相联系的意图、愿望或期望："我的医生希望我管教我的孩子""我想要你去商店"。

（徐小军　李光程　黄芳　译）

参考文献

Astington, J. W. & Gopnik, A. 1991. Theoretical explanations of children's understanding of the mind[J]. British Journal of Developmental Psychology, 9: 7-31.

Baron-Cohen, S. 1991. The theory of mind deficit in autism: how specific is it[J]. British Journal of Developmental Psychology, 9: 301-314.

Baron-Cohen, S., Leslie, A. M. & Frith, U. 1986. Mechanical, behavioral, and intentional understanding of picture stories in autistic children[J]. British Journal of Developmental Psychology, 4: 113-125.

Bellak, L. 1986. The TAT, CAT, and SAT in clinical use(4th ed., rev.)[M]. Philadelphia: Grune & Stratton.

Bettelheim, B. 1977. The uses of enchantment: the meaning and importance of fairy tales[M]. New York: Vintage.

Bretherton, I. 1991. Intentional communication and the development of an understanding of mind[M]// D. Frye & C. Moore(Eds.). Children's theories of mind. New York: Lawrence Erlbaum: 49-75.

Bruner, J. 1986. Actual minds, possible worlds[M]. Cambridge, MA: Harvard University Press.

Bruner, J. 1987. Life as narrative[J]. Social Research, 54: 11-32.

Costantino, G., Malgady, R. G. & Rogler, L. H. 1986. Cuento therapy: a cultural sensitive modality for Puerto Rican children[J]. Journal of Consulting and Clinical Psychology, 54: 639-645.

Crick, N. R. & Dodge, K. A. 1994. A review and reformulation of social for mation processing mechanisms in children's social adjustment[J]. Psychological Bulletin, 115: 74-101.

Danto, A. C. 1985. Narration and knowledge[M]. New York: Columbia University Press.

Ellis, A. 1962. Reason and emotion in psychotherapy[M]. NewYork: Lyle Stewart.

Eisenmajer, R. & Prior, M. 1991. Cognitive linguistic correlates of "theory of mind" ability in autistic children[J]. British Journal of Developmental Psychology, 9: 351-364.

Essig, T. S. & Russell, R. L. 1989a. Categories for classifying psychological relations between subjects and events in discourse: a scoring manual[M]. Available from authors.

Essig, T. S. & Russell, R. L. 1989b. The Vanderbilt Psychotherapy Process Scales and self-disclosing discourse: good process and subjectivity during inpatient psychotherapy sessions[C]. Paper presented at the meeting of the Society for Psychotherapy Research, Toronto.

Essig, T. S. & Russell, R. L. 1990. Analyzing subjectivity in therapeutic discourse: Rogers, Perls, Ellis & Gloria revisited[J]. Psychotherapy: Theory, Research, Practice, Training, 27: 271-281.

Feldman, C. F. 1988. Early forms of thought about thoughts: some simple linguistic expressions of mental state[M]// J. Astington, P. Harris & D. Olson(Eds.). Developing theories of mind. Cambridge, UK: Cambridge University Press:

126-137.

Frye, D. & Moore, C. 1991. Children's theories of mind[M]. New York: Lawrence Erlbaum.

Gardner, R. A. 1971. Therapeutic communication with children: the mutual storytelling technique[M]. New York: Jason Aronson.

Gardner, R. A. 1993. Storytelling in psychotherapy with children[M]. New York: Jason Aronson.

Hambleton, G., Wandrei, M. L. & Russell, R. L. 1996. Narrative performance predicts psychopathology: a preliminary demonstration[J]. Journal of Narrative and Life History, 6: 87-105.

Henry, W. E. 1973. The analysis of fantasy[M]. Malabar, FL: Krieger.

Johnson, C. N. & Wellman, H. M. 1982. Children's developing concepts of the mind and brain[J]. Child Development, 53: 222-234.

Kendall, P. C. 1993. Cognitive-behavioral therapists with youth: guiding theory, current status, and emerging developments[J]. Journal of Consulting and Clinical Psychology, 61: 235-247.

Koocher, G. P. & Pedulla, B. M. 1977. Current practices in child psychotherapy[J]. Professional Psychology, 8: 275-287.

Lebo, D. 1952. The relationship of response categories in play therapy to chronological age[J]. Journal of Child Psychiatry, 2: 330-336.

Lord, J. J., Castelino, C. T. & Russell, R. L. 1990. Linguistic aspects of client discourse: affect, subjectivity, and client experiencing levels[C]. Paper presented at the meeting of the Society for Psychotherapy Research, Wintergreen, VA.

MacIntyre, A. 1980. Epistemological crises, dramatic narrative, and the philosophy of science[M]// G. Gutting(Ed.). Paradigms and revolutions. Notre Dame, IN: University of Notre Dame Press: 54-73.

McMullin, R. E. 1986. Handbook of cognitive therapy techniques[M]. New York: Norton.

Moore, C. & Frye, D. 1991. The acquisition and utility of theories of mind[M]// D. Frye & C. Moore(Eds.). Children's theories of mind. New York: Lawrence Erlbaum: 1-14.

Platt, J. J. & Spivack, G. 1975. Manual for the means-ends problem-solving procedures (MEPS): a measure of interpersonal cognitive problem-solving skills [M]. Camden: University of Medicine and Dentistry of New Jersey.

Russell, R. L. 1991. Narrative in view of humanity, science, and action: lessons for cognitive therapy[J]. Journal of Cognitive Psychotherapy, 5: 241-256.

Russell, R. L. & van den Broek, P. 1988. A cognitive developmental account of storytelling in child psychotherapy[M]// S. R. Shirk(Ed.). Cognitive development and child psychotherapy. New York: Plenum: 19-52.

Russell, R. L. & van den Broek, P. 1992. Changing narrative schemas in psychotherapy[J]. Psychotherapy: Theory, Research, Practice, and Training, 29: 344-354.

Russell, R. L. & Wandrei, M. 1996. Narrative and the process of psychotherapy [M]// H. Rosen & K. T. Kuehlwein (Eds.). Constructing realities: Meaning-making perspectives for psychotherapists. San Francisco, CA: Jossey-Bass: 307-335.

Selman, R. L. 1980. The growth of interpersonal understanding[M]. New York: Academic Press.

Selman, R. L. & Byrne, D. F. 1974. A structural-developmental analysis of levels of role-taking in middle childhood[J]. Child Development, 45: 803-806.

Shirk, S. 1988. Cognitive development and child psychotherapy[M]. New York: Plenum.

Shirk, S. & Russell, R. L. 1996. Change processes in child psychotherapy: revitalizing treatment and research[M]. New York: Guildford.

Siegfried, J. 1995. Therapeutic and everyday discourse as behavior change: towards micros-analysis in psychotherapy process research[M]. New York: Ablex.

Shotter, J. 1995. In conversation: joint action, shared intentionality, and ethics[J]. Theory and Psychology, 5: 49-73.

Stiles, W. B. 1979. Verbal response modes and psychotherapeutic technique[J]. Psychiatry, 42: 49-62.

Stiles, W. B. , Meshot, T. M. , Anderson, W. W. & Sloan, W. W. 1992. Assimilation of problematic experiences: the case of John Jones[J]. Psychotherapy Research, 2: 81-101.

van den Broek, P. & Thurlow, R. 1991. The role and structure of personal narratives [J]. Journal of Cognitive Psychotherapy, 5: 257-274.

Vitz, P. C. 1990. The use of stories in moral development[J]. American Psychologist, 45: 709-720.

Vygotsky, L. 1978. Mind in society[M]. Cambridge: MIT Press. (Original work published 1936)

Wechsler, D. 1945. A standardized memory scale for clinical use[J]. Journal of Psychology, 19: 87-95.

Wiener, M. & Mehrabian, A. 1968. Language within language: immediacy, a channel in verbal communication[M]. New York: Appleton-Century-Crofts.

第四部分　心理治疗中的叙事评估策略

第13章　自定义记忆、叙事认同和心理治疗：概念模型、经验调查和案例报告

杰斐逊·A. 辛格(JEFFERSON A. SINGER)
帕维尔·S. 布拉戈夫(PAVEL S. BLAGOV)①

一、概述

在先前的叙事治疗中，我们提供了来访者叙事记忆的案例，这些叙事记忆已成为叙事对话和来访者对自我理解(Singer，2001；Singer & Blagov，2000；Singer & Salovey，1993，1996；Singer & Singer，1992，1994)的标准。这一章节的目标是用整合的模型认同和自传式记忆更多地描述自定义记忆叙事的理论与经验进展。通过评估自我与记忆(Conway & Pleydell-Pearce，2000)认知的角度和叙事认同(Habermas & Bluck，2000；McAdams，1999，2001)，调整个体的自定义记忆，为这一模型提供经验上的支持。最后，我们在心理治疗中，运用案例验证人格与记忆的模型。

---

① 有关本章的信件请寄给杰斐逊·A. 辛格博士，地址为：Department of Psychology，Connecticut College，New London，CT 06320，或者发邮件至 jasin@conncoll.edu。——作者注

二、自我记忆系统的模型

在20世纪80年代早期，认知心理学领域的研究集中在自传式记忆方面（在一些有影响的书中都有记录，Neisser，1982；Neisse & Fivush，1994；Neisser & Winograd，1988；Rubin，1986，1996）。尽管它在记忆过程的认知理解上取得了巨大的进步，但这些进步在人格理论和研究方面的发展是相对独立的。然而，在记忆的认知研究中，马丁·康韦（Martin Conway）的自传式记忆模型（Conway，1996；Conway & Rubin，1993）整合了当代最有潜力的人格方面的研究。康韦和普莱德尔-皮尔斯（Conway & Pleydell-Pearce，2000）提出了一个认知模型，该模型把自传式记忆放置于自我记忆系统中，对自我的目标以及人格认同的其他成分进行了整合。

自我记忆系统通过从基本环节或自传体知识重构具体的记忆，使个体能够检索有意义的记忆。当一个记忆线索出现，便激活与人格有关的目标，这些目标在"工作自我"中，被有层次地组织起来。它们还与自传体知识的三种等级水平相联系。为了检索到与具体的记忆相关的、由线索激活的目标，个体通过自传式知识库举例说明检索等级。

第一水平，也是最抽象的，个体会产生"生命周期"或生活中能反映特定的目标和活动的一些大的时间单元，如早年的婚姻，大学校园生活或经济困难的时期。一旦这一时期被定义，个体就会通过"一般事件"进行检索。一般事件与各种事件关联，它是在相对简短的周期里（一周、一天、几小时）进行的或通过分享主题活动（如第一次的经历或专业方面的成功）进行的。最后，这两种语义信息能让个体学会有关具体事件的知识。具体事件的知识与个体独特、具体的生活片段紧密相连，它包括一些想象与感官的细节。检索的积累过程能让个体回忆起具体的、感觉丰富的自传式记忆。在工作自我中的激活目标对搜索起着引导与限制的作用，它与关键的线索相关，但不能在现有的资源之上。因此，自我记忆系统激发并抑制检索的过程。

很明显，工作自我对自传式记忆的建构（Brewer，1986；Conway & Pleydell-Pearce，2000）起核心的作用。工作自我作为工作记忆的一部分，包含了一系列短暂、积极的、可行的自我模型。它限制认知、行为和检索控制过程的等级目标。实证经验表明与自我有关的事物（例如，Conway & Dewhurst，1995）调动了长时记忆的资源，使自我相关的材料优先得到编码。积极的目标通过个体的记忆内容与努力程度影响自传式的检索(Moffitt & Singer，1994)。皮尔斯在评论研究中发现，基于正电子发射型计算机断层显像(Positron Emission Computed Tomography，PECT)扫描和慢皮质电位记录，自传式记忆实验的过程提供了神经影像学的证据(见 Conway，Pleydell-Pearce & Whitecross，2001；Conway et al.，1999；Craik et al.，1998)。

三、人格的生命历程

如果内部的过程(思维、想象等)和外部线索(人际关系或情境刺激)激活想要达到的等级目标，那么自我确实就能指引部分自传式记忆系统。这些等级目标怎么出现的，以及什么样的目标在个体人生中特定的时期中，可能占据优先？我们在其他的领域详细地探索了这个问题(Singer & Blagov，2003)。但是简明扼要地说，在个体生命中不同的关键时刻，认同建构的心理阶段的方式对自我等级目标的分配可能起着关键的作用。正如埃里克森(Erikson，1959)首次提出的那样，个体面临一系列的发展性危机，个体对自主、亲密、繁殖和完善的不同反应，出现连续的认同意识。最近，麦克亚当斯(McAdams，1988，1993，1996)认为，认同发展是以叙说生命故事的形式，是由于个体当时缺乏预先感知的意义系统而积极建构出来的。生命叙事围绕自传式记忆(Brewer，1996)和自我目标(McAdams，2001)与想象展开，将个体置于一种社会文化环境之中，使个体将各种角色和关系整合在一个连续的叙事中(见 Bruner，1997)。在麦克亚当斯(McAdams，1995)看来，对人格全面、科学的探索需要对个体在生命叙事中表现出独特的自我认同进行分析。

自我的各个方面与“良好的故事”有着相似的特性，因为人格是以一个要讲述的故事的对象、范围与环境(Miller，1994)为基础，由社会化过程发展而来的。在一定意义上，故事与自我应该围绕一个想要的结果，组织的一个情节结构；故事与自我应该用一种通俗易懂的方式，使各种事件相互关联，并使之达成一致；故事与自我应有可辨认的故事的主角、各种挫折和因果关系；故事与自我还应该在某种意义上是可信的，其中包含的元素不会因为我们对某个特定的故事或人物的合理理解产生严重矛盾(McAdams，1996)。

故事的理解与回忆和孩子讲述自己经历的能力发展一致(Habermas & Bluck，2000；McAdams，2001)。故事成了自传体回忆(Miller，1994)的模型。一个连贯的生命故事始于青少年，在这个时期，现代社会期望个体能够做出人生中重要的选择，能够用与社会一致的、可接受的形式判断自己，解释他们是谁，来自哪里以及想要达成的目标(Habermas & Bluck，2000；McAdams，1996)。在青少年中期，年轻人开始有能力理解那些复杂的生命事件背后的社会心理原因(Bluck & Habermas，2000，2001；Habermas & Bluck，2000)，巧合的是，已有的记忆研究发现，成年人陈述：绝大部分来自成年早期(约20岁)形象记忆(Conway & Pleydell-Pearce，2000；Holmes & Conway，1999；Pillemer，1998a，1998b；Rubin，Rahhal & Poon，1998；Rubin，Wetzler & Nebes，1986)，对过往记忆的解释可以巩固自我认同。

麦克亚当斯(McAdams，1996)认为组织生命故事可以预测心理健康。成人良好的生命故事在内部是一致的；对他人是有意义的；有着丰富的主题、角色和事件；有着较大的分化、具有整合性与有意义的结尾。为了对自我和他人有所帮助，在保持故事的完整性的同时，一个成年人对这些角色的认同，使人能够成功地在不同的工作与关系中承担不同的角色。

四、在生命故事图式下，自我记忆系统和生命故事叙事的整合

如果康韦和普莱德尔-皮尔斯的自传式记忆模型中的自我与认同发展敏感的生命故事相联系，就表明在特定时间的层级目标会占优势，那具体的记忆如何与叙事自我认同中所包含的目标与信息联系起来的呢？布拉克和哈贝马斯(Bluck & Habermas，2000，2001)提供了理论上的联系。他们通过生命故事图式的概念，把认知、情感和人格的动机维度架构起来。生命故事图式理论认为，个体能理解生命故事在文化中的建构方式。建构方式是通过描述时间顺序、支配性的主题、因果归因和对经验评估性对社会进行认知。在某种意义上，生命故事图式是我们所讲的语义知识结构，它包含我们或其他任何人对抽象的生命故事的理解。生命故事图式把自传式记忆的原始经历过滤，

并有助于个体支配与自己相关的记忆和目标，这样有着一定的意义与价值。因此，布拉克和哈贝马斯把生命故事图式当作普莱德尔-皮尔斯模型和生命故事叙事认同的最高层次的自传体知识，并为之提供了连接这两者的规则与语法知识。

(一)自我记忆系统和生命故事中的自定义记忆

我们假设个体有一个支配生命故事的图式，它在人格中设置了和目标记忆可能存在联系的方式，这种图式也让人把特定的记忆当作更具有发展性的重要部分，从而把直接的生命故事与危机的主题作为核心。这些记忆有可能与自我当前的重要目标有更高程度的相关，也有可能产生更高水平的情感强度。因为这些记忆在个体主要的叙事认同中，表现出明显的关注或冲突，因此被描述为自定义记忆(Singer & Salovey，1993)。自定义记忆是一个在个体生活中出现的回忆录，这种回忆录是形象的、感性的、可重复的等与之类似的回忆，且与某一重要未解决的主题或持续关注的事情有关(Singer & Salovey，1993)。

重复意味着记忆与工作自我中反复出现的目标有联系。辛格和萨洛维(Singer & Salovey，1993)认为重复性记忆有意或无意地为建立目标或重要的决定起警示作用。尽管回忆转瞬即逝，但重复记忆的基本的相对稳定的故事线已被实践证实(例如，Christianson & Safer，1996；Demorest & Alexander，1992；Thorne，Cutting & Skaw，1998)。自定义的记忆的情感强度与形象性，在认知与人格方面起着间接的象征作用(Singer & Salovey，1993)。

自定义的记忆可能表现出与共享的情感、事件的类型、对象、目标、结果或经验相似的记忆有关联。从认知的角度，这意味着复杂、交叉的知识索引，在更高层次的自我记忆系统结构中存在不同的自定义记忆。根据心理放大效应，一个相似的理念早已存在人格叙事理论中，这种相似的理念与记忆中相似事件有关联。汤姆金斯(Tomkins，1987)的脚本理论加强个体对自我的意义，从记忆中建构出图式与脚本，而后成为自我的各个方面的自我实现。

自定义的记忆结构和皮拉米尔(Pillemer，1998a)的个人事件记忆的概念相似，因为自定义记忆是对过去事件的真实表现的主观体验，它可能会有能力重新体验该事件，并产生详细的叙事。然而，自定义记忆发生的事件并不因特定的日期和时间受到限制。事实上，特异性是可测量的性质之一。自定义记忆的结构比个体事件记忆的概念更为严苛，它涉及事件的生动性，尤其对个体的认同的重要性。

具备认同记忆的能力，并将记忆的意义整合成生命故事图式是逐渐发展起来的。个体自定义记忆清晰、明确地反映它们与自我的联系的程度，这种记忆可以作为叙事过程的另一个可量化的标准。作为一个附加修订的生命故事图式(Bluck & Habermas，2001)的自定义记忆系统模型(Conway & Pleydell-Pearce，2000)，有人提出自定义记忆构成了某种自我记忆系统，它是由生命故事图式整合而成的。也就是说，在工作记忆中处理自定义记忆可能引起生命故事图式的变化，从而重新组织它的节奏、主题或因果关系。

(二)量化的自定义记忆与意义整合

辛格和布拉戈夫(Singer & Blagov)提出：可根据自定义记忆的结构、意义和效果的维度对人格进行测量。时间的特异性和记忆的意象细节(Singer & Moffitt，1991—1992)使结构具有可操作性。意义的维度可以对记忆进行分类与整合，也就是说，叙述包含了对个人生活中的主题或问题的阐述，这种阐述在一定程度上超越了记忆事件的范畴，增加了主观的元素。这些理论被认为是经验教训或心理智慧(见Pillemer，1998a；Staudinger，2001)。通过让被试回忆一段经历后的感受，评定他们的情感基调，这种情感基调与之前的个人奋斗(趋利避害)和成就与挫折相联系(Moffitt & Singer，1994)。

索恩和麦克莱恩(Thorne & McLean，2001)最近通过一个叙事编码系统操作内容，确定了发挥作用的四个维度——个人的威胁与伤害、关系、成就和犯罪与羞愧。由于版面空间的限制，我们仅讨论第一个维度的意义。感兴趣的读者可以在索恩和麦克莱恩杂志上学习其他三个相关维度的结果。

第一个维度的意义：针对过去构建的可讲述的、清晰的叙事的认知过程被称为叙事过程(Singer & Bluck，2001)或回忆录(Conway & Pleydell-Pearce，2000；Staudinger，2001)。它与自传的推理(Singer & Bluck，2001)或生活的反思(Staudinger，2001)是有区别的，它是从记忆和生命叙事的意义(解释、评价、洞察力、教训)中衍生的。理论学家(例如，Robinson，1986)认为，自传式记忆中的意义创造对情感的调节和关系的维护与修补发挥作用。研究发现：对过去努力的意义创造并加以分享，可以预测大学生(Debats，Drost & Hansen，1995)对自我的积极关注，可以预测丧偶的人(Bauser & Bonanno，2001)随着时间的流逝悲伤更少，可以预测残疾儿童的父母，有良好的成长感和自我的发展(King，Scollon，Ramsey & May，2000)。

为了使该维度具有可操作性，皮拉米尔(Pillemer，1998a)认为个人事件记忆可以根据它们隐含的意义进行分类，如始发事件、转折点、象征性的信息和令人难忘的信息。根据皮拉米尔的推理，从经验上无法验证这种分类。辛格和布拉戈夫(Singer & Blagov，2000)提出更普遍的整合记忆结构：在叙事中，个体在自我、重要关系或生活相关的记忆的基础上，产生了意义。一项预研究表明，整合编码系统的早期版本具有良好的可靠性，年轻人的社会情绪调节和他们在自我定义记忆(Blagov & Singer，2000)中寻求意义的程度之间是存在关系的。基于这些观察，辛格和布拉戈夫认为，在自我定义记忆的结构中，创造意义的过程使自传式记忆能够影响到自我。这些自我记忆系统中的目标不仅影响到记忆的结构(Conway & Pleydell-Pearce，2000)，而且通过整合的过程，自定义记忆和抽象的自我知识之间的联系创造出一个积极的反馈回路，它可以把附加的认知、情感和动机价值传递给记忆，加强自我记忆系统中与之相关的目标(Singer & Blagov，2003)。

五、总体概念框架概述

具有健康意识的成人的工作自我有能力搜寻自传体知识，他们努力实现当前的工作记忆(Conway，1996)的目标。首先，检索最具有概括性且抽象水平的自传体知识库；其次，随着主题分类的出现，找到当前的目标，按照具体的目标检索，而关于过去具体经验的细节可能会被激活。记忆的经历与最初几年(Habermas & Bluck，2000；Miller，1994)学会的知识紧密地联系在一起。在青少年时期，当记忆被详细地阐述，并当作抽象知识与教训时(Bluck & Habermas，2001；Staudinger，2001；Thorne，2000)，使得更复杂的自传体推理变得有可能。与工作自我的持续关注相连的重复的、形象的和感情强烈的记忆可能成为自传式的推理的储备。自定义记忆中抽象知识和其他有关自我的语义记忆融合在一起，产生了生命故事图式。该图式是永久的，但随着生活中生命周期、重要的主题与不同关注的变化使得生命图式也在发生变化(Bluck & Habermas，2000)。随着年龄的增长，自我(作为动力和智慧)，生命故事图式在影响工作能力方面的重要性逐渐凸显出来(Staudinger，1999)。图 13-1 表述了这个框架。

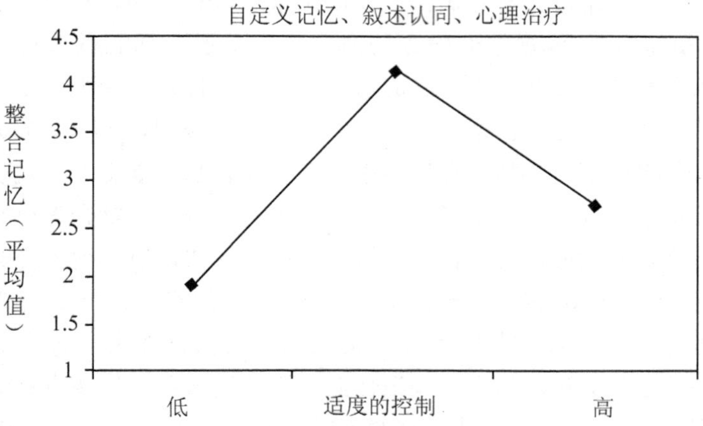

图 13-1 成人自我记忆系统中生命故事图式和自定义记忆作用下的模型

在自传式的加工过程中，可以自我定义碎片的记忆。这些记忆可以产生整合生命故事图式的抽象信息。所有路径都是通过工作自我——可以从生活故事模式被省略的工作自我，访问自传体知识库和前馈路径。

自我定义叙事的结构组织具有暂时的、细节性的特征(Singer & Moffitt，1991，1992)，它通过自传体知识库，依赖检索的范围达到最具体的水平。过度概括化的记忆可能由于情绪压力或沮丧(Williams，1996)产生工作记忆的缺失；它们也有可能是由于相似的情绪(悲痛)衰退或抑制(Singer & Salovey，1993)激发的抑制过程，把不同寻常的、具有创伤的经历加入传统的故事线中(Barclay，1996)。

自定义记忆的意义是个体整合的质量，或叙事在某种程度上为抽象的知识、自我和记忆之外的事件获取的经验教训提供了证据。整合的自定义记忆表明，个体已经进行有关记忆的自传体推理，明确地使用他们过去的经历获得认同感和自我的深度理解。

自定义记忆的内容是个体的主题。它可能表示个体最想获得或避免(Moffitt & Singer，1994；Singer & Salovey，1993)的各类事件、相互作用与结果；它可能也表示过去各种实质性的事件在决定当前最重要的人格现状。在自定义记忆的维度中，从叙事的角度，在自传体记忆和认同研究中，将内省趋势、人际差异与认知过程的研究联系起来。自定义记忆的内容让我们了解一个良好的生命故事的组成部分，这种生命故事可以促进成长、成熟、调节和智慧。

总的来说，在心理治疗中来访者产生的生动的叙事记忆是建立在对人格的认知框架的基础上，它包括自传式记忆的自我系统和网络。把这种框架联系在一起的凝聚力是一种倾向，这种倾向使得个体以记忆和目标为基石，建构他们认同的叙事或生命故事。可以在实验室中操纵与目标相关的最重要的自传式记忆，这种记忆可以被当作自定义记忆，对它们与人格和调节策略的关系进行系统的考察。以下提供该研究的案例。

六、自定义记忆框架的有效性：人格调节与防御

阐明具有整合表现的自定义记忆与自我发展和社会情感成熟有关，对验证自定义记忆与人格的模型的效果，将会有促进作用。为了证实这一问题，我们制定了以下的命题：在自定义记忆中整合表现得分较高的个体，会表现出较高的人格调节水平；他们在处理压力或情绪中，会表现出更复杂的防御策略。

为了测量人格调节，我们用了温伯格适应量表(WAI-SF)的简易版本(Weinberger，1997，1998)。这一章，我们把注意力集中在意义维度的具体关系上。该维度通过操作自定义记忆的整合表现，得出温伯格测量数据。WAI-SF 包含 37 个题目，分值从两个维度计算：苦恼的自我控制和主观体验。自我控制涉及对控制冲动的内省、攻击压迫与考虑他人的内省和社会化的责任方面。自我控制水平低的特征在年幼的儿童或无法成功地调节他们的冲动和影响的个体中出现。自我控制水平高对社会约定具有强烈的社会化和关注。然而，社会情感适应最佳的个体，应该有适度的自我控制，他们巧妙地管理情绪反应，没有采用过度控制的方式(Asendorpf & van Aken，1999；Hart，Hofmann，Edelstein & Keller，1997；Weinberger & Schwartz，1990)。苦恼包含的特质有焦虑、沮丧、低水平的健康状况和低自尊的维度。在 WAI-SF 上的主观不幸与抑郁、焦虑和自尊的人格测量有

关(Weinberger，1998)。

我们假设自定义记忆的整合表现与个体的自我控制水平呈曲线关系，中等自我控制水平的个体会在高自我控制与低自我控制的自定义记忆中表现出最高的整合水平。为了验证自定义记忆和自我控制的整合关系，106名学生被试参与了自定义记忆任务(Singer & Moffitt，1991—1992)，生成10种自定义记忆。自定义记忆任务需要被试写下生动的、情感强烈的、重复的、自己熟知的和其他相似记忆有联系的记忆。被试把与此方法相联的记忆当作更重要的，相对于那些更一般的自传式记忆需要的记忆，评分者更关注自我发现的主题(Moffitt & Singer，1994；Singer & Moffitt，1991—1992)。当前的版本包含了一种需求，这种需求表明个体生命中的记忆与持久的主题或冲突具有关联性。

辛格和布拉戈夫(Singer & Blagov，2000)的自定义自传体记忆的分类系统与计分手册是一个最初的草案，允许评分者接受训练，它让评分者根据结构与意义为自定义记忆计分。该系统已经在很多研究中被证明是有效的(Blagov & Singer，2000，2004；Blagov，Singer，& Vergnani，2002；Moffitt & Singer，1994；Singer & Blagov，2000；Singer & Moffitt，1991—1992；Singer & Salovey，1993)。该计分系统(Singer & Blagov，2000)基于记忆的语句译码，把整合的自定义记忆与分散的自定义记忆进行了区分。整合的语句包括以下种类的短语，“我认识到……”“这次经历教会我……”“自那以后，我明白了……”等。

我们把自我控制的三种水平(低、中、高)当作预测变量，整合记忆的数量(每个个体的10种记忆)当作独立变量，做了单向方差分析。统计结果显示两者有差异，$F(2,\ 96)=6.14$，$p<0.01$，图13-2中对平均数的检验揭示了预测的曲线关系。自我控制的效果进一步用图凯(Turkey)的事后检验法探究。它们在低($M=1.91$)自我控制组与中等($M=4.18$)自我控制组($p<0.05$)和高($M=2.74$)自我控制组与中等自我控制组($p<0.10$)的整合记忆方面有显著的差异。这些结果表明，中等自我控制的个体写下整合的自定义记忆的数量最多。

在温伯格(Weinberger，1998)的架构中，自我控制是一项促进成长的成果，是情感成熟的一个标志。从叙事的角度，成熟与能够用自

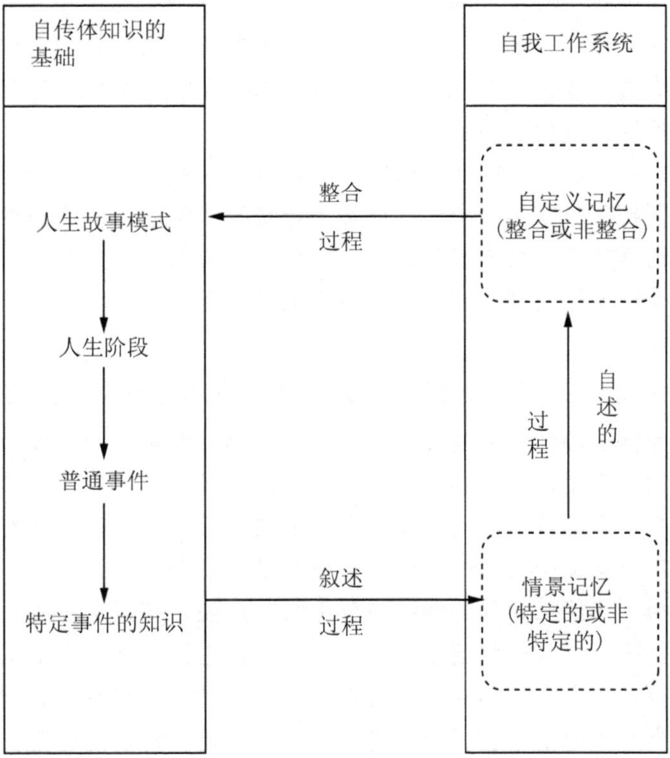

图 13-2　在温伯格的适应量表(预测情感的成熟度)的适度地自我控制对成年早期的整合自定义记忆有更高的预测作用

传体推理，建构一个连贯的生命故事的能力一致(Habermas & Bluck，2000；McAdams，2001；Staudinger，1999，2001；Thorne，2000)。得分适中的自我控制的个体确实比低自我控制和高自我控制的个体整合自定义记忆要多。

尽管这些关系仍然不明朗，但我们较支持以下的解释。整合的自定义记忆的意义形成与建构能够帮助人们处理负性情绪。低自我控制的个体由于更多的冲动，较少地融入文化叙事规范，他们很少反思自己的行为与记忆的意义。中等的自我控制的个体有能力承认并调整情绪，更可能地参与情绪记忆的高层次的加工。高自我控制的个体有强烈的愿望顺应文化规范和叙事限制，他们也有快速且过于控制的处事风格。然而，高控制的个体确实也比低控制的个体显示出更多的整合记忆。如果我们假设某部分高控制的个体依赖于智能化作为一个防御策略的话，这个发现也是有意义的。未来的研究会区分记忆中的整合表现的类型。或许这些类型与记忆唤起的其他积极方面有更多的联系，如特异性或情感强度。

总而言之，该研究结果确实表明自定义记忆的框架可能与人格调节有显著相关。在实验中已经证实了记忆与人格联系的有效性后，这一章的最后环节，我们将回到治疗领域，并说明我们怎样才可能将类似的概念框架运用到心理治疗的叙事记忆方面。

七、自定义记忆研究在临床上的应用——案例研究

作为标准评估过程的一部分，该章的第一作者一开始要求来访者分享他们认为生命中尤其重要的一个至两个具体的记忆。在后来的治疗过程中，来访者一如既往地分享其他的记忆，治疗时可以在这些记忆中捕获有意义的主题或冲突。来访者是最初提供记忆还是后期显露记忆，与这些记忆相关的情绪与意义的数量使这些记忆在生命故事中有重要作用。一旦这些记忆在治疗中出现，它们和其他记忆的联结可能会变得尤为突出和普遍。来访者试图解释过去动机与关系时，往往会回到当时的记忆中去。为了确定一个核心的、特定的自定义记忆的方式，个体可以评估现有的自定义记忆的特征，即生动性、情感强度、可重复性、与其他记忆的联结、持续的关注或未解决的冲突。

如果确实有一种记忆似乎是在自我定义的能力中，治疗师也能够积极地把开发这些特别的记忆引进到治疗过程中。通过监测记忆中出现的意义与模式，来访者可以观察他们生活中出现的支配人际交往(包含治疗关系)的方式，使特定的主题再现出来。事实上，来访者具备的自定义记忆和与治疗师的互动方式之间的联系的能力，能够理解过去关心的东西再次浮出水面，影响当下的关系。

一旦治疗师与来访者辨别出一系列相关的自定义记忆，这些记忆中的图像在治疗对话中，起到了隐喻的作用。将自定义记忆作为一种隐喻，在治疗关系和治疗之外所进行的关系中，鼓励来访者从关系的经历中获取经验或推论。

当来访者能够明确地表达并应用这些整合的信息时，会期待更明显的自我限制，调整并出现更完善的人格。在以下的案例中，我们把

心理治疗中有关自定义记忆的价值的观点精雕细琢，在治疗中更详细地展示一个人是如何利用这些记忆的。

阿特(Art)是一个 40 多岁的成功的商人，已婚且有 3 个孩子。他进行治疗是因为他的妻子认为他们的情感疏远与性亲密关系存在冲突，威胁要结束他们 18 年的婚姻。通过他自己的治疗，他在面对控制性与消极攻击的行为方面，找到了自信。尤其，他认为每当他们在身体上亲密接触对方时，他第二天会退缩，避免与她发生冲突，或者完全沉浸于工作。很多次，在他们亲密过后，他身体上都会觉得不舒服。他们在过性生活时，她感觉他在她面前故意高潮，去剥夺她身体上的愉悦。他们的关系已经到了一个僵局，以致他们在过去的 5 个月里没有性生活。他们还争论的一点就是他的睡眠呼吸，使得他晚上打鼾、抽搐。这种状况严重到他们分床睡的地步。他的妻子觉得他并没有真正地付诸努力去解决这个问题，事实上，反而把它当作一种疏远她的方式。

阿特除了在第一次见面描述了他目前的困难之外，还提供了一些有关原生家庭生活的背景。他出生在一个大家庭，排行中间，父母亲并没有对他们的孩子表露出温暖与情感。他的父亲经常出差，在家时，也是大量饮酒。他总认为自己是对的，总批评他的妻子与孩子们。由于这种消极的氛围，阿特经常沉默或逃离到森林。当他想起一段重要的记忆时，他做出了以下的陈述：

> 据我所记得的事情，我为上大学拼命工作、省钱，我当时想进入林业学校。我当过报童、服务员和给泵充气的人员。我不在学校或学习的每一个闲暇时刻，都在工作。我早上送报，放学后做其他的工作。我从来没有随便花过一个便士。仅仅把它们存入银行。在我高中毕业前的那个夏天，我获得了一个和学校小组一起去欧洲旅行几周的机会。当我旅行回来，我去查看我的银行账户，钱都没了。我去找父母，问他们："发生什么事了？我的钱在哪儿？"我的父亲说他拿这笔钱买了一辆车。他说当我高中毕业，我就可以有辆车了。我的所有学费都没了，后来尽管林业学校愿意接收我，我也从没有去读大学。而在我之后的每个孩子都去读了大

学，我的父母支付了全额费用。

当阿特被问及这段记忆对他意味着什么时，他谈及了他的感受，他认为那些甚至理应爱他、保护他的人这么轻易地背叛他。他说当他受到威胁时，他为自己的情感筑起一堵墙。他通过沉默与远离的方式，退缩到墙的后面。在随后的一段时间，阿特举了很多退缩的案例以及他对那些爱他的人可能的背叛表现极为敏感。

在我们第五次会面时，他描述了一段与他早年记忆相连的近期发生的事件。最近，他完成了工地墙的建造。那时他的一个同事听到猫叫的声音，尽管他自己不愿意把他建造的墙毁掉，但是他还是把它推倒，拯救那些猫。当他把墙推倒的瞬间，他在想这是多么的讽刺啊，他能够为这些动物做这件事，但他似乎不愿意打破他的堡垒，拯救他的婚姻。

在第九次会面中，他描述治疗如何使他与妻子之间关系更亲近，描述了他们之前的性生活，但第二天如何疏远她，且浑身不舒服。他谈及他受到赞扬时，多么地不自在；他谈及在他成长的过程中，从来没有得到积极的反馈。那时，他突然回到第一次会面时，想起的自定义记忆。他说他的父亲曾经赞扬他的唯一事件就是存钱，但是在最后，父亲还是拿走了他所有的钱。他也意识到，他把需要别人的赞扬或爱与失控联系在一起。这种失控使他害怕，也使他愤怒。他把放弃任何的计划与上大学联系在一起。在高中毕业后，接下来的酗酒与吸毒，都是渴望打击他的父母。他回忆在 14 岁时，逃离家庭更早的一段经历，和一个青少年服务生共度一段时光。他把这些所有的经历与背叛和被父母拒绝的普通情感联系在一起。在与妻子亲密过后，从中抽离不仅是一种恐惧的方式，而且对于受到创伤和陷入困境的人来说也是一种攻击。

在几周后的一次会面中，阿特想起了一段关于他第一次性经历的那个周末的自定义记忆。他当时还是一个青少年，正和一个 20 多岁的女士约会。她的经历比他丰富得多，她把他带到一个假日酒店，使他失去了童贞。坐车回家的路上，她透露之所以夺去他的贞操，是为了发泄自己在青少年时期被强奸的愤怒。他描述他自己对被披露的真相极为震惊，陈述在接下来的这种真实情景下，他浑身觉得不舒服。

在几个月后的一次治疗中，他还暴露了另一段与信任和羞耻感相同的且有联系的自定义记忆。他想起了小学的一段时光，当他的老师在操场注意到他的手指甲很脏，强烈要求他站在同学们的面前，把他的手给其他的同学看。当被问到这段经历与其他记忆的联系时，他解释另一个应该带给他信任与保护的人(这种状况下的老师)背叛了他。

当他的妻子最难过、最脆弱时，阿特暴露的这些记忆经常被唤醒。后来他把这种坦白与事实联系起来，即他在经历了与妻子冲突、愤怒后，被色情作品所吸引。在那段时期过后，他把这些反应当作表达愤怒感、控制感的方式。

在第一年的治疗中，随着这些信息的披露和积累，他与妻子的关系取得了显著的进展。他们的性生活更有规律，但是联结的模式与他们的距离仍然十分明显。这种“你推我拉”的相互作用的方式也明显变成转换关系的一部分了。阿特说，他对治疗感觉良好，会诚心诚意地参与治疗，但他注重用一些自己经历过的消极事件，寻找积极的部分。同样地，他说在治疗中他可能忘记使用建议。或许这种建议毫无用处，再或许有一丁点儿的用处。

我们能够辨别转移行为的模式，并把它与他的亲密和退缩联系起来，当作他的一系列自定义记忆的例证。我们讨论了他如何更有效地向我直接地表达他的受伤或愤怒，然后在我们的对话中，处理这些情绪。随着治疗关系模式的推进，它能够被觉察，不再是抽象地被讨论。解释这种动态与他的记忆清晰的联系对阿特产生了巨大的影响。他能够在治疗中努力地采取步骤向前推进，对待婚姻，他亦是如此。对于第一次治疗，他说他对我们的会面充满了感激，这种治疗对他多么重要。

在治疗中，随着移情和联系的经验加深，他回忆起在成长过程中与他父亲有关的更多痛苦的记忆。他想起一段父亲仅有的几次向他表达情感并拥抱他的经历。一天早晨，他还在睡梦中，父亲来到他的房间，叫他起床。看到房间里的杂乱，他的父亲生气地把梳妆台抽屉扔在房间里，就在那时，阿特从床上坐起，抽屉砸到他的头，使他一下子清醒过来。当他疼得哭起来的时候，他的父亲走过去，抱着他，尽量地安慰他。阿特的愤怒与悲伤夹杂在一起那么地显而易见，但是他仍然控制自己不让自己的眼泪流下来。尽管他为了控制自己而苦苦挣扎，但是他能够意识到他自己正试图疏远我，并减少治疗。通过理解记忆，他获得认识，并把这种认识转化成行为。尽管强烈的冲动驱使他不这样做，但是他尽量不再退缩。

经过情绪的再评价与顿悟，阿特把自定义记忆和为他提供有关的行为模式的信息联系起来。他越来越多地提及“送报员”的那段记忆，第一次性经历记忆，把它们和对亲密的人背叛的恐惧与防御的其他记忆联系起来。随着对自我理解的加深，他决定表达而非表现出恐惧。他的婚姻关系也得到了改善，由于他能够独立、自信地处理婚姻中出现的琐事，他把治疗缩减到每周一次。

为了结束这段案例以及来访者如何学习、利用自定义记忆的含义，我们举出阿特的最后一个对自我逐渐增长的理解。在与他最后几次的会面中的一次，一开始他讲述了另一段“送报员”的例子。它是近期发生在他 3 岁女儿的身上的。当时他们正要离开一家商店，她说她把她自己的 25 分硬币投进了泡泡糖机里。当他审视这些硬币，他意识到这些硬币来自他之前给孩子们作为礼物的硬币存钱罐。当时他感觉自己变得很生气，他突然想起了一段他童年的往事，那时他的弟弟做了完全相同的一件事，他用 1909 年的便士买了一块泡泡糖。

阿特能够把各种记忆联系起来，并且能够解释它们是如何联系的。解释他记忆中的各种经历(把这些记忆当作自定义记忆的特别案例)的能力表明他对自我有很深的理解，以及从他的过去出现的模式中获得了一种如释重负的感觉。当时他并没有指责他的女儿，他能够看到由此引起的最初的体验，然后做出合理的反应。他现在的经历不再自动地重复过去的经历。

阿特在心理治疗中使用自定义记忆，能够真正地表达自传式记忆的概念模型与我们在这一章提及的人格(见图 13-1)。阿特是以生命故事图式开始的：“我的生活是一个无法信任亲密关系以及它可能会背叛我的故事。我的唯一保护措施就是退缩或控制他人。”

从这种图式，我可以追踪在工作自我中首要的目标(避免情感痛苦以及控制可能伤害你的人)和自我记忆系统中自传式的知识的联系。妻子对亲密的要求加速了他危机的发展，然后通过自传式的知识系统引起了他的探索。他谈及他的成就和特定时期(积攒钱的孩童时期)的情感强度，谈及了笼统的事件(父母背叛的时期)和具体的事件(“送报员”的记忆和其他相关具体的事件)。叙事过程把这些具体的事件组织成情境记忆，反过来，由于与他的工作自我压迫的活动目标有关，情境记忆呈现出具有的自定义记忆。

这些记忆生动，感情强烈，重复性出现。它们与其他的记忆有关，表达的是与亲密有关的未解决且存在的冲突。当他想起这些时，它们提供了具有相似经历的情绪以及达到目标(例如，在这种亲密的情况下，仅仅通过退缩，减少他的痛苦)的相对可能性的信息。

最后，心理治疗的过程允许他从这些自定义记忆中退缩，也允许他运用整合的过程理解它们。经过对这些记忆的分析与解释，他能够把这些记忆与一个新的目标(为了挽救婚姻，克服对亲密的恐惧)联系在一起，自我记忆系统的这种重新组合需要对自定义记忆有新的理解或重构。当他把这种新的整合信息与自定义记忆(我的退缩行为在那时可能已经起作用，但是现在不管用了)相结合时，整个自我系统向生命故事图式的转变会产生重大的影响(“在我的生命故事中，尽管有早期的怀疑和背叛的历史，我还是小心翼翼、慢慢地学会接受爱”)。生命故事图式的修改完成了复杂的循环，在生命故事中的联结处，它对不断提出的挑战给予一个满意的答复。也就是说，在婚姻中，他成功地建立起更好的亲密关系。

八、结论

在这一章，为了理解自定义记忆对人格的作用和在心理治疗中潜在的应用，我们总结出一个概念的模型。我们为康韦和普莱德尔-皮尔斯的自传式记忆的认知模型与麦克亚当斯的认同的生命故事之间提供了一个理论上的联系。我们认为布拉克和哈贝马斯的生命故事图式的概念从各个方面组织并使记忆与人格紧密联系起来。自定义记忆是一些具体化的表达，它们把这种联系有意识地呈现出来。此外，我们还介绍并描述了与自定义记忆有关的整合性观点。这种观点是作为一种用于测量调节人格或个体社会情感成熟度的方式。为了支持这一观点，我们提供了实验数据，也提供了心理治疗实践的案例研究。

在未来的工作中，重要的是针对来访者与自定义记忆相关的目标认同、表达整合性的描述、开发更多正式的评估工具。一种可能就是把以下的工具融入来访者最初的评估：埃蒙斯(Emmons，1986)个人奋斗量表，自定义记忆任务（Singer & Moffitt，1991—1992）以及测量自定义记忆（Singer & Blagov，2000）整合性描述的配音录制系统。这些量表在治疗前、中、后和治疗的效果的指数的联系将为该模型提供治疗的有效性。

（张影　程素萍　译）

参考文献

Asendorpf，J. B. & van Aken，M. A. 1999. Resilient，overcontrolled，and undercontrolled personality prototypes in childhood：replicability，predictive power，and the trait-type issue[J]. Journal of Personality & Social Psychology，77：815-832.

Barclay，C. R. 1996. Autobiographical remembering：narrative constraints on objectified selves[M]// D. C. Rubin(Ed.). Remembering our past：studies in autobiographical memory. Cambridge，UK：Cambridge University Press：94-125.

Bauer，J. J. & Bonanno，G. A. 2001. I can，I do，I am：the narrative differentiation of self-efficacy and other self-evaluations while adapting to bereavement[J]. Journal of Research in Personality，35：424-448.

Blagov，P. S. & Singer，J. A. 2000. Relationships between identity and social emotional maturity：self-defining memories，self-concept clarity，and self-restraint[C]. Paper presented at the meeting of the New England Psychological Association，Lewiston，ME.

Blagov，P. S. & Singer，J. A. 2004. Four dimensions of self-defining memories (speci-ficity，meaning，content，and affect) and their relationships to self-restraint，distress，and repressive defensiveness[J]. Journal of Personality，72(3)：481-511.

Blagov，P. S.，Singer，J. A. & Vergnani，M. 2002. Structure and meaning in autobiographical memories：a reliable scoring system[C]. Poster presented at the meeting of the Eastern Psychological Association，Boston，MA.

Bluck，S. & Habermas，T. 2000. The life story schema[J]. Motivation and Emotion，24：121-147.

Bluck，S. & Habermas，T. 2001. Extending the study of autobiographical memory：thinking back about life across the life span[J]. Review of General Psychology，5：135-147.

Brewer，W. F. 1986. What is autobiographical memory[M]// D. C. Rubin(Ed.). Autobiographical memory. Cambridge，UK：Cambridge University Press：25-49.

Brewer，W. F. 1996. What is recollective memory[M]// D. C. Rubin(Ed.).

Remembering our past：Studies in autobiographical memory. New York：Cambridge University Press：19-65.

Bruner，J. 1997. A narrative model of self-construction[M]// J. G. Snodgrass & R. L. Thompson（Eds.）. The self across psychology：self-recognition，self-awareness，and the self-concept. In Annals of the New York Academy of Sciences，818. New York：New York Academy of Sciences：145-161.

Christianson，S. A. & Safer，M. A. 1996. Emotions in autobiographical memories [M]// D. C. Rubin（Ed.）. Remembering our past：Studies in autobiographical memory. New York：Cambridge University Press：218-243.

Conway，M. A. 1996. Autobiographical knowledge and autobiographical memories [M]// D. C. Rubin（Ed.）. Remembering our past：Studies in autobiographical memory. New York：Cambridge University Press：67-93.

Conway，M. A. & Dewhurst，S. A. 1995. The self and recollective experience[J]. Applied Cognitive Psychology，9：1-19.

Conway，M. A. & Pleydell-Pearce，C. W. 2000. The construction of autobiographical memories in the self-memory system[J]. Psychological Review，107：261-288.

Conway，M. A.，Pleydell-Pearce，C. W. & Whitecross，S. E. 2001. The neuroanatomy of autobiographical memory：a slow cortical potential study of autobiographical memory retrieval[J]. Journal of Memory & Language，45：493-524.

Conway，M. A. & Rubin，D. C. 1993. The structure of autobiographical memory [M]// A. F. Collins & S. E. Gathercole（Eds.）. Theories of memory. Hillsdale，NJ：Lawrence Erlbaum：103-137.

Conway，M. A.，Turk，D. J.，Shannon，L. M.，Logan，J.，Nebes，R. D.，Meltzer，C. C. & Becker，J. T. 1999. A Positron Emission Tomography（PET）study of autobiographical memory retrieval[J]. Memory，7(5/6)：679-702.

Craik，F. I. M.，Moroz，T. M.，Moscovitch，M.，Stuss，D. T.，Winocur，G.，Tulving，E. & Kapur，S. 1998. In search of self：A PET investigation of self-referential information[J]. Psychological Science，10(1)：26-34.

Debats，D. L.，Drost，J. & Hansen，P. 1995. Experiences of meaning in life：a combined qualitative and quantitative approach[J]. British Journal of Psychology，86：359-375.

Demorest，A. P. & Alexander，I. E. 1992. Affective scripts as organizers of personal experience[J]. Journal of Personality，60：645-663.

Emmons，R. A. 1986. Personal strivings：an approach to personality and subjective wellbeing[J]. Journal of Personality and Social Psychology，51：1058-1068.

Erikson，E. H. 1959. Identity and the life cycle：selected papers[J]. Psychological

Issues，1：5-165.

Habermas，T. & Bluck，S. 2000. Getting a life：the emergence of the life story in adolescence[J]. Psychological Bulletin，126：748-769.

Hart，D.，Hofmann，V.，Edelstein，W. & Keller，M. 1997. The relation of childhood personality types to adolescent behavior and development：a longitudinal study of icelandic children[J]. Developmental Psychology，33：195-205.

Holmes，A. & Conway，M. A. 1999. Generation identity and the reminiscence bump：memory for public and private events[J]. Journal of Adult Development，6：21-34.

King，L. A.，Scollon，C. K.，Ramsey，C. & May，T. 2000. Stories of life transition：subjective well-being and ego development in parents of children with down syndrome[J]. Journal of Research in Personality，34：509-536.

McAdams，D. P. 1988. Power，intimacy，and the life story：personological inquiries into identity[J]. New York：Guilford.

McAdams，D. P. 1993. The stories we live by：personal myths and the making of the self[M]. New York：William Morrow.

McAdams，D. P. 1995. What do we know when we know a person[J]. Journal of Personality，63：365-396.

McAdams，D. P. 1996. Personality，modernity，and the storied self：a contemporary framework for studying persons[J]. Psychological Inquiry，7：295-321.

McAdams，D. P. 1999. Personal narratives and the life story[M]// L. A. Pervin & O. P. John (Eds.). Handbook of personality：Theory and research(2nd ed.). New York：Guilford：478-500.

McAdams，D. P. 2001. The psychology of life stories [J]. Review of General Psychology，5(2)：100-122.

Miller，P. J. 1994. Narrative practices：their role in socialization and self-construction [M]// U. Neisser & R. Fivush(Eds.). The remembering self：construction and accuracy in the self-narrative. Cambridge，UK：Cambridge University Press：159-179.

Moffitt，K. H. & Singer，J. A. 1994. Continuity in the life story：self-defining memories，affect，and approach/avoidance personal strivings [J]. Journal of Personality，62：21-43.

Neisser，U. (Ed.). 1982. Memory observed：remembering in natural contexts[M]. San Francisco：Freeman.

Neisser，U. & Fivush，R. (Eds.). 1994. The remembering self：construction and accuracy in the self-narrative[M]. Cambridge，UK：Cambridge University Press.

Neisser，U. & Winograd，E. (Eds.). 1988. Remembering reconsidered：ecological and traditional approaches to the study of memory [M]. Cambridge, UK: Cambridge University Press.

Pillemer, D. B. 1998a. Momentous events, vivid memories[M]. Cambridge, MA: Harvard University Press.

Pillemer, D. B. 1998b. What is remembered about early childhood events[J]. Clinical Psychology Review, 18: 895-913.

Robinson, J. A. 1986. Autobiographical memory: a historical prologue[M]// D. C. Rubin(Ed.). Autobiographical memory. Cambridge, UK: Cambridge University Press: 19-23.

Rubin, D. C. (Ed.). 1986. Autobiographical memory [M]. Cambridge, UK: Cambridge University Press.

Rubin, D. C. (Ed.)1996. Remembering our past: studies in autobiographical memory [M]. Cambridge, UK: Cambridge University Press.

Rubin, D. C., Rahhal, T. A. & Poon, L. W. 1998. Things learned in early childhood are remembered best. Memory and Cognition, 26: 3-19.

Rubin, D. C., Wetzler, S. E. & Nebes, R. D. 1986. Autobiographical memory across the adult lifespan[M]// D. C. Rubin (Ed.). Autobiographical memory. Cambridge, UK: Cambridge University Press: 202-221.

Singer, J. A. 2001. Living in the amber cloud: A life story analysis of a heroin addict [M]// D. P. McAdams, R. Josselson & A. Lieblich(Eds.). Turns in the road: Narrative studies of lives in transition. Washington, DC: American Psychological Association: 253-277.

Singer, J. A. 2003. A love story: using self-defining memories in couples therapy [M]// D. P. McAdams, R. Josselson & A. Lieblich (Eds.). Narrative and psychotherapy. Washington DC: American Psychological Association.

Singer, J. A. & Blagov, P. S. 2000. Classification system and scoring manual for self-defining autobiographical memories[C]. Paper presented at the meeting of the Society for Applied Research on Memory and Cognition, Miami Beach, FL.

Singer, J. A. & Blagov, P. S. 2003. The integrative function of narrative processing: autobiographical memory, self-defining memories, and the life story of identity [M]// D. R. Beike, J. M. Lampinen & D. A. Behrend(Eds.). The self and memory. New York: The Psychology Press.

Singer, J. A. & Bluck, S. 2001. New perspectives on autobiographical memory: the integration of narrative processing and autobiographical reasoning[J]. Review of General Psychology, 5: 91-99.

Singer, J. A. & Moffitt, K. H. 1991-1992. An experimental investigation of specificity and generality in memory narratives[J]. Imagination, Cognition &

Personality, 11: 233-257.

Singer, J. A. & Salovey, P. 1993. The remembered self: emotion and memory in personality[M]. New York: Free Press.

Singer, J. A. & Salovey, P. 1996. Motivated memory: Self-defining memories, goals, and affect regulation[M]// L. L. Martin & A. Tesser(Eds.). Striving and feeling: Interactions among goals, affect, and self-regulation. Hillsdale, NJ: Lawrence Erlbaum: 229-250.

Singer, J. A. & Singer, J. L. 1992. Transference in psychotherapy and daily life: implications of current memory and social cognition research[M]// J. W. Barron & M. N. Eagle(Eds.). Interface of psychoanalysis and psychology. Washington, DC: American Psychological Association: 516-538.

Singer, J. A. & Singer, J. L. 1994. Social-cognitive and narrative perspectives on transference[M]// J. M. Masling & R. F. Bornstein(Eds.). Empirical perspectives on object relations theory: empirical studies of psychoanalytic theories(vol. 5). Washington, DC: American Psychological Association: 157-193.

Staudinger, U. M. 1999. Older and wiser? Integrating results on the relationship between age and wisdom-related performance [J]. International Journal of Behavioral Development, 23: 641-664.

Staudinger, U. M. 2001. Life reflection: a social-cognitive analysis of life review[J]. Review of General Psychology, 5: 148-160.

Thorne, A. 2000. Personal memory telling and personality development [M]. Personality and Social Psychology Review, 4: 45-56.

Thorne, A., Cutting, L. & Skaw, D. 1998. Young adults' relationship memories and the life story: examples or Essential Landmarks[J]. Narrative Inquiry, 8(2): 237-268.

Thorne, A. & McLean, K. 2001. Manual for coding events in self-defining memories [M]. Unpublished manuscript.

Tomkins, S. S. 1979. Script theory: differential magnification of affects[M]// H. E. Howe, Jr. & R. A. Dienstbier(Eds.). Nebraska Symposium on Motivation 1978 (vol. 26). Lincoln: University of Nebraska Press: 201-236.

Tomkins, S. S. 1987. Script theory[M]// J. Aranoff, A. I. Rabin, & R. A. Zucker (Eds.). The emergence of personality. New York: Springer: 147-216.

Weinberger, D. A. 1997. Distress and self-restraint as measures of adjustment across the life span: confirmatory factor analyses in clinical and non-clinical samples[J]. Psychological Assessment, 9: 132-135.

Weinberger, D. A. 1998. Defenses, personality structure, and development: integrating psychodynamic theory into a typological approach to personality[J]. Journal of

Personality, 66: 1061-1080.

Weinberger, D. A. & Schwartz, G. E. 1990. Distress and restraint as superordinate dimensions of self-reported adjustment: a typological perspective[J]. Journal of Personality, 58: 381-417.

Williams, J. M. G. 1996. Depression and the specificity of autobiographical memory [M]// D. C. Rubin (Ed.). Remembering our past: Studies in autobiographical memory. Cambridge, UK: Cambridge University Press: 244-267.

第14章　叙事评估访谈：评估在心理治疗中的自我改变

卡伦·K. 哈特克(Karen K. Hardtke)
琳恩·E. 安格斯(Lynne E. Angus)①

在心理治疗研究领域，叙事的概念引起了许多研究者和以广泛有效的治疗方法为代表的临床医生的关注。在人类意义建构的综合理论建立的探索中，故事叙述者讲述故事的行为和在治疗中所讲述的故事，被认为是有用的隐喻。并且，在心理治疗中，它们为我们提供了进一步理解自我认同的本质和随之而来的自我改变的框架。

加拿大多伦多约克大学约克心理治疗研究中心和诊所(York Psychotherapy Research Centre and Clinic)的研究团队，在过去的许多年里针对叙事过程，已经集中研究了叙事过程策略。该策略在心理治疗中对来访者生命故事的重建和共建起促进作用。为了这个目的，我们建构了叙事过程模型(Narrative Processes Model)(Angus，Levitt & Hardtke，1999)和编码系统(Coding System)(Angus，Hardtke & Levitt，1996)。这是一个对于叙事过程策略的跨理论的、启发式的、成熟的经验主义探索，该策略致力于通过来访者和治疗师双方的努力，促进来访者在治疗时间内的自我改变。

最初在经验主义/人本主义背景下，对抑郁症的治疗，发现了一个独特的叙事过程编码系统(Narrative Processes Coding System，

---

①　有关本章的信件请寄给本章作者，地址为：York University，4700 Keele Street，Toronto，Ontario，Canada M3J 1P3，或发邮件至 hardtke@yorku.ca。——作者注

NPCS)：来访者无需考虑治疗结果，只需将转变的重点放在个人故事的述说上；治疗师专门引导来访者向情绪聚焦和经验介入的意义建构模式转变(Angus et al.，1999；Hardtke，1996a，1996b；Lewin，2001)。在心理治疗过程中，讲故事并产生对自我活动和生活事件的新理解，似乎是来访者一个特别重要的任务，关于这个现象我们已经在约克心理治疗研究中心进行了深入的研究(Hardtke，1996a，1996b；Lewin，2001；Lewin & Hardtke，2000)。我们确信，来访者讲述的关于自身的故事是建构他们自我认同的重要线索(见McAdams，1993)。此外，在关注故事在治疗中如何改变的背景下，来访者在治疗中体验到重大收获以后，他们能否不同地看待自己，相应地，这种变化能多大程度上反映在他们治疗后的故事描述中，我们对此感到好奇。

为了从实证上解决这个问题，我们将注意力指向了来访者自身。我们要求来访者将注意力聚焦于他们对自我的观点，并且为我们提供个人的记忆叙述，阐明他们在人际关系背景下的自我知觉。为了这个目的，本章介绍叙事评估访谈(Narrative Assessment Interview，NAI)(Hardtke & Angus，1998)，这是一个简短的半结构化口语访谈记录，用于治疗前和治疗后，或者其他不同的治疗后阶段，目的是探究和评估来访者在心理治疗中，自我故事的潜在变化。为了提供一个理解叙事评估访谈发展的背景，针对治疗中叙事表达范围和功能，我们会先概述对我们的思维产生影响的不同见解。接着，我们将简要地概括叙事过程模型和叙事过程编码系统，这两者在体验治疗中指导我们探究并认同叙事过程，这些叙事过程的重要发现指导着叙事评估访谈口语记录的发展。最后，我们将呈现叙事评估访谈实施的完整的口语记录以及临床上的例子，这些例子阐明了它在简短的经验或人本主义治疗抑郁症的情况下的应用(Greenberg & Angus，1998)。

一、背景环境

从对相关文献的回顾中可以看出，叙事隐喻得到了许多人的支持。例如，在对人性的研究中，叙事的概念已经被当作一种视角或基本方法。布鲁纳(Bruner，1986)的创造性的工作，就是把叙事当作知晓的一种不同寻常的方式，它增强了对环境影响的认识，以及意向性对行为的作用(Rennie & Toukmanian，1992)，和共同建构经验(Angus & Hardtke，1994；Angus & Rennie，1989)的性质一样，为研究团队在研究人性的方法上提供了一种强有力的选择。

迄今为止，大多数心理治疗研究者选择将“叙事”定义为在治疗时间内出现的个人事件或故事的描述(Luborsky，Barber & Diguer，1992；Luborsky，Popp，Luborsky & Mark，1995；Rennie，1994)。使用此定义，叙事或个人故事被认为是可以从治疗会话背景中脱离出来，进行进一步细致分析的单元。例如，鲁波斯基和他的同事们研发出了核心冲突关系主题(Core Conflictual Relationship Theme，CCRT)(Luborsky & Crits-Cristoph，1990)，这是一种识别来访者关系叙述的方法，同时也是在简要的心理动力学背景下，识别重复动作模式和相关主题的方法。基于这些见解，霍华德·布克(见本卷Book，2003)已经确定了关键的治疗策略，使来访者在简要的动力学治疗中，有效地运用关系叙述与核心的关系主题。

伦尼(Rennie，1994)使用了人际过程回忆程序(Interpersonal Process Recall procedure，IPR)(Kagan，1975)，来评估来访者在以人为中心的心理治疗中讲故事的第一人称描述情况。使用扎根理论来分析这些来访者的描述，确定了来访者叙事表达的促进和阻碍功能，提出了来访者和治疗联盟发展的影响因素的作用。最近，伦尼(Levitt & Rennie，2003)提出了在心理治疗中，来访者反思在叙事表达和了解初期的关键作用。

来访者的个人故事，也可以看作他们整个人生故事连续体中的一点。因此，叙事隐喻已经被人格研究者和临床医生们所使用，涉及一个整体视角或自我观点的个体发展，以及个人认同的个体发展。在个体发展中，离散事件位于一个时间序列上，并且按照一系列内心的和人际的主题有意义地排列(Angus et al.，1999；Baumeister & Newman，1994；Bruner，1986；Gergen & Gergen，1983；Howard，1991；McAdams，1993；McAdams，Diamond，de St. Aubin，& Mansfield，1997；McLeod & Balamoutsou，1996；Polkinghorne，1988；Sarbin，1986；Singer & Blagov，2004；Spence，1982；White & Epston，1990)。依据鲍迈斯特和纽曼(Baumeister & Newman，1994)创造术语的研究，安格斯(Angus & Hardtke，1994)提议，术语“微叙事”可

能用来指治疗时间内讲述的散文类型的故事；术语“宏叙事”，可能用来指来访者的生命故事。他在整个治疗关系的进程中，内隐地或外显地描述和重构生命故事(Spence，1982)。此外，来访者的微叙事的主题顺序，可能被看作整体宏叙事结构的一个关键因素。

二、从叙事角度看待治疗的变化

根据怀特(White，2001)的研究，人们在讲述他们经历的过程中，当主要叙事被限制和缩短时，人们开始频繁地寻求治疗。在这些情况下，人们过往经历的重大方面会与他们主要的叙事相矛盾。换句话说，尽管通过经验故事获得了意义感和连续感，但我们也因此付出了代价，因为我们的既往经验要比讲述生动得多。正如布鲁纳(Bruner，1986)所指出的那样，叙事结构赋予经历以生机和含义，但是总有一些感受和生活经历，是不能够完全被主导故事描述出来的。

鉴于叙事结构和经验的差距，治疗通过识别主要叙事之外的个体的个人事件、情感、目的和想法，为来访者提供了一个再次编写他们生命叙事的机会。然后治疗的过程就变成一个替代性故事和自我观点产生的工具，这些故事和观点包含了个体生活经历中至关重要的和先前所忽视的方面(Angus & Bowes-Bouffard，2002；White，2001)。“当人们寻求治疗时，一个可接受的结果是识别和产生替代性故事，该故事能使他们执行新的含义，给他们带来渴望的可能性——人们会将新的含义体验为更有帮助的、令人满意的和开放的(White & Epston，1990)。”挑战和动摇渗透性问题的宏叙事情节所产生的个人故事身份认同的独特结果被看作对策的关键。此对策提供了观察和评估自我与他人的新的方式，也建立了促进生活中对结果渴望的选择性的叙事情节。

一个理解治疗中宏叙事或生命故事改变的相似的方法是叙事过程模型(Angus & Bowes-Bouffard，2002；Angus et al.，1999)，该方法聚焦于叙事表达、情感意义建构以及治疗中来访者头脑里出现的对自我和他人的新观点的重要性。与怀特(White，2001)基于后结构主义和社会构造主义视角的研究相比，叙事过程模型是基于辩证建构主义者提出的假设(Greenberg & Pascual-Leone，1995)或者语境主义者(Neimeyer & Mahoney，1995)对心理治疗谈话的概念化。因此，在导致来访者在微叙事（如个人故事）和宏叙事（如生命故事）水平的变化上，发挥作用的因素有：来访者的反思，故事讲述，自我认同建构中的叙事主题，促进自我认同改变的情感主题和情感过程，来访者—治疗师对话的共同建构的性质，以及富有成效的治疗改变的概念，都可以作为一种动态的、辩证的变化过程。根据治疗的叙事过程模型（Angus et al.，1999），对有情绪的个人叙事、情绪差异以及自我和他人新观点（如新个人意义的产生）的反身性建构的详细描述，促进了自我和他人（即新的个人意义的产生）关系中，一个更加不同的、清晰的、有意义的、理解的自我的建构。基于这些核心假设，叙事过程模型对三个基本过程的策略或模式下了操作性定义，这三个策略或模式涉及来访者在心理治疗中的宏叙事的改变：

1. 外部或故事讲述模式，包括自传体记忆（如微叙事）；
2. 内部或情绪聚焦模式，包括情感的表达；
3. 反身性或概念性意义建构，利用了在新生活主题和自我理解的表达中的微叙事和情绪过程。

新核心主题和自我观点转变的表达，是以宏叙事或认同改变的形式表现出来的。不出意料的是，将叙事概念中的理论兴趣作为建构个人认同和生命故事的基础，这种兴趣有可能在心理治疗中转变成评估叙事的变化。

三、解决鸿沟：评估在心理治疗中的叙事变化

试图进行经验调查，捕捉叙事重建和自我改变的动态化概念，已证明对研究人员是一个有趣的挑战。内梅耶（Neimeyer，1994）认为，在治疗谈话中分析叙事的困难如下："尝试指定来访者在治疗中产生的叙事的特定价值是困难的，不仅是因为叙事概念的普遍性，而且也因为每个来访者叙事作品的独特性。"尽管存在这些障碍，文献中正在出现一些旨在捕捉人们具体生命故事情节的、创新的和有趣的访谈协议（身份访谈，Gonçalves & Machado，1999；生命故事访谈，McAdams，1993；自传写作任务，Balamoutsou，2003）。尚未解决的问题是，这种叙事在治疗后可能衍变成什么状态，或者听起来像是什

么样。

借鉴叙事过程模型(Angus & Hardtke，1994；Angus et al.，1999)，叙事过程编码系统(Angus et al.，1996)为心理治疗研究者提供了一种适用于评估治疗谈话的微叙事和宏叙事变化过程的实证测量方法(Hardtke，Levitt & Angus，2003)。NPCS 这一过程分为两个步骤，使研究者能够：

> 1. 根据语言对话的内容变化，将治疗会话记录尽量地细分和表征为主题段。
>
> 2. 根据三个叙事过程序列之一的变化，进一步细分和表征每个主题段，这三个叙事过程序列对应于三个叙事过程模式：外部、内部和反思。

在最初研究过程体验和以来访者为中心的抑郁症简要治疗(Greenberg，Watson & Goldman，1998；Goldman，Greenberg & Angus，2003)背景下，迄今为止，从我们的叙事过程研究计划中产生的独特见解之一是，发现在治疗谈话的背景下，来访者倾向于优先转向外部或讲故事模式(Angus et al.，1999；Hardtke，1996a，1996b)，而体验治疗师则专注于引导来访者转向反思和内部过程模式(Gonçalves，Korman & Angus，2000；Gonçalves，Machado，Korman & Angus，2002；Lewin，2001)。以下临床实例说明了叙事过程模式的这种周期性转变：

> **治疗师：**(治疗师和来访者正处于反思过程模式)所以在某种程度上，在你照顾你母亲，不得不承担对她的责任的时候，你感觉你的丈夫变得与你更加疏远。
>
> **来访者：**(you know 是口语表达，主要是思考后面的话语的铺垫)。但是，我想我还是认可我丈夫的，我一直指责他不在我身边，但事实上，我认为在某种程度上，我认可他是因为他从没向我提及过那件事。他从来没有提起过(来访者从自省过程模式转向外部过程模式)，因为他总说，他不会发表任何观点。他过去对我的姐妹们表示不满。有一次，当我们不得已把母亲转到另一所疗养院时，他因为我的姐妹

们没有帮忙，变得很愤怒。然后我对他说："你竟敢这样责备我的姐妹们。"这句话制止了他发表任何观点，然后我也因此而退缩。那几天，他在地下室度过，我要么在厨房忙碌，要么和朋友一起。我们之间没有了交流。

治疗师：（治疗师提供来访者故事的反身性总结）所以在某种程度上，你想要获得支持，当他说了一些对你家人不利的话的时候，（然后引导来访者转向探究的内部过程模式）对你来说是一种伤害，因此你将他推开了一点儿？

来访者：嗯嗯，对的。（来访者转向探究的反思模式）这也是我的错。我不断受我母亲的折磨，但是当我回想的时候，我认为，嗯，我有很多选择吗？

叙事过程编码系统应用于抑郁症的简单的体验治疗中的研究结果，为公开个人带着情绪的叙述提供了有力的经验支持，反思意义建构的过程是实现富有成效的治疗结果的重要因素。

这个叙事过程转变的周期性，似乎起了一些关键的治疗功能。首先，来访者通过讲述个人故事来与治疗师分享他们面临的问题，这样做能够增强治疗联盟的基础。在带着情绪复述突出的记忆叙事的过程中，来访者也可以获得对这些事情的高度体验，这促进了对有问题的情绪主题的探究和区分，为治疗时间内的反思意义建构，以及对自我和他人新观点的出现奠定了基础。最后，在人际关系的"真实"世界里，个人叙事的认同、捕捉到新的行为动作、情绪的叙事以及自我的新观点，为知觉到的自我改变提供了具体的"现实"。这种重新叙事的过程，是在来访者持续自我认同中融入自我的新观点的重要工具。在本质上，这些改变的叙事类似于怀特(White，2001)的"独特结果的故事"，因为它们获得了新的行为方式，并与其他能够获得优先结果的人一起，为建立新的理解和观察自我的方式提供了基础，因为它们挑战了之前的自我和自我认同的观点。

除此之外，有关讲述故事的意义和人类意义建构的作用，将我们在叙事研究中的经验发现与现有的理论思想联系在了一起，这种联系让我们感到兴奋不已。鲍迈斯特和纽曼(Baumeister，Newman，1994)介绍了事件的描述(例如，着重阐述具体的上下文信息)与人格心理学背景下的人类意义建构这些事件的解释(例如，重点是确定一般规则或法律)之间的相互作用。这些作者认为，命题(或范式)思想和叙事思维模式有助于持续不断地了解自己的经历的过程。鲍迈斯特和纽曼(Baumeister，Newman，1994)提出的概念化的叙事思维模式，包含了特别的个人经历的故事。这些故事在结构上，与时间、上下文有关。

由鲍迈斯特和纽曼(Baumeister，Newman，1994)所定义的叙事思维模式，似乎与 NPCS 的外部叙事过程模式所描述的过程很相似，其中对话主要反映个人事件和自传式记忆叙事的阐述和详细描述，解释了一个人的生活中"发生了什么"的问题。根据鲍迈斯特和纽曼的观点(Baumeister，Newman，1994)，叙事思维模式为确定一般主题或自我的模式提供了基础，是随后借助反思和抽象过程建立的，具有聚合思维的特征。反过来，聚合思维的概念(如反思和抽象)类似于叙事过程编码系统的反思叙事序列模式所描述的过程。此外，这些作者提出"每个事件都必须在叙事形式下被理解，目的是为了在产生抽象推论或概括之前，掌握真正发生了什么"。

因此，鲍迈斯特和纽曼(Baumeister，Newman，1994)提出的人类意义建构的理论概念化似乎与我们的叙事过程研究计划的实证结果一致，来访者通过在个人故事叙述(外部的)和意义建构(反身的)叙事模式之间转变，创造他们人生经历的意义。因此，叙事思维模式的理论描述和我们对"叙事过程"的实证调查相结合，创造一个强有力的声音，预示着心理治疗中叙事意义建构的潜在重要性。

四、叙事评估访谈手册

叙事评估访谈的开发，提供了一种探索治疗中自我故事(宏叙事)改变的启发式方法。我们把注意力放在开发一种工具上，这种工具探究治疗是如何影响来访者将独特的故事融入治疗中——以捕捉来访者是如何以及在多大程度上解释这些自我感知的故事的；探究在心理治疗后，来访者是如何发生变化的。而不是将症状的减少作为治疗成功的指标(例如，在来访者患抑郁症时)。

叙事评估访谈是一种简短的、半结构化的访谈协议，旨在初始治疗会话后、治疗后和随后的随访期间完成。数据收集程序由 3 个阶段组成：在第1阶段需要完成并录制半结构化访谈；第2阶段制作治疗前访谈的书面总结表；第3阶段完成治疗后的访谈，包括完成来访者在治疗前的叙事评估访谈表格上的反思。这种开放式的访谈格式，不强加任何限制，旨在促进来访者以叙述的形式探索与自我有关的观点，如形容词清单。

叙事评估访谈是在对抑郁症的约克二号临床治疗(York Ⅱ Clinical Treatment)追踪中开发实施的(Greenberg & Angus，1998)，该治疗在加拿大安大略省多伦多的约克大学的约克心理治疗诊所和研究中心的指导下进行。这个研究得到了安大略心理健康基金会(Ontario Mental Health Foundation)的支持。在治疗前、治疗后以及治疗结束6个月后，对来访者进行访谈，探讨以来访者为中心和体验治疗过程，对来访者自我感知、他们的故事、以及在治疗前想要改变自我的有关方面的影响。

下面介绍完成叙事评估访谈所需的程序步骤。编入本文的是从正在进行的抑郁症治疗试验中得出的两个案例的摘要。第一个案例，艾伦(Alan)，阐明了在叙事评估访谈的各个阶段产生的数据资料，以及关于叙事改变的探究途径，这种变化可能会通过访谈的应用而不断发展。第二个案例，玛丽昂(Marion)，阐明了来访者在访谈本身的背景下，自我反思、意义建构和潜在的重构自我感知的可能性。

(一)第1阶段：叙事评估访谈

在第1阶段，临床医生或研究人员在治疗的第一环节后，立即向来访者或参与者介绍叙事评估访谈，陈述如下：

> 现在我将要问你一些有关于你的问题。人是复杂的，尽管我要问的问题乍一听可能很简单，但有一些人会觉得它们很难回答。因为你之前从来没被问过这三类问题，在某种程度上，这个问题可能是存在难度的。我们欢迎你在回答问题前，花费你所需要的时间来思考我问的问题。我问的是有关你是如何看待自己的，以及你认为别人是如何看待你的等这一类的问题。这个过程不超过10分钟。

在访谈的第一阶段中，促进一种安全的、合作的和客观的氛围的形成是重要的。在这种氛围中，来访者或参与者可能会自由轻松地去探索或描述他们自己的故事，以及对于他人对他们的看法所持有的观点。在完成介绍性说明后，治疗师就开始询问来访者或参与者以下几个问题。(注释：在接下来的叙事评估访谈协议的说明中，治疗师与来访者、研究人员与参与者这两对可以互换，用来强调访谈在临床和研究背景下都是适用的。)

问题 1：你会如何描述自己？如果参与者根据角色描述自己(例如，我是一个母亲)，访谈者将接着问“你是什么样的母亲”，参与者可能用“我是一个充满爱心的母亲”的描述来回答。参与者接着会被要求从她的生活经历中提供一个近期的例子，来举例说明对自己的描述。如果参与者使用形容词来描述自己(例如，我很体贴)，接下来他会被要求根据他的生活经历，为访谈者提供一个近期的例子来举例说明这个描述。参与者不用着急，可以慢慢地产生尽可能多的描述。在每个描述后，访谈者提示参与者从他们的生活中提供一个近期的例子来举例说明所给出的描述。

问题 1 的目的是探索来访者在治疗前是如何看待自己的：从积极的或消极的，外部的或内部的单一或多重视角。来访者解释自我过往经验的例子和故事，被用来探索这些经验与来访者自我看法或主导性叙事一致的程度。

1. 叙事评估访谈：临床案例——艾伦

开始进入对抑郁症的简单体验治疗。艾伦是一个有三个孩子的中年父亲，在之前的 3 年里，他在他的专业领域没有获得就业机会：“3 年前，我失业之后，我在事业和生活上处处碰壁。”艾伦认为自己具有积极的特质：“我很聪明、受过良好教育，并且拥有很好的自我意识”“我是三个孩子的父亲，一个好的、关心的和认真负责的父亲”“已婚的”“一位专业人员”“我是助人的，一个给予者、贡献者、问题解决者”。当被问及他是什么样的父亲，艾伦回答：“我希望我知道。”当被要求描述他作为一个丈夫的角色，艾伦回答：“我是一个糟糕的丈夫，我不能在此时满足我妻子的需求。”

当要求艾伦提供能解释自我描述的故事时，他要么粗略地叙说自传的记忆，要么一点也无法描述与之相关的故事。例如，当要求他提供一个近期的故事以说明他是如何认为自己是聪明的、受过良好教育的和有自知之明的时，艾伦描述道："最近通过一些商业交易工作，尽管是小交易但还是要交税。"当被要求说一个故事，以说明他是一个贡献者时，艾伦说："我喜欢回报美好的事物。"此时此刻，他无法说出一个近期的故事，以具体明确地说明他的这一方面的描述。

尽管自我描述者艾伦在治疗前的叙事评估访谈是积极的，但是，在他生活中所扮演的角色背景下，他的自我描述显示是消极的。例如，他注意到他不能在此刻满足他妻子的需求并且不确定他作为一名父亲的角色。治疗前的叙事评估访谈似乎为艾伦提供了对抑郁症体验的洞察力，因为对他的自我价值感有重要意义的事物，依赖于他能够履行自我认同结构的角色或线索的程度。艾伦最近的生活经历，似乎超出了他的主导叙事或者自我是有效的和成功的观点。他没有履行角色义务或在他的专业方面成功的能力，这对他自身以及对他的自我价值感的评估具有消极作用。影响艾伦的抑郁症的潜在因素的研究假设，在对叙事评估访谈的第二个问题的回答中被进一步证实，该问题鼓励参与者思考，他们认为别人是如何看待他们的。

问题 2：了解你的人会如何描述你？这个问题的目的是利用来访者觉察他人看待自己的方式，从而可以进一步评估对自己的看法。这个概念利用了"镜像效应"(looking glass effect)(Popper & Eccles，1997)，"就像我们学会在镜子里看自己，儿童也通过观察他们在镜子里的映像，即别人对他们的意识，变得有自我意识。"这个问题探索来访者如何看待自己和来访者认为别人如何看待他们，这之间的差异可能产生的影响也阐明了我们的兴趣所在。也就是说，"我对自己的看法和我认为别人对我的看法一样吗？或者我认为别人对我的看法和我对自己的看法不同吗？"

当被要求描述他认为生命中重要的他人是如何看待他时，艾伦说，"我不知道——这是我人生旅程的一部分。我不知道谁非常了解我。"他回答道，尽管他认为他的妻子一般会评价他是聪明的和勤奋的，但他不知道他的孩子，除了描述他为"是他们的父亲"外，孩子们还会怎样描述他。在此刻，艾伦不能生成他的妻子或孩子是如何看待他的故事，表明了他的自我看法和他最近的生活经历的分离。

在访谈的最后，艾伦说他认为这次访谈最有价值的部分是有机会描述别人是如何看待他的。他评论道："这与任何人如何被看待的角色有关。"他说："一些人把我当作一个专业人员，可以走出去，可以成为 21 世纪的骑士，或者他们曾经是这么看待我的。所以人们看待我的方式，让我反思看待自己的方式。"艾伦注意到："人们在他们生命的不同时期，对自己的描述是不同的。如果可以，有人把我带回 10 年前我当高级主管时，办公室在一个角落，电话铃响个不停，人们排着队和我说话。"作为一个长期失业人员，艾伦说他为了避免有人问他的生计问题，他开始减少社交，远离人群。

艾伦对协议中问题 2 的回答，表明了他认为别人会如何看待他与他的自我意识是不一致的；这个不一致可能被认为是他恶化的情绪和自我观点促成的。艾伦似乎有一个稳定的自我观点，但是因为他生活环境的变化，他开始质疑他的自我效能。艾伦指出，别人如何看待他决定了他如何看待自己。10 年前，当他能够在他的专业领域中取得成功时，他能够参加社交活动。当他发现自己失业后，他退缩了，生怕被批评；他的自我价值感和自我效能感的减少是他患抑郁症的潜在基础。

叙事评估访谈的最后一个问题关注的是，来访者的治疗目标可能是什么，这个问题为来访者在治疗中可能出现的个人观念提供了信息。

问题 3：如果你能改变关于你是谁的一些事，你会改变什么？该问题的目的是尽快了解治疗中来访者想要改变自身什么。对这个问题的回答也提供了一个具体的治疗前的参考点，以反映和比较每个参与者治疗结果变化的概念化。

在他治疗前的叙事评估访谈中，艾伦报告到，如果他能够改变外部的事物，他会改变他的生活环境："我想要回到这样一个处境，我有归属感并且能够做贡献。"在内部上，他指出他想要年龄足够大和足够聪明的人来理解他正在经历什么。他也说，他想要多笑一笑。

（二）第 2 阶段：叙事评估访谈总结表

在叙事评估访谈程序的第二阶段，总结治疗前的叙事评估访谈的录音，记录了来访者产生的与三个问题有关的主要描述。叙事访谈总结表（Narrative Interview Summary Sheet）是来访者提供一个简要全面的治疗前叙事评估访谈结果的书面记录，旨在治疗后的开放式询问访谈期间，进行批判性思考。表 14-1 是艾伦的治疗前的叙事访谈总结表。通过让来访者听治疗前访谈的录音与呈现给来访者访谈的书面总结，比较并评估应用在叙事访谈协议中的当前变化，探索两者的潜在益处。

表 14-1 叙事访谈总结表的一个示例

来访者代码：艾伦 如果你能改变关于你是谁的一些事，你会改变什么？ • 外部的：我想要改变我的生活环境。 • 内部的：我想要足够聪明和年龄足够大的人来理解我正在经历什么。 • 我想要回到一个让我有归属感并且能够做贡献的处境。 • 我不得不学着多笑。我不知道如何玩得开心。 你会如何描述自己？ • 一个十分聪明的和受过良好教育的人，并且在很多方面都拥有很好的自我意识。 • 我是三个孩子的父亲，一位好的、关心的和认真负责的父亲。 • 已婚的，专业的；我把自己看作一个糟糕的丈夫。 • 我是一个问题解决者，一个给予者，一个为福利事业和他人利益做贡献的人。 了解你的人会如何描述你？ • 我不知道。这是我人生旅程的一部分。我不知道谁非常了解我。 • 我的妻子会描述我是一个聪明的和勤奋的人。 • 我的孩子们会描述我是他们的爸爸。

(三)第 3 阶段：治疗后的叙事评估询问

为了促进对变化经历的关键性询问，叙事评估访谈协议的最后阶段包含了在治疗后访谈背景下，来访者阅读和合理反思自身的叙事访谈总结表。在治疗早期阶段，通过鼓励来访者思考他们希望在治疗中有什么改变，从而建立一个参照点，来比较来访者治疗后及后续访谈中的变化。

叙事评估访谈协议的多重管理可以随着时间的推移进行。例如，在约克二号抑郁症项目(York Ⅱ Depression Project)(Greenberg & Angus，1998)中，参与者在他们治疗完成的 6 个月后，被召回进行访谈。为准备这次访谈，参与者治疗后的叙事评估访谈总结体现在叙事访谈总结表上。在后续的访谈中，参与者被呈现治疗前和治疗后的叙事访谈总结表，激起他们对回答进行批判性的反思，为评估他们的自我观点和与自我有关的他人的观点的潜在改变提供了一个机会，同样，也为描述随时间推移的自我观点而产生的故事的潜在改变提供了机会。艾伦在治疗后对约克二号抑郁症项目和诊断性访谈中进行的一系列传统的定量结果测量的回答表明，根据精神障碍诊断与统计手册(Diagnostic and Statistical Manual of Mental Disorders，DSM-IV；美国精神病学协会，1994)，他不再符合重度抑郁症的标准。在他的治疗后访谈中，艾伦报告到，他已经经历了“深刻的变化”并且正在体验“完整性和自我认同”的感觉。“并不是我之前没有认同感，而是觉得这是一个自我发现的旅程，一个自我实现的好旅程。我改变了吗？是的，根本地改变了。”艾伦指出，“真正的危机是失去了认同”。并且他的治疗经历“是一次治愈和自我意识的旅行”。

当向访谈者反映他在治疗后所确定的他希望改变的有关领域时，艾伦说，他正处于改变他的生活环境的过程中：

> 现实世界仍然是现实的，我也仍然面对着 3 年前就曾面对的从职业顶峰跌落时的许多职业上的事情，现实世界不会因你想要改变而改变。但是在我内心深处，有了新的信心——一种我必须要有的信心，这就是找工作的意义所在。我一直很排斥我们周围非常深刻的社会淘汰过程。不管你是谁，它都可以摧毁。

艾伦反思了他在叙事访谈总结表上的治疗前叙事评估访谈的自我描述(例如，叙事评估访谈的第 2 阶段)，他评论道：“它们并不意味着——我更富有，我已经改变。”不同于他在最初的叙事评估访谈(例如，叙事评估访谈的第 1 阶段)中提供的稀少的、通用的叙事，他开始用近期生活经历中的具体的、明确的例子来说明他的自我描述。例如，艾伦说他认为他拥有智慧：“我有从属于我自己的一部分，在我回顾并且说‘好吧，呃，我怎么能从我自己的那一部分中这样被切断?’的时候，我变得更加有自我意识了”。艾伦继续仔细描述了他如何重新联系了他的母校，并且开始了一个新项目的工作。

艾伦说，在那一刻他能够描述自己为一个“更好的父亲”，并且能够提供一个最近的、详细的关于儿子的故事来证明他的改变。他陈述到，在治疗前的叙事评估访谈中，他对把自己称为一个“糟糕的丈夫”而感到痛苦。他说：“对于我这样说我感到很痛苦。我把自己看作一个失败者。我记得那种感觉很糟糕。我无法为我的另一半做出贡献。”他说：“我认为我之前不是一个糟糕的丈夫。”

最后，艾伦回答了访谈者提出的“别人是如何看待你的”问题，艾伦说：“他们才刚开始了解我，因为我现在才是坦率的。我曾经到了不能和任何人出去吃饭的地步，我不敢让人们知道我正在干什么或不在干什么——我被我的工作所限定。现在我意识到，我必须要在我曾经害怕交谈的人面前，展示自己更丰富的一面。”

艾伦在治疗后的叙事评估访谈的回答，以及他最近阐述故事的能力，似乎说明了他的生活经历和自我感觉之间的新的一致性。反过来这似乎有助于促进他日益增长的自我价值感。他的认同的线索，就像他产生的描述自身故事时所呈现的那样，现在被强有力地编织在一起，从而为减轻他的抑郁症状提供了潜在的洞察力。

叙事评估访谈作为一个意义建构的机会：玛丽昂的案例

我们对叙事评估访谈的应用也表明，访谈可能在访谈背景下为来访者提供自我反思、意义建构和潜在再形成自我感觉的机会。接下来的临床案例说明了访谈给来访者提供这种机会的可能性。

类似于艾伦的案例，玛丽昂的案例被认为是一个有好结果的例子，因为在治疗结束后，她的抑郁症水平在临床水平达到了显著变化。在她治疗后的叙事评估访谈期间，玛丽昂对她在治疗前叙事访谈总结表中的陈述的第一反应表明，玛丽昂对于“她是如何看待自己的，以及她认为别人是如何看待她的”这一问题的评价发生了微小变化。她说：“是的，那就是我，我认为那就是人们大部分时间看到的我。”当访谈者探索玛丽昂说明他人对她“热情的、充满爱的、关心人的”故事时，有趣的变化发生了。玛丽昂评论道：“我猜想，我不久前是令人讨厌的。因为我现在认识到我不应该分享自己的那么多事，但这只是我想法的一部分。”在那时，访谈者提醒玛丽昂，在最初的时候，她没有变化。访谈者询问了玛丽昂反应的差异。玛丽昂回答道：“但是这就是我真正的样子。你知道，事情是这样的，这是我真正的样子，我只是一直对自己加以限制。”很明显地，她对提及她花钱为她亲密的朋友和家人买礼物进行了限制，因为她在治疗前的叙事评估访谈中，通过一些故事来说明她的慷慨大方，说明自己是“非常热情的、充满爱的和关心人的”。

在玛丽昂治疗后的叙事评估访谈期间，她开始通过陈述故事来说明赠送礼物是她一直的习惯，她也尝试在人们身上花更少的钱。她说如果她想要实现成为一名房产拥有者的梦想，那么她需要缩减开销，而且她说：“从现在开始，这就是我。我不会再购买任何人的喜爱。”玛丽昂说：“我的自尊将会一直波动。但我不打算假装我现在变得更好，我会更多地去考虑我自己。”

在这个治疗后的访谈询问期间，玛丽昂和访谈者开始进一步探索她赠送礼物的意义以及赠送礼物对她的自我感觉和自尊的影响。在治疗后的叙事评估访谈中，她似乎可能再度处于购买东西这一境地，她持续与“买东西”做斗争，她认为这是一种不健康的、会对她的自尊产生负面影响的行为，然而这种行为与她“充满爱的和热情的”自我感觉密切地联系。

不同于艾伦的案例，玛丽昂治疗后的叙事评估访谈似乎暗示了一个与他人相关的自我感觉的持续斗争。类似于艾伦，玛丽昂似乎持续信奉她在治疗前的自我描述，但是不知怎么地，她好像在与这些描述对她有意义，以及他人如何看待她做斗争。她把自己描述成“富有热情的和关爱的”故事，开始采取一种不同的基调——以某种方式保持着她一直在购买人们的喜爱的想法。玛丽昂在 6 个月后的后续的叙事评估访谈中，重申了这一斗争。在那时候，她治疗前的叙事访谈总结表和治疗后的回答总结都呈现在她面前。在 6 个月后的后续的访谈中，玛丽昂说：“我已经停止了不间断地用礼物、小东西、巧克力来款待人们，当然，重要的场合除外。比如，我从欧洲回来……以前的我会给他们每人买一盒……现在我买得少了并且我更加尊重我自己了。还是会有点挣扎，但不是第二天性。我就是喜欢买东西。”

我们对艾伦和玛丽昂的叙事评估访谈材料的分析表明，依据标准化测量分数，来访者实现临床变化的水平是同等重要的，这可能代表了叙事变化的对比模式。对于艾伦，由失败故事所组成的碎片化的、消极的自我叙事，转变为了一致的、生动的自传体叙事，从而来支持一种强有力的、可控制的自我叙事。对于玛丽昂，尽管做了许多有用的治疗工作使她反思她所说的关于自己的自我限制的故事，并且确定一种可供选择的、重构的方式来解释人际关系。但是，玛丽昂新的宏叙事没有稳固地嵌入她的生活经历中，这表明治疗的不稳定性和进一步治疗工作的潜在益处。例如，作为对抑郁症治疗的一部分，叙事评估访谈协议的初步分析表明，这些能从他们近期生活经历中产生的故事来解释自我观点转变的来访者，似乎不太可能在随访中复发——也许表明了他们使这些转变得到了巩固并且将它们根植于他们的个人叙事中，重新获得了他们的自我感觉和近期生活经历之间的一致性。

五、心理治疗研究和实践的未来方向

正如我们基于来访者的自我经历提出的意义，我们也强调通过从改变理论陈述向在数据中搜集到的基本的描述转变，从而探索我们对人类意义建构和治疗改变的理解的益处。叙事评估访谈根据这个策略得到了发展并且以一种工具呈现，这种工具起源于一种从叙事视角来增加我们在心理治疗中对来访者改变的理解。

在心理治疗研究交流会(Society of Psychotherapy Research)上的一次陈述中，约翰·麦克劳德(John McLeod，2000)提醒他的听众，当我们正在进行心理治疗结果研究时，我们必须询问这个问题：在对来访者的治疗过程中“出现”了什么？广泛使用的结果测量工具，如贝克抑郁量表(Beck Depression Inventory)(Beck，1972)和 90 项症状清单(Symptom Check List-90)(Derogitis，Rickels & Roch，1976)，都是关于痛苦症状变化的方便的数值指标。这些定量测量为研究者提供了有价值的信息，使我们可以询问：治疗帮助来访者更少感受到抑郁了吗？然而，治疗过程是如何影响来访者独特的人际关系世界，以及如何通过重要他人调节的自我观点，定量测量结果不能提供一个丰富的画面。对来访者的个人世界对日常功能的治疗的潜在影响的调查和探究，与执行和发展变化规律的指标同样重要。

叙事评估访谈协议对心理治疗师、临床医生和研究者来说，是一种实用的评估工具。例如，协议最近被用于工业或组织环境，来评估一个领导训练计划对员工的自我感觉和与同事有关的自我的影响。根据麦科勒姆(McCollum)的研究(个人交流，2002 年 11 月)，叙事评估访谈协议的初步分析表明，在组织中，领导训练计划的参与者报告了他们认为其他员工是如何看待他们的转变的。领导能力的受训人员认为，他们在组织中更有可能被视为新兴领导者。员工看待他们自己时，也出现了类似的转变，他们在组织中也更有可能将他们自己视为假定的未来领导角色。这么看来，叙事评估访谈有希望成为在组织中评估组织认同和改变的一个有效策略。

叙事评估访谈协议在应用上是简单的，为临床医生和研究者提供了以来访者为中心的治疗目标的快速基线评估，还可以用于治疗后期的治疗过程的评估。最重要的是，通过创建一种环境，关注自我反思的差异与变化的经历，叙事评估访谈协议起到了有效的治疗干预作用。通过鼓励来访者从他们的视角，提供有关自我和他人的观点转变或有过改变经历的且有意义的记录，并且把对自我的新观点建立在生活经历的故事陈述的基础上，叙事评估访谈有助于麦克·怀特识别称之为“独特结果的故事”，和开始来访者生命叙事的新的主要情节。此外，和布鲁纳(Bruner，1986)所表明的一样，叙事行为(世界上的动作和事件)与个人认同形成的轴心意识(个人意义，情绪，自我和他人的观点)，我们将会在治疗中争论，这是整合的个人改变和新的认同建构经历出现的根本的基础。

(程素萍　陶玲霞　张影　译)

参考文献

American Psychiatric Association. 1994. Diagnostic and statistical manual of mental disorders(4th ed.)[M]. Washington, DC: Author.

Angus, L. & Bowes-Bouffard, B. 2002. “No lo entiendo”: la busqueda de sentido emocional y coherencia personalante una perdida traumatica durante la infancia[J]. Revista Psicoterapia, 12(49): 25-46.

Angus, L. & Hardtke, K. K. 1994. Narrative processes in psychotherapy[J]. Canadian Psychology, 35(2): 190-203.

Angus, L., Hardtke, K. K. & Levitt, H. 1996. An expanded rating manual for the narrative processes coding manual[J]. Unpublished manuscript, Department of Psychology, York University, Toronto, Canada, M3J1P3.

Angus, L., Levitt, H. & Hardtke, K. K. 1999. The narrative processes coding system: research applications and implications for psychotherapy practice[J]. Journal of Clinical Psychology, 55(10): 1255-1270.

Angus, L. & Rennie, D. 1989. Envisioning the representational world: metaphoric expression in psychotherapy relationships[J]. Psychotherapy, 26: 372-379.

Balamoutsou, S. 2003. Writing task assignment[M]. Unpublished manuscript,

University of Keele, UK.

Baumeister, R. F. & Newman, L. S. 1994. How stories make sense of personal experiences: motives that shape autobiographical narratives[J]. Personality and Social Psychology Bulletin, 20(6): 676-690.

Beck, A. 1972. Measuring depression: the depression inventory[M]// T. A. Williams, M. M. Katz & J. A. Shield(Eds.). Recent advances in the psychobiology of the depressive illness. Washington, DC: U. S. Government Printing Office.

Book, H. 2003. The CCRT approach to working with patient narratives in psychodynamic psychotherapy[M]// L. Angus & J. McLeod (Eds.). The handbook of narrative and psychotherapy. Thousand Oaks, CA: Sage: 71-85.

Bruner, J. S. 1986. Actual minds, possible worlds[M]. Cambridge, MA: Harvard University Press.

Derogitis, L. R., Rickels, K. & Roch, A. F. 1976. The SCL-90 and the MMPI: a step in the validation of a new self-report scale[J]. British Journal of Psychiatry, 128: 280-289.

Gergen, K. J. & Gergen, M. M. 1983. Narratives of self[M]// K. J. Gergen & M. M. Gergen (Eds.). Historical social psychology. Hillsdale, NJ: Lawrence Erlbaum.

Goldman, R., Greenberg, L. & Angus, L. 2003. Experiential therapy for depression: comparing the effectiveness of process-experiential and client-centered therapy approaches[M]. Manuscript under review.

Gonçalves, O. F., Korman, Y. & Angus, L. 2000. Constructing psychopathology from a cognitive narrative perspective[M]// R. A. Neimeyer & J. D. Raskin (Eds.). Constructions of disorder: meaning-making frameworks for psychotherapy. Washington, DC: American Psychological Association: 265-284.

Gonçalves, O. F. & Machado, P. P. 1999. Cognitive narrative psychotherapy: research foundations[J]. Journal of Clinical Psychology, 55(10): 1179-1191.

Gonçalves, O. F., Machado, P. P., Korman, Y. & Angus, L. 2002. Assessing psychopathology: a narrative approach[M]// L. E. Beutler & M. L. Malik(Eds.). Rethinking the DSM: A psychological perspective. Washington, DC: American Psychological Association: 149-176.

Greenberg, L. S. & Angus, L. 1998. Examining the relationship between specific treatment factors and sustained change in psychotherapeutic treatment of depression[M]. Ontario Mental Health Foundation Major Research Grant.

Greenberg, L. S. & Pascual-Leone, J. 1995. A dialectical constructivist approach to experiential change[M]//R. A. Neimeyer & M. J. Mahoney(Eds.). Constructivism in psychotherapy. Washington, DC: American Psychological Association: 168-192.

Greenberg, L. S. , Watson, J. C & Goldman, R. 1998. Process-experiential therapy of depression[M]// L. S. Greenberg & J. C. Watson(Eds.). Handbook of experiential psychotherapy. New York: Guilford: 227-248.

Hardtke, K. K. 1996a. Characterizing therapy focus and exploring client process: investigating therapeutic modalities from a narrative approach[M]. Unpublished master's thesis, York University, Toronto, Canada.

Hardtke, K. K. 1996b. Narrative processes in successful psychotherapy[C]. Paper presented at the meeting of the Society for Psychotherapy Research International Conference, Como, Italy.

Hardtke, K. K. & Angus, L. 1998. The Narrative Assessment Interview[M]. Unpublished manuscript, Department of Psychology, York University, Toronto, Canada, M3J1P3.

Hardtke, K. K. , Levitt, H. & Angus, L. 2003. Investigating narrative processes in psychotherapy discourse: the narrative processes coding system[M]. Zeitschrift fuer Qualitative Bildungs-, Beratungs- und Sozialforschung.

Howard, G. S. 1991. Culture tales: a narrative approach to thinking, cross-cultural psychology, and psychotherapy[J]. American Psychologist, 46: 187-197.

Kagan, N. 1975. Influencing human interaction: eleven years with IPR[J]. Canadian Counsellor, 9(2): 74-97.

Levitt, H. & Rennie, D. L. 2003. Narrative activity: clients' and therapists' intentions in the process of narration in psychotherapy[M]// L. Angus & J. McLeod(Eds.). The handbook of narrative and psychotherapy. Thousand Oaks, CA: Sage: 299-313.

Lewin, J. 2001. Both sides of the coin[M]. Unpublished master's thesis, York University, Toronto, Canada.

Lewin, J. & Hardtke K. K. 2000. The other outcome: an investigation of narrative processes in poor outcome brief experiential psychotherapy[C]. Paper presented at the meeting for the Society of Psychotherapy Research, Chicago.

Luborsky, L. , Barber, J. P. & Diguer, L. 1992. The meanings of narrative told during psychotherapy: the fruits of a new observational unit[J]. Psychotherapy Research, 2(4): 277-290.

Luborsky, L. & Crits-Cristoph, P. 1990. Understanding transference: the CCRT method[M]. New York: Basic Books.

Luborsky, L. , Popp, C. , Luborsky, E. & Mark, D. 1995. The core conflictual relationship theme[J]. Psychotherapy Research, 4(3 & 4): 172-183.

McAdams, D. P. 1993. The stories we live by: personal myths and the making of the self[M]. New York: William Morrow.

McAdams, D. P.·, Diamond, A. , de St. Aubin, E. & Mansfield, E. 1997. Stories of commitment: the psychosocial construction of generative lives [J]. Journal of Personality and Social Psychology, 72(3): 678-694.

McLeod, J. 2000. Qualitative outcome research in psychotherapy: issues and methods. Paper presented at the meeting for the Society of Psychotherapy Research, Chicago.

McLeod, J. & Balamoutsou, S. 1996. Representing narrative process in therapy: qualitative analysis of a single case[J]. Counselling Psychology Quarterly, 9(1): 61-76.

Neimeyer, R. A. 1994. The role of client-generated narratives in psychotherapy[J]. Journal of Constructivist Psychology, 7: 229-242.

Neimeyer. R. A. & Mahoney, M. J. (Eds.). 1995. Constructivism in psychotherapy [M]. Washington, DC: American Psychological Association.

Polkinghorne, D. 1988. Narrative knowing and the human sciences [M]. Albany: State University of New York Press.

Popper, K. R. & Eccles, J. C. 1997. The self and its brain [M]. New York: Springer.

Rennie, D. L. 1994. Storytelling in psychotherapy: the client's subjective experience [J]. Psychotherapy, 31(2): 234-243.

Rennie, D. L. & Toukmanian , S. G. 1992. Psychotherapy process research: paradigmatic and narrative approaches[M]. Newbury Park, CA: Sage.

Sarbin, T. 1986. Narrative psychology: the storied nature of human conduct [M]. New York: Praeger.

Singer, J. A. & Blagov, P. S. 2004. The integrative function of narrative processing: autobiographical memory, self-defining memories, and the life-story of identity [M]// D. R. Beike, J. M. Lampinen, & D. A. Behrend (Eds.). The self and memory. New York: The Psychology Press.

Spence, D. 1982. Narrative truth and historical truth: meaning and interpretation in psychoanalysis[M]. New York: Norton.

White, M. 2001. Folk psychology and narrative practice[J]. Dulwich Centre Journal, 2. Adelaide, South Australia.

White, M. & Epston, D. 1990. Narrative means to therapeutic ends [M]. New York: Norton.

第 15 章　无组织的叙事——心理状态及其治疗

詹卡洛·迪马乔(GIANCARLO DIMAGGIO)
安东尼奥·塞梅拉里(ANTONIO SEMERARI)①

一、概述

罗马特里索中心认知心理治疗学院(Terzo Centro di Psicoterapia Cognitiva)一直关注重症患者，特别是关于患有人格障碍的患者的治疗过程的研究。经过 10 年的共同努力，我们的临床实验和实证研究涉及以下三个方面。

(1)我们分析了患者的叙事及其对话内容(Bruner，1990；Dimaggio，Salvatore，Azzara & Catania，2003；Dimaggio & Semerari，2001；Gonçalves，1995；Hermans，1996；Hermans & Kenpen，1993；Neimeyer，2000；Salvatore，Dimaggio & Semerari，2003)。

(2)我们分析了元表征(metarepresentative)和元表征技能(metarepresentative skills)的变化。我们开始对这一方面感兴趣是因为我们观察到患有人格障碍的患者无法正确识别自己的精神状态，找不到自己行为的心理动机或者说无法很好地理解他人的心理功能。因此，他们并不是很好的通俗心理学家(folk psychologists)。

治疗师认为患者能够通过治疗师的简单问题，来识别自己的精神状态并与之进行讨论的想法是错误的，因为患有人格障碍的患者无法

① 有关本章的信件请寄送给本章作者，地址为：Giancarlo Dimaggio，Terzo Centro di Psicoterapia Cognitiva，Via Ravenna 9/c，00161Rome，Italy. 本章的写作得到了荷兰奈梅亨大学社会科学学院(University of Nijmegen，The Netherlands，Faculty of Social Sciences)的支持。——作者注

准确地执行如上功能。

在心理理论领域(Baron Cohen，Leslie & Frith，1985；Leslie，1987)以及对自闭症和精神分裂症患者的分析中(Baron-Cohen，1995；Frith，1992)，有丰富的实验数据和大量的理论推测——支持存在关于处理意向状态数据模块的假设，并且在某些情况下，这些模块是功能失调的。在这个基础上，我们注意到患有人格障碍的患者的心理技能都受了一定程度的损伤，并且会对他们的人际关系以及任何治疗造成严重的后果。

例如，如果患者感觉不到不舒服，他们就无法解决这个问题，无法向别人寻求帮助。他们的治疗师，不应以一种同情的方式去回应患者，因为他们无法察觉到患者未表现出来的感觉。这样的方式很可能会使治疗关系变得困难。因此，我们发现自己处于一个涉及各种流派作者的研究领域。而这些作者的兴趣在于：在患者想要(或不想要)表达给自己看的或者表达给其他人看的心理状态中，组织一个连贯可理解的叙事(Fonagy & Target，1996；Liotti & Intreccialagli，1998；Stiles，Meshot，Anderson & Sloan，1992)。

因此，我们开发了一个模型：①描述了我们在诊所能够观察到的元认知技能的缺陷；②允许验证这种假设——各种人格障碍都具有无法使用这些技能的特征——考虑到这一点，我们制定了元认知评估量表(Semerari et al.，2003)；③允许有这些障碍的患者成功地接受治疗(Semerari，1999)。

(3)我们为我们诊所里频繁出现的人格障碍建立了一些精神病理学和心理治疗的模型。这些模型显示了患者的叙事的内容、形式，其元认知功能障碍的特征以及导致他们产生障碍的恶性人际关系的循环。

关于我们方法中的“叙事”，我们特别关注了患者叙事中的结构性改变，指出患者不仅会受到话语主题的影响，还会受到患者组织整理叙事的方式的影响。故事就像一张世界地图，如果这张地图是残缺的，不稳定或是混乱的，患者就会感到麻痹并且不打算告诉他人自己的问题。事实上，他们的叙事和关系风格使得他们的生活和症状更加糟糕并且妨碍他们寻求帮助。总而言之，一些患者的叙事在内容上是相当贫乏的，而另一些则是无组织、混乱的。

在本章中，我们将把注意力集中于无组织的叙事上，描述他们的状况、他们采取的各种形式、在文本中识别他们的准则、在治疗患者过程中涉及的问题、患者/治疗师对话的方式，以及处理问题采取的策略。

二、组织叙事的功能

为了找到自己的生存方式，个体需要工具来为自己在人际交往中的行为提供可靠的指导。他们需要快速地选择一种行为方案，并且期待这种方案是最佳选择。约翰逊·莱尔德(Johnson-Laird，1983)认为，为了有效地做出决定，我们不仅需要使用逻辑工具(tools of logic)，而且还需要心理模型和对行为结果的预测的三维画像(three-dimensional portraits of scenes)。布鲁纳(Bruner，1986，1990)认为，叙事就是一种将大量信息组合在一起并将其进行建构的推理形式，也就是说，我们可以依靠故事快速地解决身份问题(identity problems)，并将其作为人生的指导。

我们也可以通过分析原因、影响序列和有意识地帮助个体建构过去的经验，将一种叙事建构应用于还未完全故事化的现象(Gonçalves，Korman & Angus，2000；Hermans，1996；Michotte，1946)。这样我们就可以从自我混乱中解脱出来，记住过去的经验并将其与他人交流(Kelly，1955；Mandler，1984；Neimeyer，2000)。

叙事并不像三段论一样精确，它只提供一些似是而非的解释，而在社交互动中，它也可以起到一个廓清的作用。达马西奥(Damasio，1994)认为，人类最主要的决定功能取决于愉快或不愉快的情绪标记的心理图像。那些被认为是愉快的场景会被作为首选，而那些不愉快的场景则会被抛弃。例如，想象一片蔚蓝的大海加上和煦的阳光就会让一位年轻女士想去西西里海度假，而想象被母亲唠叨的场景则会让孩子为了考试而努力学习。达马西奥已经证实了个体如果存在神经损伤，即连接情感中枢和视觉中枢以及命题推论区(propositional reasoning zones)的回路受损，就意味着该个体失去了用情感去标记(记忆)场景的能力，而不幸的是，他也将成为社交白痴。个体如果没有情感标记去进行成本评估，那么他可能就要花大量的时间去决定一些简单的事例，如星期二还是星期四去超市。

人类生活在一个复杂的世界里。为了适应环境、满足欲望或避免不幸，人们需要宽泛的自我表征来指导其在人际交往(感性、友好或工作场合)中的行为举止，同时去教导自己如何相信一名同事、向一位年轻的女士求婚或者安抚哭闹的小孩。拥有一个宽泛的自我世界表征是组织叙事中不可或缺的品质，以至于个体能够将行为分层，优先考虑的是心理模型的活动而非其他。

在重要的人际关系中，特别是这种宽泛意义的自我表征是充满感情的。那些在我们等级之上的伙伴们是否愿意听我们的话呢？或者他们是把我们当成奴隶一样使唤呢？他们是否会愿意寻求帮助还是说想要欺骗我们并从中获益？鲍尔比(Bowlby，1969/1982；Stern，1985)的研究表明，我们已经建构了许多我们与照料者之间的互动的叙事，这些叙事还采用了不同的代表性代码。例如，一个年轻女孩可能会将她的母亲描述为善良但是也会偶尔给予惩罚，同时，她也可能将其描述为不公平、残酷且让她感到愤怒。

为了能够适应，个体需要大量的模型或是叙事脚本来体现他们的人际互动，缺少这些叙事，个体就无法有效地行动，无法与他人交往(Dimaggio et al.，2003)。但是为了适应，这些多样的关系脚本——也就是叙事复杂性——需要内在的建构。一套自我叙事需要符合一些准则(详见下文)才能有适应性的功能。其中一些准则是由格赖斯(Grice，1975)提出的，他认为对话能使建立的准则(数量、质量、方式和相关性)更有效。

根据这个观点，我们开始考虑问题的功能意义：叙事个体需要怎样的特征才能使临床医生以及那些想要帮助或与之合作的人理解他们的话语。对于这个问题，我们在泰勒、巴格比和帕克(Taylor，Bagby & Paker，1997)关于述情障碍的工作、斯泰尔斯(Stiles，1992)对问题经验区分、克恩伯格(Kernberg，1975)的叙事分离、内梅耶(Neimeyer，2000)对叙事中断观点的指导下，研究心理理论研究和人类的能力能了解他人的心理状态(Baron-Cohen et al.，1985；Leslie，1987；Sperber，2000；Stich & Nichols，1998)。

其他准则则是来自与患有人格障碍的患者的会话记录和他们的日记摘录。每当我们在阅读文本时遇到困难，我们就会按既定计划问自己症结在哪里。于是我们就制定了以下几条准则，有意识地满足我们表达的需要：

1. 符合上下文之间的联系。

2. 详细的描述个体的内在状态。

3. 以明确和“现实”的方式描述正在进行的互动，然后提供一个报告，一个可靠的或者至少对潜在的经验配置开放的报告，或者是另一个人的意图和正在进行的互动的报告。

4. 与其他叙事分开。在叙事中，我们可以完全不被困扰或是使别人困扰的运用到故事中的因素是有限制的。

5. 把自己放在一个正确的心理领域，就像一场梦，一场幻想中的美好事物，或是一个实际事件。

6. 描述心理舞台上人物之间的对话，使得彼此之间的关系是可理解的（Hermans，1996；Hermans & Kempen，1993），尊重不同自我的思想并找到一个聆听者。

当这些准则没有达到时，我们就处在一个无组织的叙事中（Dimaggio & Semerari，2001）。这些准则也可以被用来当作心理治疗过程研究的指南。在特里索中心同事①的帮助下，我们开发了一种可以测试霍罗威茨（Horowitz，1987）关于区别和证实患者的叙事状态的工具：问题状态网格（Semerari et al.，2003）。有了这个工具，我们就可以评估个体言语中的成分（思维和情感）是倾向于稳定的聚集或是混乱的分散。

此外，元认知评估量表还包括了一个被称为整合的项目，它涉及患者以一致的、可理解的方式将各种要素组合在一起的言语能力。在第一种情况下，我们分析了人格障碍患者，以及观察到自恋患者如何表现出良好的综合技能，而边缘性患者无法表现出这种技能（Semerari et al.，2003）。

我们还制定了一个步骤要求接受心理治疗的患者保持每天写不同主题的日记。这个过程要求患者首先选择一个他们想写的主题，然后组合成文。以这种方式，治疗师就能对患者写的文本与所选主题的相

① 他们是：安东尼奥・卡尔乔内、毛里齐奥・法尔科内、朱塞佩・尼科洛、米歇尔・普罗卡奇、劳拉・康蒂和多纳泰拉・菲奥里。

关程度进行评估。如果文本与主题一致程度不高(评估过程需要最低程度的推断)，那么个体的叙事将再次处于无组织的状态。文本还存在其他方面的一致性评估。比如，存在明确的时空关系(Salvatore，Dimaggio，Azzara，Catania & Hermans，2000；Dimaggio et al.，2003)。

其他领域已经广泛研究了关于无组织的叙事的一些特征。例如，我们提供了有关强迫症患者区分幻想和现实的实质性研究(思想行动一体化现象，Salkovskis，1989)。同样地，我们也记录了一种使用成人附件访谈的研究(以与我们工作相似的方式去评估一个文本符合G的准则的程度)，以及一种被定义为无组织的模式，也就是混乱的、零碎的、矛盾的记忆的提取(Main，1991)。

三、无组织的叙事

我们在心理治疗过程中遇到的患者往往不遵守这些准则，他们将故事以一种混乱的、无序的和不可理解的方式组合在一起，其思想主题和情感也完全混在一起，没有任何明显的意义。患者可能会提供一个情感强烈抑或矛盾的角色，又或者打开无限的、不曾关闭的插曲，使数百个角色相互竞争(Dimaggio & Semerari，2001；Salvatore et al.，2003)。这种情况下，治疗师可能就会感到震惊、困惑、害怕甚至是感到无能。

一些临床医生对未建构的叙事做出了描述。例如，拉斯马森和安格斯(Rasmussen & Angus，1997)指出，当比较三位边缘性患者的内部故事与三位不符合边缘性人格障碍标准的患者的故事时，他们的治疗师认为边缘性患者的叙事显得更加混乱。

然而，一般来说，心理治疗师和临床医生都集中关注于患者叙事的混乱而忽视了我们认为应该被关注并给予解决的从而使其他治疗更有效的其他方面。临床实践和研究文献中突出叙述的不足指的是整合的不足，也就是说，即使患者对自己与他人之间的关系有着明确的认识，他们也无法解释快速的变化并且难以理解一个心理场景传递到另一个心理场景的过程。强调这个不足的作者是克恩伯格(Kernberg，1975)，他认为，边缘性患者的自我叙事是按照二分法，彼此相反，不相容和极端判断(所有事情要么都是好的，要么都是坏的)的自我表现来组织的，这些患者在一种自我表现和另一种自我表现之间徘徊，并且不打算去管理它们。

廖蒂(Liotti，1995)认为，在处于边缘性或是分离主题的叙事中存在三种典型的角色：受害者、拯救者和迫害者。在个人叙事中，自我或他人都可以同时扮演这些角色中的任何一个。因此，当边缘性患者与他人进行情感互动时，他们可以感觉到他们是潜在的受害者；通过强迫另一个人来改变角色，自己维持现状。否则就会感觉到在这段关系中的参与者会受到一些隐藏的迫害者的威胁。但是可悲的是，他们并没有意识到威胁他们的人同时也是寻求保护的人。

赖尔(Ryle，1997；Golynkina & Ryle，1999)提供了一个关于边缘性患者的综合描述，并确定了一些典型的自我状态：理想(自我和他人之间存在以下类型的关系：我相信他人、别人赞赏我)、滥用愤怒(包括我想伤害别人、我感到不舒服)、无能为力的受害者(和之前的滥用愤怒的状态形成对比)、愤怒的受害者(试图反抗与无能为力的受害者相同的处境)、应对或僵滞的状态(两者处于相同的状态，即个体尝试掌控自己的痛苦并且频繁切断自己的感受)。赖尔和廖蒂一样强调了不同自我状态之间的分离。

事实上，通过采用自我多元化的观点(Horowitz，1987；Markus & Nurius，1986)，其中一系列的人物和声音体现了个性的不同方面(Hermans，1997，2001a，2001b；McAdams，1995；Stiles，1999；Stiles，Osatuke，Glick & Mackay，2002)，我们能够看到患者的问题不仅仅是典型角色的存在，而且还包含了多种声音的聚集，挣扎着听，相互挤压，相互竞争(Lysaker，Lysaker & Lysaker，2001)，这就会使听众感到难以理解。然而，在此之中，克恩伯格和廖蒂分别提出的现象，即极端的表现(好/坏)和受害者、迫害者和拯救者在临床方面起了很重要的作用。

福纳吉和塔吉特(Fonagy & Target，1996)，继温尼科特(Winnicott，1965)之后，收集了莱斯利(Leslie，1987)提出的关于主要(基于现实)和断开(基于幻想)描述之间的区别信息后，注意到了区别边缘性患者现实和幻想的方法的缺陷。后者倾向于绘制虚幻的互动(例如，我的伴侣看起来像一个女巫)，然后就把这个当作主要的描述(我的伴侣是女巫，我会因此处置她)，但是这种缺陷并不是边缘性患者的典型特征。相反，这在精神障碍患者中非常普遍。类似地，恐怖主义者认为他们关于灾难的幻想是真实的(Gardner，Mancini & Semerari，1987)，而强迫症患者也表现出思想和行动一体化的现象。

除了这两个缺陷之外，迪马乔和塞梅拉里(Dimaggio & Semerari，2001)提出了未建构的叙事的另外两种形式：①基本整合的缺陷；②叙事过度的不同层次缺陷。当被传达出来的信息与内在的思想、身体唤醒的类型、面部表情和姿势之间不一致时，就会存在基本整合缺陷。患者可能会面带笑容地描述自己被强奸，同时也会表现出身体上的不舒服，眼睛里也会闪烁着怪异的光。随着组织缺陷的过度叙事，数百个故事和人物之间彼此相互关联，彼此竞争直至消亡，导致叙事者无法决定哪个是主题，故事何时结束，以及患者希望在哪个场景中让听众参与。并且在精神分裂症患者中也存在没有任何层次结构的声音混杂在一起的现象(Lysaker & Lysaker，2002；Lysaker，Wickett，Wilke & Lysaker，2003)。

无组织叙事的影响

正如我们所看到的，临床医生描述了无组织的叙事在治疗对话中表现出的各种方式。从非整合的自我与其他相互作用的矛盾冲突到与患者的情感状态分离的叙事性描述，以及过多的角色和感情主导的脚本，所有的这些都没有任何优先级或重要性的顺序。

这些各种形式的叙事混乱的共同点是什么呢？作者认为是功能主义类型。我们认为，所有这些不同类型的叙事混乱的影响是无法根据过去的叙事来考虑当前行为的先后顺序的。由于叙事的整体性和组织性，拥有多种目标和情感复杂的个体，能够在一定程度上保持其行为的一致性。在某些特定的时刻，我们可能会对我们所爱的人感到愤怒，但是如果没有两种状态和一个整体的共同的记忆，我们的行为就会朝相反的方向摇摆不定，一个行为消除，另一个行为又会出现。此外，如果在人际交往中，我们的自我表达充斥着多样且矛盾的角色，并且没有一个主要的观点来确定这些表述中哪一个占主导地位，因此，这导致了行为方面混乱无序的结果。

为了成功地组织叙事，保持行为的一致性，我们需要适当的元认知技术，即让我们探究意图、确定自己和他人的心理状态，达到足够掌握任何问题的心理状态(Flavell，Miller & Miller，1993；Semerari，1999；Semerari et al.，2003；Wells & Purdon，1999)。

尽管欲望和恐惧不断变化，为了能在特定的叙事场景中充分表达自己的心理状态，在该状态中，事件的过程会产生影响；决定采取行动和维持特定的过程提供的关键信息，也会产生影响。

叙事的组织、元认知技术和有效选择行动之间的联系的典型例子就是尤利西斯的警报器的故事。故事中的英雄知道自己有两个矛盾的愿望：渴望听他们的歌，也渴望回到他的祖国。他想象了唱歌给他带来的影响，同时也描述了他的精神状态会带来的后果。在唱歌的影响下，尤利西斯想要回到祖国的渴望会消失，并且他会被浮躁的欲望征服，使自己变得神圣，正因为如此，他会使自己的生命陷入危险之中。但是，当自我叙事继续下去时，尤利西斯预见了自己精神状态的改变。远离唱歌的影响，他又产生了回到家乡的渴望，而他通常的“自我”又再一次成为行动的主导。这些行动来自这些场景的整合，他把自己绑在桅杆上，并向他的伙伴发出适当的指示，从而使其不会因为听到歌声而将他的船偏离回家的路。

从尤利西斯的故事中，我们建议成功地处理无组织的叙事，包括帮助患者维持与其长期目标一致的行动方案，并将其生活置于一个稳定的状态。本章的重点从此将会转向无组织叙事的心理治疗。

四、心理治疗的影响

处于无组织的叙事中的患者对于实施治疗干预的临床医生来说是一个独特的挑战。临床医生不仅要注意对话的内容和形式，还要注意患者话语的结构。在患者感情失控、被抛弃的生活主题的背景下，过度叙事的患者不仅会因为感到激烈和痛苦的情绪，或者是精神涣散、漫无目的而感到痛苦，而且也会因为他们的叙事风格阻止他们规划行动，选择优先考虑和要放弃的意愿而感到痛苦。治疗师无法利用符合当前背景的任何过去的叙事，也没有以前的案例可以指导他们。治疗师发现自己处于混乱状态，导致他无法将焦点放在治疗上，制定策略，或者将自己的身心贴近患者。

过度的叙事也意味着治疗应该分为两个阶段进行。首先，治疗师将需要控制与患者互动诱发的内在混乱的感觉。其次，治疗应以刺激并建构患者的元认知观点为导向(Semerari，1999；Semerari et al.，2003)或是让患者处于一个自我观察的位置(Cooper，2003；Dimaggio et al.，2003；Hermans，2001a，2003；Leiman & Stiles，2001)，通过这种途径，患者的部分自我获得了建构自我反思的叙事的能力，为其他人物的关系提供了主体内在的有意义的对话；在一个故事中，任何有差异的、不相容的或分离的方面都会得到整合(Angus，Levitt & Hardtke，1999；Angus，Lewin & Hardtke，2001；Fonagy & Target，1997；Ryle，1997)。

(一)无组织叙事中的人际循环

有问题的关系风格不仅仅是过去经验的反映，也是现在一部分的经验反应，因为它能为维持自我不断地创造条件。消极的关系预期在自我预言发挥作用的方式被定义为认知人际循环(Safran，1984；Safran & Segal，1990；Safran & Muran，2000)：消极的预期使一种行为引起另一种行为，并将另一种行为归纳为确认这种预期方式的过程。当治疗期间这种循环被激活时，治疗师就会注意到他们倾向于以一种反治疗的方式行动。这并不是简单的关系信念："他对我怀有敌意"或者"她会鄙视我"来激活这种循环。心理状态的不同形式，如混乱的故事讲述，也可能通过人际过程，使他人陷入一种问题更加严重的精神状态或行为中。

鉴于任何治疗的首要指导原则是不应该对患者造成进一步的伤害，治疗师需要在治疗患者不合理故事叙述时，通过控制那些不可避免的时刻——它们增加了患者关系中的混乱，并让患者感到疲惫不堪。而实现这个最好的办法就是找出那些使他们进入混乱的人际循环的内在现象。在较不极端的形式下，治疗师发现让自己感到困惑的是：对于治疗应该关注什么。可能存在很多不同情感上重要的主题，但是治疗师无法确定重要的顺序或者首先关注这个或那个的原因。在这种情况下，他们可能会不再只是为了利用时间而倾听或提问。因此，对话就会变得随意，从而使患者的叙述变得分散。治疗师也可以使自己进入患者的叙事并跟随患者，同时指出每一次声音的变化，这也会引起双方共同的困惑。最后，为了防止自己混乱，治疗师可能会尝试不断将患者转回同一个单一的主题来强行执行一些命令。在这种情况下，患者参与的谈话仅限于治疗师允许的唯一主题，但与此同时，患者的心里充满了其他的紧张情绪但没有在关系中表达出来，结果就会是一个分散的治疗，即谈话的内容与患者的内在状态不在同一层次上。

当患者的情绪痛苦最为激烈时，这个混乱的关系可能会导致一种令人恐惧的紧迫感：患者经历强烈的痛苦，需要一些可以缓解疾病的东西，并以一种无序的，通常可能会对其与治疗产生伤害的方式行事。同时，在这种情况下，治疗师可能会感到自己处于充满紧迫感和混乱的场景中。他们在描述患者时，会由于某种原因，失去控制，想象出患者和自己的灾难性场景。治疗师可能会感到害怕并且希望他们从未开始过这种治疗，以一种冲动的方式，而不是基于准确的情况分析或真实情况去思考可以采用的措施，如药物、住院治疗或严格的电话来维持治疗合同。治疗师可能会表现得像一个暴君但同时又像个胆小鬼。如果治疗师在这种情况下采取行动，就会使患者产生恐惧和失去控制的感觉。

萨夫兰和西格尔(Safran & Segal，1990)认为，摆脱这些有问题的循环需要内在的自律。精心选择的强调表达操作的目标可以修饰治疗师在采取行动时具有自发倾向性的方式。内在的自律涉及两个阶段的行动。最初，治疗师需要关注他们的内在状态，并尝试区分自己经验的各种组成部分，以及与患者体现的人物相对应的角色。

在第二阶段，治疗师应该关注患者的经验，并尝试认识哪些特征符合他们自己的经验。在人际循环的情况下，当他们进行“内在的自律”操作时，治疗师就意识到他们正在分担患者的基本问题：无法对不同的自我与对他人的表达进行排序。从人际角度来看，凭借这种知识，就有可能克服以反治疗方式行事的倾向，而建立一个能有效解决常见问题的治疗联盟。在下一部分中，我们将从技术角度展示如何在治疗过程中使这些策略得以有效的应用。

(二)分享，元认知和掌握

如果治疗师能与患者有一个共同分享的问题，他们就可以处于有利的位置。原因之一就是这样做可以更容易地在互动的问题上发展一个反身性的对话——在这种情况下，忽视叙事的场景。其次，当患者达到内省的状态并且可以通过掌控自己的心理状态来形成一个关于问题的上级的观念时，治疗师就可以说明他们达到平静的方式并可以和患者一起讨论他们所使用的策略。图 15-1 说明了我们提出的一些对患者有帮助的对话互动的一般模式(Semerari，2000)。

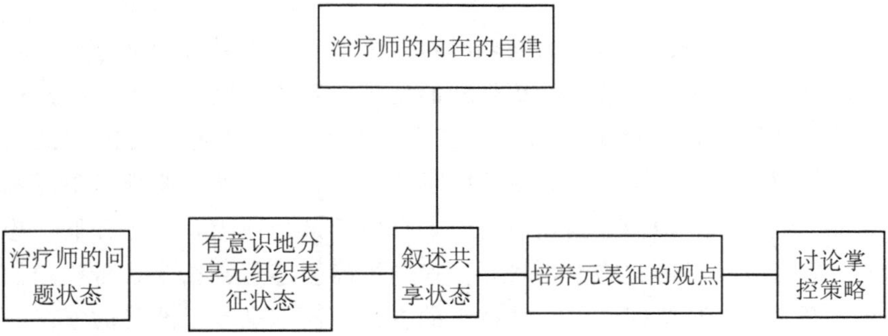

图 15-1　治疗师干预的图式

我们想请读者关注这个策略的几个方面。首先，与治疗师共享问题有助于那些困惑、有完全不同的或是矛盾关系情境的患者与治疗师达到一个更清晰、稳定的关系。治疗师可以通过两种方式向患者说明他们的叙述混乱：自我披露或采用与萨夫兰和穆兰(Safran & Muran，2000)提出的方法类似的——使用“普遍的我们”。在第一种情况下，治疗师向患者充分展示自己与其共同分享的精神状态。例如，“听你说话的时候，我也感到了紧迫感，觉得想要采取些行动，想要来到治疗室解决问题。但是我们现在需要考虑一下并决定最好的做法是什么”。有了“普遍的自我”，治疗师就可以向患者解释他的经验是大部分人都经历过的。例如，“你是否经历了这样一段时光，在这段时光里，我们感觉到自己被不计其数的问题所困扰，而我们做的却是假装看不见或听不见”。

治疗师向患者说明他的问题是很多人都存在的问题，可以鼓励患者培养自己的能力来认识并描述自己的精神状态，即获得更高水平的元认知技能，原因有三：

1. 证实了患者的经验，并允许他们在一个安全的人际环境中思考。

2. 它关注的不仅仅是单一场景，而是侧重于这些场景的混乱方式，并集中解决它。以这种方式，就可以关注到所有自我的方面。

3. 治疗师分享部分问题时，在两者处于一种平等的关系、仔细考虑选择应对方式的前提下进行的。另外，强调该问题是可理解、可掌控的。

因此，我们认为，如莱恩汉(Linehan，1993)所提出的，谈话是辩证的，分为两个阶段，且通过验证和分享经验来讨论掌控策略。

我们来看一位 25 岁的女士——琳达(Linda)的治疗过程。她生活在害怕被别人羞辱和恐吓之中，在极少数情况下，有一种深刻的个人自卑和无能的感觉，这是一种愤怒的反叛。然而更频繁地，她拼命地寻求帮助，而这可能会导致她与他人关系陷入一种脆弱和危险之中。从诊断的角度来看，使用“精神障碍诊断和统计手段”(DSM-IV；American Psychiatric Association，1994)的标准，琳达患有一系列不同的疾病：严重抑郁障碍和解体障碍(N. O. S.，未另外规定)，妄想性发作，以及边缘性和偏执性人格障碍(Axis Ⅱ)。

琳达：我今天似乎没有活着的理由，昨天我似乎……(开始哭泣)，我不能说如果我因为我的家人而感到愤怒、生气或是怎样，因为我无法忍受他们了！有一些我无法忍受的东西，如果他们依赖于我，我会取消它，但是我不能这样做，这让我感到无能为力。而我感到在我的生活和我所能做的一切中都无能为力，因为我正努力为我的未来而努力。

治疗师：发生了什么？

琳达：我在想我的父亲，我意识到他是一个有一些弱点的人。他很胆小，害怕一切，但他一直想要被他人了解，他几乎想要一个人照顾他，我就因为这个讨厌他，因为我觉得他应该照顾我。

治疗师：我理解你的意思，但是这与你在生活中感到无能为力有什么关系呢？

琳达：这是原因的其中之一，我正在回顾我以往的想法，然后这个想法就突然充满了我的脑袋，弄得我感觉非常不好。

治疗师：你可以跟我说说这些吗？

琳达：我想到了我的母亲和祖母。我无法忍受我的祖母。(愤怒的口气)她总喜欢插手别人的事情，喜欢对别人评头论足，我希望她能管好自己的事，但我无法做到。我的母亲则无法成为我的榜样，我认为她是故意的，她喜欢拒绝帮助我，但我却无法抑制自己想要被帮助的需要(开始绝望地哭泣)，因为我认为，只要我能不去想它，一切都会变好，但我做不到。

治疗师：所以昨天你需要帮助。

琳达：是的。

治疗师：为什么?

琳达：因为我想到了死亡，我认为生活一直在继续，但是我的生活在慢慢地消失，我无法做任何我想做的事，也没有什么是我能做的！我无法掌控我遇到的事情，我想象它们随着时间渐渐堆积起来，但我却不能做什么。在生活中，我似乎没有任何力量。

自我是由不同的声音的复音组成的(Hermans & Kempen，1993)，但是琳达叙述的这个事件听起来很吵闹，批评性、虚弱感、被遗弃的、愤怒的、绝望的或是无力的角色聚集在一起，彼此之间交错掩盖，使治疗师无法确定哪个角色在会话中最为重要。因此我们需要关注的是个体自我叙事表现出来的混乱的角色/特征。她谈到的每一个问题——她认为人生的意义、她对选择的控制、她对帮助的需要以及她与亲属之间的关系——都具有重要的情感意义，需要得到关心和关注。然而，虽然问题在她脑海中掺杂在一起，使得无法深入分析问题或充分解决问题，让她产生了无能为力的感觉。在这种情况下，治疗师决定将注意力集中在患者精神状态的混乱性质上，而不是在她的病程中出现的具体问题。在患者众多问题的压力下，都是一些很紧急的问题，治疗师自身也体验到内在混乱的感觉。因此，他认为治疗师与患者之间存在共同的问题，并通过提及患者自己的精神状态和使用普遍的“我们”向患者表明这一点。

治疗师：那么琳达，当我在听你的讲述的时候，我感到有点困惑。我可以看到每一个问题的重要性，但是我不能确切地知道我们应该集中哪一个。你知道当我们遇到很多紧急问题时，我们的内心就会像爆炸一样。

琳达：其实有一段时间我觉得很糟糕，以为自己会分裂成两个。

让我们来考虑元认知的转变。现在患者不在乎构成自己心理状态的单一因素，而是关于她整体状态的性质，这也与她的分离经历有关。

治疗师：实际上你说的问题有些太多了，每个问题都很重要：生活真正意味着什么，你需要帮助，你的亲戚发现帮助你很困难，执行你的意图和突然死亡的可能性会阻止实现我们的目标。但是，现在不是每一件事的内容，事实上，如果某些问题一直堆积在我们心里，我们就会感到困惑和无能为力。那么现在问题就是如何摆脱这个混乱的精神状态。

（这个对话描述了两个阶段：分享和讨论掌握策略）

琳达：是的，当我的想法产生的时候，我没有任何积极的想法，我不知道我应该怎么办。

患者现在正在尝试反思自己的精神状态，这表明她已经达到了元认知水平的一个更高层次，并且尝试参与关于掌握战略的讨论，而这些讨论将会占据对话的其余部分。最后患者和治疗师达成协议，患者会尝试“从外部”观察她的混乱精神状态并记录下来，接下来的对话表明，她在下一个疗程中维持了她所达到的元认知水平。

琳达：我一直觉得有更多的自信，我试图把你的建议付诸实践，而且自从我开始写作以来，我一直感觉更好，而且不需要写一行以上了。

治疗师：那你能阻止你的问题都掺杂在一起吗？

琳达：是的，我可以，我慢慢认识到我在想太多的问题，然后我就在问题变得太多前开始写作。

治疗师：那你有多少次感觉自己进入了混乱的状态呢？

琳达：两三次吧，但是并不是我之前说的那种混乱状态。

作为个体行动指南的自我叙事，不仅需要建立重要性和行动一致性等级，而且还需要积极地参与自我纠正。叙事情境和角色必须适应环境的变化，灵活地考虑到自身与世界之间存在的关系的复杂性。对于所发生的事情，自我叙事需要具备“好像……一样”的品质(Vaihinger，1935)，并且它被认为是可能的假设，而不是现实的完美镜像。边缘性患者也会失去这种区别现实和幻想的能力①(Fonagy & Target，1996)，这种现象也被纳入DSM-IV，其中临时妄想状态是边缘性人格障碍的标准之一。在这种情况下，治疗关系也可能导致一些特殊的人际关系循环，我们现在将描述一个最频繁的人际关系循环，即相互不信任(Nicolò，Dimaggio，Semarari & Carcione，2001)。在这种情况下，治疗师内心的特征是“踩在蛋壳上”的感觉，患者可能会将每一句话或手势解释为证实他们的迫害焦虑，以及担心说的话或做的某些行动会导致关系破裂。他们自然就会变得越来越谨慎，说话越来越少，使问题维持在严格意义的最低限度。但是治疗师的思想意图，关心和关注对患者来说就会变得更加易于理解。如果一个妄想症患者对治疗师不理解，几乎可以确定他们会受妄想左右，而如果他们的评估和意图明确，这至少保留继续交流的可能性。

我们将在接下来的例子中看到，患者和治疗师之间的对话如何演变，表现出的受害者角色患者，感觉受到由治疗师体现出来的迫害者的威胁。这种关系应该属于“就像……一样”的世界，其中代表“不相关”来使用莱斯利的术语，但是患者接近它就好像是真实的。治疗师介入并将关系转移到幻想的世界，他们都可以开玩笑。这个目的不是重构叙事，而是把他放在恰当的心理环境中，就是假装游戏。

从技术的角度来看，在这种情况下，内在的自律的操作围绕着这个问题，患者患有精神状态的问题是什么？而同时共享的是需要知道对方的评估和意图，以便能够规范关系。

治疗师可以通过真诚的自我披露行为来鼓励这个过程。在以下的摘录中，琳达以愤怒和激动的态度声明，她将治疗师视为阴谋的一部分，认为他想控制她。在初步审慎的探索之后，琳达一直将他视为一个处于迫害她的状态的妄想叙述中，因此治疗师就采用了自我披露的行为。他的目的是明确界定治疗关系中的“真正的”主要代表，将它等同于相互达成治疗协议的代表。

---

① 弗洛伊德(1913)将这种思维方式称为“心理上的等价性”。

琳达：而我现在也很懊恼。例如，和你、F 博士、P 博士、我的父亲、我的母亲、我的祖母，以及他们的朋友，他们都是和你站在一边，都想要监禁我。

治疗师：那很抱歉，你觉得我想在什么模式中监禁你呢？

琳达：你知道，你是整个系统的一个组成部分。

治疗师：那让我们一起聊聊(微笑)，作为整个系统的成员，你觉得我想要怎样监禁你？

琳达：你不断地说服我让我想要根据你的愿望来改变。

治疗师：从某种意义上来说，是的。

琳达：我的意思是说，我被成为一个小狗这种想法吓坏了，有时我觉得我是一个受人操控的人。

治疗师：那你觉得我想要你在哪些方面或以哪种方式改变？

琳达：这就是了！因为我不知道要说什么。

治疗师：不，不是这样的，你不能告诉我，你不知道说什么，这我已经跟你说了很多次了。

琳达：不，等等，你希望我改变一下，重拾一些关于我家人的事情，不是吗？

治疗师：不，老实说，我现在对他们一点也不关心，我希望你对你的迫害有更评判性的想法。

琳达：但我不得不说我很难理解你真正想说的。

治疗师已经明确了他的意图。因此，在某种意义上，他进入了琳达的场景，希望改变她，但是却偏离了她真正害怕的事情，让他从一个新的角度看待她的迫害想法。治疗师是把他的目的明显摆出来，想要打破琳达的妄想状态，和她开始建立对话关系。在对话期间，他首先提出他觉得她无法理解他的精神状态。因此，治疗师继续追寻这一行动。

治疗师：我会向你解释的，不要生气，我会向你解释的。

琳达：不，我现在很生气因为……

治疗师：我没有理由，也没有什么去隐瞒这一点，我认为你对世界的看法是消极的，因此我想要逼迫你，而对坚定和不容置疑的愿景是你许多问题的底线，同时它也阻止了你的正常生活。我的治疗意图是这样的：为了让你从你对世界的原有认识中脱离出来，而在此之后，你就可以自己做决定了。你想让我把这个写下来吗？这就是我的意图！现在不要告诉我你不知道，因为我已经解释得很清楚了！

琳达：但是，因为，不，因为……因为我不能明白你的意思，就像我最近在街头走路一样，而我也试图想要理解你的意思。

治疗师：你有没有感觉到人们想伤害你？

琳达：是的，我能强烈地感觉到。

治疗师：这就是我的意思。

患者已经找到了一个可以讨论感到威胁的故事，并且可以在没有治疗师的帮助下正确地认识自己迫害者的状态的场景。琳达以一种非常批判性的方式谈论她的想法，并认知到这些问题就是症状。

琳达：但是这就是我生活和思考的方式，这是我长期以来一直生活的方式！

治疗师：我觉得你现在有能力去理解它了。

琳达：不，最近几天我仿佛都能看到监狱。

治疗师：我同意你对我说的，我想要改变你的一些东西。我们可以谈论它，但我诚实地告诉你的错误，这正是让你感到不舒服的。

在以下的摘录中，琳达设法描述她的痛苦，内心被撕裂的感觉。治疗对话使她可能透露自己的基本内在状态，而这也可能使她产生迫害的想法，当她感到脆弱时，患者就会认为整个世界都在威胁她。

琳达：我觉得我被撕成小块，各个方面被击倒了。我只想自己待在家里，不要让任何人再见我。然而，当我自己在那里时，我意识到我想象的是人们不停地对我所做的事进行评判。

治疗师：那你意识到这是你的想象吗?

琳达：是的。

幻想和现实之间的区别已经形成。琳达的叙述内容没有变化；在角色对话之间，她仍处于弱势、被批评、屈服的地位；但是，由于治疗师采取的行动，琳达的叙述场景正在内在幻想的世界中展现出来。治疗师现在也不会被视为是想要迫害琳达的，随着气氛更加轻松，琳达公开了幻想背后的真实信息：感觉自己不得不进行性交。

琳达：我觉得有必要再次考虑与性有关的某些事情，然后渐渐地我把它从我的父亲转向家庭，最后我就不得不和我的家庭有联系，就像我无法避免生活。

治疗师：你认为你的家人和心理学家都打算让你有性行为。

琳达：(笑)这不是心理学家，这是意大利，它是不会接受一个女孩……

治疗师：没有性行为。我可以向你保证，就我而言，意大利政府没有任何命令(笑)，要求所有意大利女孩都有性行为。

琳达：好吧，我很高兴听到这个。

治疗师：事实上，我会表达得更清楚：至少在接下来的几个月里，如果你不那么多愁善感会更好，因为这些可能会让你情绪激动或性方面受到刺激。如果你希望，我会把它写下来(笑)：你不准有性行为，避免性行为。

琳达：(笑)不用了谢谢，我现在已经感到放心许多了。

治疗师以自我披露为起点，一方面，使他自己从被视为迫害和性威胁的地位上摆脱出来；另一方面，通过开玩笑的方式命令她不要进行性行为，他证实了患者想要孤立自己的想法。在这一点上，琳达的人际关系就太情绪化了，她的目标是与受到威胁的世界保持距离。正如已经表现出来的那样，即使患者孤身一人时，她也仍然想象着自己正在受到迫害，但后来，她以自己的心理场景体验了这一点并发现这并不是那么难。

上述摘录取自治疗前的六个月，治疗仍在进行中：三年过去了，琳达已经停止了妄想，并与伴侣开始了一场情感关系。在这段关系中，她可以感受到自我的性吸引力而不是被任何人强加于此。

五、总结

对于患有无组织叙事的患者，治疗师发现自己面临着艰巨的任务：进入一个混乱的场景，其中数百个声音聚集在一起，数百个不同的故事片段交织在一起。在这些情况下，患者的情绪总是很强烈的，难以调整。治疗师很容易陷入紧张的关系中，有时是刺激性的，有时是威胁性的，总是让人困扰。我们提出的治疗策略涉及一些旨在治疗结构性叙事功能障碍的行为，以增强工作、观察和修改生活主题、关系质量以及患者心理角色之间的对话的环境。

第一种类型的行动目的是为了获得更高程度的元认知技能，并鼓励患者站在观察自我的角度，赋予自己内在混乱的意义并承认他们叙事的多样性。通过这种行动，患者能够以没有威胁的方式体验他们的混乱，并能够更理解他们的治疗师。首先与治疗师分享叙事中混乱所引起的问题，患者和治疗师共同讨论识别主导的生活问题、代表这些主题的任务以及建立更具有适应性的生活叙事。

第二种类型的行动目的在于恢复患者区分幻想和现实之间的能力。它的目标不是为了立即改变患者叙事的内容，而是允许患者承认一个虚构的叙事代替了现实，并产生了不好的影响。在对话中，治疗师的自我披露可以成为一个有价值的工具。正如我们所记录的治疗过程，这些行为的效果在任何情况下都是患者和治疗师关系改变的关键。当患者需要更好的技能水平时，他们对治疗师的看法就会改变。情感在新的叙事场景下会灵活地改变。治疗师和患者在平等协商的情况下建立关系、实施治疗，将患者本身看作别人的威胁，虐待的对象。区分想象和现实的叙事场景可以解决出现的问题和维护人际关系。

（程素萍　黄鑫燕　张影　译）

参考文献

American Psychiatric Association. 1994. Diagnostic and statistical manual of mental disorders(4th ed.)[M]. Washington, DC: American Psychiatric Association.

Angus, L., Levitt, H. & Hardtke, K. 1999. The narrative processing coding system: research applications and implications for psycho-therapy practice[J]. Journal of Clinical Psychology, 55: 1255-1270.

Angus, L., Lewin, J. & Hardtke, K. 2001. Narrative processing modes and therapeutic change in brief experiential therapy for depression: an empirical analysis[C]. Paper presented at the Society for Psychotherapy Research meeting. Leiden, The Netherlands.

Baron-Cohen, S. 1995. Mindblindness[M]. Cambridge: MIT Press.

Baron-Cohen, S., Leslie, A. & Frith, U. 1985. Does the autistic child have a "theory of mind"[J]. Cognition, 21: 37-46.

Bowlby, J. 1982. Attachment and loss(vol. 1, 2nd ed.)[M]. London: Hogarth. (Original work published 1969)

Bruner, J. 1986. Actual minds, possible worlds[M]. Cambridge, MA: Harvard University Press.

Bruner, J. 1990. Acts of meaning[M]. Cambridge, MA: Harvard University Press.

Cooper, M. 2003. "I-I" and "I-Me": trans-posing Buber's interpersonal attitudes to the intrapersonal plane[J]. Journal of Construc-tivist Psychology, 16(2): 131-153.

Damasio, A. R. 1994. Descartes's error: emotion, reason, and the human brain[M]. New York: Grosset/Putnam.

Dimaggio, G., Salvatore, G., Azzara, C. & Catania, D. 2003. Rewriting self-narratives: the therapeutic process[J]. Journal of Constructivistic Psychology, 16(2): 155-181.

Dimaggio, G., Salvatore, G., Azzara, C., Catania, D., Semerari, A. & Hermans, H. J. M. 2003. Dialogical relationships in impoverished narratives: from theory to clinical practice[J]. Psychology and Psychotherapy, 76(4): 384-409.

Dimaggio, G. & Semerari, A. 2001. Psychopathological narrative forms[J]. Journal of Constructivist Psychology, 14: 1-23.

Flavell, J. H., Miller, P. H. & Miller, S. A. 1993. Cognitive development[M]. Hemel Hempstead, UK: Prentice Hall.

Fonagy, P. & Target, M. 1996. Playing with reality I: theory of mind and the normal development of psychic reality[J]. International Journal of Psychoanalysis, 77: 217-233.

Fonagy, P. & Target, M. 1997. Attachment and reflective function: their role in self-organization[J]. Development and Psycho-pathology, 9: 679-700.

Freud, S. 1913. Totem and taboo[M]// J. Strachey(Ed.). The standard edition of the complete psychological works of Sigmund Freud. London: Hogarth.

Frith, C. D. 1992. The cognitive neuropsychology of schizophrenia[M]. Hove, UK: Lawrence Erlbaum.

Gardner, G., Mancini, F. & Semerari, A. 1987. The construction of psychological disorder as invalidation of self-knowledge[M]// F. Fransella & L. Thomas(Eds.). Experimenting with personal construct psy-chology. London: Routledge & Kegan Paul: 259-272.

Golynkina, K. & Ryle, A. 1999. The identifi-cation and characteristics of the partially dissociated states of patients with borderline personality disorder[J]. British Journal of Medical Psychology, 72: 429-445.

Gonçalves, O. F. 1995. Cognitive narrative psychotherapy[M]// M. J. Mahoney (Ed.). Cognitive and constructive psychotherapies. New York: Pergamon: 139-162.

Gonçalves, O. F., Korman, Y. & Angus, L. 2000. Constructing psychopathology from a cognitive narrative perspective[M]// R. A. Neimeyer & J. D. Raskin (Eds.). Constructions of disorder. Washington, DC: American Psychological Association: 265-284.

Grice, H. P. 1975. Logic and conversation[M]// P. Cole & J. L. Moran(Eds.), Syntax and semantics(Vol. 3). New York: Academic Press: 129-178.

Hermans, H. J. M. 1996. Voicing the self: from information processing to dialogical interchange[J]. Psychological Bulletin, 119: 31-50.

Hermans, H. J. M. 1997. Dissociation as disorganized self-narrative: tension between splitting and integration[J]. Journal of Psychotherapy Integration, 7(3): 213-223.

Hermans, H. J. M. 2001a. The construction of a personal position repertoire: method and practice[J]. Culture & Psychology, 7(3): 324-366.

Hermans, H. J. M. 2001b. The dialogical self: toward a theory of personal and cultural positioning[J]. Culture & Psychology, 7(3): 243-281.

Hermans, H. J. M. 2003. The construction and reconstruction of a dialogical self[J]. Journal of Constructivist Psychology, 16(2): 89-130.

Hermans, H. J. M. & Kempen, H. J. K. 1993. The dialogical self: meaning as movement[M]. San Diego: Academic Press.

Horowitz, M. J. 1987. States of mind: Configurational analysis of individual psy-chology(2nd ed.)[M]. New York: Plenum.

Johnson-Laird, P. N. 1983. Mental models: towards a cognitive science of language,

inference, and consciousness[M]. Cambridge, UK: Cambridge University Press.
Kelly, G. 1955. The psychology of personal constructs[M]. New York: Norton.
Kernberg, O. F. 1975. Borderline conditions and pathological narcissism[M]. New York: Aaronson.
Leiman, M. & Stiles, W. B. 2001. Dialogical sequence analysis and the zone of proximal development as conceptual enhancements to the assimilation model: the case of Jan revisited[J]. Psychotherapy Research, 11: 311-330.
Leslie, A. M. 1987. Pretense and representation: the origin of "theory of mind"[J]. Psychological Review, 94: 412-426.
Linehan, M. M. 1993. Cognitive behavioral treatment of borderline personality disorder[M]. New York: Guilford.
Liotti, G. 1995. Disorganized-disoriented attachment in the psychotherapy of the dissociative disorders[M]// S. Goldberg, R. Muir, & J. Kerr (Eds.). Attachment theory: social, developmental, and clinical perspec-tives. Hillsdale, NJ: Analytic Press: 343-363.
Liotti, G. & Intreccialagli, B. 1998. Metacognition and motivational systems in psychotherapy: a cognitive evolutionary approach to the treatment of difficult patients[M]// C. Perris & P. D. McGorry(Eds.). Cognitive psychotherapy of psychotic and personality disorders: handbook of theory and practice. New York: John Wiley.
Lysaker, P. H. & Lysaker, J. T. 2002. Narrative structure in psychosis: schizophrenia and disruptions in the dialogical self[J]. Theory and Psychology, 12: 207-220.
Lysaker, P. H. & Lysaker, J. T. 2001. Schizophrenia and the collapse of the dialogical self: recovery, narrative, and psychotherapy[J]. Psychotherapy, 38: 252-261.
Lysaker, P. H., Wickett, A. M., Wilke, N. & Lysaker, J. T. 2003. Narrative incoherence in schizophrenia: the absent agent-protagonist and the collapse of internal dialogue[J]. American Journal of Psychotherapy, 57(2): 153-166.
Main, M. 1991. Metacognitive knowledge, metacognitive monitoring, and singular (coherent) vs. multiple (incoherent) models of attachment: findings and directions for future researches [M]// C. M. Parkes, J. Stevenson-Hinde & P. Marris (Eds.). Attachment across the life cycle. New York: Routledge: 126-159.
Mandler, J. 1984. Scripts, stories, and scenes: aspects of schema theory. Hillsdale, NJ: Lawrence Erlbaum.
Markus, H. & Nurius, P. 1986. Possible selves[J]. American Psychologist, 41: 954-969.

McAdams, D. 1995. What do we know when we know a person[J]? Journal of Personality, 63: 365-395.

Michotte, A. 1946. The perception of causality[M]. London: Methuen.

Neimeyer, R. A. 2000. Narrative disruptions in the construction of the self[M]// Neimyer, R. A. & J. D. Raskin (Eds.). Constructions of disorder. Washington DC: American Psychological Association: 207-241.

Nicolò, G., Dimaggio, G., Semerari, A. & Carcione A. 2001. Metacognicion y trastorno paranoide de personalidad[J]. Revista de Psicotherapy, 45: 117-136.

Rasmussen, B. & Angus, L. 1997. Models of interaction in psychotherapy with borderline and nonborderline clients: a qualitative analysis[J]. Journal of Analytic Social Work, 4: 53-73.

Ryle, A. 1997. Cognitive analytic therapy and borderline personality disorder: the model and the method[M]. Chichester, UK: Wiley.

Safran, J. D. 1984. Assessing the cognitive-interpersonal cycle[J]. Cognitive Therapy and Research, 8: 333-348.

Safran, J. D. & Muran, J. C. 2000. Negotiating the therapeutic alliance: a relational treatment guide[M]. New York: Guilford.

Safran, J. D. & Segal, Z. V. 1990. Interpersonal process in cognitive therapy[M]. New York: Basic Books.

Salkovskis, P. M. 1989. Cognitive-behavioral factors and the persistence of intrusive thoughts in obsessional problems [J]. Behavior Therapy and Research, 27: 677-682.

Salvatore, G., Dimaggio, G., Azzara, C., Catania D. & Hermans, H. J. M. 2000. Manuale per la siglatura della coerenza e complessità delle narrazioni [M]. Unpublished manuscript.

Salvatore, G., Dimaggio, G. & Semerari, A. 2003. A model of narrative development: implications for understanding psychopathology and guiding therapy[M]. Manuscript in preparation.

Semerari, A. (Ed.). 1999. Psicoterapia cognitiva del patiente grave: metacognizione and relazione terapeutica[M]. Milan, Italy: Raffaello Cortina Editore.

Semerari, A. 2000. Metacognition and therapeutic relationship in the treatment of personality disorders: guidelines for a manual of constructivist therapy[C]. Paper presented at the 7th International Congress on Constructivism in Psycho-therapy, Geneva, Switzerland.

Semerari, A., Carcione, A., Dimaggio, G., Falcone, M., Nicolò, G., Procacci, M. & Alleva, G. 2003. How to assess metacognitive functioning in psychotherapy? The metacognition assessment scale and its applications[J]. Clinical Psychology and Psychotherapy, 10(4): 238-261.

Semerari, A., Carcione, A., Dimaggio, G., Falcone, M., Nicolò, G., Procacci, M., Alleva, G. & Mergenthaler, E. 2003. Assessing problematic states in patients' narrative: the grid of problematic states[J]. Psychotherapy Research, 13 (3): 337-353.

Sperber, D. (Ed.). 2000. Metarepresentation[M]. Oxford, UK: Oxford University Press.

Stern, D. N. 1985. The interpersonal world of the infant: a view from psychoanalysis and developmental psychology[M]. New York: Basic Books.

Stich, S. & Nichols, S. 1998. Theory theory to the max[J]. Mind & Language, 13: 421-449.

Stiles, W. B. 1999. Signs and voices in psychotherapy[J]. Psychotherapy Research, 9: 1-21.

Stiles, W. B., Meshot, C. M., Anderson, T. M. & Sloan, W. W. J. 1992. Assimilation of problematic experiences: the case of John Jones[J]. Psychotherapy Research, 2: 81-101.

Stiles, W. B., Osatuke, K., Glick, M. J. & Mackay, H. 2002. Encounters between voices generate emotion: an elaboration of the assimilation model[C]. Paper presented at the Second International conference on the dialogical self, Ghent, Belgium.

Taylor, G. J., Bagby, R. M. & Parker, J. D. A. 1997. Disorders of affect regulation: alexithymia in medical and psychiatric illness[M]. Cambridge, UK: Cambridge University Press.

Vaihinger, H. 1935. The philosophy of "as if"[M]. London: Kegan Paul, Trench & Trubner.

Wells, A. & Purdon, C. 1999. Metacognition and cognitive-behavior therapy: a special issue[J]. Clinical Psychology and Psychotherapy, 6: 1-2.

Winnicott, D. W. 1965. The maturational processes and the facilitating environment [M]. London: Hogarth.

第16章 故事戏剧化与个人冲突：JAKOB——一种叙事理解和心理治疗的实践

布里吉特·布思(Brigitte Boothe)

阿格尼丝·冯·维尔(Agnes von Wyl)①

讲述故事是初级社会化的基本要素之一。在孩子出生的第一年，父母通过讲述和分享故事来塑造孩子的个性。在儿童早期的生活过程中，主要由父母间的互动所引发的叙事交流发展为广泛而丰富的共同叙述的方式，再发展为儿童主动讲故事的方式(Fivush，Gray & Fromhoff，1987；Nelson，1993；Papousek，1995；Welch-Ross，1995)。在一段叙事关系中，倾听者和叙述者是共情的伙伴，叙事交流体现了亲子关系中基本的接纳程度。叙事交流使孩子对周围世界凸显出自信是必不可少的，因为不管是好的方面抑或坏的方面，父母作为叙述者，都是孩子在生活与世界中的使者和调和者；通过父母对人、生物以及事物的好坏、是诱人的还是危险的、是令人厌恶的还是富有魅力的叙述，使孩子相信足够好的环境可以调节人的信念(Hartmann，1939，1950)。一个孩子对细心且通情达理的母亲形象的依恋，通常是叙事中的母子部分联合的结果，这使得孩子能够内化母亲分享的经验模型，从而使孩子受到鼓舞，能够去探索，去寻求帮助，并对经历的祸福悲喜进行叙述。另外，孩子逐渐形成的自我以及自我概念是叙事相互作用的结果(Eder，1990；Lewis & Brooks-Gunn，1979；Miller，Potts，Fung，Hoogstra & Mintz，1990)。孩子自我连续性、自传式记忆、自我展示以及自我认识的意识可以在一

---

① 有关本章的信件请寄给布里吉特·布思，地址为：Psychological Institute，University of Zürich，Schmelzbergstrasse 40 CH 8044 Zürich，或者发送邮件至boothe@klipsy. unizh. ch。——作者注

个叙事的情境中找到根源(Neisser，1998)。

通过讲故事的方式，个人的经验得以表达，并与他人分享(Boothe，1994，1999；Boothe，von Wyl & Wepfer，1999；Gülich & Hausendorf，2000)。同样，在心理治疗中，病人和来访者也会讲述故事。他们在唤起的行为、事件与插曲中，表达自己经历痛苦的原因(Eisenmann，1995；Luborsky，1977；Schafer，1979，1980；von Wyl，2000a，2000b)。在讲述的过程中，他们会邀请他们专业的对话者——心理治疗师去体会他们的感受(Spence，1982a，1982b，1983)，病人和来访者会利用讲述故事的力量唤起心理治疗师的心绪，且在他们的故事里，他们同样让心理治疗师在自己的世界里感到舒服、随意，并与之分享情感层面的经历。

讲故事是一种主观性的社会衔接(Gergen，1994；Wiedemann，1986)。其中，故事的讲述者向他们的对话者传达："我有这样那样的经历。因此作为一个有这种独特过去的人，我希望在这些重要他人中，得到承认、找到共鸣，并获得接纳。"故事讲述者使用叙事的模型和策略，实现获得并承认这一最终目标，即社会融合(social integration)(Gergen & Gergen，1988)。

唤起当下与社会的融合是讲故事交流的成果，但讲故事同样也在叙述者的心理组织中起到了调节的作用，即那些实现愿望或应对焦虑的心理组织。

讲故事的愿望满足或重建的功能解释了为什么我们作为自己故事的讲述者，是处在一个积极的心理紧张状态下的(Boothe，1998)，正如冯·马特(von Matt)所言，为什么讲故事对我们来说有一种"享受的潜力(enjoyment potential)"。在故事的讲述中，我们按照自己的愿望满足主观情况去塑造我们经历的故事。

叙述的恐惧应对及稳定功能——同样也被称为重组功能——使得激动或惊险的经历能够随即得到控制(Flader & Giesecke，1980；Freud，1920/1955)。无论是激动、兴奋、惊讶、害怕、折磨或威胁的事，都将继续占据我们的思绪。因此无论我们的愿望是什么，这些事件都仍在我们心中。而之后故事的讲述——继续重述故事——具有缓解紧张以及稳定情绪的作用。

讲故事作为一种主观性的表达，结合了三种功能：第一种是心理调节（修复和重组）功能；第二种为沟通功能，沟通功能具体指情境式的自我建构和个人历史的过程化；第三种则为个体的连续性（事件诱发或实现和社会的融合）。

当从叙述者的角度切换到倾听者的角度时，我们发现作为倾听者，也同样体会到“叙述性的悬念是令人愉快的（von Matt，1995）”。虽然如此，但他们的体验与叙述者相比，十分地不同，也就是说，他们经历的是一种对叙事内容如何继续发展的期待。对叙事的理解是一种基于经验的情节智力。当一个故事对倾听者来说是新的时，他就需要设置或启动故事情境：一个场景是伴随着人物、环境，以及愿望开启的，它们被当作起点，被当作核心的顺序情节，并以解决方案或终点为结局。倾听者使自己处于或使自己转移至由叙事者建立的、最初的场景，那个故事开始的地方（Bühler，1976，1978），并通过叙事者建立的那些相关事件，打开了一个对叙事期待的新视角（Brooks，1984；Gülich & Quasthoff，1986；Labov & Fanshel，1977；Liedtke，1990；Werling，1989）。那么，倾听者在戏剧化的叙述之中，对于起初分享的东西，他们害怕什么？又希望什么发生？他们又对什么感到兴奋？他们如何对故事结局有感情地评价？这一系列问题的答案取决于叙事的具体戏剧化手法（Brémond，1964；Fischer，1996）。通过这种手法，倾听者能够本着一种同化的精神，感同身受地体会到对方愿望的满足或恢复因素。并且，通过叙事者以及他恐惧应对或重组的类型，这两种因素被放入故事中。

一、从叙事到冲突

来访者日常的言语叙事具有冲突和动态的特征。叙事对心理治疗师的心理诊断和治疗技术是有价值的，这要得益于它实现并模拟了社会融合、修复和重组。心理治疗师通过四种方式进行口头叙事。此时此刻，当来访者的过去以某种方式的重现表明：来访者如何在现在的情景中口头表述过往的经历，治疗师把其理解为叙事的现实化。从社会整合模式的意义上说，治疗师关注的是在来访者的表述中，来访者所要表达的策略带来的影响。而治疗师可能会作为一个角色同样被卷入戏剧化的叙事中，并发现其心理的修复和重组的影响和效果。叙事组织的延伸为评估来访者的动力冲突提供了可能。而叙事分析的结果使治疗中的探索富有成效，主要基于叙事数据的重构分析对叙事者的愿望与防御机制系统、社会心理的妥协性，关系组织进行了系统地探索。

二、叙事的戏剧化效果

在心理治疗师日常实践中，来访者会讲述故事。在故事中，来访者如同表述动力冲突一样，会重新扮演自己的角色，以描述者的视角重新经历发生在自己和周围世界的故事(Boothe，1994；Boothe，von Wyl & Wepfer，1998；Luborsky & Kächele，1986)。这种扮演戏剧化的叙事带来的影响，如同动力与情节一样，在精神分析领域外也被广泛的探讨，如社会心理学、社会学以及语言学领域(例如，Brooks，1984；Bruner，1987，1990；Buühler，1976，1978；Goffman，1959；Gülich & Hausendorf，2000；Gülich & Quasthoff，1986；Lucius-Hoene，2000；Propp，1968；Quasthoff，1980；Ricoeur，1996；Spence，1983；Stanzel，1988；Von Cranach，Kalbermatten，Indermühle & Gugler，1980；White，1986；Wolfson，1978)。这些问题在心理治疗的研究与实验领域也有纲领性的重要意义。

在苏黎世大学的叙事—分析工作组里，我们针对转录的以手册形式呈现的口头叙述，使用了一个系统化的披露程序。我们将它称为“JAKOB叙事分析系统”(JAKOB narrative analysis system)(Boothe & the JAKOB Group，2002)。我们对情节的组织及戏剧化的、心理动力学的潜力特别地感兴趣(我们对梦、戏剧和文学也感兴趣，如Boothe，2001b，2002a，2002b)。

三、JAKOB 系统是什么以及它是如何运作的

JAKOB 分析是一个多级的信息披露程序，它包含了描述性的和假设生成这两方面。它在此提供了一个简短的总结和方法的概述。这种方法利用讲故事的沟通形式，使叙事者在其中表达自己的愿望、恐惧以及关系，这些表明他们在自己的内心戏剧中担任的创造者的角色。为了分析，我们从心理治疗的会谈中选择了明确的叙事片段。

JAKOB 程序涉及以下任务：①从访谈的交际流程中提取叙事片

段；②将叙事片段文档化；③描述叙事者的戏剧剧目；④阐述叙事者的自我展示；⑤根据故事的起始条件所决定的期望值的高低，制定假想的快乐结局与假想的灾难；⑥建模冲突和防御动作；⑦检查关系中叙述的法则，形成关于治疗的协同合作以及移情—反移情模式的假设。

重组、改变以及解读的工作具体包含了以下几个步骤。在重新叙述—重组部分，我们认同咨访谈话中的口头叙事(基于视频或音频记录)，并使用乌尔姆文本库(Ulm text bank)规则进行转录(Mergenthaler，1992)。我们将转录的文本分割成片段，将其作为主谓词语链接的编号序列。之后，我们使用以词汇为单位的编码系统来编码个人信息、道具、场景以及片段活动。在此基础上，我们以假设—解释的方式使用叙事材料(Boothe et al.，1999)。

因此，基于布局确定、词汇元素重组的叙述故事的分段重写，我们侧重对叙事材料的解释性披露进行分析。JAKOB叙事分析应用的程序需要解释缺乏的东西，因此我们推荐感兴趣的读者去阅读JAKOB叙事分析手册(the Manual of the JAKOB Narrative Analysis)(Boothe & the JAKOB group，2002)。此外，路德(Luder M.)开发了计算机辅助演示和叙事编码(1999a，1999b)。

(一)特蕾泽的第一次心理治疗谈话中的初步叙述

现在，我们将在一些案例材料的情境中，举例说明JAKOB叙事分析的主要原理。概括来说，JAKOB旨在执行以下任务：①在访谈的交流中提取叙事片段；②记录故事；③描述人物、道具和行为的“剧目”；④解释叙述者在叙事中的自我展示；⑤分析情节；⑥模拟冲突和防御的规则；⑦检查关于叙事关系的角色，表达治疗的协同合作以及移情/反移情的假设。

我们不会非常详细地讨论细节中的所有发现，而将会重点讨论以下主题：叙事者的自我展示，叙事的动态，叙述和动力冲突，冲突和防御的规则，行动化，冲突，以及与生活挑战的对抗。我们会先进行一个初步的叙述，再做一个总结。

我们将本案例的年轻女性来访者称作特蕾泽(Therese)。初步谈话的文字记录来自乔治·弗罗默管理的马格德堡工作组的定性心理治疗研究项目(使用乌尔姆文本库的转录系统转录，Mergenthaler，

1992)。在表 16-1 中，我们将展示会谈记录中的第一个故事，将其从连续文本转换为分段版本，并将其结构转化为主谓词链接的数字序列。

一般来说，叙事的条目倾向于根据时间和空间，说明对过去的一种情节性修复。相比之下，特蕾泽有一个表达自己的主题方向：自发的破坏(self-originated spoiling)。时间与空间信息只有少量地遵循这一主题方向。对时空语境的建构成为倾听者想象的任务，他也将理解特蕾泽随后讲述的内容，这一戏剧性事件与艺术学院的最近一次学生展览有关。

特蕾泽还以不同的方式建构了她的叙事风格，使用一种熟悉的叙事方式。她常在总结"故事寓意"时说："一切都落在我手上，我总是破坏一切。"在这一程度上，这个初步叙述也普遍是一个自责的例子。

(二)叙事者的自我展示

叙事者通过讲述他们的故事获得对话者的认可。他们想要并且能够体验到各种各样的评论中的认可与排斥。在叙述的现场，叙事者为了创造他们希望投射给倾听者的形象，在 JAKOB 叙事分析系统中，最感兴趣的是叙述者如何摆放他们的自我形象和叙事中的自我。

特蕾泽-1(特蕾泽的第一个故事)表示出懊悔的修辞：以自我为目标的人阻止潜在的资源持有者，从而不能实现预期的收益。错失的时机会在叙事中暴露出来(第 20 节："这样我会有很多钱，不再需要去上班了")，以及同样的自我破坏行为(第 21 节："但我如此粗鲁")和最后的自责式的自我评价(第 38 和 39 节："一切都落在我手上，我总是破坏一切")。叙述者在显著责备性的言辞中提到了(错过的)机会，特别有价值和她自己作为一个自我破坏的代理人的地位：

> 我没有做出努力，但我的一件艺术作品却引起了顾客的极大兴趣。如果不是因为我的坏情绪阻止了整件事的话，他本可以支付一大笔钱把它买下。

在这段叙事的建构中，存在自我设限行为与自我行动化的受虐式奖励，特蕾泽恳请她的谈话对象肯定她的座右铭，而座右铭为她提供了自恋的满足感：有才华，有渴望，以及自我毁灭。

（三）叙事动态与特蕾泽的初步叙事

为什么特蕾泽需要被认可为具有才华，有渴望，以及自我毁灭？这些问题涉及叙事者的主观卷入，那些渴望驱使他们被认可。观察叙事动态能够提供一些帮助：对每位叙事者的故事来说，什么是快乐的结局？或者说，什么是最适合的结果？

另一方面，这将会是一个悲剧性的结果，一次事故，还是一场灾难呢？除了刻意的自我表露外，我们将研究一个言语的叙事形态的重要特征：在叙事中创造紧张，是它的动态建构。

表 16-1　特蕾泽-1：人们想买我的画

章节号码	叙事序列
1	我的意思是
2	我刚刚破坏了一些我的东西
3	人们想买我的画
4	我就是刚刚上来
5	我先前申请了巴黎的奖学金
6	你知道
7	我想
8Ⅲ7	这将不错
9Ⅲ7	在巴黎的这半年，你会好好的
10	你知道
11Ⅲ7	你会离开这里
12	因为我有这种感情
13Ⅲ12	我了解这里所有的人，或很少一部分人，他们是如此浅薄
14Ⅲ12	他们知道我
15Ⅲ12	我真的被困在这里了
16Ⅲ12	因为我无法摆脱我的角色
17	是的，后来我上来看到了单子
18	我没有得到奖学金
19	这些人找到我，想买我的画

续表

章节号码	叙事序列
20	然后我就会有很多钱，不需要继续工作了
21	但我很粗鲁
22	因为我很生气
23aⅢ22	这是真的
24	这也是如此典型
25Ⅲ24	我不能改变自己以适应新环境，但我很沮丧
23bⅢ22	因为我没有得到奖学金
26	很糟糕
27	现在是在展览期间，嗯，二月六日左右
28	然后我就这样破坏了自己的东西
29	后来我很生气
30	过去了
31	我生了自己很久的气
32	我甚至破坏了这个
33	其他人当然也有联系
34	但他们真的会买下这幅画
35	你知道的
36	所以我想
37	我总是会破坏自己的一切
38	所有的东西我都能轻而易举地得到
39	我总是破坏一切

注：罗马数字Ⅲ表示一则符合语法准则的作为从属条目出现的语法主语。

一则故事是如何引发紧张的？它设定起始条件，并在此基础上引起我们发问：故事是如何展开的？结果又是什么？通过这些，叙事者因此在日常生活中为他们自己和听众设立了一种转移策略，这种策略需要遵守一系列创造具体叙事动力的初始条件。换句话说：一个故事要有一定的戏剧化的规则。

叙事者和倾听者针对叙事张力跨度对叙事的规则有一致的意见，

这种规则通常在日常生活情境中是直观的和隐含的。而JAKOB叙事分析程序系统地制定了这些规则。如果我们通过分析叙事的初始阶段来揭示它们，我们将展示初始时期的动力，描绘、构造和假想的最优的(最适宜的)愿望和假想的事故(灾难)的期望范围的结局。这部分主要更详细地介绍JAKOB叙事分析程序是如何操作的。

为了确定初始动力，我们寻求定义那些片段，去定义叙事的期望范围。这些片段提供了三种方向——谁，什么事，如何发生的——所有设置或场景的相关部分。现在，我们能够增加假想的最高层次(最优)以及它的不幸深渊(灾难)。

特蕾泽-1的初始动力在3～5段和7～9段中确定。通过检查材料，我们发现了这些片段；陌生人希望去购买的画，并与陌生人相遇，首先会寻求一些学术方面取得的成功的信息，作为一种在特定刺激环境下，扩展自己的艺术能力的一种手段，继而与陌生人接触。因此，期望范围就此打开，这包括动员和发展一种谈判，从而可以获得利益并满足她对自己创造性发展的渴望。简而言之，它涉及丰富的动力。我们增加了这个动态初始模型的最佳和灾难假设。

> 最佳假设：通过这幅画的成功销售，她获得了很大的利润；奖学金的成功申请给予了她艺术财富和成功事业的前景——特蕾泽的作品有好的利润；可掌控的道路就在眼前。
>
> 灾难假设：潜在的富有顾客因为缺乏兴趣而撤离；因为没有获得奖学金，所以她成为社会边缘人物——特蕾泽成了贫困和被边缘化的人。

(四)叙事和冲突动态

叙事分析区分自我与自我形象。情节式的叙事序列呈现出“我”作为自我形象或叙述的自我。从叙事动力到心理动力的过渡过程中，我们改变人称代词“我”的参照点。在心理动力学的层面上，我们不再提及叙述的自我或者自我形象，而是改为“叙事者”。事情也不再围绕着人物形象，而是围绕着叙事者的心理状态。

根据戏剧化的规则，叙事的发展与结果能够依据其最佳和灾难的结果进行分析。在初始动力的基础上制定了这些结果后，再从心理动力学角度考察叙述事件的结果。这一实际的结果可以表现为有效结果，与最佳和灾难结果形成鲜明对比。这一步骤使得我们可以确定叙事者在最佳和灾难结果之间是如何移动的。在最初揭示的期望范围的基础上，叙事者开发一种行动的情境，其目的在于整合初始动态中明显的冲动。这里的关键点是发展具体的叙事动态，即叙事者在故事发生的实际经历的反应，以及她实际上是如何得出结论的，这里所指的结果是指有效结果。我们通过聚焦于核心叙事以及叙事框架来做到这一点；我们考察发展动态和结果，并评估最佳和灾难结果之间紧张关系的叙述过程。

那么特蕾泽作为一个叙事者，她在最佳(我的作品有好的利润；可掌控的道路就在眼前)和灾难(我成了贫困和被边缘化的人)这两个结果间又做出了什么行为呢?

申请奖学金遭拒绝而引起的愤怒和敌意，导致她把画作卖给了自己。她过分强调她对结果的责任，以及她自己无法做到从被拒绝的愤怒转向当下的需要。她还强调潜在顾客表现出的对于购买她画作的渴望。我正在变得贫穷和边缘化。特蕾泽叙事的焦点在最佳和灾难之间进行了调节。

> 有效的结果：如果我没有按自己的方式做，我就可以在财产上变得富有，并拥有长远的发展潜力。

现在，叙述中错过的机会以一种结论性宣言的形式，成为了结果的一部分。它在失败中妥协，开启了两种幻想的解决方案：好好地忍受不幸，而不是拥有丰厚的回报；而且想象着能够维持对某个确实有回报的人的形象。

(五)愿望—防御动作

叙述具有修复的功能。换句话说，叙事者会试图改变过去的时间，以实现自己的愿望。这样做时，他们不仅面临无法实现愿望的心理冲动，还面临一位倾听者期望以积极的方式接受叙事。因此，叙事者必须采用一些技巧，让他们的对话者能够接受他们的愿望：愿望的实现被编织为叙事，并以一种可接受的方式呈现。叙事试图对其过程产生修复性的影响，但这一点只有当叙事者和倾听者选择肯定而不是置疑的立场时才能做到。

叙述是在以愿望为导向的基础上实现的。愿望实现的理念在精神分析中起到核心作用。这里重要的不是对愿望和现实之间的差异的看法，而是一种心理消退(mental fading-in)技术：愿望实现暂时地缓解了叙事者的心情，从而在短时间内减少负面的紧张情绪。

过去事件的修正是如何走向预期结果的(在叙事中是不确定的)?在我们叙事分析的研究过程中，我们收集了一系列典型的愿望动态(Boothe，2001a)。在特蕾泽的初步叙事中，我们确定了一下修复和重组因素：

> 修复因素：鉴于满足的动力和被资源供给的核心重要性，我们的目标是让其处在一个蓬勃发展的、受到爱抚的和支持的孩子的位置上，并且成为父母生活的中心，去获得承认、得到滋养与照顾。
>
> 重组因素：她害怕被忽视和边缘化，害怕失去宝贵的资源。我们关心的是被关爱的冲突视角而不是她自主面对。

我们有组织地研究叙事序列，确定在何种程度上以及以什么方式上出现了防御动作。对这一序列的审查与词汇发现有关，揭示了在序列词汇组织的层面上，对自我的防御动作。这一防御能够表示的内容如下。经验丰富的准父母的失败是通过一种自责的行动来处理的："如果没有产生令人满意的事，你就该受到责备。成为一个好的女孩，以一种友好的社会适应的方式行事，这样的回报也就会随之而来。"

除了自责外，自我的转变被当作一种反对自我为导向的愤怒。

(六)扮演，冲突与挑战

特蕾泽的初步叙事提供了一个简洁而坚定的模型，这一模型是关于她经历的冲突，以及她妥协的防御与补偿的策略。从第一次会谈中审视她的第二次叙事(除第一则外仅有的)以及患者与治疗师对话中的沟通管理，揭示了连贯一致的关系，这种关系戏剧化地扮演了具体的动力冲突，并试探了她的潜力。特蕾泽寻求能让她满足的、提供资源的、激发她潜力的人；她用无助的愤怒回应拒绝她的要求。从主观意愿来看，我们面对的是一个孩子幻想的位置，她想要站在父母关注的中心，享受关怀、资源与满足。在她叙事中，特蕾泽展示了她为了享乐，是如何保护她支持性幻想的。在她的初步叙事里，她陶醉在扮演用令人赞扬的自责来调节对自己失望的愤怒。无法获得关怀、资源或满足导致她烦躁不安、退缩以及无助的愤怒。

在心理治疗方面，特蕾泽最初把治疗师理想化为一个像父母一样宽容、无私地授予她资源的人。她本希望在治疗师这里得到滋养与成长，然而——从这种转化的意义上——阻碍了她的特性并限制她的接触状况。学会富有成效地应对失望的危机，并将之视为挑战，来调动她自己的资源、工作与爱的潜能——这似乎是治疗特蕾泽的关键任务。如果感觉她正在退缩，那么拒绝她，拒绝满足她的渴望，这样可能会给予这次咨访关系危机一个特殊的机会。

上述分析仅限于初步叙事，并且具有分析渗透的摘录性质。然而，我们可以将结果作用于叙事者的个性上。我们认为，特蕾泽的愿望—动机体现在她的交际规则中。这是因为目标导向的叙事序列，为她的精神生活提供了所有冲突的活力。

来访者告诉治疗师的不是他们实际生活中的内容。相反，他们认为这一内容是他们核心情感的参与和它特定的并发症与后果。作为叙事的诱惑者和说服者，他们享有将自己的苦难强加于倾听者之上的特权。这些倾听者是以一种整合的方式一起感受、一起塑造故事并产生共鸣。这种共鸣是来访者和治疗师之间信任形成的基本要素。当然，治疗过程也使那些丰富经验的戏剧化的事情解体，这些戏剧化的事物，混杂着快乐与痛苦，被证明是不足以支撑面对日常生活中的逆境和挑战的。

四、结论：叙事分析与心理治疗的实践

在精神分析的背景下，我们评估叙述的故事的复杂性。通过给予参与谈话的(至少两名)其中一人叙述的权利，叙述可以被视为一种具体的方式，来调节对话中至少两名参与者的贡献。为了明确这一权利，叙事者需要进行介绍性的、维护性的、结论性的陈述。这些陈述必须得到倾听者的允许。在声明并给予了叙事的权利后，参与者使用或多或少的标准化沟通技巧；然而，这些技巧与专门的讲故事情境所使用的技巧不同，它们不是用于礼节上的。在日常的故事讲述中，讲

述不是因为不得不而开始的，而是来自个人的动机，因此它自然形成。如果一个言语序列描述了受到空间和时间限制并受情绪驱动的过程，那么它只能作为一种叙述形式。这种情绪驱动力不应该仅仅活跃在过去，还应该在现在。叙述是非常耐人寻味的；换句话说，叙述使事件既浮现于倾听者面前，也同样作用于叙事者。叙事的言语序列是动态组织的，其特征在于渴望的情形与实际情况间的张力。如果这种张力影响了叙事者和倾听者，那么叙述只占谈话的一部分。这种情况发生在双方都只关注叙事背后的内容而没有谈及它显而易见的内容，因为提起它会使谈话双方变得疏远，并阻碍叙事动机。

通过讲述故事，我们拥有整个世界。人人都可以叙述。我们每天也会使用这一能力。叙述使我们能够以个人的方式表达自己的经验，并让其他人参与到我们自己的个人戏剧中。它为我们提供了经验，这种经验有着独特而明显的表象。叙述者们为发生在他们身上的事所感动，而通过叙事能让他们将这种感觉带入生活。

来访者在心理治疗期间讲述故事，这是他们讲述存在的问题以及什么使他们遭受痛苦的个人方式。悲剧和希望的叙事表达需要倾听者带有感情地参与。此外，倾听者应该能够辨别和建立序列之间的联系，并对它们进行判断。这让心理治疗师能够发现来访者的心理冲突，并以公正的方式对待来访者，并记录心理治疗的过程。

(一)使用叙事分析系统能够得到什么

我们认为，这种叙事分析方法具有一些实际好处：

- 叙事专家深入了解心理治疗中叙事过程的规则；
- 叙事专家理解倾听者参与叙事的方式；
- 关注的焦点在于通过叙事性的语言唤起并建构经验；
- 叙事专家在叙事过程中获得并建立关系的经验；
- 这种经验变得明确，可以表达；
- 叙事专家能够发现叙事模式中的社会关系的逻辑：叙事中包含着社会智力。

(二)从精神分析到叙事动力学

从 20 世纪初到今天，在众多流派与中心的基础上，精神分析的理论与实践已经在许许多多不同的地区发展着（见 Erwin，2002；Mertens，1981，1992，1997；Krause，1997，历史与系统的介绍）。梦、感觉、行动化以及叙事，它们一直都是理解咨访关系、心理动力学概念与各研究问题的根本性的重要概念。研究者对动态结构、自我定位、各种关系、饰演过程中的指示和参与进行了思考（Boothe，1992；Lorenzer，1974，1983；Straub，1999）。这种思考以心理治疗的实践为特征，特别是如精神病、精神创伤、身心失调以及人格障碍将得以治疗。精神分析治疗已有长期而可控的实证研究，十分成功（Wallerstein，1997）。格劳，多纳蒂和伯诺尔（Grawe，Donati & Bernauer，1994）与罗思和福纳吉（Roth & Fonagy，1996）已经回顾了几种心理动力学治疗方法的疗效的实证研究结果。此外，在斯德哥尔摩心理治疗项目（Stockholm Outcome of Psychotherapy Project，STOP）（Sandell，1997；Sandell，Blomberg & Lazar，1999）中，由卢金格-博勒贝尔（Leuzinger-Bohleber）和斯图尔（Stuhr）主持的大规模研究，以及由鲁道夫（Rudolf）指导的精神分析实践研究（Grande，Rudolf & Oberbracht，1997），均取得了不错的成果。

最重要的是，在来访者的主观性和系统的案例研究中，出现了一个新兴的交叉学科的兴趣点，这种兴趣集中在叙事交流上。当下，自我表达（self-articulation）与自我修正（self-modification）正在成为实践型的研究课题。对这些课题的研究，质性研究的方法起到了关键性作用（Flick，1995；Frommer & Rennie，2001）。

精神分析治疗理论是一种基于带有动机的无知理论，描述了一种对自我冲突性攻击的动态。一种针对自我的冲突性侵犯（conflictive offense），导致一旦出现危机，就会干涉并扰乱心理与社会心理的规则与交流，以及社会和物质资源。来访者与治疗师合作，使来访者重新能够认知、判断与决断，从而对他们的心理防御和动机更敏感。此外，这种关系也为来访者提供了一个帮助他们重新面对自己的环境。

想要沟通并理解来访者的自我展示，有效的方法不仅仅是要检查他们主观上的纠集，更要对来访者与治疗师之间的个人关系做出口头陈述。叙事能力与叙事分析能力使得来访者与精神分析师一起合作，通过扮演与重演、澄清与解释，获取不同种类的关系与记忆。由此，来访者能够体验对他们来说至关重要的忧虑（愿望），它们隐藏在叙述中，并渴望能够得以表达。如果这些忧虑成为来访者幸福与快乐的要素，它们就会在来访者的生活中得以表征。

（程素萍　段翠雯　张影　译）

参考文献

Boothe, B. 1992. The unavailable relationship, the capacity to be alone, and the female oedipal development [J]. International Forum of Psychoanalysis, 1: 104-109.

Boothe, B. 1994. Der patient als erzähler in der psychotherapie (The patient as narrator in psychotherapy) [M]. Göttingen, Germany: Vandenhoeck und Ruprecht.

Boothe, B. 1998. Einige Bemerkungen zum Konzept des Wünschens in der Psychoanalyse (Remarks on the concept of wishing in psychoanalysis) [M]// B. Boothe, R. Wepfer & A. von Wyl (Eds.). Über das Wünschen. Göttingen, Germany: Vandenhoeck & Ruprecht: 203-249.

Boothe, B. 1999. Narrative episodes and the dynamics of psychic conflict[J]. Journal for Gestalt Theory and its Applications(GTA), 21: 6-24.

Boothe, B. 2001a. Erzähldynamik und psychischer Verarbeitungsprozess. Eine narrative Einzelfallanalyse (Narrative dynamics and psychological processing. A narrative case study)[J]. Psychotherapie und Sozialwissenschaft, 3: 28-51.

Boothe, B. 2001b. The rhetorical organisation of dream-telling[J]. Counselling and Psychotherapy Research, 1: 101-113.

Boothe, B. 2002a. Looking a hundred years back: remarks on the concept of "wishing" in psychoanalysis [J]. International Forum of Psychoanalysis, 11: 188-197.

Boothe, B. 2002b. Oedipus complex[M]// E. Erwin(Ed.). The Freud encyclopedia. Theory, therapy, and culture. New York: Routledge: 397-404.

Boothe, B. & the JAKOB Group. 2002. Manual der Erzählanalyse JAKOB. (Manual of the JAKOB narrative analysis)[M]. Zürich. Switzerland: Psychologisches Institut.

Boothe, B., von Wyl, A. & Wepfer, R. 1998. Psychisches Leben im Spiegel der Erzählung. Eine narrative Psychotherapie-studie (Psychological life as it manifests itself in narration. A narrative study of psychotherapy) [M]. Heidelberg, Germany: Asanger.

Boothe, B., von Wyl, A. & Wepfer, R. 1999. Narrative dynamics and psychodynamics [J]. Psychotherapy Research, 9: 258-273.

Bowlby, J. 1969. Attachment and loss: vol. 1. Attachment[M]. New York: Basic Books.

Brémond, C. 1964. Logique du récit (Logics of narrative)[M]. Paris: Seuil.

Brooks, P. 1984. Reading for the plot: design and intention in narrative[M]. New York: Knopf.

Bruner, J. 1987. Life as narrative[J]. Social Research, 54: 11-32.

Bruner, J. 1990. Acts of meaning[M]. London: Harvard University Press.

Bühler, K. 1976. Die Axiomatik der Sprachwissenschaften (The axiomatic theory of language sciences)[M]. Frankfurt, Germany: Klostermann.

Bühler, K. 1978. Die Darstellungsfunktion der Sprache (The descriptive function of language)[M]. Frankfurt, Germany: Suhrkamp.

Eder, R. 1990. Uncovering young children's psychological selves: Individual and developmental differences[J]. Child Development, 61: 849-863.

Eisenmann, B. 1995. Erzählen in der Therapie. Eine Untersuchung aus handlungstheoretischer und psychoanalytischer Perspektive (Narration in therapy. A social action approach and a psychoanalytical approach) [M]. Opladen, Germany: Westdeutscher Verlag.

Erwin, E. (Ed.). 2002. The Freud encyclopedia: theory, therapy, and culture[M]. London: Routledge.

Fischer, P. 1996. Die Spielregel—Ein Konzept der erzählanalytischen Methode JAKOB, angewendet und erprobt an autobiographischen Traumaufzeichnungen Franz Kafkas (The rules—a concept of the narrative analysis JAKOB tested on and applied to the autobiographical dream recordings Franz Kafka's)[M]. Unpublished master's thesis, University of Zürich, Switzerland.

Fivush, R., Gray, J. & Fromhoff, F. 1987. Two-year-olds talk about the past[J]. Cognitive Development, 2: 393-409.

Flader, D. & Giesecke, M. 1980. Erzählen im psychoanalytischen Erstinterview: Eine Fallstudie (Narrations in the first psychoanalytical interview: a case study) [M]// K. Ehlich (Ed.). Erzählen im Alltag. Frankfurt, Germany: Suhrkamp: 209-262.

Flick, U. 1995. Qualitative Forschung. Theorie, Methoden, Anwendung in Psychologie und Sozialwissenschaften (Qualitative research. Theory, methods, applications to psychology and social sciences)[M]. Reinbek, Germany: Rowohlt.

Freud, S. 1955. Jenseits des Lustprinzips (Beyond the pleasure principle) [M]// Gesammelte Werke (vol. 13). London: Imago Publishing Co.: 1-69. (Original work published 1920)

Frommer, J. & Rennie, D. L. (Eds.). 2001. Qualitative psychotherapy research: methods and methodology[M]. Lengerich, Germany: Pabst Science.

Gergen, K. 1994. Mind, text, and society: self-memory in social context[M]// U. Neisser & R. Fivush (Eds.). The remembering self: construction and accury in the self-narrative. New York: Cambridge University Press: 78-104.

Gergen, K. J. & Gergen, M. M. 1988. Narrative and the self as relationship[M]// L. Berkowitz (Ed.). Advances in experimental social psychology (vol. 21). New York: Academic Press: 17-56.

Goffman, E. 1959. The presentation of self in everyday life [M]. New York: Doubleday.

Grande, T., Rudolf G. & Oberbracht, C. 1997. Die praxisstudie psychoanalytische langzeittherapie: ein projekt zur prospektiven untersuchung struktureller veränderungen in psychoanalysen (The empirical study of a psychoanalytical long-term therapy: a prospective study of structural changes in psychoanalyses) [M]// M. Leuzinger-Bohleber & U. Stuhr (Eds.). Psychoanalysen im Rückblick. Giessen, Germany: Psychosozial-Verlag: 415-431.

Grawe, K., Donati, R. & Bernauer, F. 1994. Psychotherapie im wandel: von der konfession zur profession (Changing psychotherapy: from confession to profession) [M]. Göttingen, Germany: Hogrefe.

Gülich, E. & Hausendorf, H. 2000. Vertextungsmuster Narration (Narrative text pattern) [M]// K. Brinker, G. Antos, W. Heinemann & S. F. Sager (Eds.). Text-und Gesprächslinguistik: Ein internationales Handbuch zeitgenössischer Forschung. Berlin, Germany: De Gruyter: 369-385.

Gülich, E. & Quasthoff, U. M. 1986. Story-telling in conversation: cognitive and interactive aspects[J]. Poetics, 15: 217-241.

Hartmann, H. 1939. Ich-Psychologie und Anpassungsproblem (Ego psychology and problem adaptation) [J]. Internationale Zietschrift für Psychoanalyse, 24: 62-135.

Hartmann, H. 1950. Psychoanalysis and developmental psychology [J]. Psychoanalytic Study of the Child, 5: 7-17.

Krause, R. 1997. Allgemeine psychoanalytische krankheitslehre (General psychoanalytical pathology) [M]. Stuttgart, Germany: Kohlhammer.

Labov, W. & Fanshel, D. 1977. Therapeutic discourse: psychotherapy as conversation[M]. New York: Academic Press.

Leuzinger-Bohleber, M. & Stuhr, U. (Eds.). 1997. Psychoanalysen im Rückblick: methoden, ergebnisse und perspektiven der neueren Katamneseforschung (Retrospective psychanalyses: methods, results and perspectives of the latest catamnestic research). Giessen, Germany: Psychosozial-Verlag.

Lewis, M. & Brooks-Gunn, J. 1979. Social cognition and the acquisition of the self [M]. New York: Plenum.

Liedtke, J. 1990. Narrationsdynamik: analyse und schematisierung der dynamischen momente im erzählprodukt (Narrative dynamics: analysis and schematizing of the dynamic moments in narrations)[M]. Tübingen, Germany: Niemeyer.

Lorenzer, A. 1974. Wittgensteins sprachspiel: konzept in der psychoanalyse (Wittgenstein's language game: the concept of the psychoanalysis) [J]. Psyche, 28: 833-852.

Lorenzer, A. 1983. Sprache, Lebenspraxis und szenisches verstehen in der psychoanalyse (Language, experience of life and scenic comprehension in psychoanalysis) [J]. Psyche, 37: 97-115.

Luborsky, L. 1977. Measuring a pervasive structure in psychotherapy: the core conflictual relationship theme[M]// N. Freesman & S. Grand(Eds.). Communicative structures and psychic structures. New York: Plenum: 347-395.

Luborsky, L. & Kächele, H. 1986. Der zentrale beziehungskonflikt. Ein arbeitsbuch (The crucial relational conflict)[M]. Ulm, Germany: PSZ-Verlag.

Lucius-Hoene, G. 2000. Narrative bewältigung von krankheit: versuch einer konzeptuellen fassung im vergleich mit der coping-forschung (Narrative coping with illness: attempt to compare a conceptual version with the coping-research) [C]. Paper presented at the Symposium "Qualitative linguistische Verfahren und klinische Forschung," am Zentrum für Inter-disziplinäre Forschung in Bielefeld, Germany.

Luder, M. 1999a. Die computerunterstützte erzählanalyse JAKOB: handbuch (The computer assisted narrative analysis JAKOB: A manual)[M]. Zürich: Psychologisches Institut.

Luder, M. 1999b. Kategorien und codes: auf dem weg zu einer computerunterstützten fassung der erzählanalyse JAKOB (Categories and codes: toward a computer assisted analysis JAKOB)[M]. Unpublished master's thesis, University of Zürich, Switzerland.

Mergenthaler, E. E. 1992. Die Transkription von Gesprächen (The transcription of conversations)(3rd ed.)[M]. Ulm, Germany: Ulmer Textbank.

Mertens, W. 1981. Krise der psychoanalytischen Theorie? (Crisis of psychoanalytical theory)[M]// W. Mertens(Ed.). Neue perspektiven der psychoanalyse. Stuttgart, Germany: Kohlhammer: 13-82.

Mertens, W. 1992. Einführung in die psychoanalytische therapie (Introduction into psychoanalytical therapy) (vols. 1-3) (2nd ed.) [M]. Stuttgart, Germany: Kohlhammer.

Mertens, W. 1997. Psychoanalyse: geschichte und methoden psychoanalysis: history and methods[M]. München, Germany: Beck.

Miller, P., Potts, R., Fung, H., Hoogstra, L. & Mintz, J. 1990. Narrative practices and the social construction of self in childhood[J]. American Ethologist,

17：292-311.

Neisser，U. 1998. Stories，selves，and schemata：a review of ecological findings [M]// M. Conway，S. Gathercole，& C. Cornoldi (Eds.). Theories of memory (vol. 2). Cambridge，UK：Polity Press：171-186.

Nelson，K. 1993. Explaining the emergence of autobiographical memory in early childhood[M]// A. Collins，S. Gathercole，M. Conway & P. Morris (Eds.). Theories of memory(vol. 1). Hove，UK：Lawrence Erlbaum：355-385.

Papousek，M. 1995. Origins of reciprocity and mutuality in prelinguistic parent-infant dialogues[M]// I. Markovά，C. F. Graumann & K. Foppa(Eds.). Mutualities in dialogue. Cambridge，UK：Cambridge University Press：28-81.

Propp，V. 1968. Morphologie des märchens (Morphology of fairy-tales). Frankfurt，Germany：Suhrkamp.

Quasthoff，V. M. 1980. Erzählen in gesprächen (Narrations in conversations)[M]. Tübingen，Germany：Niemeyer.

Ricoeur，P. 1996. Das Selbst als ein anderer (The self as other)[M]. Munich，Germany：Fink.

Roth，A. & Fonagy，P. 1996. What works for whom? A critical review of psychotherapy research[M]. New York：Guilford.

Sandell，R. 1997. Langzeitwirkung von Psychotherapie und Psychoanalyse Long-term impact of psychotherapy and psychoanalysis[M]// M. Leuzinger-Bohleber & U. Stuhr(Eds.). Psychoanalysen im Rückblick. Giessen，Germany：Psychosozial-Verlag：348-365.

Sandell，R.，Blomberg，J. & Lazar，A. 1999. Wiederholte Langzeitkatamnesen von Langzeit-Psychotherapien und Psychoanalysen (Repeated long-term catamnesis of long-term psychotherapies and psychoanalyses)[J]. Zeitschrift für Psychosomatische Medizin und Psychoanalyse，45：43-56.

Schafer，R. 1979. The appreciative analytic attitude and the construction of multiple histories[J]. Psychoanalysis and Contemporary Thought，2：3-24.

Schafer，R. 1980. Action and narration in psychoanalysis[J]. New Literary History，12：61-85.

Spence，D. P. 1982a. Narrative truth and historical truth：meaning and interpretation in psychoanalysis[M]. New York：Norton.

Spence，D. P. 1982b. Narrative truth and theoretical truth[J]. The Psychoanalytic Quarterly，1：43-69.

Spence，D. P. 1983. Narrative persuasion [J]. Psychoanalytical Contemporary Thought，6：457-481.

Stanzel，F. K. 1988. Theorie des erzählens (Narrative theory) (2nd ed.) [M].

Göttingen, Germany: Vandenhoeck und Ruprecht.

Straub, J. 1999. Handlung, interpretation, kritik: grundzüge einer textwissenschaftlichen handlungs- und kulturpsychologie (Action, interpretation, critique: outlines of a linguistic action and culture psychology)[M]. Berlin, Germany: Walter de Gruyter.

von Cranach, M., Kalbermatten, U., Indermühle, K. & Gugler, B. 1980. Zielgerichtetes handeln (Purposive action)[M]. Bern, Switzerland: Huber.

von Matt, P. 1995. Verkommene söhne, missratene töchter: familiendesaster in der literatur (Debased sons, ill-bred daughters. Family disasters in literature)[M]. Munich, Germany: Hanser.

von Wyl, A. 2000a. Magersüchtige und bulimische patientinnen erzählen: eine narrative studie der psychodynamik bei essstörungen (What anorexic and bulimic patients have to tell: a narrative study of anorexic patients' psychodynamic situation)[M]// B. Boothe & R. Volkart(Eds.). Psychoanalyse im dialog(vol. 9). Bern, Switzerland: Peter Lang.

von Wyl, A. 2000b. What anorexic and bulimic patients have to tell: the analysis of patterns of unconscious conflict expressed in stories about everyday events[J]. European Journal of Psychotherapy, Counselling and Health, 3: 375-388.

Wallerstein, R. S. 1997. Katamnesen in der Psychoanalyse: zu ihrem klinischen und empirischen wert (Catamnesis in psychoanalysis: the clinical and empirical value)[M]// M. Leuzinger-Bohleber & U. Stuhr(Eds.). Psychoanalysen im Rückblick. Giessen, Germany: Psychosozial-Verlag: 46-60.

Welch-Ross, M. 1995. An integrative model of the development of autobiographical memory. Developmental Review, 15: 338-365.

Werling, S. 1989. Handlung im Drama (Action in drama)[M]. Bern, Switzerland: Lang.

White, H. 1986. Auch Klio dichtet oder die fiktion des faktischen (Klio also writes poetry or the fiction of the actual)[M]. Stuttgart, Germany: Klett-Cotta.

Wiedemann, P. M. 1986. Erzählte wirklichkeit (Narrated reality)[M]. Weinheim, Germany: Psychologie Verlags Union.

Wolfson, N. 1978. A feature of performed narrative: the conversational historical present[J]. Language in Society, 7: 215-237.

第五部分　新兴的趋势和未来的方向

第 17 章　叙事活动中的来访者与治疗师的意图

海迪·M. 莱维特(HEIDI M. LEVITT)
戴维·L. 伦尼(DAVID L. RENNIE)①

叙事是近年来的热门话题。在语言学上，叙事被理解为一种主要的话语形式，它涉及开头、主角、情节和结尾(如 Aristotle，1954；Frye，1957；Ricoeur，1983/1990)。在认识论上讲，它与叙事性认知或根据特定的人或经历的了解，与范式的了解或根据普遍原则或规律上的了解相对照(Bruner，1986；Polkinghorne，1988，1986；Sarbin，1986；Spence，1986)。根据这些理解，心理治疗已被视为一种来访者可以在治疗者帮助下复述自己生活的情境，通过这种方式来减轻他们情绪上的痛苦，推动他们向前迈进(McLeod，1997；Schafer，1994；Neimeyer，1976；White & Epston，1990)。

大多数对叙事心理治疗的研究已涉及来访者和治疗师之间的口语语篇，并且以来访者为关注的焦点。这种对谈话的关注已经采用了多

---

①　作者要感谢自愿参加本章研究的来访者和治疗师，以及加拿大社会科学和人文科学研究理事会对这项研究的支持。有关本章的信件请寄给本章作者，地址为：University of Memphis，Psychology Department，Psychology Building，Room 202，Memphis，TN 38152，或者发邮件至 hlevitt@memphis.edu。——作者注

种形式。在一些方法中，研究者的兴趣在于组织来访者的语篇结构类型（Angus，Levitt，Levitt & Hardtke，1999；Levitt & Angus，2000），这反过来又可以检查他们在时间推移下的一致性（Gonçalves，Korman & Angus，2000）。在其他方法中，从治疗过程中的主要主题来看，叙事就是在进行归纳（McLeod & Balamoutsou，1996，2001）。在另外一些方法中，感兴趣的主题已经被各种各样的理论所框定（例如，Luborsky & Crits-Cristoph，1990；Stiles et al.，1990；Stiles，Meshot，Anderson & Sloan，1992）。这些叙事研究的话语方法的一个特点是，通过限制对研究者观点的分析，治疗者可以自由地诠释来访者故事的特征，而这些特征来访者自己未必意识得到。

然而，这些不同的叙事心理治疗研究的方法有一个缺点就是缺少来访者和治疗师对他们叙事沟通过程的自我反思（除非他们碰巧在这一过程中谈论到这一点）。但是，一个研究的分支已经形成，在这类研究中，研究者会检测叙事心理治疗的意图和构建叙事心理治疗的经验。这些研究可以调查当叙事过程被视为实例时的经验，在这一过程中来访者讲述的故事是以情节和有一个开头—中段—结尾（beginning-middle-ending）的结构为特点。研究者也可以探讨当叙事过程被视为一种包含交流过程中所有来访者的话语过程。后一种方法的基本原理是所有的思想最终都会导致来访者对自己自传故事的重组（见 Labov，1997；Polkinghorne，1995；Vogel，1994；为获得此术语含义的进一步讨论）。事实上，本章中的研究从传统的和包容性的两个角度对叙事进行定义。

这两位作者都使用了人际过程回忆程序（Interpersonal Process Recall，IPR）（Elliott，1986；Kagan，1975），以此来获得来访者在与治疗师伦尼（Rennie）交谈过程中的内心体验或者来访者和治疗师两人的内心体验（莱维特）。正如之后会看到的，当来访者有机会描述他们在特定的治疗时刻正在做什么时，他们会暴露他们的意图、目的和动机，而往往不会提到治疗师。揭示治疗会谈中的内在活动有助于增加我们对会谈的深度理解，以及对治疗互动过程中治疗双方关系的理解。当治疗师被问及在同一治疗时刻他的体验时，这些作用会更加明显。

我们对内在意图、目的和动机的共同兴趣无时无刻不在引导着叙事的发生，因而已经有大量不同的针对叙事的研究。然而我们之前的研究大多集中在叙事话语上，这与叙事过程的内在体验是分离的，当使用 IPR 技术时，我们感兴趣的地方在于参与者报告他们某一时刻注意到自己正在经历什么的回忆。在他们的报告中，参与者会解释他们在会谈中做了什么。这些解释仅限于他们意识到的东西；当然，他们不可能对任何参与其中的无意识的决定因素发表看法，除非这些决定因素一旦被重新注意到，可以自动出现并且得到识别。当然，那些对人们有能力解释自己在治疗过程中所作所为或任何其他形式的会谈治疗持有怀疑的人会否认这种研究所带来的效用，认为这是枯燥乏味的。我们认为，对任何不把意识层面的意图考虑进去的会谈疗法的解释持有怀疑态度是同样恰当的。在这种研究网络中，我们的研究有助于填补从正反两方面来看待会谈疗法的一面。

因此，按照伦尼(Rennie，1994b)研究中提供的来访者报告，我们将重点介绍叙事治疗的功能，因此我们会从总结这些功能开始。我们将继续把叙事过程中对 IPR 研究的理解融入这一点上，因为它有助于讲述来访者的生活故事。在这里，为了更加深入地探讨治疗的一般流程，我们将借鉴莱维特的工作。以这种方式，我们呈现了一个叙事疗法的案例研究，其中涉及了一位来访者和她治疗师的 IPR 面谈，治疗双方都描述了他们对来访者叙事和讲故事的体验，有趣的是，其中一部分是关于来访者对她家庭故事的兴趣。这项研究分析表明，叙事治疗的功效不仅有益于来访者，也同样有益于治疗师。

一、叙述特定故事的活动

伦尼(Rennie，1994b)的研究来自一个更大的研究，在那项研究中向 14 名来访者重播了他们刚刚完成的一个完整的心理治疗过程的部分内容的音频或录像带。在 IPR 研究中，要求他们在听到某一段使他们回忆起经历过有趣或有意义的事情的录音时喊暂停，并描述他们所记得的东西。其中两名来访者分别接受了两个独立的治疗阶段的采访，通过这种方式一共研究了 16 个疗程(所有 16 个疗程都记录在 Rennie，1992)。其中的 11 项记载了叙事经验的回忆。一个可靠的理论(Glaser & Strauss，1967；Rennie，Phillips & Quartaro，1988)通过对这些经验报告记录的分析提供了一些对于来访者为什么会开始讲故事以及他们如何讲故事的了解。这其中一部分原因与渴望真正地洞悉自己内在经验有关，而另一部分原因则希望不经意地改变它。

在很大程度上，这种真实的和不真实的使用讲故事的方法区分了以两种不同的心境来接受心理治疗的来访者。如果条件允许的话，有些来访者已做好了陷入沉重烦恼之中的打算。值得注意的是，在这段治疗阶段受到研究之前，这位来访者一周的工作都十分不顺心。她是一名硕士层次的辅导员但失业了，为了帮助她丈夫进入研究生院她只能做一名服务生。那周早些时候，她的雇主要求她在餐厅里擦亮桌椅，这意味着她不得不跪下来，这是一件丢脸的事。这种羞辱激发了她生活中的问题和她对此时和将来该何去何从的担忧。这些问题和忧虑似乎在一定程度上不但难以接受而且尚未考虑成熟。

在 IPR 研究中，这位来访者表示，在心理治疗过程中解决这些忧虑时她已经开始讲述工作中的耻辱经历了，后来我们了解到这个故事背后更多的真相。然而，她本不想直接地坦白她内心深处的忧虑。相反，她徘徊在这个问题之上，通过讲故事的方式与这个问题在情感上保持着一个令人舒适的距离。同样的道理，治疗师对她故事的回应给了她一种被理解和接受的感觉，因而她需要在更深层的意义上来思考这件事。治疗后期，来访者不再停留于故事的表面，而是对内心深处的忧虑与治疗师进行了更加直接的讨论。

因此，显而易见的是，这种思维方式的来访者将治疗中的故事当作延缓直接接触内心困扰的手段。此外，这种拖延行为从几个方面来说本身是有一定作用的。它提供了一种在一定程度上维持对内心困扰的关注的方法。它激起了与内在困扰有关的表象、记忆和感觉。它提供了一个意义上的空间，在这个空间里，她能够实现自我、保持自我，正如她的治疗师所指出的，她还没有准备好。讲故事的方式也使她摆脱了羞辱事件带来的令人不安的感觉。总的来说，通过这种真实接触令人不安的经历的分析，明显可以发现，讲故事的这段时间是用来发展出心理舒适感，这种感觉参与到对困扰最终的直接干预中。

或者，处于不同心境的来访者会不真实地使用故事。这种情况下，他们的生活中发生了一些让人难以接受的事情，但也是生动的、心酸的甚至是灼热震撼的记忆。这些来访者寻求心理治疗，渴望摆脱困扰，而不至于陷入困境。因此，在这些人中有一位来访者告诉他的治疗师一个关于他女朋友和他最好的男性朋友在一起待了一晚上的故事。在这个故事的强烈倾吐中，他坚信他的女朋友只是睡在他朋友的沙发上。他带着强烈的感情讲述着这个故事。然而，在 IPR 治疗中，他表示他努力在使自己和治疗师都相信自己讲述的这个版本的故事是真实的。然而，尽管如此，他还有另一种没有向治疗师透露过的想法、情感和画面。因此，显而易见的是，故事可能会被某些来访者所利用，甚至不惜扭曲事实真相来管理对他们来说极为重要的事物的信念。同样值得一提的是，在某种程度上与这一活动相似，这些来访者在以防御的方式讲故事的同时认识到自己对故事的真实信念。在这个意义上，很显然讲故事可以引发顿悟，即使讲故事背后的意图是为了防止产生这种结果。

二、叙述生活故事的活动

莱维特(Levitt，2001a，2001b，2002)在处理沉默现象的工作中，她在 IPR 面谈中要求来访者描述他们在心理治疗期间沉默的时候想到了什么。她描述到(Levitt，2002)，在这些沉默片段中，他们一直强烈地接触着自己的内在体验，以至于他们需要脱离治疗会谈、向内聚焦。在这些时刻，他们经常接触到新的元素，这些元素可以用来改进随后的叙事表达。这项研究是在前面所述的观点下进行的，这一观点认为所有的心理治疗方法都是为了重塑来访者的自传性叙述。

因此，我们确定了三种类型的停顿。第一种是莱维特所说的情绪性停顿，这种情况下，来访者都需要处理那种刚开始的、强烈的感觉。第二种是表达性停顿，这时来访者会寻求标签或符号来表达他们在治疗谈话中的体验。第三种是反身性停顿，或是进行连接和解释的时刻。来访者将这些停顿的体验描述为具有治疗性的，因为沉默帮助他们发现、分析和与他们的内部体验交流，发现自身体验的新维度，并用来改变会谈的内容。与此同时，来访者也报告说，当他们想要更多的时间来专注于自身时也会感受到继续对话让他们非常有压力。由于长时间的停顿会让人觉得尴尬，来访者报告说过早地重新开始叙事，其潜在代价是不能获得新的领悟和情感。因此，这些过程默默地进行，似乎是新意识产生的时刻。因而这些内省的时间可以被设立为心理治疗的目标，因为它引起了能深刻反映自我意识的叙事行为。这样叙事本身成为一个支撑框架，引导来访者更加舒适地进行自我检查，使他们能够获得新深度的认识，反过来又能有一个更全面的叙述。这个表述似乎是循环的，但并不是因为人们通过试图表达自己的经历来转移经历，而是同时保持在同样的经历中（Gendlin，1996；Taylor，1989）。通过颠覆口语的首要地位，构成心理治疗叙事语篇的意图、目的或动机转而成为重要的活动。

莱维特（Levitt，2001a）也描述了其他类型的停顿，称之为阻塞性停顿，在这种停顿中认知或情感活动阻碍了认识的加深。因此，当痛苦或突发焦虑情绪产生的威胁导致来访者拒绝探索时，就会发生脱离性沉默。这些时刻被认为是来访者觉得某一话题带有危险性时有意为之的（参见 Rennie，1994b）。在其他情况下，可以说这种逃避是无意产生的、是自动进行的。第二种，当来访者从探索自己的问题转向考虑治疗师的问题时，就发生了互动性停顿。大多数情况下，这些沉默发生在来访者对治疗师的指示或意见感到困惑时，担心他们的治疗师在治疗过程中的体验，或是为了保护治疗关系联盟不受到他们对治疗的担忧的影响。其中一部分停顿可能会使来访者对其治疗师十分尊敬。这种带着尊敬意味的停顿连接增加了对在其他 IPR 研究中已被关注到的尊重的研究（例如，Grafanaki & McLeod，1999，2002；Rennie，1994；Rhodes，Hill，Thompson & Elliott，1994；Timulak & Lietaer，2001；Watson & Rennie，1994）。除非在会谈中解决了诱发这些沉默的困扰因素，否则这些沉默会干扰来访者的内部探索，因为这些原因会改变他们的叙事话语，并限制或扭曲可用来探索的信息。因此，当一位来访者的认知治疗师要她想象一个朋友可能会告诉她如何帮助她提高自尊时，她就进入了一系列的互动性停顿。来访者默默地坐着，想到她的朋友其实在她抑郁时已经放弃了她，但她知道一个不满的回答不符合她面前的任务要求。在沉默之后她回答："我不知道。"然后治疗师尝试另一种方法，要求她想一想她可能会告诉她朋友些什么。但是，站在要支持曾经伤害自己的朋友的位置上反而更加艰难。为了向治疗师提供他期待的答案，来访者给出了一个虚假的答案，同时也怀疑整个练习的目的。这项研究指出，来访者的虚假替代处理不仅仅是帮助他们进行有意义的叙述，而更多的是在叙事过程中可能对来访者自身或治疗关系联盟构成威胁时避免这种情况的发生。

三、两种主要的叙事意图

因此，各种 IPR 研究都集中表明讲故事和叙事语篇背后的两组基本意图。第一个与情感探索和表达符号化有关，是由渴望更加充分了解自己的欲望所引发的。第二个与人际探索和在人际互动中产生的焦虑管理有关，并且表现在诸如信仰管理、脱离接触、互动思考和尊重顺从等防御性活动中。这些活动通常是秘密进行的，是有目的的。因此，它们要么是被有意为之的，是有意识的，要么在当时是自动进行的但在回忆时能够意识得到。因此，无论是传统意义上的讲故事还是在包容意识中叙述故事，来访者都可以根据当时的紧急情况及自身处理内部经验的特殊方式进行真实的或不真实的自我探索。

（一）一则叙述活动和意图的例子

为了说明对语篇背后意图的调查，我们在下面呈现一段治疗会谈的副本以及来访者和治疗师在 IPR 面谈中的重要时间段的副本。这则材料来自莱维特和亚当斯（Levitt，Adams，2003）的一个更大的研究，该研究围绕治疗师和来访者对在治疗期间发生的重要事件的报告。治疗师和来访者在某一次治疗的当天分别被采访，要求他们回顾整个被录音的治疗会谈，在认为出现重要的时间段时按下暂停。在出现这些情况时，要求他们说说觉得这一时刻重要的原因。

（二）会谈记录片段

以下对话发生在同一种族背景的治疗师和来访者之间。这位 22 岁的来访者一直在一所大学的咨询诊所中和她的治疗师讨论家庭问题。由于他们俩共同的西班牙文化背景，治疗师在上一次的治疗会谈中与她分享了他自己写的关于家庭动态的东西，这是以他家庭的起源为示范点的。值得注意的是，治疗师采用了一种受叙事治疗影响的人性化的方法，从而为本案研究提供了第二层相关性。在会谈的这个特定时刻，来访者讲完了漫长的故事，描述了她在男朋友家中看到的家庭情况。治疗师通过找到她和她男朋友家族史中的共同主题来回应她。

治疗师： 所以，你们俩(来访者和她的男朋友)在生活中都有这些，这，这些清晰的精神创伤，而且你们都试图去战胜它们，并且……

来访者： 嗯。

治疗师： 你们都处在这样一个位置，作为孩子，你们必须努力让家庭团结在一起……你可能认为他的父母根本就不互相交流，而你的父母虽然相互交流，但不是真正的相互交流。

来访者： 是的(笑)。

治疗师： 所以这是相同的事情，就像"我不能相信这些成年人不能相处"。

来访者： 嗯。过去了这么多年(停顿)。

治疗师： 所以，你真的找到一个人(你男朋友)能够理解你？并且你也能理解他。

来访者： 唔，是的。呃，我努力让他理解我(两个人都笑了)，因为大多数时候他并不能做到(笑)。但是，呃。

治疗师： 他不能做到？

来访者： 就像我刚才说的，大多数时候他不能理解我。

治疗师： 嗯。

来访者： 比如，他不理解某些事情。比如，你过去的事情(停顿)可能(停顿)会变成怎样。

治疗师： 嗯。

来访者： 比如，他不理解我为什么要来做心理咨询。

治疗师： 嗯。

来访者： 他就像这样说，"这有点奇怪"。

治疗师： 嗯。

来访者： 我是这样想的，"我不在乎这是否奇怪，我有必要去"，并且无论如何都要去。他只是这样回应我，"你在说什么?"。(笑)

治疗师： 嗯。

来访者： "你说到过我吗?"(仍旧笑)说了些什么？(笑)他只是，不理解整个事情。

治疗师：嗯。

来访者：观念，观念，(停顿)我不知道。(更长的停顿)

治疗师：所以，这就是你们的区别。你是真的在努力处理你的过去，而他不是?

来访者：是这样的。

治疗师：嗯。

来访者：他确实不是这样。他，他非常像是，很封闭的，我认为(停顿)这对他是不利的。(接着描述他远离了他的家庭成员。)他一直是那种类型的人，喜欢把事情埋在心里，从没真正谈论过自己的感受。(治疗师问她自从他们在一起后，她是如何改变的。她告诉治疗师说她的男朋友鼓励她念书。)

来访者：所以我认为我们都为彼此做过事情。但那是完全不同的。就像我无法想象曾经是这样的。我好奇他们(停顿)我的父母第一次约会时的关系或者……

治疗师：嗯。

来访者：(停顿)我知道他们认识才三个月就结婚了(停顿)。我认为这是疯狂的事情。我只是想知道，我在那儿，我的父母不是很热衷于讲故事，我像是(轻柔地)……

治疗师：嗯。

来访者：他们真的没有告诉我们什么，从来没有。(停顿)

治疗师：嗯，这很有意思，因为你是那个讲故事的人。

来访者：是的。

治疗师：那么……

来访者：我哥哥也是如此，我哥哥总是和我在谈论，你知道的，“爸爸妈妈从没和我们讲过任何故事。他们从没讲过。”(停顿)事实上我舅舅有一家餐厅，我哥哥去肯塔基州拜访过他，他是我妈妈的兄弟，他很会讲故事。

治疗师：嗯。

来访者：你知道，他就像这样说，“我和你妈妈”，像这样把故事讲给我哥哥听，我哥哥再把其中一部分讲给我听。

而我就是像这个样子，（停顿）像这样，“哇，我从不知道，”（停顿）我就是想去拜访我的舅舅，这样他也可以给我讲故事。（笑）

治疗师：当然！

来访者：你知道的，他只要能和我说说，因为我父母每天只关注于日常生活。你知道的，他们从未停下来享受一下生活（轻柔地）或是其他什么的。聊聊他们曾经度过的美好时光，或是他们曾经历过的困难，或者其他任何事情。

治疗师：嗯，所以他们从没真正地和你们分享过这些事情。

来访者：嗯，是的。

治疗师：（停顿）你需要从别处知道，或者干脆不要知道。

来访者：没错，是的。

治疗师：这让你很想了解你的父母。他们喜欢什么，他们经历过什么。

来访者：嗯。

治疗师：那么他们曾经爱着对方吗？

（来访者转换了话题，继续谈论父母问题现在的情况。）

这段对话看起来很顺利，两位参与者似乎已经深深地探索了来访者的人际关系，并且发现她渴望收集有关她父母的故事，以此作为自己成长的一种手段。

1. 治疗师的观点

在一次 IPR 面谈中，治疗师回忆了他参与的一部分治疗会谈中的经历。他理解来访者的开放式探索是对上一次治疗会谈中他表露自己的家庭情况的回应。正如他所说，“对她来说真正重要的是她能够告诉我她的故事。那可能是因为她刚刚听了我的故事，所以她需要回应我。”这种理解与他叙事的一般建构是一致的。他和来访者都有西班牙裔的背景，他提到来访者读过了上面引用的内容中所提到的一个描写治疗师自己的生活故事中的文章，为达到这一效果，治疗师应该更早地给她看。他谈到他们的文化联结如何加深了他们之间的关系，并使他与她的故事保持一致。

治疗师也理解讲述她男朋友的精神创伤来作为讲述自己精神创伤的这种间接方法，认为这样做使她能够深化对自己创伤的体验。他评论道：

> （谈论自己的创伤）会变得更容易，但有时候间接地谈论她男朋友的创伤会比谈论她自己的更容易些……（我）让她在一定程度上可以这样做，然后再把她带回正轨。“那么你呢？你对你父母的感受如何？一样还是不一样？”我认为，呃，这（我的指导）可以让她比原来探索得更深入一点。我认为，比之前更深刻一点。她说，这（与之前相比）很不一样。这（对我来说）是十分令人兴奋的事情。

作为一名叙事治疗师，他也意识到自己的行为可以帮助和加强她创造故事的能力。

> 我认为这是必要的，只有这样才能拥有她父母没有的东西。这就像她不知道这个故事（他们的故事）……也不知道有那样一个故事……（这是亲密的象征）……是与和你分享故事的人的亲密关系。但是，真正的亲密关系就是你讲的故事中的人……这种亲密的存在是因为故事就是基于这种关系产生的。这种关系具有疗效是由于其中相互性的特殊部分。而她在这种关系中不是（被动的），我只是听着，等待着她的信号……同时，真的不需要付出太多的努力。接着还会产生很多感觉。比如，为她感到自豪，因为她如此的努力，以至于能够说出很有见地的话语。

因此，与治疗师共同叙事的目的是增加来访者的舒适度，刺激她的自我意识，并协助她建立关于她与男朋友之间关系的叙事史。事实证明，治疗师对治疗会谈中论述的最后一个方面，尤其是在与男朋友的关系上，在某些方面与来访者的感觉是相似的，但在其他方面又大不相同。

2. 来访者的观点

在介绍来访者的评论之前，需要注意到，在整个 IPR 面谈中，她表明自己非常喜欢她的治疗师，也很欣赏他，并且非常享受治疗中的体验。因此，他们各自对彼此之间关系的感觉没有很大差异，也不足为奇。她也认为他的自我暴露对她来说很重要。然而，她却没有像他那样如此重视这件事。对她来说，这是他设法向她传达自己是一个真正的人，一个相处起来令人感到舒服的人的诸多方法之一。但是在其他方面，他们的观点是不同的，有些相差无几，而在另一些上却有很大的分歧。这种微妙的差异与创伤经历有关。当说到来访者在这方面的间接体验时，治疗师暗示她通过关注男朋友的经历来重新审视自己的创伤体验。在某种程度上，这似乎也是她的意思，但是关于她男朋友创伤的对话对她来说还有其他重要的意义。她表示，当她谈到她的男朋友向她倾吐时，她想要让他明白，她以前的生活比他更艰难。在 IPR 面谈中，她声称她男朋友所经历的孤立与她所经历的不一样。她觉得他的日常生活还算过得去，而她的却不是这样。这种感觉也存在于她默默地把自己家庭中缺乏故事分享与他的家庭中所发生的事进行对比时。

来访者：我说的是我的父母不是会讲故事的人，他们每天真的从来没有和我们讲过故事。他们真的从来没和我们讲过任何事情。我知道我(不想)像这样和我的孩子相处……这不正常，而且对孩子来说听到父母讲自己的妈妈 9 岁时的样子或是爸爸 16 岁时的样子很重要。因为你这样可以开始了解自己的父母，但是我却不了解，通过这种方式可以把你和你的孩子连接起来，让他们觉得，“我是和你一样的一个人”。我觉得表达这些对父母来说很重要，但是我的父母没有给过我这样的感觉。

采访人：一种与他们相联结的感觉？

来访者：是的，我只是总觉得被虐待了。我觉得他们像上级一样。“噢，她只是个孩子。”我觉得有点难过，有点空虚……或者说觉得有点不公平，因为其他人有这种联结的感觉。我想这就是我在这里谈论的话题，因为之前我谈论的是我男朋友的父母。

当谈论到她与男朋友的关系时，但他们俩之间在另一层面有更大的分歧。她透露，她一直试图为她男朋友信任她而表示自豪，为尽管忍受了更大的痛苦但还能帮助他而自豪。同时，她还想过让她的治疗师协助她成为一个助人者。这种感觉根本就没有出现在治疗师的雷达屏幕上。更复杂的是，从她的报告中可以清楚地看到，她克制住了想要表达对自愈疗法相对成功的自豪感，以此来改变治疗师对她的印象。她这样做是出于害怕治疗师会认为她对自己克服的障碍感到自负。正如她所说，“我只是怀疑我自己。我就像，‘不，我要变得自私一点’或是‘这样说是不对的’……我想‘如果我说了这样的话，治疗师会怎么想我呢?’……我这样说有错吗？……与你的痛苦抗争是不正确的做法。”

因此，三个副本中显示的内容之间的差异在某些方面是十分显著的。治疗记录读起来像是来访者和治疗师之间的对话是关于来访者想要从与男朋友相似的创伤经历中恢复过来，以及对家庭故事的渴望，这样可以使她的父母更人性化地生活。相比之下，治疗师的 IPR 副本记录显示，他鼓励来访者就家庭故事进行叙述的目的在于培养新的叙事方式。支撑这个意图的是治疗师，他相信他们的共同文化历史联结和他对来访者的鼓励更深入内心，这些不仅会加强他们的治疗关系联盟，而且还会加强她与男朋友的亲密关系。更复杂的是，来访者一直在做的也是她所关心的事情就是微妙地传达——以免违反了治疗师做出的判断——凭借她自己的力量面对更大的障碍，遭受比她男朋友更大的丧失。

这个案例说明了仅在话语的基础上判断治疗师或来访者的内在体验可能存在的不可预测性。三个片段可能在同一时间发生，来访者与治疗师对话中的故事，来访者的内心故事以及治疗师的内心故事。此外，毫无疑问，这种有意识的、不寻常的意图往往是无意识的决定因素。每当这种情况发生时，叙事展开的过程就更加复杂了。

在这个案例中，这则信息尤其引人注目，因为它需要一个强大的工作联盟。即使在这里，治疗师在某种程度上与来访者断开了连接，并在来访者报告的体验中只是模糊地指导了探索。即使在良好的工作联盟中也可以发生这种分裂，这对心理治疗的实践和研究产生了深远的影响。

四、探讨叙事意图的治疗与研究策略

(一)将对话和意图方法整合在研究中

对话分析是话语分析的一种方法，通过这种方法来研究叙事疗法有许多优势。这种方法对来访者和治疗师的威胁要小于对他们进行涉及治疗体验的访谈的研究，尤其是 IPR 访谈。相应地，研究治疗对话的计划能更容易找到研究参与者。此外。来访者和治疗师的贡献也可以用于研究学习。如上所述，这种方法所需的外部观点使得分析师能够以可能超出治疗参与者的理解方式来解释治疗方法。

这种方法的缺点在于，尽管它提供了解释语篇意义的一种方式，但它排除了另一同样重要的点就是语篇所产生的意义。斯彭斯(Spence，1986)和斯蒂尔(Steele，1986)弄清楚了对文字表面理解的障碍问题。他们尝试在叙述内容的基础上，试图理解叙事文本的意义。他们以谈话本身为基础，叙述了在努力尝试理解叙述内容时遇到的困难。他们指出，诸如像忽略和刻意的“平缓”叙事等问题，会剥夺对重要细节和能够引导准确理解的语境的解释。当然，这种状况并不意味着解释是不可能的。但它确实意味着任何解释都是在一个理论框架内，不论是精神分析、社会建构主义、女性主义等。这种框架可能与语篇本身的发起者所使用的非常不同。这种思考揭示了关于真理的方式的问题：语篇意义的最好解释是否要与它的发起者的意图有关?或者从外部角度来看，对语篇的解释应该要超出了发起者的意识范围?这个问题甚至在哲学(例如，Gadamer，1960/1992)和方法解释学上都产生了分歧(例如，Dilthey，1961)，更不用说后结构主义者(例如，Rose，1990)和现象学家(例如，Giorgi，1970)了，因为他们在这一问题上相对立。

我们认为，尽管来自许多方面的论据是有说服力的，思想和话语中的大部分都超出了意识范畴，忽略了思考者和说话者对思想和话语的意图是错误的。上述案例研究及其支持性的实证研究表明了这一点。正如所说明的，如 IPR 这样的意图获取技术的发展，再结合复杂的文本分析方法如基础理论方法，提供了系统地揭示和研究这种隐蔽活动的方法。

把定性方法与更传统的研究策略相结合来理解这种活动显然是可

行的，也可能会被推崇。事实上，我们之中有人(莱维特)在开发暂停清查分类系统(Levitt，1998)中一直是这么做的。这种方法提供了一种从治疗文本的表面解释来访者在与治疗师的话语中暂停期间可能进行和体验的思想感情的方式。清查中使用的类别来源于她的定性研究，具有较强的评估者和客户评价可靠性指标(见 Levitt，2001b)，并且可以应用于任何治疗副本或磁带中。

(二)心理治疗实践建议

心理治疗关系的一些特点可能会扩大经验与表达之间的差距。治疗师—来访者关系中固有的权力不平衡无疑起着重要作用(例如，Brown，1994；Grafanaki & McLeod，1999，2002；Rennie，1994a；Rode et al.，1994；Timulak & Lietaer，2001；Watson & Rennie，1994)。因此，对治疗师来说，向来访者强调他们的反馈会受到重视是很重要的，并向他们保证，治疗联盟可以禁得起他们的修正，甚至可能因此得到巩固。否则，即使有强大的治疗联盟存在，来访者通常仍然会因表达他们对建议或解释的犹豫而感到恐慌。

对于叙事疗法，纽曼和霍尔茨曼(Newman，Holzman，1999)认为，这是一个挑战现代主义观念下人类行为和情感的活动。在他们看来，讲故事的行为让来访者描述他们个性化的自我，并建立起社会关系。这些理论家们避开了这样一种观点：叙述对治疗师来说只是用来解释的，相反，应该注意的是，正如我们所说，叙述行为本身就具有治疗性。沿着这一观点，治疗师直接询问来访者他们的治疗经验是十分重要的，特别是在治疗流程中表现出扩散开来的微小线索更加需要治疗师这么做(Levitt，2001a，2001b，2002；Rennie，1998，2002)。通过这样的元信息交流(参见 Kiesler，1996)，或者就对话进行对话，治疗师可以帮助来访者更加意识到促进或妨碍他们进步的过程。特别是，他们可以帮助来访者确定他们的表达是否有故意歪曲，以维持治疗关系或避免情绪困扰。通过这次探索，来访者可以协调好自己人际互动的风格，以及防御性自我保护的方式。他们可以决定如何处理发现和互动的焦虑，可以学习有意地引导他们的叙事过程来增强和维持治疗内省的状态。

因此，如在上述案例研究中，如果治疗师更加适应来访者微妙的非语言线索(如停顿)所影响的说话和思考的可能差异，他可能能够察觉到口头叙述和来访者的内部体验背道而驰的时刻。如果治疗师也请来访者分享一下对她来说所有不为人知的不顺心的事情，那么她可能会觉得透露自己一直在想什么是比较安全的。因此，她可能会透露她对让治疗师感到不满的担心，潜在地会导致更多的有关治疗方面的坦白。

五、结论

本章概述和说明的工作进一步减轻了来访者和治疗师在治疗对话中的自我意识影响的程度（参见 Bohart & Tallman，1996，1999；Rennie，2000，2001；更多关于来访者诱因）。这些目的出于很多原因，往往不是在实际治疗的语篇中表达出来的。也许这项工作的最大价值在于说明了尽管有无意识因素的作用，但这些意图的意识性质仍然很重要。它强调了获得治疗经验报告的价值，特别是 IPR 技术影响下的报告。这项工作支持了这样一种观点：对于来访者而言，讲故事行为本身具有治疗性，它要求治疗师耐心地听，并积极地帮助来访者讲故事。它表明了定性研究方法在理解这些报告上的效用。它也指出了来访者和治疗师如何能在不自觉中轻而易举地产生冲突。最后，这些工作对于治疗师来说是一个积极的角色，用于消除权力差异，防止在来访者不愉快的时刻揭露出他们在想什么，包括叙事活动中的时刻。治疗师需要敏感地来评估这些活动，以免过度干扰来访者体验的流程，这是不言而喻的。但我们强烈认为，正确处理这种对透明度的要求能够加强心理治疗过程中极其复杂的活动，包括领会来访者的故事和更广泛意义上的叙事活动。

（陈璐　译）

参考文献

Angus, L., Levitt, H. & Hardtke, K. 1999. Narrative processes and psychotherapeutic change: an integrative approach to psychotherapy research and practice[J]. Journal of Clinical Psychology, 55(10): 1255-1270.

Aristotle. 1954. Rhetoric and poetics(W. Rhys Roberts & I. Bywater, Trans.)[M]. New York: Random House.

Bohart, A. & Tallman, K. 1996. The active client: therapy as self-help[J]. Journal of Humanistic Psychology, 36: 7-30.

Bohart，A. C. & Tallman，K. 1999. How clients make therapy work：the process of active self-healing[M]. Washington，DC：American Psychological Association.

Brown，L. S. 1994. Boundaries in feminist therapy：a conceptual formulation[J]. Women & Therapy，15：29-38.

Bruner，J. 1986. Actual minds，possible worlds[M]. Cambridge，MA：Harvard University Press.

Dilthey，W. 1961. Meaning in history：Wilhelm Dilthey's thoughts on history and society（H. P. Rickman，Ed.，Trans. and Introduction）[M]. The Hague，Netherlands：Nijhoff.

Elliott，R. 1986. Interpersonal Process Recall（IPR）as a process research method [M]// L. Greenberg & W. Pinsoff（Eds.）. The psychotherapeutic process：a research handbook. New York：Guilford：503-528.

Frye，N. 1957. Anatomy of criticism：four essays[M]. Princeton，NJ：Princeton University Press.

Gadamer，H.-G. 1992. Truth and method（2nd reved.）（J. Weisheimer & D. G. Marshal，Trans.）[M]. New York：Crossroad.（Original work published 1960）

Gendlin，E. T. 1996. Focusing-oriented psychotherapy：a manual of the experiential method[M]. New York：Guilford.

Giorgi，A. 1970. Psychology as a human science：a phenomenologically based approach[M]. New York：Harper Row.

Glaser，B. G. & Strauss，A. 1967. The discovery of grounded theory：strategies for qualitative research[M]. Chicago：Aldine.

Gonçalves，O. F.，Korman，Y. & Angus，L. 2000. Constructing psychopathology from a cognitive narrative perspective[M]// R. A. Neimeyer & J. D. Raskin（Eds.）. Constructions of disorder：Meaning-making frameworks for psychotherapy. Washington，DC：American Psychological Association：265-284.

Grafanaki，S. & McLeod，J. 1999. Narrative processes in the construction of helpful and hindering events in experiential psychotherapy[J]. Psychotherapy Research，9：289-303.

Grafanaki，S. & McLeod，J. 2002. Experiential congruence：qualitative analysis of client and counselor narrative accounts of significant events in time-limited person-centered therapy[J]. Counselling and Psychotherapy Research，2：20-32.

Kagan，N. 1975. Interpersonal process recall：a method of influencing human interaction[M]. Unpublished manuscript，University of Houston，Houston，TX.

Kiesler，D. J. 1996. Contemporary interpersonal theory and research：personality，psychopathology，and psychotherapy[M]. New York：John Wiley.

Labov，W. 1997. Some further steps in narrative analysis[J]. Journal of Narrative &

Life History, 7, (1-4): 395-415.

Levitt, H. 1998. Pausing inventory categorization system: classifying clients' experiences of silences in psychotherapy[M]. Unpublished manuscript, University of Memphis, Memphis, TN.

Levitt, H. M. 2001a. Clients' experiences of obstructive silence: integrating conscious reports and analytic theories[J]. Journal of Contemporary Psychotherapy, 31(4): 221-244.

Levitt, H. M. 2001b. The sounds of silence in psychotherapy: clients' experiences of pausing[J]. Psychotherapy Research, 11(3): 295-309.

Levitt, H. 2002. Voicing the unvoiced: narrative formulation and silences[J]. Journal of Counseling Psychology Quarterly, 15: 333-350.

Levitt, H. & Adams, K. 2003. A comparison of clients' and therapists' experiences of one therapy session[M]. Manuscript in preparation.

Levitt, H. & Angus, L. 2000. Psychotherapy process measure research and the evaluation of psychotherapy orientation: a narrative analysis [J]. Journal of Psychotherapy Integra-tion, 9(3): 279-300.

Luborsky, L. & Crits-Christoph, P. 1990. Understanding transference: the core conflictual relationship theme method[M]. New York: Basic Books.

McLeod, J. 1997. Narrative and psychotherapy[M]. Thousand Oaks, CA: Sage.

McLeod, J. & Balamoutsou, S. 1996. Representing narrative process in therapy: qualitative analysis of a single case. Counselling Psychology Quarterly, 9: 61-76.

McLeod, J. & Balamoutsou, S. 2001. A method for qualitative narrative analysis of psychotherapy transcripts [M]// J. Frommer & D. Rennie (Eds.). Qualitative psychotherapy research: Methods and methodology. Lengerich, Germany: Pabst: 128-152.

Neimeyer, R. A. 1994. The role of client-generated narratives in psychotherapy[J]. Journal of Constructivist Psychology, 7: 229-242.

Newman, F. & Holzman, L. 1999. Beyond narrative to performed conversation("In the beginning"comes much later) [J]. Journal of Constructivist Psychology, 12: 23-49.

Polkinghorne, D. E. 1988. Narrative knowing and the human sciences[M]. Albany: SUNY Press.

Polkinghorne, D. E. 1995. Narrative configuration in qualitative analysis [J]. Qualitative Studies in Education, 8: 5-23.

Rennie, D. L. 1992. Qualitative analysis ofthe client's experience of psychotherapy: the unfolding of reflexivity [M]// S. G. Toukmanian & D. L. Rennie (Eds.). Psychotherapy process research: Paradigmatic and narrative approaches. Thousand

Oaks, CA: Sage: 211-233.

Rennie, D. L. 1994a. Clients' deference in psychotherapy[J]. Journal of Counseling Psychology, 41: 427-437.

Rennie, D. L. 1994b. Storytelling psychotherapy: the client's subjective experience [J]. Psychotherapy, 31: 234-243.

Rennie, D. L. 1998. Person-centred counselling: an experiential approach [M]. Thousand Oaks, CA: Sage.

Rennie, D. L. 2000. Aspects of the client's control of the psychotherapeutic process [J]. Journal of Psychotherapy Integration, 10: 151-167.

Rennie, D. L. 2001. The client as a self-aware agent in counseling and psychotherapy [J]. Counselling and Psychotherapy Research, 1: 82-89.

Rennie, D. L. 2002. Experiencing psychotherapy: Grounded theory studies[M]//D. J. Cain & J. Seeman(Eds.). Humanistic psychotherapies: handbook of research and practice. Washington, DC: American Psychological Association: 117-144.

Rennie, D. L., Phillips, J. R. & Quartaro, G. K. 1988. Grounded theory: a promising approach to conceptualization in psychology[J]? Canadian Psychology, 29: 139-150.

Rhodes, R. H., Hill, C. E., Thompson, B. J. & Elliott, R. 1994. Client retrospective recall of resolved and unresolved misunderstanding events[J]. Journal of Counseling Psychology, 41: 473-483.

Ricoeur, P. 1990. Time and narrative(vol. 1)[M]. Chicago: University of Chicago Press. (Original work published 1983)

Rose, N. 1990. Governing the soul: the shaping of the private self[M]. London: Routledge.

Sarbin, T. R. 1986. Narrative psychology: the storied nature of human conduct[M]. New York: Praeger.

Schafer, R. 1976. A new language for psychoanalysis[M]. New Haven, CT: Yale University Press.

Spence, D. P. 1986. Narrative smoothing and clinical wisdom[M]// T. Sarbin(Ed.). Narrative psychology: The storied nature of human conduct. New York: Praeger: 211-232.

Steele, R. S. 1986. Deconstructing histories: toward a systematic criticism of psychological narratives[M]// T. Sarbin(Ed.). Narrative psychology: the storied nature of human conduct. New York: Praeger: 256-275.

Stiles, W. B., Elliott, R., Llewelyn, S. P., Firth-Cozens, J. A., Margison, F. R., Shapiro, D. A. & Hardy, G. 1990. Assimilation of problematic experiences by clients in psychotherapy[J]. Psychotherapy, 27: 411-420.

Stiles，W. B.，Meshot，C. M.，Anderson，T. M. & Sloan，W. W.，Jr. 1992. Assimilation of problematic experiences：the case of John Jones[J]. Psychotherapy Research，2：81-101.

Taylor，C. 1989. Sources of the self：the making of modern identity[M]. Cambridge，MA：Harvard University Press.

Timulak，L. & Lietaer，G. 2001. Moments of empowerment：a qualitative analysis of positively experienced episodes in brief person-centered counseling [J]. Counselling and Psychotherapy Research，1：62-73.

Vogel，D. 1994. Narrative perspectives in theory and therapy [J]. Journal of Constructivist Psychology，7：243-261.

Watson，J. C. & Rennie，D. L. 1994. A qualitative analysis or clients' subjective experience of significant moments in therapy during the exploration of problematic reactions[J]. Journal of Counseling Psychology，41：500-509.

White，M. & Epston，D. 1990. Narrative means to therapeutic ends [M]. New York：Norton.

第 18 章　讲述我的故事：叙事过程中的人际关系配置

蒂莫西·安德森(TIMOTHY ANDERSON)①

岳父喜欢讲我的妻子 11 岁时发生的一个故事。妻子想修剪草坪，却不能让割草机持续运作。他看着妻子越来越困惑而不知所措，但只是在一旁观望，因为妻子不想要他的帮助，她想自主且熟练地在院子里操作机器。当她无助至极，最终向岳父发出求助信号。岳父走到割草机旁，只是简单地将皮带向后翻转卡进滚轮，割草机就开始毫不费力地运转。妻子意识到父亲很清楚自己想要独自思考并试图让割草机运作的想法。然而那一刻面对父亲，11 岁的妻子甚至更加沮丧了。这个时候，我的岳父，一个故事大师，拉下脸来用一种戏剧化的腔调引起女儿的不满："我真后悔妈妈和我怎么会嫁给了你！"

上述故事传达的用意大概是故事讲述者的喜好，在一个不可缺少自己帮助的人际领域里保护自己和女儿，即使这是女儿最不想做的事情。在叙事结构中也发现了许多与人际关系相关的类似原则。故事讲述者将人物置于不同的关系配置中，并通过叙事进程展开互动，通常以最有意义的时刻结束。但这并不是故事的结局。听众可以参与故事讲述过程，可以验证叙述者的建构甚至提供改编版本，这些行为塑造了人物之间可感知的人际互动。例如，上述故事的形成从我的妻子对独立和控制的需要开始，接下去察觉到父亲知道她试图学习如何修理割草机，却冷静地在旁观看，好像在等着看她失败。每一个故事都可

① 有关本章的信件请寄给本章作者，地址为：Ohio University，Department of Psychology，Athens，OH，45701，或者发送邮件至 andersot @ ohiou.edu。——作者注

以用不同的声音讲述，允许重构和重新解读。只要故事被讲述，它就会一直是鲜活和动态的，被多种声音讲述的人物之间的互动总是会不断协商和赋予新的意义。也就是说，故事中的人物独立地生活，不受人物身份、生活轨迹或是叙述者的限制。例如，上述的故事可以赋予几个目的，并且被许多人讲述：①作为一个人自传的一部分；②作为对我妻子宣誓独立时的回应；③作为一个故事讲述给修理割草机的技术人员；④当岳父岳母争吵时作为一个论证，表明妈妈和女儿是如何坚定地联合起来反对他。

叙事存在于各种各样的语境和形式中。讲述者可以从不同的时间视角，古老的历史，或者一个人记忆的深处开始讲述，要不然提供一个几乎实时的报告作为事件的发生。故事讲述者的意图可能从提供准确的事件渲染到创建一个似乎不能与任何真实事物联系的幻想。讲述的背景和观众也可能不大相同。这里概述的人际叙事过程的视角主要局限于个人故事的口头对话，如心理治疗时期的亲密披露。

一、对叙事的定义

大多数具体的对叙事的定义都注重将叙事看作一个认知活动和涉及意义创造的建构过程(Neimeyer & Stewart，2000)。波尔金霍恩(Polkinghorne，1988)将叙事定义为一种认知和意义建构的过程，在叙事过程中“人类赋予世俗经验和个人的行为以意义”。叙事也可以被理解为通过终身传记来定义自我，对形成个人身份更具包容性(例如，McAdams，2001)。哈贝马斯和布卢克(Habermas & Bluck，2000)在生活叙事中以一种更高级的目标来描述故事。叙事中的认知和建构意义的具体目的是为了理解自我。这种建构意义的活动被称为自传式推理，“是在生活和自我的元素之间形成联结，试图将一个人的过去和现在联系起来”。因此，自传式推理就是在事件中选择和发现意义的过程，使事件与不断建构着的更大的生命叙事过程紧密结合。自传式推理是一种隐喻手段，类似于斯泰尔斯(Stiles，1999)所说的建造意义桥梁的过程，同样也可以建构自我定义。

上述叙事的定义不包括纯粹的观察。几乎所有的故事，尤其是在一种非常私人化的环境中，如心理治疗或是家庭闲谈，故事中的人物角色彼此都会产生影响，相互作用。这些人物角色通常指彼此之间有联系的人，或者是叙述者[或者是乔治·凯莉(George Kelly)所说的“元素”]。人际关系叙事也包括赋予世俗行为意义这样的认知过程，以及建造桥梁，使叙事可以被连贯地阐述和推理。然而，当将叙事主要视为一种人际过程时，叙事的本质可以被多样化理解。故事是人类特有的工具，可以建构活动着的人物画像。每个故事都是一个新的发展阶段，叙述者在不断变化的人际关系领域中重新配置自己生命中的人物。因此，叙事可以被定义为一种处理人物(即事件)、经验和时间的组织。讲述者通过固定彼此间不断接近和远离的人物角色关系，对这些事件强行赋予意义和定位。故事开场中人物之间的互动引发了他们之间的连锁反应，并且推动走向故事的结局。下面我就相关问题展开讨论。

(一)人物角色和冲突

人物角色在故事框架内的人际关系领域随处活动，他们拥有的权限一部分由叙述者界定。他们之间的互动，几乎无疑会改变已被解释的人际关系之间的平衡。这种冲突正是叙述者试图解决的重点。人物之间表现出多种制衡关系，正好叙述者可以尝试各种人际关系配置。当叙述者提出一种新的人际关系配置，这种配置更符合叙述者对人际领域的解释的某些方面，冲突就结束了。这并不是说叙述者的人际目标在结果中达成，而是在故事中他们的目标或愿望会有所体现。

(二)人际互补

人际关系理论中最核心的论点之一是互补理论，它预测人物角色在人际关系领域是如何互相回应的。主导的人际行为唤起顺从的反应，顺从的行为促使他人承担起责任。温暖亲和的行为唤起相似的回应，同样地，敌对行为引起敌对反应。直到近年来，人际互补被认为可以最好地定义可预测的行为反应，不需要表达人们对关系是如何思考和感受的，更重要的是，该理论可以解释他们如何选择自己的故事，或者怎样改变这些故事并使得他们的关系变得有意义。本杰明(Benjamin，1993)已经将这些行为扩展到预期交流的重点，这可能会影响到人际交流的方式，并且对讲话者如何补充这些预期的交流有影响。霍罗威茨，德赖尔和克拉斯诺夫罗娃(Horowitz，Dryer & Krasnoperova，1997)提出，人际互补只有在了解一个人的个人目标后才能被理解。本杰明和霍罗威茨（等人）对理论的发展使我们有可能将叙事理解为一种基本的人际关系现象。

故事讲述者可能会通过建构多个故事或者是同一个故事的多个版本来尝试对不同的人际关系进行运用。从人际关系的角度讲，故事中发生的事件和人物之间的冲突，代表着人物角色之间的人际关系互补的演变。故事提供了一个机会来解决人际领域建设中的关键事件。例如，在本章开始的故事中，女儿试图通过掌握修剪草坪这个技能来改变自己顺从的地位，然而由于需要父亲的帮助又回到顺从的立场，一阵抗议过后，她重新宣称自己处于反抗父亲统治地位的政变中。故事中的每一个人际互动都是在寻找对获得能量的重新协商，这种互动可以使人物在人际领域内保持他们的相关地位。故事的意义可以从不同的角度加以解释，因为故事本身就是为了定位人际领域内的人物角色（见下文）。例如，父亲可能将故事理解为增强自己的父权，而女儿可能理解为挑战支配自己的权力时发现了意义。

每次叙事都提供了一个可能性，来解释人物人际关系配置的变动。人际互补成为一个有用的工具来理解一个已经建构好的现象（包括人际目标状态），而不是行为反应。甚至可以说，叙事给人们提供了一个想象的景观，来探索人际关系的变化可能（或不可能）如何导致人际关系域的连锁反应。

二、人际权力和角色牢固性

叙事冲突必然与人物角色之间的人际交往有关，动态地波及整个人际领域，重塑人与人之间的联盟和冲突。变化后的联盟调整人与人之间的距离，改变人际领域内群体之间的人际重心。如果对一个群体而言，叙事冲突过于强烈，那些已经打破平衡的人会受到波及。对某些人进行攻击会导致其他人之间的关系平衡遭到破坏。人际领域内任何人的举动都可能打破平衡，而这个群体必须有充足的资源来弥补平衡的改变。对社会群体而言，让所有的转变重新回到合适的位置，并且对那些前来冒犯的角色施加压力，比去重塑社会群体或是已经形成的联盟，更能节省资源。

也许有人会说，人际关系领域没有显著改变的故事更具有日常生活的代表性。即使是采取一系列防御措施来打破对人际关系自由的真实限制，人际关系的平衡是在没有重大变革的情况下重新建立起来的。在人们的行动中，大部分人可能接受非常有限的人际交往自由度，很少有人会去挑战人际现状、生活的状态，引用梭罗的话，在安静而没有充分意识到的绝望中。在他们的故事中，人是人际领域安静的变革者，用在日常生活中没有实现过的方式，挑战人际关系现状。

这里的重点并不是说故事反映了社会作用力下的某种霸权压迫的形式，也不是某种压抑的内心愿望的表达。真正的观点是，叙事提供了一种独特的表现形式，从公开的互动中去掉了一个步骤，在这个过程中，可以由叙述者呈现对人际关系配置的解释、假设和提议。叙事是连接愿望和他人直接的人际宣言之间的意义桥梁。对于心理健康的人而言，如果不被纳入叙事，就不可能长久存在。

三、改变机会的故事

即使最终回到现状，叙事对心理治疗而言也尤其重要，因为他们本质上有改变事件的潜能。改造一个人的生活故事最终就是一个改变的事件本身，这就是为什么大多数心理治疗几乎都是故事组成的。例如，一个与控制欲极强的男人结婚 35 年的来访者，讲述的故事经常充满了个人的遭遇，如脆弱、丧失和遭受侵扰。她的丈夫会在没有通知她或者给出明确指示的前提下拿走她的东西。随着治疗的进展，她开始讲述自己的故事：

> 我们谈过之后我跟丈夫见了面。我不知道自己怎么了，只是看着他的眼睛，并且死死地盯着他，让他把东西还给我。他只是看着别处，很显然并不想听我说话。但是这次我没有退缩，我一直看着他直到他最终说可以。真的很令人惊讶！我很惊奇自己竟然如此坚定，但我确定下次我又会退缩。

这位来访者叙事的转变是治疗过程中开始发生变化的一个信号，对来访者和治疗师而言都是相当令人振奋的。从这个意义上讲，领悟疗法取向的心理治疗师和来访者都是改革家，在叙述的人际领域对来访者进行更大的自我改造，他们经常努力重塑原先的联盟来推翻人际领域的霸权，取而代之的是一个更和谐的表达和有序的叙事声音。

下面将从叙事的人际角度进一步探讨，包括从人际视角看叙事的使用和功能，以及叙事建构中的人际和经验过程。

四、多种声音

一直以来人际叙事表达的是，故事是不断表演着的活动，可以重复体验，并且构造各种杰出人物。就像一个实验仪器(乔治·凯利将个人分析过程比作检验实验假设)，叙事可以体验或重复体验其他人的讲述，从而有意义地理解而不需要以某种方式纳入自我图示。有人认为，叙事声音大多数是单一的，讲故事的最佳目的应该是形成身份和主题的整合(例如，Tantam，2002)。麦克亚当斯(McAdams，2001)认为叙述者通过故事有意义地整合不同时间内自我的各个方面。值得注意的是，哈贝马斯和布卢克(Habermas & Bluck，2000)也认为，在创造一个个体的生命叙事中自我是活跃的，事件被整合到一个人的身份这样更大的结构中。

从人际关系的角度讲，叙述者以多种声音讲述可能是有争议的，叙述的形式是文化定义的而不是他们自己创造的。可以这样讲，我们并不完全"拥有"我们自己，我们选择"给予声音"给周围众多声音中的某些人。例如，阿比盖尔·亚当斯(Abigail Adams)，美国第二任总统的妻子，在研究法国文化时指出，生活本身从某种程度上来说就是戏剧，可以说"一个国家的每个人都是演员"(McCullough，2001)。如果莎士比亚所说的是正确的，那么世界就是一个舞台，我们互相讲述的故事就是戏剧的剧本，总是随着演员的转变而不断地修改和协商。格根(Gergen，1991)认为，每个人不可能"拥有"自己的故事，来构建一个不受人际关系影响的独立的身份。他在书中写道：

> 文化在任何给定时间提供的故事类型似乎都是有限的……我们通常准备接受的"真实"的生活故事都必须符合现有公约。然而，一个人的历史并不仅仅是故事形式意义上的文化财富。事实上，这些故事的内容也取决于社会关系。

也就是说，人际关系和更大的社会背景决定了叙事，而不是自我或身份的形成和整合。事实上，有一个自我叙事和完整的身份是当代文化的传统叙事形式，脱离这种形式之外的叙事不太可能受到认可。

自我叙事的视角过于武断，即使一些叙述活动注重了解自我的行为。例如，谢弗(Shafer，1992)认为叙述是一个过程，一个动作，“叙述中不存在常见的错觉，每个人物角色都有并且体验着一个独立的自我实体，一个自我实体可以说是真实存在的并且可以被客观地观察的”。斯彭斯(Spence，1982)也从心理动力的角度展开，认为多声叙述情况下案例中来访者反应更强烈：

> 我们很少发现来访者仅以一种身份与治疗师进行两者之间的对话，而是以多种声音与各种随意定义的“他人”交谈，谈话的条件是，谁和谁交谈，以及交谈原因成为说话内容的关键的决定因素。

叙事的人际关系视角认为，叙述者的话语是多种多样的。叙事涉及理解与整个社会背景有关的自我，个体属于这个社会。赫尔曼斯(Hermans，1996)精彩地描述了这些人物间的对话，似乎他们正对着“私人观众”演出，他们回应着叙述者的感受和评价。意义的建构是通过理解他人来实现的，或者从某种意义上说，可以通过叙述者多种声音的讲述来获得。事实上这项活动很大程度上试图解决多种声音之间的冲突，但是很重要的一点是，这些相关处理可能并不总是围绕构建一个自我叙事而展开。

然而，一些自我叙事的理论家认为，有令人信服的证据表明，高级的叙述技巧与心理上等价的目标是一致的(Habermas & Bluck，2000)。例如，在生命早期，一个幼儿渐渐发展描述脚本或事件序列的能力。在9～10岁，儿童获得讲述故事的能力，故事内容包含情节或是“复杂的事件”。哈贝马斯和布卢克指出，直到青春期他们才开始能够将事件的主旨回归正在进行着的生命叙事。这些观察可能表明，既然生命叙事似乎是一个已经发展完善的高级活动，因此它也具备最佳的心理和情感功能。青春期发展的能力对形成一个生命叙事是必要的，但是这些能力在其他任务中也同样需要。例如，理解更大的社会，并且表述社会中人物之间的复杂的冲突。也就是说，对他们而言这些能力中没有什么天生的特定适用于自我叙事或者明确的反身性过程(可以被认为是心照不宣的吗?)，或者说这些技能最能帮助进行整体的全面的理解。

目前，对不完整的没有整合的生命叙事是否与生活中遇到的问题有关还不清楚。然而，缺乏最基础的叙事技能似乎与发展障碍有关，如自闭症(Baron-Cohen，1996)，同样地，对缺少形成生命叙事中明显更高级的技能是否与情感和心理遭遇有关也不清楚。由于组织和整合不同类型的事件形成一个单独的身份的能力需要相关高级认知能力，如获得形式操作技能需要的能力(Damon & Hart，1988)，这些技能在叙事中的使用特点与其他形式操作具备的特征相似，可能会也可能不会参与到心理治疗过程中必要的任务以及幸福感的获得。例如，对哪种程度上的意义的寻求需要生命故事里存在的复杂、完整的反身性过程？那些没有解决生命故事中内在矛盾的人，可能表现出较少的心理意识和较少的思考能力，但是这些人在很大程度上没有能力去理解自己的生活，即使他们可能对自己的想法、生活的幸福、充满意义的生活视而不见。或许未来的研究会提供更明确的答案。

五、谁拥有我们的故事

在一切都失去后，哈姆雷特(Hamlet)对霍雷肖(Horatio)的临终遗言是对纪念的恳求：

> 如果你曾把我放在你心里，
> 离开你幸福是短暂的，
> 在这残酷的世界里，
> 你痛苦地呼吸着，
> 讲述着我的故事。

哈姆雷特恳求通过改变霍雷肖的思想来讲述“他”自己的故事。正是通过人际联盟，我们吸收他人的故事，正如上述所说，他们的声音也渗入我们自己的故事。我们接受的声音，就是我们在自己或其他人的人际交往中遭遇的经历。

真诚地记住这些声音是必要的，即使出现消极的和不如意的后果。比如，从人际关系的视角，人们发展精神病理学是为了忠于父母的愿望。比如，当父母不希望被烦扰的时候，孩子们可能会控制自己不去打扰他们。作为成年人，这类人可能不能自己做决定，并且一直都很谦卑，仍然保持着最初的讨好父母的行为模式。正如本杰明(Benjamin，2001)经常说的，“精神病理学是一个爱的礼物”，孩子们可能会牺牲他们自己的愿望和最终的心理健康去迎合父母的愿望。内化其他的声音或者与其他人相关的图示(Hermans，1996)类似于心理治疗中基于叙事的关系描述，如关系的核心冲突(the Core Conflict Relational Theme，CCRT)(Luborsky & Crits-Christoph，1990)和周期性的适应不良模式(the Cyclical Maladaptive Pattern，CMP)(Strupp & Binder，1984)。当这些私人观众被剥夺了他们更多的公共表达的时候，他们就有可能失去体验和表达的能力。他人的声音被自我征服，叙事就成为“固定的表演”，则不能直接与真实的关系源进行互动。

叙事中多种声音的表达可能会引诱听众将故事占为己有，这并不奇怪，因为叙述过去的事件本身通常试图夺回经验。与我们最珍爱的人在一起的时刻发生的故事，可能是我们讲述过去的互动最“真实”的版本。然而，故事本身就是从经验丰富的人际交往中走出来的一步，因为文字无法捕捉到当时的情况。可以说，最能被期待的是在复述故事过程中与他人建立的新的关系的时刻。新的关系是不同的故事，可以被重新解释。就像霍雷肖一样，我们可能被迫接受别人的声音，这些声音同样也是被其他多种声音决定的。同样，历史也可以被视作多种声音，每一代都会去过滤筛选，并且通过同时代的文化进行重新解释。历史的声音试图去牢记故事，因为它是“现实中存在的”，即使故事通过多种声音(文化)不断变化，一切都在试图彼此保持真实。即便如此，文化的力量不得不去改变故事，就像理想如“自由”随着文化和时间的过滤而不断改变意义(Foner，2002)。就像历史，我们的故事也是由文化决定的，它们通过复述，关系和时间不断被筛选。我们可以讲述自己的故事吗？或许可以，从某种意义上来说，我们在讲述自己的故事时有自己的体验，但是一旦讲述发生，这些故事就会离我们而去。当然，我们可以一直讲故事，但正如我会说，每次讲述都是不同的经历，因为我们会有新的听众，和/或在不同时期。

六、情境体验：意义的桥梁

故事最终是在统一的、紧密结合的生命叙事和多声叙事之间讲述的。正如斯泰尔斯(Stiles，1999)指出，“人们内部多样化的声音代表了资源的深度和灵活性，或者它们可以象征分裂和解体。不同的是，意义桥梁的力量——作为声音中介的符号”。在确定最佳的叙事过程中，与识别哪些人物或事件之间有意义地联系相比，建造意义桥梁的能力可能是更关键的因素。自我叙事理论家最终要求意义桥梁能够与自我联结，这可能被认为是“对自我的苛求”(Weibel，2002)。

或许与建造意义桥梁(Stiles，1999)同样重要的是，在战略位置巧妙地建造意义桥梁的能力。例如，安格斯，莱维特和哈特克(Angus，Levitt & Hardtke，1999)指出，故事中意义桥梁的位置(反身序列)可能是最佳运用故事的关键。当一个故事的意义桥梁被过早或过分地建构(例如，在故事结构和情感得到发展之前)，整个故事可能会显得肤浅。毫无疑问，不断地建造桥梁有其益处，但是识别与之相关的关键事件和声音也可以节省大量的心理资源。最终，叙述者决定哪些事件被讲述，如何放置人物，哪些情感和表达在故事中被强调。当一个事件被选择或是构思来进行叙事时，关键的决定必须在讲述故事前做出。比如，如何或为什么一个特定的人物配置有可能产生意义。从建构主义的角度讲，纽曼和霍尔兹曼(Newman & Holzman，1999)认为，“与意义甚至是我们的经验相比，故事本身似乎是更重要的；它们赋予‘我们情境体验’，并且使我们‘表达出意义’。”对纽曼和霍尔兹曼而言，在故事建构的关键决定做出之后，意义最终会出现，讲述故事是重要的，因为“情境体验”是通过故事提供机会来获得经验。

越来越多的研究结果支持这样的理论观点，即故事的基础框架被建构之后意义活动才会出现。对一段时期内发生的压力和创伤性事件的情感表露研究发现，在讲述故事的开始，有过此类经历的人往往情感表达更强烈。然后在接下去的几天，叙述者将其转变为更多的意义建构过程(Keefe，Lumley，Anderson，Lynch & Carson，2001)。从某种程度上讲，叙述者在他们开始理解自己所处的位置和人物将会带去的地方之前，不得不放弃一个解释的立场，从而让自己跟随故事。从人际关系的角度出发，“情境体验”总是与其他人物相关联，这在以下活动中是非常关键的，即识别出最有意义的相关事件在事件发生之前。换句话说，如果当两个不同的人物被召集在一起时，一个实验就可以完成，而叙述者又尤其善于观察人物之间的互动，那么这就有可能成为后来的“好故事”。

七、叙事过程的关键平衡

对叙事过程的观察发现可能存在最佳的叙事顺序，这引起了一些其他问题，关于故事是如何构成的。安格斯(Angus，1999)等人的叙事过程理论示意图比较有代表性，该理论提出了三个基本的叙事过程，作为叙事构成的一部分：①外部过程是基本的，描述性的细节，包括人物的设置和动作；②内部过程是叙述者在故事中表达的主观的，尤其是情感上的反应；③反身过程是叙述者进行解释性的，有意义的陈述(意义桥梁，见上)。安格斯等人研究认为，任何叙事中的序列都是这三个主要活动之一，并且表明这些基本过程可以得到心理治疗过程的有力支持。

试想，如果只采用其中一个叙述过程构建故事，故事将会变成怎样。如果故事完全是外部的，没有任何情感和解释性的过程加入最基本的描述中，就不能确定听众是否听懂故事，也不会有情绪反应或者突出关键发展。事实上，对关键发展是否可以被确认是有疑问的，因为描述可能很平淡并且浮于表面，不太可能推测出人物的力量和意向。这样的故事可能与自闭症人群的故事相似。自闭症人群在描述物体和人物时非常细致，但不能概括出人物的力量和情感。事实上，大多数人并不认为这样的描述是在讲故事(Baron-Cohen，1996)。相反，他们选择给毫无生气的物体加上意向和目标追求，这被认为是一种基本的叙事手段(Baron-Cohen，1996；Bruner，1986；Hermans，1996)。

继续思考，如果完全是内部叙事过程可以构建一个故事吗？这样的故事都是情感表达，没有表面的描述和反身过程。思考如果故事的主体都是内在表述将会发生什么，会有助于回答这个问题。拉斯马森和安格斯(Rasmussen & Angus，1996)发现，在核心来访者的问题背景下，边缘来访者能够更快速地转变主题。对这个有趣的发现提出的一个解释是，这些边缘来访者转变主题的时刻是当他们在治疗过程中感到情感崩溃时。在它还未完全形成之前，似乎强烈的情感破坏了故事的发展。此外，需要考虑对被创伤性压力情绪淹没的来访者进行的基本的临床观察。通常，这类患者不太容易脱离强烈的情绪，无法详细地叙述他们的痛苦经历，并且在达到故事中的情感爆发点的时候容易被困住。思考对一些人做噩梦时的临床观察和这些人讲述的故事发现，似乎一两秒高度紧张的情感回放对他们而言会是一个看似无尽的循环。事实上，当所有的体验都是内部的，故事就是破碎的并且不能被讲述。

思考如果缺少情感过程故事会变成什么样也是很有趣的。当抑郁人群要求叙述积极的经历时，他们很难确定故事的具体外部因素(Moffitt，Singer，Nelligan，Carlson & Vyse，1994)。一个解释是，抑郁人群利用所需情感构建故事有困难，因此故事本身就建构得拙劣。最后，在讨论建造意义桥梁时，思考叙事中的反身过程这个问题在前文已经讨论到。

不幸的是，如果以上思考是关于叙事的一个研究项目，这个研究绝对会失败，因为不会有被试进行叙述，因此也不会有数据进行分析。或许，实验者应该在进行另一项研究之前考虑检查操作问题。在思辨的同时，思考可能会为一些实际的实验指明方向。首先，如果人们倾向于体验狭隘和谨慎的情感，那么被提倡情感表露的叙述更有利于促进叙事和幸福感的产生。彭尼贝克(Pennebaker，1991)认为负性情绪事件中情感表露产生积极影响的原因之一可能是被过度调节的当代文化氛围。其次，如果强烈的情感导致叙述的中断，显而易见这些来访者可能存在情感表达的问题，那些被默认贴上边缘化、反社会以及做作的标签的来访者，对情感被激活的叙事反应较差。一些尝试情感和经验疗法的被试在治疗中会更谨慎(例如，Greenberg，Rice & Elliott，1993)，这支持了上述说法。

除了人际关系特征匹配治疗方案，有必要思考匹配讲述者和听众是如何增强协作叙事的。例如，思考那些叙事过程模型的三个过程中任何一个出现问题的人，如果他们匹配到一个在自己有缺陷的那个过程特别强的听众，是否有可能提高他们的叙事能力？如果莫菲特(Moffitt，1994)等人的研究中的抑郁人群与拥有更积极情感的人群一起重新建构自己的故事，是否有可能讲述更全面更具体的关于积极经历的故事？

八、将经验融入故事结构

某些类似于创伤性事件或者不能用言语表达经历的事件是否可以不建造意义桥梁而被体验？换句话说，如果叙事是为了让我们体验情境而不需要去定义情境，那么叙事框架可能有助于仅通过交流而推断出经验，因为叙事的形式允许表达——只有一个符号(口头标签)不能够有效地交流经验。最终，叙事不能够“描述事物本身，或者……抓住事物的本质(Gergen，1991)”，因为语言符号最终拥有掌握文本操作和文化习俗的权力。正如斯彭斯(Spence，1982)告诫的那样：“语言是持久的诱惑。”因为叙述者总是被迫放弃真实的图像或感官体验，“并且用可获得的任意词汇来近似地描述它”。例如，在这章开始关于我妻子的故事中，简单地描述了她不能启动割草机时的挫折感，不但使从事件中获得的经验去语境化，而且让符号无效。简单标签“挫折”更是无效。事件的序列从基础上定位了相关人物的经验，因此是叙事序列的整体性赋予符号力量。

九、桥梁维护的意义

接下来，叙事允许情境的体验，即不存在意义的桥梁为那些无法被标识或者几乎不能被认可的经历提供了一个平台。如果意义是通过连接符号和声音而产生的(Stiles，1999)，叙事是否也同样可能将一个人的经验放在符号和声音之间发展产生的分歧处，就像他们已经找到了意义所在处？本文对叙事的运用还没有得到充分的探索。如果纽曼和霍尔兹曼的论点是正确的，即故事是为了体验情境，意义之后才产生，讲述故事可以在意义产生过程中带来一些惊喜也是合乎情理的。因此，讲故事的行为允许我们识别出需要修补意义桥梁的区域，或者预期在未来可能需要新的意义的地方。故事允许预测即将发生的产生意义的任务，而对情绪状态(沮丧)或者是孤立行为的识别只意味着存在(或其否定)。就好像人物的命运随着时间的推移在某处被展开，叙述者可以观察发展轨迹并且私下惊呼：“我在这里！现在桥已经出来了，水也很高。我已经讲不清楚了。”当然，可以说内省本身就是矛盾的。

人际互动会衍生旷野中的新声音、新峡谷以及新的分歧。叙事表达了这些声音的人际定位，但是绝不能预测有序的人际关系和意义是否会表现出来。有些意义桥梁相比而言更容易建造。一些声音在时间和空间上被完全隔开，不管有多少数量的砖头和砂浆(即符号)都不能建造出桥梁。一些叙述者可能从事建造不可能的意义桥梁；其他人则乐于使用已经建好的桥梁。区别在于更多具有冒险精神的意义创造者发觉了还没有被跨过的水路，并且尝试建造新的意义桥梁。大多数可能会失败，但是尝试本身就是建造意义桥梁的一部分。至少声音通过叙事并置在一起，即使还没有语言将其连接。

十、故事是共同建构的

很显然，故事存在于人与人之间，一个简单的事实即讲述就是从一个人(叙述者)到另一个人(听众)之间的交流。有些故事是真实地共同建构的，以两个大学生之间的对话(主要地)假设说明：

学生 A：你还记得有次我们穿着滑稽的衣服在凌晨的时候外出吗？还记得我们是如何选择那些最离谱的并且认为自己有可能穿上的衣服的？

学生 B：我们勉强赶上了这辆公交车，只是因为我们说："嘿，一辆车来了。那就上车吧。"

学生 A：是的。然而我们并不知道这辆车开去哪里。我们确实挺疯狂的！

学生 B：我们担心的是上了这辆车，而不是担心能否回得来。

学生 A：然后你问司机："这辆车开到多晚？"

学生 B：还记得他抑扬顿挫地说："每天两点一刻。"

学生 A：然后我们笑得摇头晃脑。为什么？

学生 B：是的，真是疯狂。太好笑了。

谁是叙述者？当然是讲述的两个声音。

还有一些故事是共同建构的，因为为了听众讲述者可能会改变故事。有人认为建构故事与其他涉及语言使用的活动非常相似似乎是合理的。克拉克和威尔克斯-吉布斯(Clark & Wilkes-Gibbs，1986)表明在配对活动中，即使指定某位讲述者负责某些问题，问题的解决也要通过与特定伙伴进行积极的合作。巴弗拉斯、科茨和约翰逊(Bavelas, Coates & Johnson，2000)的发现更有说服力，他们认为交流的本质就是实验控制。一些听众被要求，当他们听参与者讲述故事时，要给出一般或具体的反应，然而另一组听众在听讲时则被给予分心任务。分心组的参与者更不擅长讲故事。巴弗拉斯等人认为听众是协助叙述者，即使听众给的反应非常一般或是很有限，如只是点头并且说"嗯嗯"。安德森、卡森、基夫和达库克(Anderson，Carson，Keefe & Darchuk，2004)发表的研究也发现了叙述者与听众之间的合作，叙述者与听众都具有较高的社交技能的组与其他所有的听众配对组相比，该组的叙述者讲故事时有更强烈的情感表达。

最近的发展研究表明，叙事可能是一个贯穿于儿童整个童年期与父母不断进行的协作过程。持续合作讲故事似乎与"支架"的概念不符合，这个观点认为父母教授基本的叙事技能，然后在孩子掌握这些技能后不再参与。相反，黑登、海因和菲伍什(Haden，Haine & Fivush，1997)发现，随着儿童发展更高级的叙事技能，父母也发展更复杂的叙事策略。这让黑登等人提出对叙事更恰当的模型是"协作螺旋"而不是"支架"。他们还提到讲述故事很少是为讲故事这样的明确目的，更多的是为了促进"建立社会目标和通过对过去故事的共建共享，重建立人际关系纽带"。

即使有一个明确的叙述者，叙事也可以说是一种人际活动，因为叙述者必须将经验转变成听众可以理解的形式。经验可以改变并且翻译成文字，叙述者必须能共情，理解听众是如何聆听故事内容的。社会不接受的经历还不能翻译成文字(也就是说，听众要能够理解)，而且这类经验的大部分内容是不可以与别人共享的。甚至，正如叙事过程被认为是听众共同建构了叙事，并且最终改变了故事。通过叙事中的心理分析描述这一现象，斯彭斯(Spence，1982)提到分析师发生误解可以改变故事的经验，并且"可以轻易被目标图像取代，过去的一部分在未来永远不能被认知"。来访者接受治疗的一部分原因是他们的经验不能被转换成叙事表达。最初的经验可能从来没有被交流，因为没有可用的符号来表达而被一直封存。经验实际上也有可能被遗忘，取而代之的是一个现成的叙事，在叙事中经验被任何文化中最值钱的东西——社会认可所交换。这样的叙事会与叙述者的经验相差甚远，没有遵循以下承诺，一个文化认可的叙事允许听众体验。这就好像把一个人的经验总结为一个可以轻易沟通和理解的形式，其他人很容易认同，这可能更多地被认为是一个"新闻稿"(Wiersma，1988)而不是一次分享经验的机会。社会接受的新闻稿起到一个作用，可以减少分享经验的困难，但是这个作用和社会提倡的新闻稿都不能替代更亲密和困难的人际关系(Leitner & Thomas，2003)。

然而，大多数故事的共建过程可能会更加开放。每次复述，故事都会被略加修改，往往基于那些在以前的叙事中听过这个故事的人和共建这个故事的听众们的反应。一些相同的事件可能会有不一样的版本，有时有不同的听众，有时在不同的时间是同样的观众。所有的复述在方式上都是类似的。比如音乐家对同一首歌各自独特的记录方式，或者莫尼特画中的许多睡莲也是相似的。我们的故事给人类独特的创造性的活动提供了一个机会，或者集中体验交流的机会(Csikszentmihalyi，1993)。在这个时刻，故事不再是简单的事件集合，参与者试图通过全神贯注地聆听对这些人际互动的复述，重新体验事件，就好像这些事情正在发生。一张画可以写上一千个字，但是一个好的叙述者可以融入同一个人物一千次来体验不同的生活，甚至每次都可以讲述不一样的故事，让每一位听众都有一个新的体验。

（黄聪慧　译）

参考文献

Anderson，T.，Carson，K. L.，Keefe，F. & Darchuk，A. C. 2004. The influence of social skills on private and interpersonal emotional disclosure of negative events[J]. Journal of Social and Clinical Psychology，23(5)：635-652.

Angus，L.，Levitt，H. & Hardtke，K. 1999. The narrative process coding system：research applications and implications in psychotherapy practice[J]. Journal of Clinical Psychology，55：1255-1270.

Baron-Cohen，S. 1996. Mind blindness：an essay on autism and theory of mind[M]. Cambridge：MIT Press.

Bavelas，J. B.，Coates，L. & Johnson，T. 2000. Listeners as co-narrators[J]. Journal of Personality and Social Psychology，79：941-952.

Benjamin，L. S. 1993. Interpersonal diagnosis and treatment of personality disorders

[M]. New York：Guilford.

Benjamin，L. S. 2001. A developmental history of a believer in history[M]// M. R. Goldfried(Ed.). How therapists change. Washington，DC：American Psychological Association.

Bruner，J. S. 1986. Actual minds，possible worlds[M]. Cambridge，MA：Harvard University Press.

Clark，H. H. & Wilkes-Gibbs，D. 1986. Referring as a collaborative process[J]. Cognition，22：1-39.

Csikszentmihalyi，M. 1993. The evolving self：a psychology for the third millennium [M]. New York：Harper Collins.

Damon，W. & Hart，D. 1988. Self-understanding in childhood and adolescence[M]. Cambridge，UK：Cambridge University Press.

Foner，E. 2002. Who owns history? Rethinking the past in a changing world[M]. New York：Hill & Wang.

Gergen，K. J. 1991. The saturated self：dilemmas of identity in contemporary life [M]. New York：Basic Books.

Greenberg，L. S.，Rice，L. N. & Elliott，R. 1993. Facilitating emotional change：the moment-by-moment process[M]. New York：Guilford.

Habermas，T. & Bluck，S. 2000. Getting a life：the emergence of the life story in adolescence[J]. Psychological Bulletin，126：748-769.

Haden，C. A.，Haine，R. A. & Fivush，R. 1997. Developing narrative structure in parent-child reminiscing across the pre-school years[J]. Developmental Psychology，33：295-307.

Hermans，H. J. M. 1996. Voicing the self：from information processing to dialogical interchange[J]. Psychological Bulletin，119：31-50.

Horowitz，L. M.，Dryer，D. C.，Krasnoperova，E. N. 1997. The circumplex structure of inter-personal problems[M]// R. Plutchik & H. R. Conte(Eds.). Circumplex models of personality and emotions[M]. Washington，DC：American Psychological Association.

Keefe，F. J.，Lumley，M.，Anderson，T.，Lynch，T. & Carson，K. L. 2001. Pain and emotion：new research directions[J]. Journal of Clinical Psychology，57：587-607.

Leitner，L. M. & Thomas，J. in press. Experiential personal construct psychotherapy [M]// F. Fracella(Ed.). Personal construct psychology handbook. Chichester，UK：Wiley.

Luborsky，L. & Crits-Christoph，P. 1990. Understanding transference：the CCRT method[M]. New York：Basic Books.

McAdams，D. P. 2001. The psychology of life stories［J］. Review of General Psychology，5：100-122.

McCullough，D. 2001. John Adams［M］. New York：Simon & Schuster.

Moffitt，K. H.，Singer，J. A.，Nelligan，D. W.，Carlson，M. A. & Vyse，S. A. 1994. Depression and memory narrative type［J］. Journal of Abnormal Psychology，103：581-538.

Neimeyer，R. A. & Stewart，A. E. 2000. Constructivist and narrative psychotherapies［M］// C. R. Snyder & R. E. Ingram（Eds.）. Handbook of psychological change：psychotherapy process and practices for the 21st century. New York：John Wiley.

Newman，F. & Holzman，L. 1999. Beyond narrative to performed conversation（"In the beginning"comes much later）［J］. Journal of Constructivist Psychology，12：23-64.

Pennebaker，J. W. 1991. Opening up：the healing power of confiding in others［M］. New York：William Morrow.

Polkinghorne，D. 1988. Narrative knowing and the human sciences［M］. Albany：State University of New York Press.

Rasmussen，B. & Angus，L. 1996. Metaphor in psychodynamic psychotherapy with borderline and non-borderline clients：a qualitative analysis［J］. Psychotherapy，33：521-530.

Shafer，R. 1992. Retelling a life：narration and dialogue in psychoanalysis［M］. New York：Basic Books.

Spence，D. P. 1982. Narrative truth and historical truth：meaning and interpretation in psychoanalysis［M］. New York：Norton.

Stiles，W. B. 1999. Signs and voices in psychotherapy［J］. Psychotherapy Research，9：1-20.

Strupp，H. H. & Binder，J. L. 1984. Psychotherapy in a new key：a guide to time-limited dynamic psychotherapy［M］. New York：Basic Books.

Tantam，D. 2002. Psychotherapy and counseling in practice：a narrative framework［M］. Cambridge，UK：Cambridge University Press.

Weibel，D. 2002. Tyranny of the self［M］. Unpublished manuscript. Ohio University.

Wiersma，J. 1988. The press release：symbolic communication in life history interviewing［J］. Journal of Personality，56：205-237.

第19章　心理治疗中情感变化对叙事过程的贡献：一个辩证的建构主义方法

莱斯利·S. 格林伯格(Leslie S. Greenberg)
琳恩·E. 安格斯(Lynne E. Angus)①

一、概述

达马西奥(Damasio，1999)指出，故事体验的首要动力是对躯体内在状态的意识。他主张，在最根本的意识层面上，当躯体状态的变化与环境的影响相联系时，人们就能够"认知"到生命。萨宾(Sarbin，1995)认为，在更高的意识层面上，所有的情感都是故事化的，个体的故事由突发的情感主题来塑造。通常情感主题的起伏，以及它们所代表的冲突的欲望和意图等，将不同的经验和事件编织在一起，从而创造出一个有意义的、连贯的整体：一个故事化的经验。

试以悲伤的经验为例。当遭遇挚爱之人丧生的打击时，我们首先会陷入愤怒的情绪中，然后转化为悲伤，之后才逐渐接受失去对方的现实并以感恩的心态面对生者。在一些充满艰难险阻的爱情故事中，我们发现令人向往的爱情故事往往都伴随着妒忌与背叛，依恋伴随着失落，所有故事中都带有冲突、愤怒和绝望。

相反，当出现追求真爱的情境时，就会出现一个全然不同的故事——两个人互相吸引、互相磨合以获得依恋、舒适和熟悉的故事。无论是哪种爱情故事，变化的情感线是我们评价恋人内心的意图和欲

---

① 有关本章的信件请寄给本章作者，地址为：York University，4700 Keele Street，Toronto，Canada M3J 1P3，或者发送邮件至 lgrnberg@yorku.ca。——作者注

望“正在发生”的关键标志。需要注意的是，情感经验的叙事组织——意图和欲望等都是明确的——这让我们能够理解某种经验对我们来说意味着什么，向我们表达了什么。

虽然在心理治疗的文献中，来访者叙事表达(Angus & Bouffard，2002，2003；Angus，Levitt & Hardtke，1999；Baumeister & Newman，1994；Book，1998；Botella & Herrero，2000；Bruner，2002；Dimaggio & Semerari，2001；Gonçalves，Machado，Korman & Angus，2002；McLeod，1997；Neimeyer，1995；White，2001)和情感过程(Greenberg，2002；Greenberg & Paivio，1997；Greenberg & Pascual-Leone，2001)受到越来越多的关注，但叙事表达与情感过程之间的关系却很少得到解决。本章的目的是在辩证建构主义的变化治疗模型下解决这个问题(Angus & Korman，2002；Arciero & Guidano，2000；Greenberg & Pascual-Leone，1995，1997，2001；Greenberg，Rice & Elliott，1993；Guidano，1991，1995；Mahoney，1991；Neimeyer，1995；Pascual-Leone，1987，1990a，1990b，1991；Watson & Greenberg，1996；Watson & Rennie，1994)。在这一章中，我们将探讨策略—图解、注意和反身性信息处理系统(reflexive information processing systems)对建构情感经验和叙事认知(narrative knowing)的贡献，这个作为未来心理治疗的研究和实践的探索性的模型将得到解决。

特别要强调的是，情感和叙事过程对于建构新的个人意义的贡献，体现在叙述个体故事的角度，以及整个人生的故事或自我认同的建构之中。在辩证建构主义模型中，将内在的经验组织成一个连贯的叙述是自我意识的基础(Whelton & Greenberg，2000)。自我被看作一个多过程、多层次的结构，它从连续的经验和负责解释与命令高级条件反身过程(reflexive processes)的辩证作用中产生，并且解释了基本的经验过程。在这种观点中，情感性的语调、前意识的过程被看作自我经验的重要来源。把这段经验组织、整理并清晰地表达成一个连贯的叙事是另一个重要因素。因此，个体通过综合基于生理上的信息和文化获取的信息来不断构建自我。虽然生理和文化有时会发生冲突，但它们在本质上并不对立。相反，它们都是综合辩证的必要源泉。人活着就是将内外、生物和社会、感性和理性结合起来。

在约克心理治疗研究中心进行的一系列持续的过程—结果研究项目（Goldman & Greenberg，2003；Greenberg & Angus，1995；Greenberg & Toukmanian，1999；Hardtke，Levitt & Angus，2003；Levitt & Angus，2000），已经开始探索在以来访者为中心和体验式的心理治疗中，讲故事和情感过程之间的相互关系。对大量早期的单一案例进行分析，结果表明，来访者情感上的叙事是治疗过程改变的基础(见 Angus，Lewin，Bouffard & Rotondi-Trevisan，2003)。在个体的故事或微叙事层面上(Angus et al.，1999；Baumeister & Newman，1994)，情感的表达是个体自传式记忆叙事(autobiographical memory narrative)的重要标志。反过来，当在一个连续的叙事框架中，确定是什么感觉、关于谁以及与需要或问题有关的内容时，情感的意义就被完全理解了。因此，在心理治疗和生活中，所有重要的情感都包含在重要的故事中，所有重要的故事都围绕着重要的情感主题。

在整个自我叙事的宏观层面上，我们把自我认同感(personal identity)看作一个有组织的、有情感意义的网络，它代表着关于自我和他人的核心信念和关键价值观。自传式记忆叙事的情感基调——愤怒、悲伤、快乐或恐惧是个体与他人的记忆的主要联系之一。因此，隐含的情感主题和它们所包含的叙事成为一种视角，通过这种视角我们将人际交往的经验进行分类与叙事化。

二、意义建构的辩证法：整合叙事与情感过程

从辩证建构主义的观点来看，新的个人意义的反身建构(reflexive construction)涉及自我组织和情感经验的表达(Greenberg & Pascual-Leone，1995；Greenberg et al.，1993；Pascual-Leone，1987，1990，1990，1991)。下述核心假设是心理治疗中出现新的个人意义的关键：①来访者能动性；②反身和意义建构的过程；③情感图式和情感过程对于促进第二级认同转变(identity change)的重要性；④来访者—治疗师对话的建构性本质(Greenberg，2002；Greenberg et al.，1993)。

在这个框架内，情感过程的叙事结构无论是在无意识还是意识层面上都是很重要的。例如，在关于人类意识的研究中，达马西奥(Damasio，1999)认为，人类生存在一个有序的、可以将经验随时随地故事化的世界中。他讲道：

> 整个知识的建构，从简单到复杂，从非文字的图像到文字，都靠我们去随时描绘发生在我们自身以及周围的故事。一件事被另一件事所影响，从而导致不同的结局。从大脑地图的形式来看，讲述故事不单单是语言，还是一种大脑的观念，因为它实际上是语言形成的条件。

从本质上来说，在躯体状态不断发生变化的故事中，我们知道了生命的存在。

达马西奥(Damasio，1999)指出，人类的意识是伴随着这种内隐叙述而产生的，它表现在认知上。因此，无论是叙事还是情感过程都是在意识层面上运作的，对于产生情感的感觉或经验来说，意识都是至关重要的。对躯体感觉的意识既是体验治疗的核心(Gendlin，1962)，也是外部(环境)或内部(以记忆为基础)的叙事场景的象征。在叙事的场景中，这是一种躯体感觉的互动，它促成了意义的建构、新的自我经验的组织，以及对自我和他人的新观点的建构。为了更好地理解自己，人们不断地通过象征化、故事化自我解释——在这样做的过程中，他们建构了一个连续的、自然发生的自我叙事——来组织他们的个人故事，并提供一种自我一致性(self-coherence)的感觉。通过这种方式，他们的稳定的同一感出现了，这种同一感是理智与情感、头脑与心灵的结合。

一个关于自我意识和个人意义的辩证建构主义理论，指出了叙事和情感过程发挥作用的四个关键阶段。第一个阶段涉及情感反应的快速合成，从感觉和周围的叙事场景，到创造内在躯体感觉和内在观念。第二阶段是将注意资源分配到躯体的感觉上，以反身性分化(reflexively differentiate)和命名感觉状态，来创造一个主观现实。反思象征发生在内隐的叙事场景中，在命名内隐躯体感觉和叙事语境中产生。

第三阶段是有意识地表达新意义。新的个人意义是与自我和他人的经验联系在一起的。在这个阶段，对情感经验有意识的、因果性的解释是以叙事的形式展开的。阶段一到阶段三在个体生命事件或微叙事的过程中，处理情感和叙事过程的相互关系。在这些阶段中，不仅是情感影响叙事形式，叙事也会对情感产生影响。

第四阶段，也是最后一个阶段，需要整合一个身份认同叙事。通过将新的叙事和个人意义融入既存的关于自我或他人的观点中，彻底重组自我叙事，并呈现新的情感意义上的观察和理解自我的方式，提供一种新的认同叙事方式。最后一个阶段是在建构自我认同的层面上处理情感和叙事过程。综合这四个阶段，形成象征意义、整合同一感，是心理治疗中来访者产生重要自我改变的关键。每一个阶段，都为治疗干预提供了不同的机会。

思考一下这个过程是如何发生的。来访者讲述前一天晚上在电影院发生的偶遇。他说，当时他正在排队，转身去看电影海报的时候，突然发现站在他身后的是一个他极度不想见到(或极度想见到)的人。根据当时不同的情绪、想法和感觉，他可以叙述出两种完全不同的复杂的故事，这些感觉是在电影院偶遇一个人的背景下产生的。在两种不同的故事里，他都可以描述对叙事场景的感受以及对复杂感觉的理解，如当时自己和别人的意图、信念、目标等。

在他开口向那个人打招呼之前，这些隐含的意义以及这个"故事"都没有被有意识地处理过。来访者是否会冷静地平息心中的怒气，这在一定程度上取决于来访者与那个人过去的关系，以及他当时的想法。如果这次偶遇没有使他产生明显的情绪，这个人对自己行为的叙述不会很具体，因为他会被复杂的情感所淹没。因此，除了所产生的具体行为之外——究竟是说了还是做了——还存在着意识的边缘——一种自然形成的躯体感觉的含义。通过注意分配，可以将注意力转移到焦点意识和象征上，这时它们的意义就会被表达出来(James，1890/1950；Perls，Hefferline & Goodman，1951)。如果对这些意义进一步反思，它们可能就会影响到这个人的认同叙事。

躯体上的感觉指向成为个体关注和反思的焦点(Gendlin，1962)，它是区分存在意义和表达经验的基础。因此，当来访者看到一个他喜欢的人时，他就会产生积极的情绪、对自我价值的评价，包括对自身外貌、身材、智力和社交能力的评价，以及许多其他特殊的感觉和意义。这种包含在躯体感觉中的复杂的个人意义，在叙事场景中被区分。叙事场景的特殊性影响着人们期望行为的表达和当时自我评价的性质。例如，来访者巧遇一个他非常喜欢的异性，而他此刻正牵着伴侣的手，他会感到自己内心渴望与喜欢的人产生联系。然而，与现任伴侣在一起的同时，他渴望与别人接触的想法可能会使他感到内疚和痛苦。

在与令他害怕的人偶遇时，他的恐惧和担忧的情绪、对自我价值的评估、处理冲突的能力都在不同的叙事场景下有所差别。如果那个令他害怕的人和他最好的朋友牵着手，他很可能会因为想逃跑而感到压抑。在这个事件中，对躯体的感觉——憧憬、渴望或者敬畏、恐惧——与叙事场景的特定特征相互作用，支持或约束个体的动作倾向。因此，心理治疗的第一步是要重点关注来访者的躯体感觉。在个体经验的基础上，个人的意义被区分和象征化，在一个展开的叙事场景中表达出来，并被解释为有意义的故事。

(一)躯体感觉的综合

正如前面所提到的，达马西奥(Damsio，1999)定义了简单的叙事地图与情感反应的联系，这是人类意识和情感出现的根源。第一个叙事经过了一种内隐的处理，说明了自我的非语言表征的连接，以及修改的原因或刺激(Dimaggio & Semerari，2003)。达马西奥解释道：

> 当一个有机体与一个物体相互作用的时候，是一个非文字的简单叙事。它有人物，有时间过程，有开头，有中间和结尾。结尾由导致有机体改变状态的反应所组成。

根据达马西奥的说法，非文字叙事的终点是一种情感反应，它提供了一种关于躯体状态的复杂的经验信息，描述了叙事场景中的躯体状态。情感反应作为个体幸福的关键指标，负责机体注意资源的进一步分配(Forgas，1995；LeDoux，1996)，对情感图式进行进一步的加工。

与达马西奥(Damasio，1999)的观点一致，拉塞尔(Russel，2003)认为，对情感的认知不仅仅是一个基于生理的、心理—运动—情感过程激活的结果，还是一个复杂的建构过程的结果。他指出情绪是个体主要情感的基本要素，愉快程度和觉醒程度是情感过程的核心。这些自动感知的愉快/不愉快经验关系一个特定的对象和/或事件(叙事场景)的质量。核心情感的变化——以愉快/不愉快的形式——会与感知到的刺激迅速联系，从而解释情感的转变。只有在这种联系发生之后，人们才开始体验到一种离散的情感。比如，因一个令他失望的朋友感到生气，或者对失去所爱之人感到悲伤。因此，情感的发现和建构是同时进行的。

达马西奥(Damasio，1994)认为，人们在物体类别和叙事场景之间自动产生系统连接的过程中，一方面，自动形成原始的、预先组织的情感；另一方面，引导着成年人产生一种高级的情感体验。达马西奥对情感反应的起源进行描述时讲到，情感并不是以脱离过去经验或当前的叙事语境的单一的离散情绪出现的，如愤怒或悲伤。相反，情绪会产生复杂的情感，这部分取决于一个人的情感习得历史。很多成人的高级情感体验都是习得的，有一种特殊的图式来帮助个人预测未来的结果。这种高水平的处理过程被称为情感图式(emotion scheme)(Oatley，1992；Pascual-Leone，1991)，是干预和治疗产生效果的主要指标(Greenberg & Paivio，1997；Greenberg et al.，1993)。激活的情感图式是人类经验和自我组织的基础(Greenberg，2002；Greenberg & Paivio，1997；Greenberg et al.，1993)。

情感图式是一种复杂的情感状态，它基于一个人过去的情感经验，在某个叙事场景中被情境化，并且常常被描述为自传体记忆。这些高级的、复杂的情感为人们提供了一种整体的感觉或者可以说是一种“直觉”，成为躯体感觉的参照物，人们可以通过它来创造意义。情感图式一旦形成，就会产生更复杂的躯体感觉。这些感觉通常不再是纯粹的先天反应或对特定情境的反应。相反，它们由反复出现的、与外在的情感表现相联系的、与外显的或内隐的人际交往联系在一起的，或者是那些构成情感经验的过去经验组成。第二个有关情感图式的例子是，一个人可以想象回到一个他所珍视的童年场景中，体验过去的情绪。无论这段经验是否能够被他完整地清楚表达(是什么感觉以及为何为这样感觉)，这段经验都会发生。也许最重要的是，这些以情感为基础的组织是基于记忆的、与情感经验相关的图式，用以指导评估，并作为生理唤醒和行为的蓝图。

根据过去所经历的亲密关系的性质，情感图式可能并不适应当前的人际关系。比如，儿童在发展适应性情感图式时，他寻求亲密关系的行为受到父母的不明确的回应，这个孩子很可能会形成一种恐惧亲密的图式——别人会拒绝或伤害他们。在以后的生活中，当这个儿童接近他人时，这些图式可能会激活与虐待相关的生理唤起模式，过去的经验所形成的消极信念将会被唤起。这个儿童随时会组织害怕的情绪，身体上抗拒亲密接触，并且将亲密视为威胁，即使他清楚地知道这种反应在当前的人际交往或叙事场景中是没有根据的。以下是摘自约克抑郁研究(Greenberg & Watson，1998)的治疗对话摘录，用以说明现实生活中来访者是如何激活这种情绪图式的。

来访者：当我看到马克走进房间时，我就会产生一种情绪……(转向情感分化)感觉是一种不一样的情绪，但直到大约一周前，这种感觉就好像友谊。

治疗师：就像一种温暖的感觉吗？(移情推测，区分情感体验和象征)

来访者：没错！我正想说这是一种信任，一种温暖……就是这种完完整整的满足感。(象征着躯体感觉的综合)

治疗师：那感觉真的很好。

来访者：没错，但随后就是痛苦和恐惧感[象征，然后转向反身性模式(reflexive mode)和经验]，因为在过去的四年里，唯一让我感受到自我的是瑞尔(Reaoul)，但事实恰恰相反……就像当我觉得他最爱我并且可以接受真正的那个我时，这可是一桩大事。

在特定的情境下，对感觉的认识和为其命名的探索，以及对自我的理解，预示着经验过程向下一阶段转变。

在情感中心疗法(EFT)中，治疗师会遵循两个阶段的方法强化情感经验(Greenberg，2002)。第一阶段，治疗师倾听来访者的叙事，让来访者叙述他的故事和情感意义。在这个阶段，治疗师的工作是处理恐惧和不信任的情感图式，确保来访者完全将注意力集中在令他不适应的恐惧情绪上。为了进行进一步探索，治疗师可能会说："让我们保持这种恐惧的感觉，当你想起瑞尔的时候，这种感觉会深深地打击你，你可以坚持并正常呼吸吗?"这就使来访者关注创伤性情感图式，以及与之相关的反应。这时来访者可能会说："我不能敞开心扉，这样我会再次受到伤害。"

在来访者明确意识到这种不适应感和对个人的意义之后，心理治疗的目标就会转变为让来访者获得适应性的情感反应来作为不良情绪的解药。这一转变预示着 EFT 向第二阶段的转移。治疗师要关注来访者开始出现的适应性的感觉——一种“信任、温暖……完全满足”的感觉。如果这种声音没有出现，治疗师可以帮助来访者表达他的需求来获得这种感觉，这时治疗师可以问：“你在这种深深的伤害和不信任中需要什么?”这时来访者可能会回答：“我只是需要被赞同、被安慰，我这样做是希望得到一些温暖。”然后，治疗师会把这种适应性更强的声音辩证地说出来：“那么你要对恐惧说什么，说我不能打开心扉吗?”这时来访者可能会说：“我知道我需要慢慢地去了解自己，但我也需要认识到这有什么不同。”

（二）象征

当隐喻和伴随的躯体感觉被关注、被表达、并被意识到有差异时，治疗师将这个过程称为经验化(Bohart & Wugalter，1991；Gendlin，1962，1996；Greenberg et al.，1993)。这种对情感关联模式的经验(整体)加工与概念加工不同(Epstein，1994；Greenberg et al.，1993)。在经验加工过程中，对意识概念结构的约束条件是可以满足的，并消除许多其他可能的意义。概念上的、会对行为产生影响的隐喻，并不能完全决定个人意义的建构。更确切地说，感觉意义(felt-meanings)是用概念性的、明确的意义来建构个人事件的叙事的(Greenberg & Pascual-Leone，1995，2001)。

在这个意义的形成过程中，关键是要利用语言区别表达这种内在的意义。躯体的感觉是通过一种动态的综合的方式产生的，这是一种基于情感的图式，在特定的叙事场景中被唤起。将情感反应的直接经验与其他的自我反身性过程相结合。例如，在特定的叙事场景中的评价和归因，有助于来访者清楚地用文字表达感觉到什么，关于谁，以及关于什么话题。

我们可以象征一种内在的感觉，如在一种叙事场景中感到疲倦或不知所措。疲倦和不知所措这两种内在感觉，用让我们感到“疲惫”或“害怕”的方式来表达我们的经验。“疲倦”或“不知所措”的象征都是充分的，但却能捕捉到整个经验的不同方面。因此，有意识的经验并不仅仅简单地完整“存在于”我们身上。相反，它从变化着的状态之中关注内部躯体感受(我累了)和反身分化(reflexive differentiation)与对这种感知的命名(这几天没完没了地工作我感到筋疲力尽)体现了叙事语境的特殊情况。这样，个体才可以用“正确的词语”来捕捉和表达内在的感觉，为区分新的个人意义和理解提供平台。我们通常用语言来表达我们的情感，并将其嵌入到叙事框架中，因此语言对于创造新的意识经验至关重要。

正如格林伯格等人(Greenberg，1993)指出的那样，治疗师要对来访者内心感受的细微差别保持敏感，不要过于简化来访者反映感觉的想法。他们认为，治疗师诸如“你真的很生气”这样的话，也许会对来访者有少量的帮助，但是没有做到足够的区分出来访者的感觉。罗杰斯(Rogers，1959)表示：“经历一种感觉代表一种带有个人意义的、情感上的体验(experience)。因此在经验语境中，它包含情感，也包含情感的认知内容和意义。”罗杰斯认为，内心的感觉与特定的语境或场景有关。因此，治疗师想要准确地把握来访者内心的感受就必须关注外部的情境——这种感觉的本质是什么。治疗师会对来访者说：“在她说了那些话之后(展开对话的叙事背景)，你有一种动摇的感觉(来访者内心的想法和感觉)。”

格林伯格、赖斯和华生(Greenberg，Rice & Watson，1996)与罗杰斯观点一致，他们认为治疗师需要帮助来访者打开他们的过去经验，探索人物和事件对他们的影响。下述例子示范了一个治疗师的移情反应(empathic response)如何简洁地捕捉、整合叙事场景中的重要细节，并与来访者的唤起情感反应相结合。

来访者：我和我的父母之间有很多问题……比如我小时候，父母会让我把盘子里的每一块食物都吃掉，他们站在我的身边看着我，我讨厌这样！这让我感到很无助……

治疗师：站在你的角度看……他们看着你、强迫你吃，这几乎是你不能忍受的。

治疗师从她叙事中的一些反应捕捉出信息(站在旁边和看着你)，从来访者的角度(强迫你吃)来看，对这些行为的反身的意义以及特殊的内在感知意义(几乎是超过你能忍受的)诱发了来访者的童年记忆。通过抓住来访者的经验、外部场景和内在的主观感受，治疗师帮助来访者在外部场景中进行进一步的反身性处理(reflexive processing)和区分。

约克大学的一个独特的叙事过程研究项目(Angus et al.，1999；Lewin，2001)发现，好结果与坏结果的案例可以由一种特殊的叙事处理模式来区分。在这些好结果的案例中，治疗师将来访者的注意力集中在他们对于反身性处理的过程中，来访者一旦专注于反身性处理，就会反映出他们的情感体验。治疗师将来访者的注意力转移到情感过程，然后来访者从内部的情感分化回到反身性处理。

在约克的一部有关抑郁症治疗的案例分析的文献中，获得了三个好结果和三个坏结果(Angus et al.，1999；Lewin，2001)，勒温(Lewin，2001)发现，在好结果的情况下，近三分之一(30%)的治疗师在处理模式上的转变是从反身模式到内部情感的分化的转变。在来访者的自我反思中，治疗师专注于对情感意义进行辨别，帮助来访者更充分地进入他自己内心的情感世界。

在过程体验心理疗法的背景下，特别是在"双椅"和"空椅"角色扮演场景中，来访者与自己和他人进行富有想象力的对话，这似乎在促进来访者的自我反身性处理中扮演了一个与核心的情感反应有关的重要角色。下面的节选摘自一个好结果的过程体验治疗的记录(Greenberg & Angus，1995)，展示了在椅子对话的背景下，反身和情绪聚焦两个模式之间的辩证之舞。在这种空椅子的干预中，来访者扮演了她丈夫的角色，描述了她丈夫如何把她推开，让她觉得自己不重要的情形。

治疗师：就像他(丈夫)一样，你怎么让她感觉不好，你怎么让她觉得自己像个孩子？

来访者：通过笑——只要持续不断地——不把她当回事。

治疗师：嗯，告诉她你的感受。通过那种方式你感觉更有力量，对吧，就像——把她从身上擦去，你怎么做到那样的——你怎么让她感觉到？

来访者：嗯，你不需要那样做，或者，你知道的，你可以在没有她的情况下做到，你必须待在家里，并且……

治疗师：这是什么。就好比把她推回去(来访者手势)？

来访者： 嗯，算了吧，你不需要这样——不要挡我的路，这样我就可以穿好衣服出去了。(来访者在详细描述想象的语境中的叙事动作。)(笑)

治疗师： 嗯。

来访者： 你不重要，(来访者的自我反思转移到丈夫对她整体重要性的评估)你在那里只是因为孩子们在那里，而不是因为……(叹气)(来访者积极地表达躯体感受到的悲伤和伤害，作为妻子对不被感兴趣的回应。)

此时，来访者向治疗师表明，她沉浸于自己的情感反应，不再能够扮演她的丈夫。

来访者： 我又是我自己了。

治疗师： 好的，过来。(与来访者更换椅子)你感觉怎么样?(治疗师将注意力转移到躯体感觉/情绪反应的分化上。)

来访者： (哭)正如我所说的那样……他只是不爱我。(来访者转移到她的婚姻，她在婚姻里感觉不到爱。)

治疗师： 所以他把你放在一边，你觉得不被爱。(治疗师唤起对来访者经验的反应，其中包括感觉和叙事动作的综合。)

来访者： (擤鼻)是的。

治疗师： 告诉他那种感觉。(治疗师鼓励来访者在与丈夫对话的背景下，对不被爱的感觉与认同区分。)

来访者： 那种感觉就像，我很努力，但是你却继续踩着我，我感觉我就像他的奴隶一样，而不是他的妻子。(在反映她自己对丈夫行为的情感反应时，当事人阐明了一种关系隐喻，她捕捉到了一种被区别对待的感觉，在这种关系中受到了不公平的对待，被羞辱和贬低的感觉。)

治疗师： 嗯，感觉自己像个奴隶是什么感觉?(治疗师鼓励对复杂情感的进一步分化与被视为奴隶的象征经验相联系。)

来访者： 只是，为你和孩子或每个人做一切，但不是一起做任何事。(来访者转移到丈夫的行动的认同意义，并确定作为妻子不想要的感觉。)这就像没有我在那里，你不希望我在那里。

治疗师：告诉他不被需要和不被爱是什么感觉。

来访者：这，这是让我非常愤恨的，我讨厌你。（来访者转而用表达情感和感受的方式来应对被当作奴隶对待和作为妻子的不被需要。）

治疗师：嗯。

来访者：当你推开我的时候，我恨你，我恨你……

治疗师：告诉他，我恨你。（治疗师鼓励来访者在想象中的关于丈夫的语境下，在空椅子中区分她的怨恨情绪。）

来访者：是啊，你为什么不让我去呢？（来访者转而对她丈夫对自己的伤害行为的动机进行反思，她需要知道为什么他会忽略她这个生活中的伴侣。）让我们出去，有时间去做自己的事情不可以吗？是我哪里做得不对，让你不喜欢我在你身边吗？

治疗师：现在开始问你自己。

来访者：好的……

在这个案例中，来访者和治疗师都把注意力集中在想象丈夫在场的情境下与空椅子对话，由此区分来访者的情感反应和他们的象征意义。此外，很明显，治疗师帮助来访者从对她丈夫的行为和话语中看出——“你并不重要(对我来说)”——对情感反应的表达，哭泣和眼泪是对在想象的对话中听到这些陈述的回应。治疗师与来访者关注着怨恨的突发情绪。与此同时，来访者说出了她的经验，“我只是成为他的奴隶……而不像他的妻子”和“有一些和我有关的事情吗”。

与之相反，在关于抑郁症的研究中发现，坏结果的治疗过程中治疗师对内部过程转移(16.75%)的反应比好结果的治疗过程要少得多。在坏结果的治疗中，治疗师和来访者更有可能从对外部故事叙事转向情感分化，而忽略自我认同的探讨。以下的治疗会话摘自一个坏结果的经验性治疗过程(Greenberg & Angus，1995)，说明了当来访者没有积极地参与到自我认同的处理中时，将来访者的注意力转移到情绪分化和意义上是多么困难。在探索她的感觉时，这位来访者似乎也扮演了一个更被动的角色，这种感觉更可能被描述为离散的躯体感觉，而不是经验化的和象征化的感觉或情绪。

来访者： 是的，是的。我发现我呼吸很困难。（来访者对躯体感觉的描述。）

治疗师： 呼吸困难吗？（治疗师关注来访者的躯体感觉并暗示来访者阐述这种感觉。）

来访者： 就气喘吁吁，我（呼气）吸气呼气，我不能得到足够的空气。（来访者描述躯体感觉的其他方面。）

治疗师： 所以你好像快要窒息了。（治疗师唤起的隐喻反射和躯体感觉的下意识象征。）

来访者： 是的。（来访者消极地同意。）

治疗师： 那么，那种窒息感是什么？（治疗师邀请来访者本能地表达经验窒息的感觉。）

来访者： 嗯，我去接电话，我可以坐着……［来访者不再关注躯体感觉和对外部事件描述的反身性意义建构（reflexive meaning-making）。］

值得注意的是，在这个例子中，来访者开始转移注意，她不再关注她的内在感受，而是转向讲故事本身。这个例子说明，躯体感觉和情绪反应的激活并不是治疗中改变来访者的唯一关键因素；情感反应需要伴随着来访者的反思，对感情事件中个人意义的阐述和转变。这篇摘录揭示了在过程体验治疗中，情感处理和认同的重要性。

这种过程体验式任务干预的主要目标，如双椅和空椅任务，是提高来访者的情绪唤起以促进来访者情绪的转变。情绪的转变可能意味着从适应不良的次级情绪转变为更重要的适应性情感反应，或者在个人记忆叙事中获得新的适应性情感反应。在过去的生活事件中经历新的、有时是矛盾的情感反应，可能会导致我们对自己和他人行为所代表含义的看法发生重大转变。此时，个体会以一种崭新的眼光看待自己和他人，并建构一种新的、情感连贯的叙事，描述发生了什么，为什么会发生，什么感觉，与谁有关，以及需要或发生什么。我们认为情感是“被理解的”，并且在叙事框架中有个人的意义，它能识别这种感觉是什么，这种感觉关于谁，以及与什么需要或问题有关。

然而，经验确实有其内在的结构，这种结构基于天生的情感、动机或理性倾向；它并不总是遵循语言和文化强加给它的命令。意义并不仅仅来自社会建构，任何社会衍生的符号都不能准确地反映一个特定的经验。一个不准确的、外部强加的符号不能创造新的生活经验，如果被错误地接受，最终它可能产生更大的干扰和混乱。人们必须以自己的情感为基础来引导叙事情境中的躯体感觉。这种内在的复杂性反映了“躯体感觉”的含义(Gendlin，1962，1996)，它必须被关注并清楚地表达出来，以展开有意识地经验。一旦来访者明确表达了他们的感受，他们就能根据当前的目标、需求和价值观，对他们的经验和行动进行反思和评估。经验对个人叙事至关重要，它在叙事场景中，将情感体验、意图和信仰等连贯地组织起来。

三、阐明新的意义：解释

在不断发展的叙事中，自我意识的反身象征和叙事的内容，使这种经验能够被完全理解和接受，成为生活故事的一部分。叙事可以帮助我们在生活中协调行为、对象和人，为我们的经验提供观点和意义。叙事指导个体未来的行动、人际沟通和关系，帮助我们融入周围的文化中。我们对生活的满意度往往取决于叙事的事件是否符合我们的预期。当我们的故事被打破时，我们的连贯性和控制力都被打破了。其他人的生活故事以及童话故事、民间传说、电影文学和小说也会提供故事原型，我们用这些原型作为标准来指导我们自己的叙事，并对它们进行评价。

(一)解释是基于更多习得的社会认知

反身系统是一个意识层面的，低唤醒水平与“冷”情感表达的情绪处理控制系统。反思图式系统的激活促进了情感经验的组织和叙事，这使得我们能够建构一个情感上突出的、充满意义的叙事故事来描述我们与他人的人际交往经验。彭尼贝克和席格(Pennebaker & Seagal，1999)指出，谈论和写出创伤的情感经验会立即引起皮肤电流和血压下降，由此改善了健康状态提高免疫功能。分析研究参与者的论文，彭尼贝克和席格发现写作似乎迫使人们把他们的思想和情感整合成一个连贯的故事，形成一个有明确的开始、中间和结尾的叙事结构框架。参与实验的被试说，写作的过程让他们从自我认同的立场思考问题，从外部审视自己。这份报告指出，认同的阐述、叙事结构、意义创造都有情感表达产生的重要治疗效果。

与此类似，安格斯等(Angus et al.，1999)认为，表述来访者的情感和意图等——布鲁纳(Bruner，1990)所称的“意识的风景”——对目睹或者经历长期的关系问题和重大个人损失后，个体新观念的出现至关重要。这种表述从不同的角度出发，去重新认识自我，从而促进对自我的理解。情感、信仰、希望、需要、动机、意图和目标(意识画面)和它们包含在问题故事或叙事事件中的内容(行为画面)，使经验能够被个体完全理解和接受，成为生活故事的一部分。本质上，行为画面的整合(一个事件的连续的、线性展开的描述，它回答了所发生的事情)的意识画面(自我和他人的内在反应，处理是什么感觉，以及它代表什么意思)使一个连贯的叙事充满了我们与他人的人际交往经验(Angus et al.，2003)。

例如，人际互动或某一事件的全部个人意义经常出现在一个叙事式的调查中，它涉及三个重要的问题：我有什么感觉？关于谁？我的个人需求、价值、目标或问题？自己和他人的感觉、意图等从情感的表达和分化中产生，与当前的叙事动作相联系，形成一个完整的、连贯的叙事。叙事连贯的一个关键标志是因果推论或连接，将内心的意图、情感等与当时情境中的行为联系起来。长期的自传式记忆储存和后期的检索也通过对动作与意识、事件和情感的叙事整合而得到加强。自传式记忆(Singer & Salovey，1993)使自我增加了新观点，自我经验以及与他人的相处方式将会被记住，并被应用到未来的人际关系和周围情境中。罗杰·尚克(Roger Schank，2000)也说叙事是一种自传式记忆：“当我们要对别人描述我们的经验时，我们会讲述一个故事，在创建这个故事的过程中还创建了记忆结构，其中包含我们的生活故事的要点。”尚克认为，讲故事并不是彩排，而是一种创造性的行为，这也可以当作一种备忘录——一种可获得的经验。

最后，讲述情感经验使人们能够很好地表达自己的观点，并与他人分享他们的个人经验，从而增加了在需要时获得他人支持的可能性。在心理治疗中，心理治疗师默认了这两种系统的重要性，并积极地帮助来访者将注意力转移到对情感图式的处理，进行更全面的反身性叙事建构，以帮助他们有意识地理解自己的情感经验。

从健康的意义上来讲，人们的自我认同主要是基于他们的躯体感觉，由情绪和感觉加工产生。然而，解释也可以基于更多的习得的社会认知，这些认知是从别人那里获得的，或者是根据过去的经验推断出来的。虽然这些大部分时候很有用，但也可能是心理困难的来源。那些倾向于维护形象而不顾经验以致干扰当下的感知，是“有价值的学习条件”(Rogers，1959)或“内心形象”(Perls et al.，1951)“错误的假设”(Beck，1976)。当自我被这些决定因素过度控制的时候，人们就不会以自己的基本经验为基础，导致功能紊乱。

(二)叙事认同的建构和自我体现

自我的组织水平，甚至高于稳定的自我组织的组织水平，可以被称为叙事认同(Whelton & Greenberg，2000)。这种认同包括将积累的经验和各种自我表现整合到某种连贯的叙事中。在这些叙事情境之外，认同是无法被理解的。人类的生命必须“被”假定成一致的和有意义的。在这个过程中，事件是由叙事话语来组织的，这样，人类生活的不同行为和经验就形成了一个连贯的故事。在每一种文化中，有意义的叙事可采取的形式都有复杂的规则。这些故事不仅是描述性的，而且还具有创造性和解释性。理性、想象力、神话和隐喻都是在试图组织成一个故事的过程中形成的，这些事件构成了流动的生命。然而，叙事不是随意建构的，也不是仅仅来自文化，而是以经验为基础的。这些故事在经验和叙事建构的自我之间的相互作用中产生，并告诉我们自己是谁。本质上，自我被形象化，但是躯体需要一个故事来进行有意义的行动，把过去和未来联系起来，把梦想、目标、遗憾、计划、失去的机会、希望和所有真正的人类生活的东西联系起来(Whelton & Greenberg，2000)。生活本身就是一个故事，当我们回顾过去和未来时，我们会明确地把它的结构表述出来。

随着时间的推移，这些故事构成了一种关于认同的描述(Angus & Bouffard，2002，2003；Angus & Hardtke，1994；Angus et al.，1999)。自我叙事是建构主义辩证法的一部分。它通过不同情境下的经验来建立一种对自我的一致性和稳定性的感觉。它也为矛盾的意义和在不同情境和关系中占支配地位的自我提供了解释。所有这些努力都促成了当下的生活事件，即实现自我理解和认同，有关于“我是谁?”和“我代表什么?”的问题得到解决。叙事的自我反身性与自我的其他方面一样复杂，由一种常常自相矛盾的自我表现的对话组成，其内在的一致性就像分层乐谱的点对排列一样错综复杂。鉴于自我经验是一组不断变化的复杂的自我组织，自我叙事对于建立稳定的认同是至关重要的(Hermans & Hermans-Jansen，1995)。

这一观点表明，构成自我的许多声音不仅仅在人们讲述自己的故事时，而且在躯体上都是连贯的，这是因为自我不可避免地会被置于环境中(Damasio，1999；Gendlin，1996；Mahoney，1991)。叙事是辩证法的一端，另一端是由躯体、感觉运动和情感等子系统组成的复杂网络，其信息被组织成为经验可用的自我状态，这是人类经验体现的基本要素。

四、结论

在心理治疗中，有经验的治疗师积极地帮助来访者将注意力转移到情感图式的加工，以及更充分的认同叙事过程中，以帮助他们有意识地理解自己的情感经验。实验和社会心理学以及神经生理学上的证据一致表明，在产生情感经验的过程中，大部分的加工过程都是独立于意识的、认知的操作，并影响意识的思维。因此，在纯粹的概念或语言层面上进行情感上的改变不会产生持久的变化。相反，如果他们的目标是自动产生情感经验，这种情感经验的基础是来访者的自我感觉，以及他们从经验中建构意义的方式，治疗干预则更有可能取得成功。我们认为这些方案是复杂的情感结构，它们本身是由生物学、经验和文化整合而来的。

另外，经验被有意识地反映出来，而“无言”的叙事场景(Damasio，1999)与唤起的情感反应相关联。本质上讲，情感经验的隐喻和无言叙事场景的想象表征两者发生了综合(Damasio，1999)。情感经验的叙事框架为整合提供了一个有效的框架，并将情感经验与动作序列整合在一起。我们要清楚情感过程和叙事结构的整合有助于对所发生的事情进行解释，这种解释可以告诉其他人，并进一步理解个人意义的建构。因此，治疗是一种了解自己的故事、理解它们、并改变它们的过程。在用文字的清晰的表达过程和生活经验的反身性过程的心理治疗中，个人叙事变得更深入——融合了情感的意义，并将更多的信息纳入其中。从本质上讲，个人故事变得有“意义”。在治疗中，如果有一个听众接受他们，故事就会从他们体内浮现出来，通过语言的帮助被带入这个世界。

一个以情绪为中心的叙事观点认为自我是在连续的、自我组织的过程中不断建构的。自我被理解为一个有更多基本元素的自然组织。这种组织中包含的情感经验和基于语言的叙事观点是高级整合过程的基本组成部分，包括有意识的和有影响的部分，这决定了我们自己是谁。建构自我是一个持续的过程，既要认同和象征我们自己的经验，又要建构一种包含时间的稳定并且连贯的具体叙事。这个过程将某些经验作为我们自身的经验，并将其看作连续的。不断发展的自我作为一个整合的过程，可以在任何时刻和情境中被创造出来(Greenberg & Paivio，1997；Greenberg et al.，1993；Greenberg & van Balen，1998；Perls et al.，1951；Rogers，1959)。

（王昕　译）

参考文献

Angus，L. & Bouffard B. 2002. "No lo entiendo"：la busqueda de sentido emocionaly coherencia personalante una perdida traumatica durante la infancia[J]. Revista Psicoterapia，12(49)：25-46.

Angus，L. & Bouffard，B. 2003. The search for emotional meaning and self coherence in the face of traumatic loss in childhood：a narrative process perspective[M]// J. Raskin & S. Bridges (Eds.). Studies in meaning (vol. 2). New York：Pace University Press.

Angus，L. & Hardtke，H. 1994. Narrative processes in psychotherapy[J]. Canadian Psychology，35：190-203.

Angus，L. & Korman，Y. 2002. Coherence，conflict，and change in brief therapy：a metaphor theme analysis[M]// S. Fussell (Ed.). The verbal communication of emotions：interdisciplinary perspectives. Hillsdale，NJ：Lawrence Erlbaum：151-165.

Angus，L.，Levitt，H. & Hardtke，K. 1999. The narrative processing coding system：research applications and implications for psychotherapy practice[J]. Journal of Clinical Psychology，55：1255-1270.

Angus，L.，Lewin，J.，Bouffard，B. & Rotondi-Trevisan，D. 2003. The CCRT approach to working with patient narratives in psychodynamic psychotherapy[M]// L. Angus & J. McLeod (Eds.). The handbook of narrative and psychotherapy. Thousand Oaks，CA：Sage：87-101.

Arciero，G. & Guidano，V. 2000. Experience，explanation，and the quest for coherence

[M]// R. Neimeyer & J. Raskin (Eds.). Constructions of disorder: meaning-making frameworks for psychotherapy. Washington DC: American Psycho-logical Association: 91-118.

Baumeister, R. F. & Newman, L. S. 1994. How stories make sense of personal experiences: motives that shape autobiographical narratives[J]. Personality and Social Psychology Bulletin, 20(6): 676-690.

Beck, A. 1976. Cognitive therapies and the emotional disorders[M]. New York: International Universities Press.

Bohart, A. & Wugalter, S. 1991. Changes in experiential knowing as a common dimension in psychotherapy[J]. Journal of Integrative and Eclectic Psychotherapy, 10: 14-37.

Book, H. 1998. How to practice brief psychodynamic psychotherapy: the core conflictual relationship theme approach[M]. Washington, DC: American Psychological Association.

Botella, L. & Herrero, O. 2000. A relational constructivist approach to narrative therapy[J]. European Journal of Psychotherapy, Counselling, and Health, 3: 1-12.

Bruner, J. 1990. Acts of meaning[M]. Cambridge, MA: Harvard University Press.

Bruner, J. 2002. Making stories: law, literature, life[M]. New York: Farrar, Strauss, Giroux.

Damasio, A. 1994. Descartes' error: emotion, reason, and the human brain[M]. New York: Putnam's.

Damasio, A. 1999. The feeling of what happens[M]. New York: Harcourt Brace.

Dimaggio, G. & Semerari, A. 2001. Psychopathological narrative forms[J]. Journal of Constructivist Psychology, 14: 1-23.

Dimaggio, G. & Semerari, A. 2003. Disorganized narratives: the psychological condition and its treatment[M]// L. Angus & J. McLeod(Eds.). The handbook of narrative and psychotherapy: practice, theory and research. Thousand Oaks, CA: Sage: 263-282.

Epstein, S. 1994. Integration of the cognitive and psychodynamic unconscious[J]. American Psychologist, 49(8): 709-724.

Forgas, J. 1995. Mood and judgments: the affect infusion model (AIM) [J]. Psychological Bulletin, 117(1): 39-66.

Gendlin, E. 1962. Experiencing and the creation of meaning: a philosophical and psychological approach to the subjective[M]. Glencoe, IL: Free Press.

Gendlin, E. T. 1996. Focusing-oriented psychotherapy: a manual of the experiential method[M]. New York: Guilford.

Goldman，R. & Greenberg，L. 2003. Depth of emotional experience and outcome [M]. Psychotherapy Research.

Gonçalves，O. F.，Machado，P. P.，Korman，Y. & Angus，L. 2002. Assessing psychopathology：a narrative approach[M]// L. E. Beutler & M. L. Malik(Eds.). Rethinking the DSM：a psychological perspective. Washington，DC：American Psychological Association：149-176.

Greenberg，L. S. 2002. Emotion-focused therapy：coaching clients to work through their feelings[M]. Washington，DC：American Psychological Association.

Greenberg，L. S. & Angus，L. 1995. How does therapy work[M]? Social Sciences and Humanities Research Council Standard Research Grant(1995-1998).

Greenberg，L. & Paivio，S. 1997. Varieties of shame experience in psychotherapy [J]. Gestalt Review，1(3)：205-220.

Greenberg，L. S. & Pascual-Leone，J. 1995. A dialectical constructivist approach to experiential change[M]// R. A. Neimeyer & M. J. Mahoney(Eds.). Constructivism in psy-chotherapy. Washington，DC：American Psychological Association：169-194.

Greenberg，L. S. & Pascual-Leone，J. 1997. Emotion in the creation of personal meaning[M]// M. J. Power. & C. R. Brewin(Eds.). Transformation of meaning in psychological therapies：integrating theory and practice. New York：John Wiley：157-173.

Greenberg，L. S. & Pascual-Leone，J. 2001. A dialectical constructivist view of the creation of personal meaning [J]. Journal of Constructivist Psychology，14：165-186.

Greenberg，L. S.，Rice，L. N. & Elliott，R. 1993. Facilitating emotional change：the moment-by-moment process[M]. New York：Guilford.

Greenberg，L.，Rice，L. & Watson，J. 1996. Manual for client-centered therapy [M]. Unpublished manual，York University，Toronto，Ontario，Canada.

Greenberg，L. & Toukmanian，S. 1999. Emotional change processes [M]. Social Sciences and Humanities Research Council Standard Research Grant(1999-2002).

Greenberg，L. & van Balen，R. 1998. Theory of experience-centered therapy[M]// L. Greenberg，J. Watson & G. Lietaer (Eds.). Handbook of experiential psychotherapy：Foundations and differential treatment. New York：Guilford：28-57.

Greenberg，L. & Watson，J. 1998. The treatment of depression in experiential therapies [M]// R. Fuhr & M. Sreckowic & M. Gremmler-Fuhr (Eds.). Das handboek der gestalt therapie. Gottingen，Germany：Edition Humanitische Psicologie.

Greenberg，L. S.，Watson，J. C. & Goldman，R. 1998. Process-experiential therapy of depression[M]// L. S. Greenberg & J. C. Watson(Eds.). Handbook of experiential psychotherapy. New York：Guilford：227-248.

Guidano，V. F. 1991. The self in process[M]. New York：Guilford.

Guidano，V. F. 1995. Self-observation in constructivist therapy [M]// R. A. Neimeyer，M. J. Mahoney(Eds.). Constructivism in psychotherapy. Washington，DC：American Psychological Association：155-168.

Hardtke，K.，Levitt，H. & Angus，L. 2003. Investigating narrative processes in psychotherapy discourse：the narrative processes coding system[M]. Zeitschrift fuer qualitative Bildungs-，Beratungs-und Sozialforschung.

Hermans，H. J. M. & Hermans-Jansen，E. 1995. Self-narratives：the construction of meaning in psychotherapy[M]. New York：Guilford.

James，W. 1950. The principles of psychology[M]. New York：Dover.(Original work pub-lished 1890)

Le Doux，J. E. 1996. The emotional brain：the mysterious underpinnings of emotional life[M]. New York：Simon，Schuster.

Levitt，H. & Angus，L. 2000. Psychotherapy process measure research and the evaluation of psychotherapy orientation：a narrative analysis[J]. Psychotherapy Integration，9(3)：279-300.

Lewin，J. K. 2001. Both sides of the coin：comparative analyses of narrative process patterns in poor and good outcome dyads engaged in brief experiential psychotherapy for depression [M]. Unpublished master's thesis，York University，Toronto，Ontario，Canada.

Mahoney，M. 1991. Human change processes[M]. New York. Basic Books.

McLeod，J. 1997. Narrative and psychotherapy[M]. London：Sage.

Neimeyer，R. 1995. Client-generated narratives in psychotherapy[M]// R. Neimeyer & M. Mahoney(Eds.). Constructivism in psychotherapy. Washington，DC：American Psychological Association：231-246.

Oatley，K. 1992. Best laid schemes：the psychology of emotions[M]. New York：Cambridge University Press.

Pascual-Leone，J. 1987. Organismic processes for neo-Piagetian theories：a dialectical causal account of cognitive development[J]. International Journal of Psychology，22：531-570.

Pascual-Leone，J. 1990a. An essay on wisdom：toward organismic processes that make it possible[M]// R. J. Sternberg(Ed.). Wisdom：Its nature，origins，and development. New York：Cambridge University Press：244-278.

Pascual-Leone，J. 1990b. Reflections on life-span intelligence，consciousness，and ego development[M]// C. Alexander，E. Langer(Eds.). Higher stages of human development：perspectives on adult growth. New York：Oxford University Press：

258-285.

Pascual-Leone, J. 1991. Emotions, development, and psychotherapy: a dialectical-constructivist perspective [M]// J. Safran, L. Greenberg (Eds.). Emotion, psychother-apy, and change. New York: Guilford: 302-335.

Pennebaker, J. & Seagal, J. 1999. Forming a story: the health benefits of narrative [J]. Journal of Clinical Psychology, 55: 1243-1254.

Perls, F., Hefferline, R. F. & Goodman, P. 1951. Gestalt therapy[M]. New York: Dell.

Rogers, C. R. 1959. A theory of therapy, personality, and interpersonal relationships, as developed in the client-centered framework[M]// S. Koch(Ed.). Psychology: a study of a science(vol. 3). New York: McGraw-Hill: 184-256.

Russel, J. A. 2003. Core affect and the psychological construction of emotions[J]. Psychological Review, 110(1): 145-172.

Sarbin, T. 1995. Narrative psychology: the storied nature of human conduct[M]. New York: Praeger.

Singer, J. & Salovey, P. 1993. The remembered self: emotion and memory in personality[M]. New York: Free Press.

Watson, J. & Greenberg, L. 1996. Emotion and cognition in experiential therapy: a dialectical-constructivist position[M]// H. Rosen, K. Kuelwein(Eds.). Constructing realities: meaning making perspectives for psychotherapists. San Francisco: Jossey-Bass: 253-276.

Watson, J. & Rennie, D. 1994. Qualitative analysis of clients' subjective experience of significant moments during the exploration of problematic reactions[J]. Journal of Counselling Psychology, 41: 500-509.

Whelton, W. & Greenberg, L. 2000. The self as a singular multiplicity: a process experiential perspective[M]// J. Muran(Ed.). Self-relations in the psychotherapy process. Washington, DC: American Psychological Association: 87-106.

White, M. 2001. Folk psychology and narrative practice[J]. Dulwich Centre Journal, No. 2: 1-37.

第 20 章　社会建构、叙事与心理治疗

约翰·麦克劳德(JOHN MCLEOD)①

社会建构主义是用来描述在 20 世纪后半叶在社会科学中变得有影响力的一套哲学思想的用语。彼得·伯杰(Peter Berger)、托马斯·勒克曼(Thomas Luckmann，1966)和肯尼斯·格根(Kenneth Gergen，1985，1994a，1994b)对这种方法的贡献最大。他们的研究表明，社会建构代表了几种不同思想的融合。例如，包括阿尔弗雷德·舒茨的社会现象学(Alfred Schutz，1932/1972)，汉斯·格奥尔格·伽达默尔的解释学(Hans-Georg Gadamer，1975)和后结构主义代表人物米哈伊尔·巴赫金(Mikhail Bakhtin，1929/1973)和米歇尔·福柯(Michel Foucault，1980)的观点。关于在社会建构主义立场中的矛盾，一些评论家已经进行了相当多的讨论。例如，在《理论与心理学》中的两个特殊问题(Stam，2001，2002)和其他方面(Danziger，1997；Nightingale & Cromby，1999)。在进行了这些讨论后，可以确定一系列关于用来理解社会生活的社会建构主义框架的关键思想。本章的目的是提供关于社会建构主义思想的简要概述，然后思考使用这种哲学观点的一些方法，以便将叙事方法用于心理治疗实践中。

社会建构主义可以被看作一个批判性的立场，它提供了一系列可以应用于解决文化和社会各方面问题的方法。社会建构主义方法关于任何社会/文化实践的主要问题是：人们如何共同行动？任何行动都

① 有关本章的信件请寄给本章作者，地址为：Albertay Dundee，Tayside Institute for Health Studies，Dunhope Castle，Dundee DD3 6HF Scotland，或者发邮件至 j. mcleod@tay. ac. uk。——作者注

可以被视为是执行或构建它的人的共同“成就”。人们如何采取行动或共同努力来完成，如一个治疗过程的顿悟，“这些一直抑郁的感觉”，一种治疗性的关系，“改变了我的生活”的一系列的治疗疗程，对结果问卷上的一个项目的反应，或者心理治疗过程的其他方面。

“人们如何共同行动”这个核心问题引出了进一步的问题，揭示了行动完成方式的不同方面：

> 一起行动，一个人有权力控制他人吗？这种权力和控制的来源是什么？
>
> 这种权力如何表现和使用？
>
> 当人们共同行动的时候，他们如何用语言来组织他们所做的事情？是否有一种让人接受、打断和保持沉默的结构，这意味着什么？使用哪些词呢？这些词所隐含的文化含义是什么？是否有证据表明使用或有争议的使用，是广义和有组织的谈话方式(论述)？
>
> 什么是意义上的文化资源(故事，神话，实践，仪式，技术，规则，美德和价值观)？
>
> 可以理解这一行动的更广泛的文化视野是什么？
>
> 身体体现和物质文化在行动构建中发挥什么作用？

从社会建构主义的角度来看，咨询和心理治疗可以被看作一个文化舞台，那些在生活中遇到困难或压力的人们可以用来构建或重建一种力量感，个人身份感和归属感。心理治疗与许多其他文化领域一样共存，在这些领域，身份可以被重塑，如工作场所、宗教机构、政治组织和体育运动(Giddens，1991)。为什么心理疗法已经成为 21 世纪开始的“身份工作”的主要场所？心理治疗的意义在何种程度上由于将其纳入官方卫生保健系统而转变？心理治疗的社会建构主义解释不可避免地是反身性的，它邀请研究人员和其他感兴趣的人员探索和定义文化假设和课题，这些假设和课题为他们提出的问题提供了信息。

一、作为一种对现代性回应的心理治疗

社会建构主义的核心思想是我们作为人类的可能性来源于我们所

生活的文化、社会和“传统”。我们通过历史来共同构建社会，这样通常定义为“真正的”和“真实的”。社会建构主义思想和实践特别适合于后现代社会典型的生活形式，人们努力思考并创造可替代的结构、制度和信仰，这些都是现代社会的特征。社会建构主义社会学家彼得·伯杰(Peter Berger，1965)用这些术语描述了现代社会中的性质：

> 现代社会的个人一大典型问题是，他们或主动、或被动地面对动力所带来的情况，而他们却无法理解这些情况。在这种关联中，缺乏对于重要的经济过程的理解是十分典型的。个人作为一类神秘的力量，与社会所抗衡。换言之，对于个人来说，他们对塑造自己生命的基本力量一无所知。只要可以让人理解，那么自己和他人的动机、意义和身份就都有着狭窄的、半透明的位置，而其背景则是一个不透明、强大、凶险的社会结构。

我们如何应对这样一个世界？复杂而又让人深感恐惧的 21 世纪，世界迫使个体寻求个人的安全庇护所。库什曼(Cushman，1990，1995)提出，在这样一个世界里，每个人都有面临着要建立一个自主的、有界的自我的压力，以对抗社会的“神秘力量”。但是，正如库什曼(Cushman，1990)所指出的那样，这种自我必然是空虚的，与承诺所产生的意义来源不同。库什曼观察到，对于西方社会中的许多人来说，空虚的自我是通过积累财产和旅行(消费主义)或通过自我发现(治疗)的过程来填补的。

在今天的咨询和心理治疗专业团体中，人们逐渐认识到，过度个性化的治疗方法会加强对有限自主性和分离性的偏离倾向，而不是联系，这代表了具有潜在破坏性的文化发展趋势。作为一个关注个体自我结构的事业，治疗的话语逐渐被一种相关的话语所取代。这种重新聚焦心理治疗中的一个关键变化是，从人的头脑中的抽象结构(人际关系图式，客体关系等)之间的关系转变为一种关于在日常生活中人们之间真实发生的事情的关系(Sullivan，1953)。人们已经认识到，抵御全球资本主义的神秘力量最好是在地方层面上完成。虽然治疗师可能是一个有价值的盟友，但更广泛的人际关系网络——对手、支持者、观众、指导者和顾问——都可以有效地参与到治疗工作中。除此之外，还有一个地方不是在肉体和血液中，而是在自然和物质条件下：地方、仪式、文学、网络。从这个角度来看，治疗可以成为一种方法，帮助人们建立对自己有意义的团体，以便他们能更好地为共同的利益而共同努力。

从个体的个性化的，精神的形象转变为社会文化或后心理(McLeod，1999)的观点需要采用和发展一种新的语言，一种允许讨论不同类型的治疗过程的语言。对于那些参与这个转变的治疗师来说，关键的概念是叙事的概念。叙事的概念在理解地方如何建造和维护以及它们对人们的意义上是非常有用的。

二、叙事、文化传统和主体性

地方是对一个人来说是密集地构建故事的地方。这是一个与许多重叠和相互关联的故事有关的地方，居住在那里的人们(活着的和死去的)以及他们所做的事情。对人有意义的地方物体也有声音。在任何一个这样的地方，如果一个人停下来倾听，就可以听到这些声音(Basso，1984)。对人们有意义的地方也是他们自己有某种声音的地方，是他们可以说话的地方，也有别人可以听到声音的地方。对于那些从事本地化疗法的咨询师来说，叙事和声音是其重要的构造，因为它们提供了一种方法来识别将个体与他生活中的其他人，生活中的物理环境，以及指导他行为的“美好生活”的美德或理性联系在一起的意义线索。

社会建构主义的叙事方式与现代心理学和心理治疗的个人中心观点不同：

> 我生活的故事总是嵌入在我从中得到认同的团体的故事中。我生来就有过去，并尝试从个人主义模式中脱离过去，来改变我现在的关系。拥有一个历史的身份和一个社会身份的认同是一致的。请注意，反抗我的身份始终是一种可以表达的方式。因此，我是继承的关键部分，在某种程度上存在于我目前的特定部分。我发现自己是历史的一部分，一般来说，无论我喜欢与否，都是传统的传承者之一(MacIntyre，1981)。

对于社会建构主义的观点来说，试图去理解一个人，或者理解我们自己，与其所生活的传统隔绝是没有意义的。这并不是说个人行为是由社会力量决定或者是由社会力量控制的；个人和集体机构和共同建设的过程始终在起作用。心理学和心理疗法的大多数理论倾向于忽视社会经验，这一趋势可以被解释为一种社会控制的形式，这种形式的社会控制需要将人们从集体的支持和抵制中分离开来。

叙述和声音的概念的价值，作为一种工具，是用来开放一个人的体验。这些都可以在一个地方或传统中或已出版的小说的分析中找到。小说通常是复杂的故事的结合，包括——通常是多重角色的声音，以及叙述者的总体声音。大多数已出版的小说都是一种虚构的惊悚小说和浪漫小说，它们强化了主流文化叙事，如性别、消费主义、军国主义和帝国主义。一般来说，读者不会在小说中发现自己的个人生活和地方。有些小说，无论如何，都会试图讲述故事，捕捉特定地方的声音。国家和较小的文化群体被构建为“想象的社区”，通过出版的虚构文学，提供一套文化叙事参考点。在我自己生活的苏格兰社区，现代小说家的工作在维持一种文化(和个人)身份的意识中，以及在公司、全球化和社会变革(Craig，1999)中扮演了重要的角色。像刘易斯·格拉西克·吉本(Lewis Grassic Gibbon)、罗宾·詹金斯(Robin Jenkins)和阿拉斯代尔·格雷(Alasdair Gray)这样的作家都记录并希望读者能反思 20 世纪苏格兰的行动和意识。

大量的叙事，包括口述传统和书面文献(以及其他媒体，如电影和电视)都是一个地方的人们可以用来建造生活的资源。这些资源包括一组相互关联的、分层的关于身份的故事(我能成为什么样的人)和关系(人们在一起做什么)。在文化或社会群体中，语言以许多复杂的方式传达这些故事所带来的意义。例如，耶稣诞生的故事，耶稣诞生，是写在圣经中的，有时候可以在教堂做礼拜中大声朗读。同样的故事在学校的幼儿可能会进行表演。故事的结构可能作为人们讲述许多不同话题的故事的模板。可能有些时候，转换“诞生”这个词的用法是引用圣诞节的故事。对于任何人，每个故事的回顾或听证会唤起以前的讲话和听证的记忆，并将该人与他的生活史的线索联系起来。这个故事将会有许多其他的方式作为基督教群体意义建构机构的一部分。这是一个渗入文化的故事(Gaarder，1996)。它是一种资源，是我们生活的传统的一部分。

正如福柯(Focault，1980)所指出的那样，一种文化的成员可获得的叙事资源与权力和控制力息息相关。在一种文化中，故事的价值并不相同。话语的概念可以用来指代一种文化中发现的故事模板和叙事方式。保持文化传统延续下来需要多种话语(MacIntyre，1981)，这些话语与对话中的声音形成对比。日常生活中的每一个人都处于关系中，因此涉及将自己定位在这些话语中或被别人定位的过程。通过关注和通过谈话是保持自我意识的方式，社会建构主义的个人认同和主体性的方法突出了多重性的主题：我们生活在一个支离破碎、分散的世界中(Vanden Berg，1974)。

有些话语和故事获得权威，就能在文化中占主导地位，而其他话语和故事则变得沉默或羞愧。每个人都知道与作为一个男人和一个女人有关的主要叙事和话语，也都知道用于控制和惩罚那些讲述不同故事的人的广泛的手段。在某种程度上，每个人都意识到，“疯子”的叙述和话语，以及在退化和否定方面的惩罚，这些归因于任何进入话语领域的人(Laing，1960，1961)。文化中占主导地位的叙事和话语通常与权力和控制的结构和制度相联系。例如，西方文化是高度军事化的，频繁的战争让武器和军队占据了巨大的比重。战争的叙事和隐喻(战争、攻击、防御、失败)是司空见惯的，这也许不足为奇(Lakoff & Johnson)。在过去的二百年里，一个叙事产业将故事的生产从口头讲故事的日常生活中分离出来，并构建了被动消费叙事和“眼镜”的新传统(Gergen，2000)。色情文学作为大规模商业活动，是 21 世纪叙事产业的一个突出的例子，它在共同的文化资源中产生了新的、具有毁灭性的叙事，从而使其具有体现性与关系的意义。

从社会建构主义的角度来看，叙事是作为连接当代生活的多重现实的手段，可以是一个人对另一个人讲的一个简短的笑话或故事，可以是组织个人经验的结构，也可以是神话或自传。叙事是一种语言表达的形式，它根植于生活的各个方面和形式。因此，叙事的概念是任何一种治疗的核心，它表达了主观性和社会语境交织质量的意义。任何一种不涉及故事讲述和重述的心理治疗方式是不存在的。

三、心理疗法的建构主义视角

在很多方面，一种社会建构主义的方法可以用来发展对叙事在心理治疗中的作用的认识。作为一种探究的方法，社会建构主义特别关注在日常生活中创造和维持现实的语言。这是一种关键的方法，它对一直存在的权力和统治过程的运作很敏感。这是一种调查的形式，目的是为了产生实际的可能性，以记录和传播促进相互关系的工具和策略。接下来简要介绍一些关于叙事和心理治疗的建构主义观点的例子。

(一)“美好生活”的故事

我自己的研究集中在试图去理解一些问题。比如，病人在治疗中如何讲述故事，如何使这些改变成为可能，以及如何以一种尊重的方式来研究共同构建的叙事行为在治疗中的复杂性。这项研究涉及一系列的策略，包括对单一病例的定性、解释性、叙事分析(McLeod & Balamoutsou，2001)，并通过实施一系列案例研究来建立一个理解治疗中的叙事过程的框架(Grafanaki & McLeod，1999；1996，2000；McLeod & Lynch，2000)。在麦克劳德(McLeod，2002)的研究中讨论了这项研究的发现和意义。

这些研究中最引人注目的发现之一是，在探索和反思层面，治疗工作都是基于病人和心理医生都认为的什么是活下去的价值的前提假设。我和戈登·林奇(Gordon Lynch)将这些假设描述为“美好生活的故事”(McLeod & Lynch，2000)。来访者讲述的“美好生活”故事都是关于他们自己的故事，但这也反映了他们个人之间的相互关系——一种更广泛的文化叙事(Taylor，1989)。

在一个案例中，玛格丽特(Margaret)，一位 50 多岁的加拿大女性，接受了 16 次以来访者为中心的心理治疗①，这一疗法在帮助她克服抑郁症方面非常有效(McLeod & Lynch，2000)。在第一次治疗时，玛格丽特讲述了一系列她认为让她陷入困境的压力事件。然后，她谈到了她和丈夫的关系对她的重要性，以及最近这种关系是如何充

---

① 我非常感谢多伦多约克大学心理治疗研究小组的莱斯利·格林伯格博士和琳恩·安格斯博士授权使用这种材料进行研究。

满紧张和冲突的。在以这个问题为中心的叙事中，她写道：

……我总觉得我们的孩子长大了
我们的一生都花在了我们的孩子身上
你知道我们必须
你知道我们要
它总是关于家庭假期和类似那种类型的事情
像我们从未离开我们的孩子，这是我们的约定，这是我们的生活
你知道，我们非常高兴，但我一直有这样的感觉
孩子长大后独立
我们再次成为一对夫妇
当然，这一切的时间安排
只是
只是不知道发生了什么事，我觉得，我只是觉得这样放下
我不能很好地应付它
你知道(我可以吗？我的钱包里有些东西，但是要想通过这个……)
这不是发生了什么事情
我觉得我变得非常沮丧和愤怒
我很难克服所有这些愤怒

在这篇文章中，玛格丽特站在一边，向治疗师讲述自己的烦恼，并把这些问题放在一个包罗万象的元叙事的背景下——她的故事讲述了她的生活是怎样的(“我们的生活是基于我们的孩子的。但是，当孩子们长大了，独立后，我们又会成为一对夫妻。”)这段感情的重要性被玛格丽特的泪水所强调，它与治疗任务的关联性在于，对玛格丽特来说，这是一种支离破碎的叙事(“事实并非如此，我想我只是感觉如此失望”)。

从社会建构主义的角度来看，共同构建意义的过程尤其重要。玛格丽特的情况，通过分析治疗师在治疗过程中的陈述，可以研究治疗师在其中所处的文化元叙事。显然，治疗师没有透露她在治疗中遇到

的麻烦。然而，她对玛格丽特的回答揭示了人们生活中出现的问题以及能提供什么帮助。治疗师在第一次咨询上的陈述包括：

在你的内心深处，你真的很生气
这是愤怒的结果？
但是在你内心深处，你说这是真正的恐惧
真正发生的事情对你来说很难表达
这就影响了你如何进行谈判和沟通
许多感觉从来没有真正地向他表达过。

这些陈述反映了与人本主义心理学相关的美好生活的文化叙事：深层的个人内心或内在自我的概念，需要探索作为实现的先决条件。

这些关于美好生活的故事，在治疗师和来访者在一起的时间里，他们自己的定位代表了治疗发生的意义。至少在某种程度上，治疗过程可以被理解为是围绕着两种类型的活动。在玛格丽特的案例中，来访者开始将治疗师的元叙事方法运用到她自己的生活中，这为她打开了一个更广阔的叙事空间。这位来访者还在寻找方法来修复她自己的“美好生活”故事，试图找出它是如何以及为什么会出错，以及如何修复和重新讲述它。在这种情况下，我们已经研究过(特别是 McLeod, 1997)，元叙事修复的任务或替代性叙事的构建似乎是治疗工作的核心，即使治疗师和来访者似乎并没有意识到自己正在进行这样的任务。

(二)个人生态位

个人社会建构主义形象是指，在一个复杂的、支离破碎的社会世界中，个人在与他人的互动和对话中，不断地建构身份，创造意义，以及认知和被认知。在现代生活的条件下，如何构建个人身份的一种有用的方法是通过个人空间的想法：身体、职业、人际关系和叙事空间，其中的生活是在社会生活中度过的(Willi, 1999)。社会和文化世界可以被看作一种生态系统。就像生物体在生态系统中进化出自己的生态位置一样，人们也面临着在社会生态环境中构建社会生态位的任务。文化和个人叙事是个人生态位的一些元素，如一个人读的小说，在圣诞节讲述的家庭故事，个人的生活故事和自传体的记忆。但它也包括机构和组织（工作场所，体育俱乐部），友谊网络和公共场所（公园，购物中心）。在一个城市里，成千上万的人可能居住在同一个社区，但他们在社会环境中存在着完全不同的个人空间。当这一生态位或个人世界的某些方面出现问题时，他们的生活就会出现问题，并去寻求帮助。这一细分市场可能会因生活过程中各阶段相关的变化而受到干扰，如生孩子或者退休。它可能受到他人行为的影响，如虐待和敌意、丧亲之痛、流放或疾病。在所有这些场景中，人们需要退后一步，反思，并做出一些决定，来决定如何重建或修复已经存在的或构建一个新的生态位。

也许值得注意的是，个人问题可以理解为一个有意义的个人生态位的构建，这与个人的麻烦是由于个人的“不足”不同，如精神疾病（Gergen，1990）。研究个人世界有漫长的严重“心理健康”问题历史的个体发现，那些可能被认为是高度残疾和精神错乱的人在健康和心智健全的文化叙事中，如果他们能够为自己构建一个有意义的生态位，他们就会感到满足。他们能够为自己构建的一个有意义的生态位，也许是一些活动，如在咖啡馆里消磨时光，听音乐，或者成为教会的一员。科林（Corin，1992，1998）描述了一种“积极退出”的策略，通过这种策略，那些经历了亲密的人际关系的人会有一种充满压力的生活。

个人定位的概念抓住了社会建构主义的几个关键方面来解决生活中的问题。个人生态位总是被构建的。它需要个人的行动，但需要与他人合作（无论是公开的还是隐性的）。这是一种个人的，独特的，但同时也是一种文化镶嵌的碎片。它使人认识到，叙事不仅仅是一种纯粹的语言或认知空间的交流结构，而是指对一个共同的世界进行讨论的方式。

（三）定位：对话互动中主体性和认同的建构

对话交互中的主题定位的概念是由罗姆·哈里（Rom Harre）及其同事（Davies & Harre，1990；Harre & Van Langenhove，1991；Van Langenhove & Harre，1994）提出的，并被许多社会建构主义理论家所使用。如果我们生活在一个包含多种话语的文化中，我们的认同或主体性就可以被理解为我们如何定位自己，或被他人定位，与这些论述或支配性的叙事有关。主体定位的概念使我们有可能探索在某些情况下，当我们适应一种形式的讨论时，自我感觉可能是单一而稳定的；在其他情况下，如当我们转换位置时，它是流动的和多重的。它也提供了一种方法来欣赏在谈话中每时每刻的认同建构，因为每一次谈话都隐含着说话者和听众与社会角色和话语的关系。这个想法对于心理治疗专家来说是一个很有价值的工具，因为它有助于解释来访者的个体主观性是如何通过与治疗师的互动来构建的。主体定位的概念将治疗师的注意力吸引到他们所使用语言的方式上，以促使他们在来访者中产生某种情绪和能力。

叙事治疗师约翰·温斯拉德(John Winslade)提供了一份治疗师和来访者之间的交流示例，来说明治疗中主体定位的操作：

> 当我谈到十几年前去世的女儿，并且略微克服随记忆涌现的情绪时，一名治疗师曾问过我："你还在为她感到悲伤吗?"在这一刻，我觉得我仿佛变成了病人。这个词还暗示了一些关于我悲伤情绪的正常的时间长度，通过推断，如果我不正常地延长我的悲伤的话，我应该把自己当作需要治疗的人。邀请与咨询师的权威之间(例如，纠正之前的"压抑"情绪)有着一种特殊的关系……这个定位之所以特别有说服力，是因为我不可能带着这种病态的观点来回答这个问题。如果我答应了，我就会进入我所表现出的定位状态。如果我说"不"，我肯定会否认我在咨询师的讨论框架中对我的情感反应的证据，从而证明她的压抑假设(Winslade，Winslade & Sheung，2000)。

这种治疗与来访者的对话互动可以用格根(Gergen，1990)的主要治疗话语来理解，这是一种"赤字的语言"。寻求帮助的人传达了一种悲伤的感觉，这是一种病态的状态(悲伤)。通过这种谈话策略，病人被定位为是不正常的，治疗师被定位为具有"评估和治疗的权威"的人。治疗师控制着局面，来访者很难拒绝进入治疗师主观立场的要求，并进一步向治疗师阐述自身的一系列的症状。

解决问题的叙事治疗程序代表了一种截然不同的主题定位(Epston & White，1995；White & Epston，1990)。在叙事治疗中，不是将来访者所表达的担忧或问题具体化为在"人"中，而是将这个问题视为一个外部的实体，而且他或她能够抵制和控制。例如，一个人可能因为不能控制自己的脾气而对家人暴力的经历去咨询治疗师。与这样的来访者合作的叙事性治疗师可能会利用诸如“我明白你在这里，因为你正在被比你想的更多的愤怒所困扰”“你会说有多少时间，愤怒在这些日子里掌控着你的生活”这些对话策略邀请来访者成为一个与愤怒分开的主体，他有能力控制愤怒，他是愤怒角色的专家。生活中，谁不总是或只是一个愤怒的人。这个人也被定位为一个积极的代理人和复查者，与治疗师一起解决这个问题，治疗师将自己定位为一个很好奇的人，想要了解更多的人并帮助他们。治疗师进一步定位为一个超出预期的专业“心理”角色的人，因为他或她正在做一些非常不寻常的事情(如你的生活中的愤怒)。由“定位”和“外化”的概念所暗示的空间隐喻可以扩展到对人、治疗师和内部问题的理解。在咨询开始时，问题出在来访者方面，来访者以“另一种力量”来解决与治疗师面对面谈论的问题。一旦治疗师从事叙事治疗的话语实践，就好像来访者和治疗师变得平等，他们坐在一起检查和观察问题，这可以想象为来访者和咨询师各占据一个单独的椅子一样。

通过外部化问题实现的定位方式对会话“继续”的方式有影响。建立一种形式或话语类型，就像记者或研究人员的调查一样。来访者对这个问题的陈述并不指谈话的“我”。因此，“我”可以通过不是缺陷的属性进行索引。例如，“昨天我停止了对它的愤怒……”外部化问题也为意义制定提供了脚手架。通过对该问题的实例进行汇编和分类，可以使来访者对该问题进行反思。这个问题可以被认为是一种可以“访问”“负责”或者“偷偷摸摸”的某种代理实体，这是一个框架的开端，用来构建一个围绕愤怒的叙事或故事的框架，它可以整合一个人正在收集的调查资料。

外部问题的使用代表了一个在治疗中以感性为主题的定位的例子。实际上，在怀特和爱普斯顿(White & Epston，1990)开发的叙事疗法中，这种对话策略被嵌入到一些其他策略中，这也使治疗师和来访者与强调连接性和协作性的建构主义世界观相一致。例如，叙事治疗师将来访者定位为不是具有界限的、自主的个体，是作为网络和社区的成员，治疗师对其他人在个体与愤怒等问题的斗争中所扮演的角色感到好奇。来访者被定位为顾问，他们可以教导他们的治疗师如何能够克服某些问题，而不是来访者采用一个恳求的角色。叙事治疗师利用广泛的语言策略来完成这种定位(Kogan & Gale，1997)。这些策略不是可以独立应用的技术，而是一种连贯的话语技术的一部分(Fairclough，1992)，它吸引来访者来谈论生活，反映了社会建构主义的原则和价值观。话语技术是一种谈话的方式，短语、隐喻以及提问形式反映了一种占主导地位的文化叙事或话语。所有治疗方法都可以被看作采用话语技术，所有有能力的治疗师与来访者交谈的方式都是高度一致的。

(四)文化工具

从咨询和心理治疗的"共同因素"的角度来看，所有有效的治疗都有一些共同的因素支撑：创造一个安全的空间，在其中揭露问题和表达情绪，与治疗师建立关系，灌输希望或积极的期望(Frank，1973；Hubble，Duncan & Miller，1999)。在通过制定这些共同因素而创建的治疗空间或场所内，治疗师部署了反映其工作所在的治疗传统的特定干预措施。这些"治疗仪式"需要对来访者可信，并作为产生个人学习和变化的仪式或习惯。皮维(Peavy，1999)认为，从社会建构主义的角度来看，干预或仪式可以被视为文化工具。在治疗中，作为日常文化体验一部分的行为，包括眼神交流、握手、询问问题，这些都是治疗师使用的一种策略。还有更复杂的活动序列可以被视为治疗性的文化工具。使用文化工具的例子包括：记日记，写信，阅读小说，阅读神话故事，看电影，画画，雕塑，跳舞，参与戏剧表演(Anderson，1977)。每一种工具都代表了叙事生活故事的格式或结构。

在以社会建构主义为指导的治疗方法中，特别强调促进协作、共同构建和成员关系的文化工具(与记日记或阅读自助图书等更个性化的工具相反)。在叙事治疗中使用文化工具的一个众所周知的例子是向来访者发送信件和证件，治疗师在其中记录来访者的叙事，也许还会庆祝这种叙事发生的变化(White & Epston，1990)。另一个例子可以在使用地图制作的治疗中找到：

> 地图是显示如何导航(社会生活)的文化工具；如何找到自己的路(通往更美好的未来)；如何向另一个人解释土地的铺设(共同的理解)，以及如何用简化的方式谈谈复杂的结构

（去复化），以及如何表达看不见的（看不见的生命部分）。非常年幼的孩子，几乎所有的孩子都在上学，许多成年人都是天生的制图者。这些地图可能采取涂鸦、制图、绘画、艺术作品或涂鸦的形式出现。在我们的地图、涂鸦、制图、绘图和涂鸦中，我们通常是“映射”我们的个人经历，这并不是一种延伸。当然这是一种常见的、日常的体验，询问别人如何到达目的地，并让对方说：“这里，我给你画张地图。”在社会建构主义的咨询中，“映射”被用来帮助求助者分析复杂情况，制订行动计划，构建决策，制定解决问题策略以及建立未来。地图是一种可视化的方法，用来解决诸如“我在世界的哪里”这样的两难困境。“我有什么未来”“社会生活中的哪些途径对我来说是开放的，我该怎么做”“我该怎么以一种明智的方式表达我的这种混乱呢”“我想要成为什么样的人，我的垫脚石是什么”(Pierre，1999)

一封信件或一张地图是一个人留下的文件，他们可以继续使用它来提醒他们与治疗师的联系和工作关系，或者向其他人展示和解释他们生活中的事情。在某些情况下，文化工具可以作为一种手段，让更多的受众参与到产生新理解的任务中来。例如，马迪根(Madigan，1999)描述了他与别人的合作，他给许多他认识的人写信，要求他们对他的“抑郁症”进行观察。

另一种被建构主义治疗师改编的文化工具是运动或联盟的理念。大卫·爱普斯顿和他的同事们在研究那些在饮食方面有困难的人时发现，建立反厌食症联盟是很有价值的(Epston，Morris & Maisel，1995)。这些联盟为反对现代社会和饮食行业中盛行的关于女性身材和体型而发起运动。参加联盟可以让人们成为一个社区的成员，通过语言和叙事来构建另一种生活方式，并且可以让他们“记住”在强迫进食行为进入他们生活之前他们是什么样的。

从社会建构主义的角度来看，文化工具的重要性在于，它们代表着一种巨大的、既存的叙事创作资源。此外，这些日常的文化资源——地图、信件、政治竞选活动——都是人们所熟悉的。他们永远不能被治疗的使用者视为神秘化的“技术”，只能被那些接受过特殊的专业训练的人使用。他们并不是一种让人们受到专业人士“凝视”的媒介。

四、社会建构与治疗：未来挑战

主观定位的概念，个人生态位，文化工具和美好生活故事，提供了一些从社会建构主义的角度来理解心理治疗过程方面的实例。叙事活动贯穿所有这些活动。还有很多其他例子，社会建构主义代表了治疗师的丰富资源。总之，考虑那些可能追求这条道路的人面临的一些挑战也许是有益的。建构主义治疗师的第一个挑战可以被描述为抵制叙事隐喻的具体化。一些叙事性的治疗方法，如莱斯特·鲁波斯基的CCRT模型，已经制定了具体的定义和测量策略，以确定他们的叙事是什么意思。建构主义叙事疗法不是这样的。在建构主义中，叙事的概念是指里克尔(Ricoeur，1980)所描述的作为一种方式来指代一个必要方面或人的品质。例如，叙事的概念可以用来谈论沉默、交谈之间的空间(Cornforth，2001；Lynch，1997)。建构主义疗法中的压力可能是，随着这种方法在教科书中得到更加明确的编纂，其丰富的口头和社区传统在隐喻的基础上保持了模糊的概念，可能会使其变得更加合理化。教科书、案例研究和会议论文在很大程度上是一种不容易让观众了解本地特征的、体现治疗师与来访者接触的本质的沟通方式。

建构主义治疗面临的第二个挑战是积极参与关于合法性的争论。在大多数工业化社会中，心理治疗压力越来越大，通过控制结果研究证明其疗效。到目前为止，建构主义疗法尚未进入这一领域，还有很大的障碍。目前，研究的心理治疗结果是以一种单一的风格进行的，以精神病学/心理学症状的改善为主要指标，这些都不符合“社会建构主义世界观”。从建构主义的角度来说，有用的知识是通过治疗师和来访者之间的协作共同构建的。治疗改变的不是症状，而是由人讲述的故事以及这些故事可以被人使用的方式，使自己能够成为有意义的行动的成员。在这方面有一个巨大的研究议程，从发展叙事建构主义方法到心理治疗的结果。有必要对现有的成果的社会建构进行系统性批判(McLeod，2001a)，并制定策略，以不同的方式记录和分析结果(McLeod，2001b)。叙事评估采访(Hardtke & Angus，2003)提供了一种可能的机会。

最后一个挑战是寻找解决对建构主义的敌意的方法，这似乎存在于学术和专业团体的某些领域。社会建构主义被批评为是无可救药的相对主义，否认个人能动性和主体性的现实。社会建构主义作家对这些批评的反应也许是不可避免的，有些甚至是防御性的，所以是时候跨越这种两极分化了。社会建构主义是密切关注语言的灵活性和创造性的一种手段。它提醒我们历史的重要性，我们所说的和所做的一切都是从伽达默尔所说的“历史意识”的层次上构建的。建构主义肯定了人们在面对压迫时必须团结一致，抵制和改造困境的力量。

（马东云　译）

参考文献

Anderson, W. (Ed.). 1977. Therapy and the arts: tools of consciousness[M]. New York: Harper & Row.

Bakhtin, M. 1973. Problems of Dostoevsky's poetics[M]. Ann Arbor, MI: Ardis. (Original work published 1929)

Basso, K. H. 1984. "Stalking with stories": names, places, and moral narratives among the western apache[M]// E. M. Bruner(Ed.). Text, play, and story: the construction and reconstruction of self and society. Washington, DC: American Ethnological Society: 19-55.

Berger, P. L. 1965. Toward a sociological understanding of psychoanalysis[J]. Social Research, 32: 26-41.

Berger, P. & Luckmann, T. 1966. The social construction of reality[M]. New York: Penguin.

Corin, E. 1998. The thickness of being: intentional worlds, strategies of identity, and experience among schizophrenics[J]. Psychiatry, 61: 133-146.

Corin, E. & Lauzon, G. 1992. Positive withdrawal and the quest for meaning: the reconstruction of experience among schizophrenics[J]. Psychiatry, 55: 266-278.

Cornforth, S. 2001. Culture: The song without words[J]. Counselling and Psychotherapy Research, 1: 194-199.

Craig, C. 1999. The modern Scottish novel: narrative and the national imagination [M]. Edinburgh, Scotland: Edinburgh University Press.

Cushman, P. 1990. Why the self is empty: toward a historically situated psychology [J]. American Psychologist, 45: 599-611.

Cushman, P. 1995. Constructing the self, constructing America: a cultural history of psychotherapy[M]. Reading, MA: Addison-Wesley.

Danziger, K. 1997. The varieties of social construction[J]. Theory and Psychology,

7: 399-416.

Davies, B. & Harre, R. 1990. Positioning: the discursive production of selves[J]. Journal for the Theory of Social Behaviour, 20: 43-63.

Drewery, W., Winslade, J. & Monk, G. 2000. Resisting the dominant story: toward a deeper understanding of narrative therapy[M]// R. A. Neimeyer & J. D. Raskin (Eds.). Constructions of disorder: Meaning-making frameworks for psychotherapy. Washington, DC: American Psycho logical Association: 243-364.

Epston, D., Morris, F. & Maisel, R. 1995. A narrative approach to so-called anorexia/bulimia[M]// K. Weingarten (Ed.). Cultural resistance: Challenging beliefs about men, women and therapy. New York: Harrington Park Press: 69-96.

Epston, D. & White, M. 1995. Termination as a rite of passage: questioning strategies for a therapy of inclusion[M]// R. A. Neimeyer & J. Mahoney(Eds.). Constructivism in psychotherapy. Washington, DC: American Psychological Association: 339-354.

Fairclough, N. 1992. Discourse and social change[M]. Cambridge, UK: Polity Press.

Foucault, M. 1980. Power/knowledge: selected interviews and other writings, 1972-1977 (C. Gordon, Ed.)[M]. New York: Pantheon.

Frank, J. D. 1973. Persuasion and healing: a comparative study of psychotherapy [M]. Baltimore, MD: Johns Hopkins University Press.

Gaarder, J. 1996. The Christmas mystery[M]. (E. Rokkan, Trans.). New York: Farrar, Straus & Giroux.

Gadamer, H. 1975. Truth and method(2nd ed.)[M]. New York: Continuum.

Gergen, K. J. 1985. The social constructionist movement in modern psychology[J]. American Psychologist, 40: 266-275.

Gergen, K. J. 1990. Therapeutic professions and the diffusion of deficit[J]. The Journal of Mind and Behavior, 11: 353-368.

Gergen, K. J. 1994a. Realities and relationships: soundings in social construction[J]. Cambridge, MA: Harvard University Press.

Gergen, K. J. 1994b. Toward transformation in social knowledge (2nd ed.)[M]. London: Sage.

Gergen, K. J. 2000. The self: transformation by technology[M]// D. Fee (Ed.). Pathology and the postmodern: mental illness as dis-course and experience. Thousand Oaks, CA: Sage: 100-115.

Giddens, A. 1991. Modernity and self-identity: self and society in the late modern age[M]. Cambridge, UK: Polity Press.

Grafanaki, S. & Mcleod, J. 1999. Narrative process in the construction of helpful and hindering events in the experiential psychotherapy[J]. Psychotherapy Research, 9: 289-303.

Hardtke, K. K. & Angus, L. 2003. The narrative assessment interview: assessing self-change in psychotherapy[M]// L. Angus & J. McLeod(Eds.). The handbook of narrative and psychotherapy: practice, theory, and research. Thousand Oaks, CA: Sage: 247-262.

Harre, R. & Van Langenhove, L. 1991. Varieties of positioning[J]. Journal for the Theory of Social Behaviour, 21: 393-407.

Hubble, M. A., Duncan, B. C. & Miller, S. D. (Eds.). 1999. The heart and soul of change: what works in therapy[M]. Washington, DC: American Psychological Association.

Kogan, S. M. & Gale, J. E. 1997. Decentering therapy: textual analysis of a narrative therapy session[J]. Family Process, 36: 101-126.

Laing, R. D. 1960. The divided self: an existential study in sanity and madness[M]. Harmondsworth, UK: Penguin.

Laing, R. D. 1961. Self and others[M]. Harmonds-worth, UK: Penguin.

Lakoff, G. & Johnson, M. 1980. Metaphors we live by[M]. Chicago: University of Chicago Press.

Lynch, G. A. 1997. Words and silence: counselling and psychotherapy after Wittgenstein[J]. Counselling, 8: 126-128.

MacIntyre, A. 1981. After virtue: a study in moral theory[M]. London: Duckworth.

McLeod, J. 1997. Narrative and psychotherapy[M]. London: Sage.

Madigan, S. 1999. Inscription, description, and deciphering chronic identities[M]// I. Parker(Ed.). Deconstructing psychotherapy. London: Sage: 150-163.

McLeod, J. 1999. Counselling as a social process[J]. Counselling, 10: 217-226.

McLeod, J. 2001a. An administratively created reality: some problems with the use of self-report questionnaire measures of adjust-ment in counselling/psychotherapy outcome research[J]. Counselling and Psychotherapy Research, 1: 215-226.

McLeod, J. 2001b. Qualitative research in counselling and psychotherapy[M]. London: Sage.

McLeod, J. 2002. Lists, stories, and dreams: strategic invitation to relationship in psychotherapy narrative[M]// W. Patterson(Ed.). Strategic narrative: new perspectives on the power of personal and cultural stories. Lanham. MD. Lexington.

McLeod, J. & Balamoutsou, S. 1996. Representing narrative process in therapy: qualitative analysis of a single case[J]. Counselling Psychology Quarterly, 9: 61-76.

McLeod, J. & Balamoutsou, S. 2000. Narrative process in the assimilation of a problematic experience: qualitative analysis of a single case[J]. Zeitschrift fur qualitative Bildungs-, Beratungs-, und Sozialforshung, 2: 283-302.

McLeod, J. & Balamoutsou, S. 2001. Amethod for qualitative narrative analysis of psychotherapy transcripts [M]// J. Frommer & D. Rennie (Eds.). Qualitative psychotherapy research: Methods and methodology. Lengerich, Germany: Pabst: 128-152.

McLeod, J. & Lynch, G. 2000. "This is our life": strong evaluation in psychotherapy narrative[J]. European Journal of Psychotherapy, Counselling and Health, 3: 389-406.

Nightingale, D. J. & Cromby, J. (Eds.). 1999. Social constructionist psychology: a critical analysis of theory and practice[M]. Buckingham, UK: Open University Press.

Parry, A. & Doan, R. E. 1994. Story revisions. narrative therapy in the postmodern world[M]. New York: Guilford.

Peavy, R. V. 1996. Counselling as a culture of healing[J]. British Journal of Guidance and Counselling, 24: 141-150.

Peavy, R. V. 1997. A constructive framework for career counseling[M]// T. L. Sexton & B. L. Griffin (Eds.). Constructivist thinking in counseling practice, research, and training. New York: Teachers College Press: 122-140.

Peavy, R. V. 1999. An essay on cultural tools and the sociodynamic perspective for counselling[M]. Unpublished manuscript.

Ricoeur, P. 1980. Narrative time[M]. Critical Inquiry, 7: 169-193.

Schutz, A. 1972. The phenomenology of the social world[M]. London: Heinemann. (Original work published 1932)

Stam, H. J. 2001. Introduction: Social constructionism and its critics[J]. Theory and Psychology, 11: 291-296.

Stam, H. J. 2002. Introduction: varieties of social constructionism[J]. Theory and Psychology, 12: 571-576.

Sullivan, H. S. 1953. The interpersonal theory of psychiatry[M]. New York: Norton.

Taylor, C. 1989. Sources of the self: the making of modern identity[M]. Cambridge, UK: Cambridge University Press.

Van den Berg, J. H. 1974. Divided existence and complex society[M]. Pittsburgh, PA: Duquesne University Press.

Van Langenhove, L. & Harre, R. 1994. Positioning and autobiography: telling your life[M]// N. Coupland & J. F. Nussbaum(Eds.). Discourse and lifespan identity.

London：Sage：81-100.

White，M. & Epston，D. 1990. Narrative means to therapeutic ends[M]. New York：Norton.

Willi，J. 1999. Ecological psychotherapy：developing by shaping the personal niche [M]. Seattle，WA：Hogrefe & Huber.

第21章 整合框架、理解叙事在心理治疗中的作用

琳恩·E. 安格斯(LYNNE E. ANGUS)
约翰·麦克劳德(JOHN MCLEOD)①

一、概述

叙事和心理治疗理念为心理治疗理论与实践的创新提供了沃土。本书的作者描述了欧洲、北美、澳大利亚等多种文化背景和不同的治疗方法(包括叙述性治疗，短暂动态，以来访者为中心，体验式，关系型和认知建构主义)。他们借鉴了一些认识论(社会建构主义，后结构主义，辩证建构主义)，采用不同的评估策略和研究方法，并与众多来访者群体合作。所有作者都将来访者的叙述表达作为心理治疗中社会话语的共同基础，也是来访者反身性和主观能动性的重要组成部分。这些作者的陈述是基于其他重要的叙事导向型治疗师和研究人员的成就，由于篇幅限制，他们的想法不能够直接在文中阐明。叙事在心理学中被重视主要归功于詹姆斯·彭尼贝克(Pennebaker，1990)关于故事叙述对心理健康好处的研究以及杰里米·霍姆斯(Jeremy Holms)和其他心理动力学治疗师关于儿童的不安全依恋模式对成人叙事能力影响的潜心研究(Holmes，2001)。治疗中运用叙事的这种建构主义传统起源于米勒·梅尔(Miller Mair，1988，1990)、奥默(Omer，1997)和西奥多·萨宾(Theodore Sarbin，1986)的著作。在故事描述中体现文化多样性是至关重要的。迪维迪(Dwivedi，1997)和阿利达·格西(Alida Gersie，1997)强调了要重视欧洲或北美主流

① 有关本章的信件请寄给琳恩·E. 安格斯，地址为：York University，4700 Keele Street，Toronto，Ontario，Canada M3J 1P3，或者发邮件至 langus@yorku.ca。——作者注

世界观之外的文化影响下的叙事或故事的治疗性作用。叙事思想被应用于实践的强大例子可以在老年人的生活故事和回忆治疗传统中(Birren, Kenyon, Ruth, Schroots & Svensson, 1995; Butler, 1963)以及博尔顿(Bolton, 1998)和亨特(Hunt, 2000)开办的治疗创新研讨会中被发现。除此之外，还有许多很好的叙事治疗理论与实践的例子可以对此加以论证。

在最后一章中，我们简要介绍了本书中提到的著作以及更丰富的叙事和心理治疗文献的重要实践意义。我们的目的是通过一些相当简短的陈述来反思叙事对心理治疗理论、实践和研究的影响力和重要性，我们认为，在目前关于叙事和心理治疗的理论、研究和实践中，这些陈述抓住了意见一致和分歧的关键。我们希望能够与沉浸在书中的读者产生共鸣。

二、研究与实践的实际意义

(一)叙事性表达是一种基本的自我创造实践

杰罗姆·布鲁纳(第1章)精辟地阐述了叙事与自我之间的联系是不可分割的。布鲁纳认为，自我意识起源于我们与他人分享生活阅历以及促进自我理解的这种具体化的行为。在自我认识方面，自我叙述就像编造了一个关于我们是谁、我们是什么、发生了什么以及为什么我们要做正在做的事情的故事。个人认同或人格的建构不能在没有叙事能力的条件下进行。一旦我们具备了这种能力，我们就可以产生一种与别人相关联的自我，并可以选择性地回忆过去，同时想象可能的未来。

此外，叙事是一种将事件联系在一起的话语形式。因此，它可以显示人类存在的时间维度，体现时间的主观体验。叙事描述的概念是指，人类生活是行为和事件发生前、中、后的“形成”或“旅程”。“手册”中的几位作者强调，在将人类行为作为基本意图、目的、目标和愿望的表达中，叙事被认为是儿童发展的心理理论。这些作者认为，从意图、目的以及目标方面叙述个人经历的能力是增强从他人角度看问题能力的基础，此外，对于个人而言也可以阐明新的个人意义。通过阐述一个含有意图、目的和目标的特定观点，联系一系列行动和事件，叙事表达了人的能动性。

(二)叙事的概念包含了不同的故事结构

当人们对自己的治疗经验进行叙述时，从认同工作(理解自我)和关系工作(与治疗师的联盟发展)两个角度，确定具有对比功能的不同故事是有用的。习惯叙事是对通常所发生的事情的叙述。编年史或报告就像空洞的故事，它们提供关于发生了什么的信息，但没有戏剧化效果，也没有目的性或意义性的内容。这样的故事提供了系统了解来访者世界的背景，但传达了相对较少的关于意图或情感意义的信息。相比之下，个人故事(微观记忆，自传记忆，关系事件)是生动具体的特定事件叙述，也为治疗师提供了来访者的生活体验。虽然心理动力学和体验式治疗师专注于来访者在治疗课程中冲突和痛苦的叙事性描述，但叙事性治疗师却专注于帮助来访者识别和编排人生经历故事，为来访者提供独特或优选的故事结果。宏叙事(生活故事、人生脚本、自我概念)是指把突出的个人故事整合到有组织、讲述了人生故事的叙述框架中。这是一个隐含的叙事结构，表明全面自传性叙述将人生看作一个整体。

还有一种可能是认同文化叙事(主导叙事)，这是“美好生活”的规范性故事。通常可能隐含在习惯和个人叙述中。他们为每一天的故事都提供了一种组织原则、提供了一个叙事框架(关于事情应该怎样或理想状态是怎样的故事)来评估行为。本书中的许多作者强调了米歇尔·福柯和其他后结构主义理论家的观点，这些理论家的叙事形式是由文化所定义的。布鲁纳(第 1 章)认为，我们有自我叙事的能力，使我们与所生活的文化相得益彰。我们可以依靠一个运作良好的大脑来实现自我，我们实际上从一开始就表达了文化对自我的塑造。文化本身就是辩证的，充满了自我是什么或可能是什么的选择性叙述。我们所说的自我创造的故事就反映了辩证性。正如波尔金霍恩(第 3 章)所表明的那样，人们利用文化话语作为解释生活事件的模板。生活故事在一个特定的文化框架内是简单易懂的，但也把不同的人区分开来。文化情节的剧目被认为是反映个人表现与社会需求相匹配的情节。社会授权的情节由人们接受以适用特定生活。这些情节为所发生的行动提供了意义和价值，也就是说，这些行动有助于转移情节(好的行为)或妨碍情节发展(不良行为)。情节也用于规划未来的行动，因为人们可以选择完成情节需要的行动(过好生活)。

不同的治疗方法似乎集中在不同的故事结构或不同层次的故事中(具体和特定的，不是抽象和泛化的)。很明显，怀特(第2章)、库姆斯和弗雷德曼(第8章)的叙事治疗旨在使来访者探索主流文化叙事和他们个人构建的生活故事或宏叙事之间的关系，而心理动力疗法更注重与来访者合作了解个人故事(关系集)和生活故事之间的联系。在博特拉、冈卡尔维斯和格林伯格(分别是第7章、第6章和第19章)作品中发现的建构主义疗法似乎对三种类型的叙事结构都适用。然而，事实是，叙事疗法的来访者讲述生动的个人故事，精神动力疗法的来访者认同生活中的文化叙事。治疗方法的重点不同可能反映了治疗师的理论多于有来访者参与的实践。

(三)叙事本身就是一个基础的治疗过程

治疗环境使得来访者有可能在得到支持或者在没有干扰和竞争的条件下表达自己的生活(或其中的一部分)。这使来访者有机会反思他们的故事，并考虑是否有一些要更新、重建或修改的故事部分。“手册”的许多参与者表明，讲述故事的行为是必不可少的自我组织过程，这为心理治疗中的后续思考和论述个人意义提供了平台。自传推理一词指的就是叙事意义上的活动。叙述模式或结构将从未被揭示的生活经历组织到一个有开头、发展和结尾的有限的情节中，并且允许根据不同观点加以反思。心理治疗中来访者叙事的意义也被视为来访者主观能动性的证明，这是心理治疗新含义的来源。例如，来访者积极从事自我反身性处理。总之，让陷入困境的人讲述他们的故事有一个基本的治疗价值。

(四)治疗联盟来自来访者的故事活动

这种治疗关系源于一种认识，即人们发现在被别人接受和珍视的环境中讲述自己的故事是有帮助的。治疗是一种人际活动而不是治疗者把来访者看成一个有距离的个体。成为心理治疗师的基本条件就是成为来访者所讲述故事的见证人和共编者。治疗关系的质量在很大程度上取决于治疗师如何有效地执行这些任务。叙述性沟通是治疗关系中个体接纳的基础。在故事叙述中，倾听者和叙述者是移情的伙伴，他们共存于叙事联盟。自传性的故事讲述促进了强大而值得信任的治疗纽带的发展，在这个关系中，来访者和治疗师共享体验、认知与人际理解。布里吉特和阿格尼丝(第 16 章)认为心理治疗中的叙事理解是一种实践的才智。治疗师把自己置于环境中、现场的初始位置、故事的出发点，展开心理期待。在个人故事的传达中，通过向来访者灌输对治疗师的基本信任感，治疗师同感来访者关键问题的能力会有助于早日发展强大而安全的治疗联盟。

(五)有效的治疗工作涉及叙事多样性的敏感度

当人们叙述生活中的重要事件和经历时，运用的文字可以看作与复调小说相似，对话中包含了许多相互“交流”的内在声音。这些声音可以用不同的方式来理解：作为内部对话中不同主体的话语表达，主流的文化叙事或论述的反思，闻所未闻或者被回避掉的问题的经历。所有的生活故事都是由外部的和内部的观众组成的。麦克亚当斯(第 9 章)认为，人们因为倾听或注视，从而产生了朋友和熟人、家长和孩子、治疗师、或弗洛伊德的超我、米德的类化的他人、佩尔斯的优胜者、内在的依恋对象。鉴于主体的会话特质，以及无条理的语言表达，总有不止一种讲述生活故事的方式，不止一个被听到的声音，不止一个被渲染的情节。总体来说，正是这种改造潜质才是人类变化的本质，尤其是在心理治疗上。不同的治疗策略可以促进多种声音之间的对话，如外部对话、角色扮演、空椅子技术、职位记录和写信。

(六)有效的治疗包括不同叙事形式之间灵活的转变

会话治疗有一个节奏。一个典型的模式是来访者谈论“大致”发生了什么(习惯性的叙述)，然后通过举例说明、生动描述、具体详述转换成一个真实的故事。同时，来访者让听众(治疗师)走进他们的主观、情感和道德世界中。这个故事往往伴随着一段反思、评价和解释的时间，在这段时间中，故事所存在的意义被探索。这种感知过程有助于在“问题”上发展出一个观点。讲述故事时有一个模式，通过重复、对比、报告性的演讲对话、速度和语音质量来表现。有效的治疗师能意识到在治疗期间可能出现的叙事轨迹，并且具有促进来访者从一种叙述模式转移到另一种模式的专长。

(七)情感是故事主观意义的标记

在心理治疗中为了更清晰地进一步阐述，治疗师特别注意情绪故事。当故事被组织在一个感觉到什么、关于谁、与什么需求或问题有关的叙述框架中，情绪就可以被“理解”，这对来访者具有个人意义。此外，在强调个人故事的背景下，来访者情绪体验的不同，可能是促进心理治疗中来访者心理叙事变化的有效干预策略。当来访者在反思个人故事时遇到新的、有时是矛盾的情绪反应时，在归因于自我和他人行为的意图、希望、信仰、愿望和感觉上会发生重大转变。在这些时刻，来访者以新的视角看待自己和其他人，并被推动构建一个新的、情感上一致的叙事，叙事里包括发生了什么，为什么发生，感觉到什么，关于谁，与什么需求或问题相关。另外，未被叙述的故事所产生的影响可能会对个人意义造成混乱，并导致心理（Dimaggio & Semerari，第 15 章）和生理（Pennebaker & Seagal，1999）方面的负面反应。

（八）叙述一致性是来访者幸福感的指标

丹・麦克亚当斯（第 9 章）指出，叙述者利用故事，有意义地按照时间整合自我的不同方面。个人身份以内在故事的形式构建，包括背景、场景、角色、情节和主题。内部生活故事基于传记事实，但远远超出事实，因为人们选择性地选取适合经历的方面，并且想象地解释过去和未来，以构建对自己和观众都合理的故事。这些故事构成和整合了生活，使其或多或少有意义。人们似乎觉得创造一个单一的生活叙事，其中不同的事件和自我被整合到一个更大的身份结构中是非常重要的。通过构建一个整合了广泛的自我刻画的单一生活故事，成年人就可以解决威廉・詹姆斯首先提出的“一体式自我悖论”。辛格和布拉戈夫（第 13 章）已经确定了整合过程和自传记忆叙述对创造自我一致性和理解性的重要性。

本手册中的许多作者将叙事多样性或复杂性的连贯一致视为心理治疗中积极的治疗结果的标志。例如，迪马乔和赛马特（第 15 章）认为，为了能够适应，个体需要有广泛的模型或叙事脚本以代表自我与他人的相互作用。关系叙述的缺席将阻碍个人熟练移动、探索以及与他人的互动。但是，他们补充说，关系情景的多样化、叙事的复杂性需要在内部被组织。治疗的一个关键目标是自我和自我认同的多重观点的连贯一致。

当来访者确定了独特的个人故事结果时，怀特（第 2 章）、库姆斯和弗里德曼(第 8 章)使用以叙事为重点的询问来帮助来访者挑战和破坏满是问题的身份或主要情节。能够向来访者细致连贯地描述有独特故事结果和特定意义的更好的次要情节是叙事治疗方法的主要目标。这些作者认为，主导叙事情节的结构导致了更多样和更复杂的自我叙事，反过来又产生了更好的结果、身份认同和不一样的未来。

有几位作者认为叙事不一致是心理治疗中心理压力的表现，他们确定了叙事评估策略，用于评估来访者讲故事中的不一致程度。例如，迪马乔和赛马特(第 15 章)特别注意来访者叙述中的结构性变化，指出来访者不仅可以因其话语的主题而受到影响，而且会因为它的组合方式而感到痛苦。在这种观点下，故事是世界地图。如果这张地图不足、贫穷、不稳定或混乱，来访者会感到崩溃，无法向别人讲述他们的问题。

心理治疗研究人员在未来几年的主要挑战之一是进一步开发心理治疗中描述、探索和测量叙事一致性和不一致性以及叙事变化的方法。虽然"手册"的参与者已经展示了对治疗中来访者叙事表达的密集案例分析的各种创新研究策略的应用，但对来访者和治疗师关于心理治疗叙述性变化所做贡献的全面分析尚未完成。实际上，本手册所有作者都含蓄或明确地表明，来访者所说的故事都因为更加连贯、可及、差异化和唤起方向上有效的治疗而产生变化。然而，这一假设只有少量证据能够证明。麦克・怀特和大卫・爱普斯顿都认为，治疗可以帮助人们"重新创作"生活故事。重塑的生活故事是什么样的？创作重新发生时，治疗师如何知道？

三、结论

这些命题代表了对叙述性认知治疗的综合方法试探性的第一步。在编写这些声明时，我们已经意识到，在与心理治疗叙事转向相关的一套思想和实践中，也存在一些明显的两极化现象。例如，从表面上看，叙事治疗中强调"独特结果"或"解决方案"的故事与简要精神动力学心理治疗[使用核心冲突关系主题(CCRT)分析(第 4 章描述)]中强调重复问题的故事之间似乎存在明显对比。在本手册中描述的大多其他治疗形式中，叙述疗法的社会导向性和个人的"内在自我"性之间也存在明显的区别。其他冲突点也显而易见。但是，我们认为整合框架可能会解决许多这种紧张关系。例如，叙事疗法的来访者会谈论问题，尽管他们的治疗师可能对独特的结果更感兴趣。相反，动态疗法的来访者会谈论他们的成功，即使他们的治疗师专注于收集关于来访者愿望和反应的 CCRT 模式信息。在这两种情况下，所发生的事情可以被看作经历的叙事，被观众(也就是治疗师)所熟知的过程，或者是个人生活叙事中多种声音或自我的开放。

意外的是，我们没有被吸引到从理论、本体论和派生传统角度去分类在章节阅读出现的主题。正如我们所见，叙事的无后结构主义方法与心理动力学方法或体验式方法是不可调和的。我们认为这是一个有趣且重要的结论，因为这些方法的表面修辞是如此的不同。叙事对于人类的心理和社会生活是至关重要的，它承载了丰富的意义，也提供了相互分离的理论治疗派系之间的真正交汇点。

我们认为，叙述作为疗法领域的一个非常重要的趋同点，受到极大的欢迎，主要有两个原因。首先，在治疗工作中能够并愿意相互倾听和学习是十分重要的。我们期望来访者能够做到这一点。其次，据称，涉及竞争和替代模式的治疗训练、实践和研究的组织逐渐消失。大多数从业者将自己定义为折中主义者或融合主义者。研究表明，治疗师使用的具体治疗模式在预测结果中不是一个特别有力的因素。然而，与此同时，迄今为止还没有提出一个综合概念能同时满足治疗师和来访者的想象力。虽然作为一个综合模式的共同因素理论可能是正确的，但它似乎缺乏成果性的火花。它没有激发突破性的研究或创新实践。它还未到达创造性的边缘。另一方面，叙述的概念打破了人类学、语言学、哲学、神经科学、文化研究、发展心理学等许多学科开放治疗的新见解。这反映在本手册的作者开发的许多新的治疗策略中，是创造性和创新性的。但它可能只是一束小火花。

（丁新新　译）

参考文献

Birren, J. E., Kenyon, G., Ruth, J.-E., Schroots, J. J. F. & Svensson, T. (Eds.). 1995. Aging and autobiography: explorations in adult development [M]. New York: Springer.

Bolton, G. 1998. The therapeutic potential of creative writing [M]. London: Jessica

Kingsley.

Butler, R. N. 1963. The life review: an interpretation of reminiscence in the aged[J]. Psychiatry, 26: 65-76.

Dwivedi, K. (Ed.). 1997. The therapeutic use of stories. London: Routledge.

Gersie, A. 1997. Reflections on therapeutic storymaking: the use of stories in groups [M]. London: Jessica Kingsley.

Holmes, J. 2001. The search for the secure base: attachment, psychoanalysis, and narrative[M]. London: Routledge.

Hunt, C. 2000. Therapeutic dimensions of autobiography in creative writing[M]. London: Jessica Kingsley.

Mair, M. 1988. Psychology as storytelling[J]. International Journal of Personal Construct Psychology, 1: 125-137.

Mair, M. 1990. Telling psychological tales[J]. International Journal of Personal Construct Psychology, 3: 121-135.

Omer, H. & Alon, N. 1997. Constructing therapeutic narratives[M]. New York: Jason Aronson.

Pennebaker, J. W. 1990. Opening up: the healing power of confiding in others[M]. New York: William Morrow.

Pennebaker, J. & Seagal, J. 1999. Forming a story: the health benefits of narrative [J]. Journal of Clinical Psychology, 55: 1243-1254.

Sarbin, T. (Ed.). 1986. Narrative psychology: the storied nature of human conduct [M]. New York: Praeger.

关键术语表

英语	汉语
Adjectifying process	形象化过程
Adult Attachment Interview	成人依恋访谈
alexithymia	述情障碍
Assimilation of Problematic Experiences Scale(APES)	问题经验同化量表
Beck Depression Inventory	贝克抑郁量表
Children's Thematic Apperception Test	儿童主题统觉测验
client agency	来访者能动性
client-centered therapy	以来访者为中心的治疗
Clinical Outcomes in Routine Evaluation (CORE) system	临床结果常规评价系统
cognitive-constructivist therapy	认知建构主义疗法
cognitive interpersonal cycle	认知人际关系
constructivist psychotherapy	建构主义心理疗法
Core Conflictual Relationship Theme (CCRT) psychotherapy approach	核心冲突关系主题(CCRT)心理治疗法
cultural plots	文化情节
Cyclical Maladaptive Pattern(CMP)	周期性适应不良模式
dialectical constructivistism	辩证建构主义

续表

英语	汉语
dysnarrativia	叙事功能障碍
Emotion-Focused Therapy(EFT)	情感中心疗法
experiential therapy	体验治疗
family therapy	家庭治疗
Gesalt therapy	格式塔治疗
internal states	内部状态也称内部状态心理学
JAKOB narrative analysis system	JAKOB叙事分析系统
life stages model	生命阶段模型
life story personality theory	生命故事人格理论
life story therapy	生活故事疗法
Metacognition Assessment Scale	元认知评定问卷
metaphorizing	隐喻
narrative assessment strategies	叙事评估策略
narrative model of identity	叙事认同模型
Narrative Processes Coding System(NPCS)	叙事过程编码系统
Narrative Process Model(NPM)	叙事过程模型
narrative therapy	叙事治疗
personal identity	自我认同感
process experiential psychotherapy	过程体验心理治疗
prototype narratives	原型叙事
Personal Striving Measure	个人奋斗量表
personal disorders	人格障碍
self	自我
self-Defining Memory Task	自定义记忆任务
self-identities	自我认同
theory of mind	心理理论
Wechsler Memory Scale	韦氏记忆量表

资料贡献者

蒂莫西·安德森(Timothy Anderson)，哲学博士，俄亥俄大学心理学副教授。他发表了大量关于心理治疗过程和结合临床实践方面研究的作品。他认为心理治疗中的人际交往能够带来有效的干预，尤其对这方面感兴趣。他的工作面向健康人群，研究人际交往对慢性疼痛治疗的贡献。

帕维尔·S. 布拉戈夫(Pavel S. Blagov)，曾是埃默里大学精神病理学专业隶属于人格实验室的学生。他早期学过文献分析、人类生物学和绘画，然后在保加利亚的一所美国大学学习英语，并且对心理学产生了兴趣。在康涅狄格学院，他与杰斐逊共同探讨了自我定义的记忆与人格之间的联系。在加拿大多伦多的约克大学，他与琳恩·安格斯学习了与心理治疗结果有关的情感记忆。

霍华德·布克(Howard Book)，医学博士，心理学博士，加拿大皇家内科医师学会会员(Fellow of the Royal College of Physicians of Canada)，多伦多大学精神病系的副教授，在系里担任临时治疗培训的协调员，同时在多伦多成瘾和心理健康中心任职，也是女子学院医院心理治疗中心的执行主任。他发表了几十篇心理学论文，也是《核心冲突关系解决手册》的作者。

布里吉特·布思(Brigitte Boothe)，苏黎世大学的临床心理学、心理治疗和精神分析教授，从1990年开始任教。她出生于德国，学过哲学、文学和心理学，主要的研究方向有临床叙事与梦境分析，叙事与质性研究方法论，精神分析，冲突与交流，叙事，文本分析和文学。

路易斯·博特拉(Luis Botella)，哲学博士，西班牙巴塞罗那的拉蒙尤以大学心理学系的心理治疗教授。他还指导硕士研究生的临床心理学和心理治疗课程，也是建构主义和话语过程研究小组的主要研究员。他的著作和研究兴趣包括后现代思想、建构主义和社会建构主义、心理治疗、个人建构理论和叙事心理疗法。他在母校还协助心理治疗服务。

贝弗利·布法德(Beverley Bouffard)，加拿大多伦多约克大学的临床心理学博士。她的硕士毕业论文研究与创伤相关的自传体记忆在经验性治疗过程中的欠缺之处。她与人合著了几个章节和几篇论文，为了解决困扰和应对创伤性缺失的情感意义问题。她的学术兴趣涉及创伤性缺失及其在治疗中的表现。

杰罗姆·布鲁纳(Jerome Bruner)，哲学博士，纽约大学法学院的副(兼职)教授。他写过很多关于教育与认知研究的开创性的作品，包括《教育的文化》(1996)，《意义行为》(1990)，《论认知：左手随笔》(1962)，《教育过程》(1961)。在他杰出的职业生涯中，他先是在哈佛任心理学教授，然后受聘于牛津大学成为沃茨教授。在预示着认知革命的20世纪60年代，不论身居哪个职位，他一直都位于前列。在肯尼迪和约翰逊任职期间，他从事于总统的科学和顾问委员会，并且协助建立了开端计划。

弗雷德·B. 布赖恩特(Fred B. Bryant)，芝加哥洛约拉大学的心理学教授，也是应用社会心理学研究生的导师，教授社会心理学、研究方法和统计学课程。他写过90余篇关于人格和社会心理课题的专业文献，包括心理健康，事后认知偏差，认知和情感的测量。他也从事心理治疗的话语过程研究。

吉恩·库姆斯(Gene Combs)，医学博士，吉尔·弗里德曼(Jill Freedman)，医学社会工作者，他们是伊利诺伊州埃文斯顿家庭治疗中心的共同负责人。他们被邀请去过很多国家和国际的学术会议，并且是全世界叙事治疗研究会的领头人。他们写了很多叙事治疗的方法，最先写的两本著作——《象征，故事和仪式：个体和家庭治疗中的隐喻》和《叙事治疗：首选理想的社会建构》，作为行为科学图书类的主要阅读书目。除此之外还有很多！

塞尔吉·科尔贝拉(Sergi Corbella)，哲学博士，西班牙巴塞罗那拉蒙尤以大学心理学系研究方法的教授，是心理治疗服务的精神分析师，也是建构主义和话语过程研究小组的成员。他的著作和研究兴趣包括心理治疗的整合，心理治疗(过程和结果的研究)，治疗师和病人之间的相容性，精神病理学和建构主义。

詹卡洛·迪马乔(Giancarlo Dimaggio)，医学博士，精神科医生，精神分析治疗师，第三认知心理治疗中心的创始成员。他在意大利的认知行为心理治疗(SITCC)和认知心理学协会辅导学生。他正与休伯特·赫尔曼斯合编一本书《心理治疗中的自我对话》，同时在梅亨大学负责心理治疗中对话过程和叙事障碍的研究。

梅雷迪思·格利克(Meredith Glick)，俄亥俄州牛津迈阿密大学的临床心理学博士。她主要研究被试在心理治疗中改变过程的同化模型，采用质性方法将过程与结果联系起来。

奥斯卡·F. 冈萨尔维斯(Óscar F. Gonçalves)，哲学博士，葡萄牙米尼奥大学的临床心理学教授、主任。他的研究兴趣主要是实验和临床精神病理学，主要研究与行为、认知和神经生物学方法相结合的语言和叙事过程。他撰写了150多篇论文和章节，还有13本书。他教授研究生和本科生的精神病理学和精神药理学课程。

迈克尔·A. 格雷(Michael A. Gray)，俄亥俄州牛津迈阿密大学临床心理学博士。他的兴趣包括研究同化模型和心理治疗过程、心理治疗的叙事研究方法、原型心理学、恐惧症和焦虑症。他同时也是诗歌的忠实读者。

莱斯利·S. 格林伯格(Leslie S. Greenberg)，哲学博士，安大略湖多伦多约克大学的心理学教授，也是约克大学心理治疗研究所主任。他合著的教科书主要是关于个体和夫妻情绪聚焦的治疗方法。他最新的一本书是《情绪聚焦疗法》(2001)。他还合编了《移情反思》和《经验心理治疗手册》。他是探索心理治疗整合协会(SEPI)的创始成员，也是心理治疗研究学会(SPR)前会长。他在许多心理治疗杂志的编辑部工作，包括《心理治疗整合杂志》与《婚姻和家庭治疗杂志》。

卡伦·K. 哈特克(Karen K. Hardtke)，文科硕士，加拿大多伦多约克大学临床心理学的博士，也是约克大学咨询与发展中心的辅导员和咨询主管。她的学位论文从叙事角度评价心理治疗的影响。她与人共同开发了叙事过程编码系统(NPCS)和叙事评估访谈表(NAI)，一些用来调查来访者重建和共建他们生活故事的工具。

玛格丽达·R. 亨里克斯(Margarida R. Henriques)，哲学博士，葡萄牙波尔特大学心理学教授。她采用认知叙事模型和系统治疗进行临床心理治疗，主要对象是儿童、青少年和成人。她的主要研究兴趣是将叙事作为心理治疗和精神病理学中系统建构的手段。除了教课外，她还在杂志上发表了一些关于叙事在心理治疗中使用的文章。

休伯特·J. M. 赫尔曼斯(Hubert J. M. Hermans)，心理学博士，

荷兰奈梅亨大学的心理学教授。他开发了一套估价理论和自我分析的方法，一个具体的程序用来评估一个人的意义系统。他已经出版了好几本书。他还做的工作是关于多声自我和对话自我的品质。他是第一国际人格协会和对话科学的国际学会的主席。

奥尔加·赫雷罗(Olga Herrero)，西班牙巴塞罗那拉蒙尤以大学的博士后。她与人共同教授硕士的临床心理学和心理治疗的课程。她在母校的心理治疗服务中心做心理治疗师，也是建构主义和对话过程研究小组的成员。她的著作和兴趣包括心理治疗、构造主义、建构主义、致幻剂、叙事、后现代思想、悲伤和临终。

卡罗尔·L. 汉弗莱斯(Carol L. Humphreys)，俄亥俄州牛津迈阿密大学的博士。她在多明格兹冈的加利福尼亚州立大学获得了临床心理学硕士学位。她最感兴趣的是分离经验，内在多样性，以及心理治疗过程中变化是如何发生的。

莉萨·贾尼斯(Lisa Janis)，西北大学临床心理学和人格心理学的博士。她的研究兴趣是老年人的智力和统合性，以及成人发展和衰老的临床维度。

海迪·M. 莱维特(Heidi M. Levitt)，哲学博士，孟菲斯大学临床心理学副教授。她的研究集中于个体改变过程。在宽泛的心理学领域，她的研究跨越精神分析取向的过程，如叙事、关键期、象征和心理治疗中的沉默。她对性别问题感兴趣，并对饮食失调、家庭暴力和女同性恋进行了研究。她是一位经验丰富的心理治疗师。她的治疗方法和研究根植于人本主义和建构主义传统取向。

詹妮弗·勒温(Jennifer Lewin)，加拿大多伦多约克大学的临床心理学的博士。她拥有分子生物学和临床心理学的学位。她参与抑郁症的心理研究，尤其在以下方面感兴趣，筛查被试和发挥治疗师的作用，在叙事框架内鼓励创造性的治疗。

保罗·P. P. 马查多(Paulo P. P. Machado)，哲学博士，葡萄牙米尼奥大学临床心理学的副教授。他曾在加拿大、西班牙和巴西任教或访学。他感兴趣的主要研究领域是心理治疗过程和结果研究，主要研究情绪和变化过程，以及监测心理健康。他在国际期刊上发表过几篇论文、章节和文章。

丹·P. 麦克亚当斯(Dan P. McAdams)，人类发展和社会政策教授，伊利诺伊州埃文斯顿西北大学的心理学教授。他也是福利研究中心的主任，该中心是一个致力于研究成人人格发展的亲社会方面的小型研究机构。他的研究方向是成人发展和自我定义的人生故事的建构。他最近的一本书是《自我救赎：美国人的叙事心理》。

凯特琳·奥萨图克(Katerine Osatuke)，俄亥俄州牛津迈阿密大学临床心理学博士。她的临床兴趣主要是严重创伤和人格障碍，尤其是边缘型人格。她的论文研究通过被试声音的音调追踪他们多方面接受治疗后的状况的方法，研究过程借鉴她在语言学上的正规教育，她在俄罗斯作同声翻译的经验以及她在美国接受的心理学的临床研究教育。她的其他研究兴趣包括心理治疗过程和内部多样性理论。

梅利塞尔·帕切科(Meritxell Pacheco)，西班牙巴塞罗那拉蒙尤以大学的博士后，是建构主义和话语过程研究小组的成员，她也是心理治疗师和主管。她还是人类科学建构主义协会、欧洲个人建构协会、心理治疗研究协会和西班牙认知心理治疗协会的成员。她的主要研究重点是心理治疗中身份建构的叙事过程。

唐纳德·E. 波尔金霍恩(Donald E. Polkinghorne)，哲学博士，南加州大学人本主义心理学的教授，也是咨询心理学教授。来南加州大学之前，1975—1987年，他担任旧金山赛布鲁克研究院院长。他的学术著作主要是关于研究开发的知识和心理治疗实践之间的关系，他认为与传统的基于测量的方法相比，对知识定性和叙事的方法更有用。他写了不少关于这些主题的文章和章节，如《教育的存在主义现象学方法》《人类科学方法论》《叙事认知和人类科学》，以及《技术世界里基于实践的判断案例》(已出版)。

戴维·L. 伦尼(David L. Rennie)，加拿大多伦多约克大学的心理学教授。他的研究兴趣是质性研究方法以及其在心理治疗中对被试经验的应用。他是美国和加拿大心理协会的研究员。他写了《以人为中心的咨询：一种经验性的方法》(1998)，并且与人合编了《心理治疗过程的研究：范式和叙事方法》(1992)和《心理治疗的质性研究：方法和方法论》(2001)。

达西·J. 雷诺兹(D'Arcy J. Reynolds)，俄亥俄州迈阿密大学临床心理学博士。他担任了五年罗伯特·吉福德(Robert Gifford)博士的助理，其间他发表了两篇刊物。他的主要研究兴趣是心理治疗，他做了一项关于电子治疗组和面对面治疗组参与者评估的比较研究。

德布拉·罗通迪-特雷维桑(Debra Rotondi-Trevisan)，文科硕士，加拿大多伦多约克大学的临床心理学博士。她的论文将会调查心血管疾病患者的心理社会危险因素以及参与心脏康复和降低风险项目的患者心肌梗死后的应对方式。她的硕士论文探讨了单一事件自传体记忆在抑郁症体验心理治疗中的叙事连贯性。

罗伯特·L. 拉塞尔(Robert L. Russell)，威斯康星医学院的儿科心理学教授，儿童发展研究中心主任。他撰写和编辑了三本关于治疗研究儿童心理治疗方面的书籍。他的研究注重沟通过程，因为他们会面对正常和非正常发展的人群。他尤其感兴趣的是叙事、话语和心理理论。

莉萨·M. 萨尔维(Lisa M. Salvi)，俄亥俄州牛津迈阿密大学临床心理学博士。1992 年，她获得亨特学院的社会工作硕士学位。她的研究兴趣包括使用被试在心理治疗中变化的同化模型来探究创伤性经历怎样影响育儿技巧。

安东尼奥·塞梅拉里(Antonio Semerari)，医学博士，精神病医生和心理治疗师，并且在罗马的心理治疗协会附属专科学校任教。他从 1995 年开始一直在罗马的第三心理治疗协会指导研究小组，专门研究对人格障碍人群的治疗方法。研究小组的主要兴趣包括对元表征功能的分析，心理发展阶段的变化，以及精神分析过程中的叙事形式的分析。他撰写或编辑过不少书目。

杰斐逊·A. 辛格(Jefferson A. Singer)，哲学博士，新伦敦康涅狄格学院的心理学教授。他撰写或编辑了三本书，并且发表了 50 余篇文章和章节。他是美国心理学协会的研究员，因其在英国杜伦大学对记忆的研究，最近获得富布赖特杰出学者奖。除了他的教学和研究，他在康涅狄格州的沃特福德拥有一家临床心理学私人诊所。

威廉·B. 斯泰尔斯(William B. Stiles)，哲学博士，俄亥俄州牛津迈阿密大学的临床心理学教授，也是一个心理治疗研究者和精神治疗师。他曾任教于查珀尔希尔的北卡罗来纳大学，并曾在英国的谢菲尔德和利兹大学，新西兰的梅西大学以及芬兰的约恩苏大学访学。他是《描述性谈话：一种言语反应模式的分类学》的作者。他曾是心理治疗协会主席，现任北美心理治疗研究的编辑。

阿格尼丝·冯·维尔(Agnes von Wyl)，哲学博士，巴塞尔大学儿童和青少年精神病学系的研究科学工作者和临床心理学家，也是苏黎世大学精神分析心理疗法讲师。她感兴趣的研究领域是心理治疗研究，尤其是叙事分析。她撰写或合写或合编了不少关于这个课题的文章和书目。她研究的重点是叙事发展。

麦克·怀特(Michael White)，南澳大利亚阿德莱德达维奇中心的负责人。这个中心同时提供治疗和社区活动。他最初进行社会工作和家庭治疗的培训，在这些领域发现了很多思维方式和传统的工作方式的缺陷，然后在这些方面提出新颖的想法和措施。他是叙事治疗的发展中多产和有影响力的人物。他在专业刊物上发表了很多文章，有关他的国外教学之旅吸引了很多读者。

（黄聪慧　译）

译后记

在终于完成了本书译稿和审校任务之后，我突然联想到黑泽明1950年拍摄的影片《罗生门》。它改编自日本大作家芥川龙之介的《丛林中》。一个谋杀案在不同人的口中虽然结果相同(武士死了)，但是叙述的过程却差之千里。武士说自己武功高强，但是女子护着山贼，于是武士成全了他们，孤独悲愤下自杀；山贼说自己无所畏惧，公平决斗赢了，杀了武士；女子说，武士输了，被山贼绑，她被侮辱，山贼走后，武士用冷冰冰的眼光看她，她为了心爱的人付出那么多，最后却只得到他的蔑视，于是在愤怒与羞辱下杀了武士；那个目击者樵夫一直说太可怕了……因此，《罗生门》的精妙之处，是以多视角来叙述同一事件，对于同一问题站在不同的维度来看有不同的效果。

因为喜欢听故事，关注叙事研究，我养成了从不同角度去理解人的习惯，这让我在很大程度上贴近叙事治疗与叙事研究这一领域。2017年4月，一个偶然的机缘，我承接了这本书的翻译和审校工作。但是，叙事心理治疗与叙事研究毕竟还是有差异的。叙事心理治疗理论认为，每个人都有自己的人生故事。这些故事是个人从生活中挑选的一些事件进行建构的，并且将其他事件置于故事之外；如果建构的故事是对人有压迫和约束作用的，那就成了问题故事。叙事治疗通过治疗师的引领、解构，让来访者看到了问题的形成过程。通过对个人经验积极的解释，治疗师帮助来访者用他所期待的人生故事去替换问题故事，让来访者重新认识自己，找到问题的出路。因此，每个人都是解决自己问题的专家，治疗师在治疗中只是起引领作用。

这本译著是受刘电芝教授委托和郑剑虹教授的直接指导，在凌辉、程素萍、张爱莲、陈羿君等各位专家的精诚协作下，集体协作的产物。历时 14 个月，其间译者们几易其稿。各章译者名单如下。序言由吴继霞翻译；第一部分：第 1 章由何雯静翻译，第 2 章由丁怡彤和吴继霞翻译，第 3 章由洪梦月翻译，此部分的翻译内容均由吴继霞进行修改和审校；第二部分：第 4 章由吕春莉和张爱莲翻译，第 5 章由吕春莉、冯琳琳和张爱莲翻译，第 6 章由陈羿君、杨梦萍和李捷翻译，第 7 章由王娜、张爱莲和丁雪翻译，第 8 章由王娜、冯琳琳和张爱莲翻译。其中，张爱莲对第 4 章、第 5 章、第 7 章、第 8 章翻译内容做了审校，陈羿君对第 6 章做了审校；第三部分：第 9 章由刘佳怡和黄芳翻译，第 10 章由李光程和黄芳翻译，第 11 章由黄芳、李光程和刘佳怡翻译，第 12 章由徐小军、李光程和黄芳翻译，此部分的内容均由凌辉进行修改和审校；第四部分：第 13 章由张影和程素萍翻译，第 14 章由程素萍、陶玲霞和张影翻译，第 15 章由程素萍、黄鑫燕和张影翻译，第 16 章由程素萍、段翠雯和张影翻译，此部分的翻译内容均由程素萍审校；第五部分：第 17 章由陈璐翻译，第 18 章由黄聪慧翻译，第 19 章由王昕翻译，第 20 章由马东云翻译，第 21 章由丁新新翻译，马东云负责封面和最后的关于作者/编辑的翻译，黄聪慧负责最后的资料贡献者的翻译，此部分的翻译内容均由吴继霞进行修改和审校。吴继霞对全书译稿进行了统筹、修改意见反馈和统校。

本译著的完成，要感谢各位译者的坚持。我想，在参与翻译完这本书以后，我们每位译者或许都能讲述一则自己的故事。

吴继霞

2019 年 12 月